최근의 고고학 자료로 본

한국고고학·고대사의 신연구

서문 : 『한성시대 백제와 마한』의 개정 · 확대판에 부쳐

이 책의 발간은 강단에 선지 36년만에 처음 맞는 연구년(2006년 3월1일-2007년 2월 28일)의 연구년 활동과제로 『한성시대 백제와 마한』(최몽룡 · 김경택, 2005, 주류성)이란 책을 새로운 자료를 추가 · 보완하여 개정판을 만들어 내기로 한 것에서 비롯된다. 또 이 책의 발간은 2006년 9월 13일이 필자의 61세 回甲(還甲)의 시작으로 이날 제자들과 자축하려는 의미도 포함한다.

필자가 청동기시대와 철기시대를 포괄적으로 다루면서, 고고학과 고대사는 별개의 독립적인 학문이 아니기 때문에 필연적으로 다루어야하는 위만조선의 국가 형성, 한성시대 백제(漢城時代百濟)와 마한(馬韓)을 비롯한 한국 고대사의 미해결의 문제점들에 대해 인류학적인 틀(모델)에 고고학 자료들을 접목시켜 연구를 시작한지도 어느덧 36년이 지났다. 이와 같이 고고학, 고대사와 인류학의 접목으로 나타난 연구결과는 「한국 고대국가형성에 대한 일고찰-위만조선의 예-」(1983, 『김철준박사 회갑기념 사학논총』), A Study on the Yŏngsan River Valley Culture-The Rise of Chiefdom Society and State in Ancient Korea-(동성사, 1984년)와 한국고대국가형성론(최몽룡 · 최성락, 1997, 서울대학교 출판부)이란 책자로 출간되었다. 그후 1985년 「고고학적 자료를 통해 본 백제 초기의 영역 고찰-도성 및 영역문제를 중심으로 본 한성시대 백제의 성장과정-」(『천관우 선생 환력(還曆) 기념 한국사학논총』)이란 글을 통해 한성시대 백제에 관한 연구를 시작하였고, 그 이듬해인 1986년에 발표된 「고고학적 측면에서 본 마한」(『마한 · 백제 문화』 제9집)으로 이어졌다. 필자가 한국의 고고학과 고대사의 접목이란 주제에 관심을 갖고 연구를 시작했던 36년 전에는 이용 가능한 고고학 자료가 극히 적어, 초기 연구는 몇몇 문헌 사료와 단편적인 고고학 자료를 이용한 가설(假說) 수준에 머무를 수밖에 없었다. 그런데 1980년대 후반 주암댐 수몰지구 유적발굴조사에서 전남 승주군 송광면 대곡리와 낙수리에서 각각 당시까지 유래가 없었던 대규모 철기시대 전기와 마한시대 생활유적을 조사하는 기회를 갖게 되었다. 두 유적은 당시까지 단편적인 문헌자료 이외에 고고학 자료가 거의 전무했던 마한의 생활상과 문화상에 관한 귀중한 정보를 제공해 주었다. 청동기시대부터 철기시대 전기를 거쳐 삼국시대 전기(철기시대 후기) 및 후기의 집자리들이 조사된 대곡리 도롱 및 한실 유적은 마한의 성립 배경 및 변천과정에 관한 정보를 제공해 줌으로써 철기시대부터 이어져오는 마한의 고고학 연구가 활성화될 수 있는 중요한 계기가 되었다. 한강유역에서는 1970년대에 석촌동 적석총(사적 243호)을 포함한 몇몇 고분군들이 조사된 이래 1980년대에는 석촌동 고분군, 몽촌토성(사적 297호), 이성산성(사적 422호) 등이 조사되어 한성시대 백제를 고고학적으로 연구할 수 있는 기반이 제공되었다. 그리고 1990년대 후반 이후 지금까지는 풍납동 토성(사적 11호)에 대한 발굴조사가 계속되어 한성백제 연구에 커다란 진전을 가져왔다. 이렇듯 아직까지 충분하다고는 할 수 없지만 상당한 고고학 자료의 축적이 이루어졌으며, 필자의 연구 역시 새로이 확인된 고고학 자료의 도움으로 보다 구체화되고 있다. 그런데 필자가 2003년 「고고학으로 본 마한」(원광대학교 마한 · 백제 문화연구소 창립 30주년 기념 학술대회)과 「한성시대 백제와 마한」(『문화재』 36호)이란 두 편의 글을 발표할 때까지도 한성 백제와 마한 연구에 관한 필자의 기본적 시각 내지 입장은 이 분야 연구를 처음 시작했던 36년 전과 비교해 별다른 변화가 없었다. 그러나 새로 추가되고 있는 마한 및 백제 관련 고고학 자료들은 필자의 견해를 수정하기보다는 오히려 필자의 시각을 보완하여 보다 구체화시켜 주고 있다. 이들을 종합한 것이 2005년 발간된 『한성시대 백제와 마한』이다.

청동기시대 이래 한국의 토착사회를 형성했던 지석묘사회는 지석묘를 한국고고학 시대구분상 청동기시대(靑銅器時代: 기원전 2000년~기원전 400년, 필자는 早期 단계를 설정하여 한국 청동기시대의 상한을 기원전 2000년까지 올리고 있다)의 중심 묘제로 삼고 있다[단 전남지방, 경상도 지역과 제주도의 경우는 철기시대 전기(鐵器時代前期: 기원전 400년~기원전 1년)까지도 지석묘 축조가 성행]. 무엇보다도 중요한 것은 중국 戰國時代(기원전 475년~기원전 221년)과 러시아의 끄로우노프카(북옥저, 기원전 5세기~기원전 2세기)와 폴체(숙신, 기원전 7세기~기원전 4세기)문화 등의 주변 고고학 자료를 비교해 볼 때 한반도의 철기시대 상한연대가 종전의 기원전 300년 보다 적어도 100년이 앞선 기원전 400년까지 올라갈 수 있다는 점이다. 그래서 이번 책에서부터 철기시대의 상한을 기원전 400년으로 기술하고 기원전 400년에서 기원전 1년까지의 세분화된 편년 즉, 전기 · 중기 · 후기의 편년 설정은 점토대토기의 단면의 원형, 장방형과 삼각형으로 정하였다. 그리고, 기원전 3~2세기 무렵부터 경기도, 충청도,

전라도 지역에는 마한 54국이 존재하고 있었는데, 이들 소국(小國)들은 청동기시대부터 철기시대 전기까지 존재하였던 우리나라 토착 지석묘 사회를 기반으로 하여 발전한 것이다. 문헌 기록에 따르면 마한 54국의 중심세력은 마한인(馬韓人)들이 공립(共立)하여 세운 진왕(辰王)이 다스리는 목지국(目支國)이었다. 이 목지국은 처음에는 성환·직산·천안(현재까지의 고고학 자료로는 용원리 일대가 그 중심지로 추정됨) 일대에 위치하였으나 이후 전북 익산(益山)을 거쳐 최종적으로는 전남 나주 반남면(全南 羅州 潘南面) 대안리·덕산리·신촌리(사적 76·77·78호)와 복암리(사적 404호) 일대에 존재했으며, 마한은 5세기 말 또는 6세기 초에 이르러 백제에 정치적으로 동화 내지 합병된 것으로 보인다. 한편 『삼국사기(三國史記)』에 기원전 18년 건국한 것으로 기록된 백제는 건국 초기에는 마한왕(馬韓王)으로부터 영토를 할양받았던 보잘것 없는 작은 세력이었다. 그러나 백제는 시간이 흐르면서 점진적으로 마한의 영토를 잠식하며 세력을 확장해 나갔는데, 특히 제13대 근초고왕(近肖古王 : 재위 346~375년)대에는 천안(天安) 용원리를 중심으로 하던 마한의 목지국을 남쪽으로 내몰기에 이르렀다(근초고왕 14년, 369년). 즉, 시대에 따른 목지국의 위치 변천 과정은 한성, 웅진, 사비시대로 이어지는 백제 도읍의 변천 과정과 그 궤를 같이 하는 것으로 이해할 수 있다.

따라서 필자는 평양을 중심으로 존재했던 위만조선(衛滿朝鮮: 기원전 194년-기원전 108년)의 멸망 후 이를 대치했던 낙랑(樂浪)과 대방[帶方, 후한(後漢) 마지막 왕 13대 헌제(獻帝) 건안(建安) 서기 196년

~220년 간에 대방군이 됨]의 존재와 마한 사회를 역사적 실체로 인정하고, 『삼국사기』에 기록된 백제를 포함한 삼국(三國)의 건국 연대를 수용하는 입장을 취하고 있다. 그래야만 별다른 무리 없이 한국 고대사의 서술이 전개될 수 있으며, 그 중에서도 삼국사기 신라본기 혁거세(赫居世) 38 · 39년(기원전 20 · 19년)조의 신라와 마한과의 기사가 쉽게 이해된다. 그렇다면 백제의 건국 훨씬 이전부터 존재했던 마한에 관한 서술이 한성백제의 서술에 앞서 구체적으로 이루어져야 하는데, 아직 마한관계 자료와 연구 성과가 부족해 부득이 한성백제를 중심으로 서술이 이루어진 면이 없지 않다. 다시 말해서 삼국지(三國志) 위지(魏志) 동이전(東夷傳)에 보이는 마한 54국의 실제 위치와 목지국을 포함한 마한 제소국(諸小國) 세력들과 초기 한성시대 백제와의 통상권(通商圈 : Interaction Sphere), 즉 마한과 한성시대 백제와의 문화적 공유 관계를 구체적으로 언급하기 위해서는 고고학 자료의 축적을 좀 더 기다려야 한다. 그러나 1990년대 후반 이후 경기도, 충청남 · 북도 그리고 전라남 · 북도에서 토실(土室), 굴립주(掘立柱)건물, 주구묘(周溝墓), 그리고 조족문(鳥足文) 및 거치문(鋸齒文) 토기 등을 포함한 마한의 실체를 구체화해 줄 것으로 기대되는 고고학 자료들이 지속적으로 확인되고 있어 오래지 않아 이에 관한 구체적인 논의를 진행할 수 있을 것이다. 이들 54국은 각자의 지리적 환경, 잉여농산물의 확보와 통상권의 이점을 활용하여 발전의 궤를 달리한 것 같다. 이것은 이제까지 조사된 서산 음암 부장리, 천안 용원리, 공주 의당 수촌리(사적 406호), 익산 입점리(사적 347호), 나주 신촌리

(사적 77호)와 복암리(사적 404호)와 고흥 포두면 길두리 안동과 같은 유적들이 마한의 거점을 형성하고 있는 점에서 잘 볼 수 있다.

이번 『한성시대 백제와 마한』(2005, 주류성)의 개정·확대판에서는 당시 표지와 서문에서 언급한 필자의 약속대로 이제까지 발표한 글들을 최근에 발굴·조사된 새로운 자료로 수정·보완하고 제목을 바꾸어 '최근의 고고학 자료로 본 『한국 고고학·고대사의 신 연구』'라는 새로운 책자를 만들어내기로 하였다. 제목에서 '... 신 연구'라 달아 놓았지만 이 책에는 이미 발표되어 잘 알려진 독립적인 글들을 포함해 최근 5년간 학회에서 발표해왔던 한국고고학과 고대사의 새로운 견해를 담은 개설서류의 기조강연이 주류를 이루고 있다. 이를 통해 필자의 오랜 생각인 한국 고고학과 고대사의 새로운 시각과 맥락이 좀더 폭넓게 받아들여질 수 있으면 하는 바램이다. 또 외국인을 위해 영문요약 4편을 첨부하여 본문과 함께 넣었다. 그리고 '한국 지석묘의 기원과 전파'(2000, 한국지석묘 연구 이론과 방법, 주류성), '한성시대 백제와 마한'(2003, 문화재 36호), '한국 고고학·고대사에서 양평 신월리와 안성 원곡 반제리 종교·제사유적의 의의'(2006, 경기대학교 박물관 및 중원문화재연구원)와 '朝鮮半島の 文明化-鐵器文化と 衛滿朝鮮-'(2004, 日本 國立歷史民俗博物館研究報告 제119집)란 글들을 비롯하여 지난 20여 년간 개별적으로 발표했던 19편의 글들과 여기에 최근 새로이 확인된 자료를 다시 추가하고, 내용을 보완·확대하여 한 권의 책으로 묶는데 무리가 없도록 하였다.

그러나 본 책 말미의 부록에 '민족과 이념'(2000년 12월 4일, 고대

신문 1390호), '고고학과 자연과학'(2001, 자연과학 가을 11호, 서울
대학교 자연과학대학), '미래를 위한 문화유산의 보존과 정책'(계간
감사, 2001)과 같은 본책의 취지와 약간 벗어나는 글 3편을 실었는데
이는 전체의 흐름을 파악하는데 도움을 줄 것이라는 믿음에서였다.
편집을 마치고 보니 여러 편의 글에서 부분적으로 내용의 중복이 눈
에 띄는데, 이는 한국 고고학상 청동기시대(기원전 2000년~기원전
400년), 철기시대 전기(기원전 400~기원전 1년), 삼국시대 전기(또는
철기시대 후기, 서기 1~300년)와 후기(서기 300~660/668년)를 아우
르는 기원전 2000년부터 서기 668년까지 약 2600년간의 상당한 시간
대에 걸친 매우 복합적이고 독립적인 연구주제임을 보여주고 있기
때문이다. 다시말해 이 책은 구석기시대와 신석기시대를 제외한 약
2600년간의 한국 고고학 개설에 해당한다. 여기에서 언급된 기본적
인 생각에는 1988년 이후 고등학교 국사교과서를 집필할 때 서술해
왔던 진화론, 통시론, 역사적맥락과 문화사적 관점, 그리고 고고학,
고대사와 인류학의 학제적 연구가 바탕이 되고 있다. 이러한 관점과
배경에서 본 이 책의 일관된 요지는 다음과 같다.

 1) 청동기시대의 상한은 기원전 2000년까지 거슬러 올라가며 기원
   전 2000년~기원전 1500년의 약 500년간은 신석기시대의 빗살문
   토기와 청동기시대의 무문토기 · 돌대문토기가 상호 공존해 문
   화적 교류를 보인다.

 2) 지석묘는 한반도에서 기원전 약 1500년경부터 존재해 한반도의
   토착사회를 형성하면서 철기시대 전기 말인 기원전 1년까지 존

속한다. 다시말해 지석묘사회는 지역적인 차이는 있지만 청동기시대와 철기시대전기까지 약 1500년간 지역에 따라 구조적 형태를 달리하며 존속해왔다. 지석묘사회는 혈연을 기반으로 하는 계급사회인 족장사회(chiefdom society)로서 재분배경제, 전문장인의 존재, 조상숭배와 세습신분제를 바탕으로 하였다.

3) 청동기시대의 精靈崇拜(animism)와 巫敎(shamanism)를 거쳐 철기시대에는 환호를 중심으로 전문제사장인 天君이 다스리는 별읍(別邑)인 蘇塗가 나타난다. 이것도 일종의 무교의 형태를 띈 것으로 보인다. 마한의 고지에는 기원전 3~2세기부터의 단순 족장사회에서 좀더 발달한 복합족장사회인 마한이 있었다. 이는 三國志 魏志 弁辰條에 族長격인 渠帥가 있으며 이는 격이나 규모에 따라 신지(臣智), 검측(險側), 번예(樊濊), 살계(殺奚)와 읍차(邑借)로 불리워지고 있었음을 알 수 있다. 그리고 마한에도 마찬가지 경우로 생각되나, 이들을 대표하는 王이 다스리는 국가단계의 目支國도 있었다. 그러나 天君이 다스리는 종교적 別邑인 蘇塗는, 당시의 복합·단순 족장사회의 우두머리인 渠帥의 격이나 규모에 따른 이름인 신지, 검측, 번예, 살계와 읍차가 다스리는 세속적 영역과는 별개의 것으로 보인다.

4) 철기시대의 상한은 기원전 5세기경까지 올라가며 이 시기에는 점토대토기가 사용된다. 철기시대 전기 중 말기인 기원전 1세기경에는 다리가 짧고 두터운 두형(豆形)토기가 나타나며, 이 시기 남쪽 신라에서는 나정(사적 245호)에서 보여주는 바와 같이 국

가가 형성된다.

5) 한반도에서 현재까지 나타난 최초의 국가형성은 철기시대 전기 중 위만조선(기원전 194년~기원전 108년)으로 왕을 정점으로 하는 혈연을 벗어난 계급사회, 세습신분제, 무력의 합법적 사용, 전문화된 중앙정부, 중앙관료체제와 장거리무역 등으로 대표된다.

6) 기원전 3~2세기경부터 마한이 존재해 있었으며 이를 바탕으로 백제의 국가형성이 조성된다. 현재까지의 마한의 고고학 자료로는 토실(土室), 굴립주(掘立柱)건물, 주구묘(周溝墓) 그리고 조족문(鳥足文) 및 거치문(鋸齒文)토기 등을 들 수 있다. 그리고 마한의 54국은 각자의 지리적 환경, 잉여농산물의 확보와 통상권의 이점 등을 활용하여 각기 발전의 궤를 달리한 것 같다. 백제와 마한은 처음부터 거의 전기간 공존한다. 그러나 백제의 세력이 커감에 따라 마한의 세력은 축소되어 서기 5세기 말~6세기 초 마한은 멸망한다. 중심지의 변천도 백제의 한성시대-공주-부여로 천도함에 따라 마한도 천안-익산-나주로 옮겨간다. 마한 54국도 정치와 지리적 환경과 여건의 이점을 최대한 활용함에 따라 각기 발전 속도에서 차이가 있었을 것이다. 따라서 단순 족장사회에서부터 목지국과 같은 국가단계도 공존했을 것이다.

7) 따라서 삼국사기의 신라, 고구려와 백제의 국가형성 연대는 그대로 인정해도 무방하다 하겠다. 그리고 앞으로 이들 국가 형성에 미친 漢/樂浪의 영향도 고려해야 한다. 따라서 삼국사기의 초

기 기록을 무시하고 만든 원삼국시대란 용어의 적용은 적합하지 않다. 여기에 대해 삼국시대전기(서기 1년~서기 300년)란 용어를 대체해 쓰는 것이 좋겠다. 최근 고구려사의 연구가 활발하며 삼국사기에 기록된 고구려 관계 기사는 그대로 인정이 되고 있다. 고구려, 백제와 신라의 역사적 맥락으로 볼 때 고구려의 主敵은 백제와 신라이지 원삼국이 아니라는 점이다.

8) 한성시대 백제(기원전 18년~서기 475년)에도 산성이 축조되었으며, 현재까지의 자료는 서기 371년 13대 근초고왕(서기 346년~375년)과 고구려 16대 고국원왕(서기 331년~371년)과의 전쟁 이후인 4세기 후반경에 처음 축조되었음을 보여주는데, 하남 이성산성(사적 422호), 이천 설봉산성(사적 423호)과 설성산성(경기도 기념물 76호) 등이 그 증거이다.

이로서 필자가 오랫동안 계획해왔던 최근의 고고학 자료로 본 『한국 고고학 · 고대사의 신 연구(韓國 考古學 · 古代史의 新研究)』라는 책이 발간되기에 이르렀다. 이 책의 발간에는 주류성 최병식(崔秉植) 사장과 전체 교정을 꼼꼼하게 보아준 한국전통문화학교 金庚澤 교수, 국립박물관 尹龍熙, 문화재연구소 鄭太垠 학예사들과 표지사진을 제공해준 강원문화재연구소에게 이 자리를 빌어 고마움을 표한다.

1994년 6월 23일(목) 禁酒를 하고 스스로 자초하여 외부와 거의 단절하다시피한 고독속으로 파묻힌 날 이후 만 12년이 지났다. 그동안 평소 공부하는데 부족했던 점을 보완하려고 노력하였고, 그 결과 필자와 관계된 저서, 공저, 편저와 번역 등이 여러 권 나오게 되었다.

그 책들은 다음과 같다.

1. 러시아의 고고학(1994, 학연문화사)

2. 문명의 발생(1995, 민음사)

3. 고고학과 자연과학(1996, 서울대학교 출판부)

4. 도시 · 문명 · 국가(1997, 서울대학교 출판부)

5. 한국고대국가 형성론(1997, 서울대학교 출판부)

6. 인물로 본 고고학사(1997, 한울)

7. 백제를 다시본다(1998, 주류성 : 2004년 일본어 번역판 출판)

8. 고고학 연구방법론(1998, 서울대학교 출판부)

9. 흙과 인류(2000, 주류성)

10. 한국지석묘 연구 이론과 방법(2000, 주류성)

11. 시베리아의 선사고고학(2003, 주류성)

12. 동북아 청동기시대 문화연구(2004, 주류성)

13. 한성시대의 백제와 마한(2005, 주류성)

14. 경기도의 고고학(2006, 주류성)

필자는 1971년 전임강사가 된 후 저서, 공저, 편저 또는 번역을 포함해서 일년에 적어도 한 권 이상의 책을 내기로 마음을 먹었고 1994년 禁酒 이전을 포함해서 그 약속을 지켜온 것 같다. 그러나 앞으로 정년퇴임까지의 5년의 기간을 포함해서 그 약속을 지킬 수 있을런지는 자신이 없다. 현재로서는 이 책의 발간을 계기로 스스로의 약속을 철회하고 싶은 것이 솔직한 심정이다. 필자는 평소 荀子의 말씀대로 學不可以已(勸學편)를 그대로 실천해 왔으며 또 自知者不怨人, 知命者不

怨天, 怨人者窮, 怨天者無志(榮辱편)를 좌우명으로 이제까지 지내왔다. 아울러 孔子의 말씀인 人不知而不慍(學而편)과 不患莫己知(里仁편)도 그대로 지켜오고 있다. 그러나 回甲 이후 정년퇴임 때까지 약속과 좌우명을 그대로 지켜나갈런지 걱정이다. 생각할 수 있는 능력과 건강이 예전같지 못하기 때문이다. 아무튼 耳順이 될 때까지 아무 탈없이 공부할 수 있었다는 점에 고마울 따름이다. 이제부터는 論語 爲政편에 나오는 마음에 하고 싶은데로 쫓아서 해도 법도를 넘어서지 않는다(從心所欲, 不踰矩)는 從心(古稀, 七旬)을 준비할 때이다.

2006년 9월 13일 回甲을 맞아

희정(希正) 최몽룡(崔夢龍) 씀

목 차

1. 21세기 한국 고고학의 새로운 조류와 전망

Korean Archaeology for the 21st Century : From Prehistory to State Formation

Preface

Archaeological studies in the West have undergone several developmental stages in theory and methods, from cultural evolutionism to diffusionism, to modified diffusionism, to cultural ecology, to systems theory, to neo-evolutionism, to new archaeology, and most recently to post-processual archaeology. Within this historical framework, Willey and Sabloff (1993) outlined the history of American archaeology as follows :

The Speculative Period (1492~1840)

The Classificatory-Descriptive Period (1840~1914)

The Classificatory-Historical Period : the Concern with Chronology (1914~1940)

The Classificatory-Historical Period : The Concern with Context and Function (1940~1960)

The Modern Period (1960~1992)

Since the 1950s American archaeologists have focused particularly on the origins and evolution of cities, civilization, and state formation. Concurrently, origin of agriculture became the subject of intense scholarly interests. In relation to American archaeology, the current status of Korean archaeology, with its emphasis on typology and chronology, may be considered to not yet have passed the Classificatory-Historical Period. To overcome this predicament, a number of scholars (Choi M.L. 1984 ; Rhee S.N. and Choi M.L. 1992 ; Choi M.L. 1997 ; Choi J.P. 1997 ; Choi 2000) have sought to introduce as well as to apply to Korean archaeology modern archaeological approaches of the West, particularly those of new archaeology and post-processual archaeology.

In terms of future prospect for the 21st century Korean archaeology, it is expected that the primary attention will be given to the emergence of kinship(clan)-based chiefdom societies and their evolution into highly stratified and more advanced early state level societies in the Korean peninsula. Along with the increasing emphasis in socio-cultural developments, a new chronological framework will also be established. In this regard, an increasing attention will be given to regional archaeology and to the chronology of socio-cultural developments at various regional levels. This will undoubtedly modify the uniform chronology hitherto applied to the whole Korean peninsula.

With emphasis on regional archaeology, there will be a more balanced understanding of the nature of socio-cultural developments not only at centers but also at their peripheral zones and of the relationship among them. This will help clarify the origin of the Korean bronze age and the emergence of early states, from new perspectives. In this endeavor, it is important to keep in mind, regarding the formation of Korean culture, that the development, acceptance, and diffusion of culture differed from region to region as well as in timing. While it is still within the realm of hypothesis, it appears that the evolution of Korean culture was multi-linear and highly complex, and unlocking the complexity will become the task of the 21st century Korean archaeology.

In the meantime, Guksapeonchan Uiwonhoe(Korean National History Compilation Committee) published in 1973 Korean History I: the Prehistory of Korea. Twenty-four years later, in 1997, it published a revised and enlarged version in two volumes, under the titles of Korean History II : the Paleolithic and the Neolithic Age and Korean History III : the Bronze and the Iron Age. This clearly suggests that there has been much advancement in Korean archaeology relative to pre- and early history and that the latter now occupies a highly significant niche in Korean history.

As shown in these revised versions of Korean history, during the last two decades new archaeological data has greatly increased, prompting changes in chronology as well as in archaeological terminology. Particularly prominent is the replacement of Early Iron Age with Iron Age I (400 BC to 1 BC) and Protohistoric Period with Iron Age II or Three Kingdoms Period I (AD 1~AD 300). Recently uncovered archaeological data from the Pungnap-dong Earthen Fortress(Historical Site no.11) in Seoul are invaluable in the understanding of Koreas ancient history. They, along with others coming to light, have encouraged Korean archaeologists and historians to view positively both the early accounts of the Samguksagi (Historical Records of Three Kingdoms) and Korea's early history.

Korean Prehistory at Glance

Paleolithic Period

1. Natural Environment

It is generally understood that during the Pleistocene, the Korean peninsula lay within the periglacial zone, with distinct sea level variations. When the sea level was low, particularly during the Third or the Riss Glacial, the mainland of China, the Korean peninsula, and the Japanese archipelago were connected, forming a land bridge and enabling the movement of people from the Asian continent to the Japanese islands. Faunal remains from paleolithic sites suggest that varying climates existed during the Pleistocene.

Warm climate fauna such as rhinoceros, elephants, and monkey uncovered from Gumgul, Jeommal, and Durubong sites suggest the existence of warmer climate of the interglacial while cold climate fauna including wooly mammoth from the Donggwanjin a cold climate of the Wurm Glacial.

2. Paleolithic Sites and Artifacts

While it is generally assumed that the Korean peninsula was inhabited by Homo erectus since the early paleolithic period, there is no clear evidence to support it. A number of paleolithic sites including Gomeunmoru of Sangweon in North Korea, Geumgul of Danyang, and Jeongok-ri have been considered by some to belong to the early paleolithic; however, much controversy exists among paleolithic specialists concerning their dates and authenticity.

Middle paleolithic sites include Sangmuryong-ri of Yanggu, the middle cultural level of Geumgul, Seokjang-ri, and Durubong. Late paleolithic sits are found in abundance all throughout the peninsula. Particularly important among them is Suyanggae Site in Danyang, an expansive open-air habitation site with a large number of lithic workshops. Besides Suyanggae, the late paleolithic sites include the late paleolithic horizon at Seokjang-ri and at Geumgul as well as the obsidian-bearing horizon at Sangmuryong-ri. In recent years late paleolithic sites have been discovered at Gokcheon (Usan-ni), Geumpeong (Shinpyeong-ri), Daejeon (Hwasun), and Imbulli (Keochang) in the North and South

Cheollanam-do region, hitherto assumed to be absent of any paleolithic sites. Accordingly, the number of paleolithic sites are expected to grow, supporting the assumption that there was an active movement of people in the paleolithic Korean peninsula.

In terms of artifacts, those assigned to the early paleolithic include heavy tools without any retouch and crude choppers and chopping tools. Bifacially flaked core tools from Jeongok-ri have been considered by their investigators to be hand-axes of Acheulean type ; however, the Acheulean designation has been seriously questioned (Ayres and Rhee 1984). In comparison, Jeongok-ri lithic assemblage appears to be related more closely to those from the regions of the upper Yenisei River, Gorno-Altai, and Southern Manchuria (Choi 1993). Tools assigned to the middle paleolithic are chopping tools and various artifacts made on flakes including scrapers, points, burins, and knives. Middle paleolithic tools were made using direct as well as bipolar percussion and anvil hurling. Tools from the late paleolithic sites include microblades as well as prepared microblade cores in addition to scrapers (with edge retouch), burins, and points (tanged).

Included among the late paleolithic artifacts are sculptures of limestone and animal bones/horns with whale and fish designs; however, there is much controversy regarding their authenticity. The origin and development of Korean paleolithic culture is intimately related to the question of the origin of the Korean people. One the one hand, the northern origin theory assumes

Korean origins to be in the upper regions of the Yenisei River of Siberia-Mongolia-and southern Manchuria axis. On the other hand, North Korean theory emphasizes the autochthonous origin of the Korean people. Unfortunately, presently there is no sufficient archaeological or anthropological data with which to clarify the question of the origin of the Korean people and their culture.

Currently, two issues remain critically important to Korean paleolithic studies : (1) the age of the early paleolithic cultural deposit and (2) criteria for distinguishing the early paleolithic culture from that of the middle paleolithic.

3. Paleolithic Inhabitants of the Korean peninsula

Current debate concerning the earliest human habitation in the Korean peninsula comprises varying dates ranging from 700,000 BP of the early paleolithic to 100,000 BP of the middle paleolithic. The oldest human fossil remains from Seungrisan (Deokcheon), Daehyeon-dong (Pyeongyang), and Sangsi Cave (Danyang) all bear the marks of Homo sapiens. In addition, skeletal remains from Mandal Cave display highly developed features and are ascribed to the mesolithic period. Once dubbed the New Man they are now called Mandal Man.

Mesolithic Period

Regarding the mesolithic there are two prevailing views in Korea today. One, on the basis of European prehistoric chronology, assumes that the lithic technology of the Korean paleolithic continued to develop until it reached its zenith during the late paleolithic, which was in turn followed by the mesolithic. Among the so-called mesolithic sites are Imbuli(Geoch' ang), Hahwakae-ri (Hongcheon), the lowest cultural level at Sangnodaedo (Tongyeong), and the uppermost cultural level of Seokjang-ri. In North Korea, the Mandal Cave and Bupo-ri, sites previously ascribed to the late phase of the late paleolithic, are now considered mesolithic With increasing number of sites yielding microliths, the number of mesolithic sites could grow.

Use of the term mesolithic in Korea and throughout northeast Asia has been the result of uncritical application of European chronology. According to a newly emerging picture of northeast Asian prehistoric cultural development, it appears more appropriate to view the so-called mesolithic not so much as a distinct phase of the stone age but as a transitional stage between the paleolithic and the neolithic periods. That is, it was essentially a period in which the peninsula inhabitants sought to readapt to a new natural environment consequent to the ending of the last glacial. The main reasons for this understanding are twofold : (1) European lithic sequence never existed in northeast Asia and (2) pottery, characteristic of the neolithic in Europe and the Near East, appears in Korea already at the end of the Pleistocene. Gosan-ri on

Jejudo Island is a representative site in this regard.

Neolithic Period

1. Lifeways of the Neolithic

Until recently it was generally held that Korean neolithic began around 6,000 BC. However, according to recently discovered Gosan-ri cultural remains, radiocarbon-dated to 10,500 BP, Korean neolithic appears to have begun as early as 8000~10000 years ago. (Present writers divide the Gosan-ri site into three cultural levels : 1) late paleolithic level represented by microliths and micro cores, 2) neolithic level I yielding pottery with clay bands and triangular shaped arrowhead without tang, and 3) neolithic level II represented by tanged arrowheads. In light of their close semblance of those from Osipopka neolithic site in the Amur basin, the neolithic remains from level I of the Gosan-ri may be dated to as early as 10,000 BP.)

Neolithic inhabitants used ground and polished stone implements of varying types. Raw materials included hard stones such as nephrite and agate as well as soft slate. When broken, the stone tools were simply repolished for continual use. Pottery was used for cooking or storing food items. The polished or ground lithic implements and the pottery are the two representative remains of Korean neolithic culture.

The representative pottery of the Korean neolithic is Bitsalmuni (comb-pattern design) pottery, which was essentially a part of Asias northern cultural tradition. Likewise, pottery with a pointed bottom characteristic of the Han River basin as well as pottery with a flat bottom from the Hamgyeongbuk-do region quite possibly had a common origin in the northern regions of the Altai and the Baikal (Han 1995).

Recently, however, a new type of pottery older than the comb-pattern pottery has come to light in increasing numbers. Appearing either without any designs or with clay bands attached to their surface, the new pottery is called Minmuni (undecorated) pottery or Totmuni (clay band design, applique) pottery. Neolithic sites yielding such early potteries include Seopohang (Unggi), Osan-ri (Yangyang), and the Dongsam-dong shell mound. Even older than Minmuni and the Totmuni pottery are the pottery from the Gosan-ri, sharing characteristics of the most primitive potteries found in northeast Asia. If the number of sites, bearing paleolithic cultural features along with pottery, continues to increase, chronology of Korean neolithic will be significantly revised.

Current chronology of Korean neolithic sites investigated hitherto is as follows :

· 8000~6000 BC : Primitive undecorated pottery, Gosan-ri.

· 6000~5000 BC : clay bands design pottery, Ubong-ri.

· 5000~4000 BC : impressed design pottery, Osan-ri.

· 4000~3000 BC : comb-pattern pottery, Dongsam-dong.

· 3000~2000 BC : partial comb-pattern pottery, Bonggye-ri.

· 2000~1500 BC : double-lipped pottery, Yul-ri.

(It must be noted here that by the time the last phase of double-lipped pottery appeared in southern Korea, bronze age had already commenced in northern Korea. It now appears that the bronze age began as early as the 20th~15th century BC.)

By the 4th or the comb-pattern pottery phase, neolithic sites were established all throughout the Korean peninsula. Representative sites include Gungsan-ni, Namgyeong, and Jitap-ri, all in northern Korea, and Amsa-dong, Misa-dong, Dongsamdong, Suga-ri (Gimhae), and Osan-ri, in southern Korea. These neolithic sites were located either on the riverbanks or on the coast. The comb-pattern pottery is marked by its pointed bottom, often in the shape of an acorn or an egg, and varies in size. It is now assumed that they were used to store agricultural products.

Neolithic farming was initially most likely one of slash and burn cultivation or a simple form of horticulture close to dwelling sites. Along with simple farming, however, hunting and fishing continued to play an important role for the neolithic economy. Hunting tools included bows/arrows and spears, designed to kill deer and wild boar. Fishing tools comprised nets of varying sizes, harpoons, and fishhooks made of stone or bone. Wooden canoes were also used for deep sea fishing of whales. In addition, neolithic inhabitants along the coast harvested 40~~50 different species of oysters and other shellfish.

Neolithic economy also involved primitive handcraft. Presence of spindle whorls and bone needles suggests that neolithic inhabitants made clothes and/or fishing nets.

2. Neolithic Settlements

While the paleolithic inhabitants of Korea lived in caves or on ridge tops along the rivers and the coast, those of the neolithic period lived generally in subterranean houses along the riverbanks and the coast. In some cases, as at Seopohang (Unggi), dwellings were constructed within hardened shell-mound. However, in general, neolithic dwellings consisted of a circular underground pit, 1~0.5m deep, a hardened floor, and a conical thatched roof. The underground pit was normally 5m in diameter and accommodated a family of five. At large neolithic settlement sites such as Seopohang and Amsa-dong, ten or more such subterranean houses have been discovered; however they appear to represent only a partial portion of dwellings at the said sites.

Some of the neolithic inhabitants continued to live in caves. Neolithic cave dwellings have been found at Misong-ri (Uiju), Yonggok (Pyeongyang), Gyo-dong (Chuncheon), Geumgul (Danyang), Sangsi (Danyang), and Yul-ri (Busan), among others. Except Gyo-dong, all cave dwellings were natural caves formed in limestone rich areas such as Pyeongyang and Chungcheongbuk-do. The neolithic cave dwellers undoubtedly subsisted on hunting and gathering.

3. The Question of Neolithic Agriculture

Critical to the understanding of Korean neolithic culture is the question of food production. Koreas prehistoric agriculture first appeared during the neolithic, as evidenced by carbonized millets (Setaria italica or Panicum crus galli) found at Jitap-ri and Namkyeong neolithic levels. Having first emerged around 4,000 BC, on the west coastal regions of the Taedong and the Han river basins, agriculture appears to have soon spread throughout the peninsula. Major agricultural implements included stone picks, some shovel, stone plough, stone sickle, and crescent shaped reaping knives. Though absent in archaeological records, it may also be assumed that neolithic farmers of Korea used wooden tools similar to those found in nearby China and Japan.

In light of lithic assemblages found at various neolithic sites, neolithic subsistence was one of a broad spectrum economy, involving, in addition to farming, hunting, fishing, and gathering as well. Which of the four subsistence activities was more important depended on environment and seasonal catch.

Why the neolithic inhabitants adopted agriculture, a labor intensive as well as risky economic activity, is an important question Korean archaeologists must address. Population increase and its resulting pressure on the carrying capacity, towards the end of the paleolithic, might be explored as possible causes of agricultural emergence in neolithic Korea, as in other world scenes.

4. Social Organization during the Neolithic

It is assumed that neolithic society was one of various tribal organizations consisting of exogamous kinship-based clans. In terms of population, tribes may range between a large tribe of 300~2,000 and a small tribe of 30~40 people. In light of limited neolithic settlement data, it is not possible at this time to ascertain the sizes of Korean neolithic tribes.

5. Religion of the Neolithic

Neolithic religion worldwide is generally understood in terms of shamanism and animism. Presently, there is little or no archaeological data pertaining to religious beliefs and practices during the Korean neolithic period.

State Formation and Ancient Korean Culture

1. Bronze-Iron Age

a) Bronze Implements and the Emergence of Social Stratification

Around the 20th century BC, there commenced in Korea the bronze age (somewhat earlier in Manchuria, around 20th~15th century BC). During this period Korea underwent unprecedented socio-cultural changes involving advancement in food production, rise of craft specialization, private ownership, and social stratification.

Bronze age sites, sharing similar artifactual remains, are scattered widely throughout northeastern China (regions of Liaoning and Jilin) and the Korean peninsula. Representative artifacts of the bronze age include bipa-shaped bronze daggers, bronze mirrors with crude linear designs, bronze arrowheads, along with polished crescent-shaped stone knives and disc-shaped stone axes. Bronze age pottery includes the so-called Misong-ri type pottery (high neck, wide mouth, and handles attached to sides) and the plain or decorated pottery with various regional characteristics. The plain pottery, representative of the bronze age pottery repertoire, is generally reddish-brown in color and is of two main types: top-shaped pottery with tapered bottom and the Hwabunhyeong pottery (flower-pot type with a round body and a flat base). These artifacts have generally been found in graves such as dolmens, cists, and tombs of piled stones.

The bipa-shaped bronze daggers, found throughout northeast China and the Korean peninsula, suggest that these regions belonged to the same cultural sphere during the bronze age.

Social stratification of the bronze age is evidenced in the dolmens of megalithic construction. Dolmens are found throughout the entire peninsula and manifested variant forms. Their construction, especially those with gigantic cap-stones weighing up to 50~100 tons, involved a large organized labor force, and they could have been built only under the direction of wealthy classes or elite with political power for themselves and their family members whose society is based upon kinship(clan)-based hierarchical-stratified order and ancestor worship. In the dolmens, their size, their contents, and their inter-relationships is thus reflected the social organization of the Korean bronze age.

Consequently, in recent years, scholars are attempting to reconstruct the bronze age society on the basis of data obtained through the analyses of dolmens and their cluster occurrence in various regions, particularly regarding construction labor force employed, population, and Bronze age settlement sizes.

b) Chiefdom Society

Conventional interpretation of Korean bronze age has long been beset by the use of terminologies, often ambiguous and confusing, such as tribal society, tribal state, and tribal alliance. Consequently, a number of Korean anthropologists have sought to understand the Korean bronze age in light of cultural evolutionary dynamics suggested by Elman Service and others (Choi M.L. 1984 ; Rhee and Choi 1992 ; Choi M.L. 1997 ; Choi J.P. 1997 ; Choi M.L. 200). According to Service (1975), a chiefdom is a stratified society based on surplus economy marked by the presence of hereditary elite and economic redistribution. As a kinship based regional community, chiefdoms are similar to tribal societies; however, they are similar to an early state in terms of their social stratification and elite rulers in place of big-man type simple leaders. In this light, a chiefdom may be viewed as a transitional stage in a socio-political evolutionary continuum from the egalitarian to the stratified and centralized society. Applied to Korean history, this evolutionary view has identified the dolmen/bronze age as that of a chiefdom level society and Wiman Jeoseon as Koreas earliest state (Choi M.L. 1997). Deokchon-ri dolmen, for example, identified as a sacral monument, was an ancestral cultic center of a regional elite class. Along with the cultic center was a fortified defensive structure, characteristic of a chiefdom society. Elsewhere, as at Geomdan-ri (Ulju) and Seosang-dong (Changweon), the bronze age saw the emergence of fortified settlements (with a surrounding moat).

c) Rice Cultivation

It now appears that by around 1000 BC, rice cultivation had spread to all parts of the Korean peninsula. Archaeological evidence comprises carbonized rice from Dwelling Site no. 36 at Namgyeong (Pyeongyang) in the northwest and Dwelling Site no. 12 at Heunam-ri in central Korea, and rice pollen from Gaheung-ri (Muan) in the southwest. Introduction of rice cultivation may have been associated with population increase and its resultant intensive agriculture during the bronze age. Evidence for intensive agriculture and paddy field rice cultivation comes from Okhyeon (Ulsan), Majeon-ri (Nonsan), and Daepyeong-ri Okbang Areas 2, 3, 4 (Jinju), and the number continues to increase.

Regarding the origin of rice cultivation in bronze age Korea, currently there are two views based on the study of rice specimens:

(1) introduction by way of the Yellow Sea from the Yangtze River basin in southern China and 2) diffusion by way of land route from northern China and Manchuria. Further studies are called for involving more scientific analyses of paleo- environment and characteristics of other grains being cultivated rather than concentrating on the rice itself.

d) Iron Implements and Iron Age Culture

Iron implements first appeared in the Korean peninsula in the 5th century BC. With the introduction of iron, agricultural technology was further advanced, strengthening the economic base. With the appearance of iron, old bronze implements were now relegated to ceremonial use. At the same time, the bipa-shaped bronze daggers evolved into slender daggers while bronze mirrors with crude designs into those with very fine linear decorations. Thus by now, the bronze technology was thoroughly indegionized (or Koreanized). Molding plates for these Koreanized and highly refined new forms of bronze implements have been found at numerous sites. Along with iron and Koreanized bronze implements, there appeared new forms of pottery including red burnished pottery, pottery with a round or elliptic-shaped clay band attached to the lip, and black burnished pottery.

Accompanying the iron implements were Ming-Tao-Chien and Wu-Shu-Chien Chinese coins of the Yen State, suggesting active inter-regional trading activities of the times. Also, discovery of brush pens at Daho-ri (Uichang) suggests the use of Chinese writing at this time. The advanced agriculture involved dry-land cultivation of millets, sorghum, and beans along with wet rice cultivation. With continual increase in population, however, agriculture became more intensified, with paddy rice cultivation gradually becoming dominant, greatly enhanced by iron implements (Rhee 1999). Dwellings were now in rectangular in shape while still subterranean, but they were gradually replaced with above-ground structures and in some cases were equipped with under-floor heating tunnels. And with increasing population and continual advancement in agricultural technology, settlements continued to increase in size.

e) Formation of Ancient Joseon (Gojoseon)

1) Dangun and Ancient Jeoseon

It appears that Ancient Jeoseon (Gojoseon) was the first of the bronze age chiefdoms to evolve into a state-level society. According to Koreas founding myths, it was Dangun Wanggeom that established Ancient Joseon around 2333 BC. Dangun Wanggeom was the title of the then ruler. Ancient Joseon appears to have first emerged in the Liaoning region in southern Manchuria, and in time incorporated into it various neighboring chiefdoms, eventually extending into the Korean peninsula. This coincides with the distribution pattern of dolmens, bipa-shaped bronze daggers, and

Misong-ri type pottery. Toward the end of the 4th century BC, Ancient Joseon had a hereditary kingship as well as official bureaucracy. With increasing political chaos in Chinese mainland during its Warring Period (476~221 BC), many Chinese fled and sought refugee in Ancient Joseon.(In North Korea, in recent years, under its extreme form of nationalism, state sponsored scholars have reported that Dangun Joseon was established around 3000 BC. Calling it Daedong River Civilization, they consider it to be the worlds first civilization. This report appears to be no more than a political exploitation of archaeology.)

2) Geographical Boundary of Ancient Joseon

There has been much controversy regarding geographical boundaries of Ancient Joseon. Currently, the prevailing view among South Korean scholars is that initially Ancient Joseon was located on the east side of the Liaoning river in southern Manchuria, but later it was centered at Wanggeom Fortress in Pyseongyang area in northwest Korea. In the 3rd century BC, powerful hereditary kings such as Bu and Jun ruled with an official bureaucracy. By then, Ancient Chosun was in confrontation with Chinas Yen state in the west, across the Liaoning River. Among North Korean scholars, the dominant view is that Ancient Joseon was located primarily in southern Manchuria, with its initial western boundary along the lower reaches of the Liao and the Hun river, and later at the end of the 2nd century BC, along the Daling river. There are, however, numerous archaeological problems with such a view. Some scholars, on the other hand, believe that Ancient Joseon, though initially centered in the Liaoning region, later moved its center to Pyeongyang area in the Daedong River basin in northwest Korea.

3) Gija Joseon

Chinese historical records in the Shiji speak of the establishment, in the region of southern Manchuria and Korea, of Gija Joseon by Chinas Zhou Dynasty, towards the end of the 12th century BC, with an official commission of a Zhou envoy named Gija. However, the historicity of Gija Joseon has been much debated. While some consider the Chinese account to be an outright fabrication, others view Gija as nothing more than an ancient Korean word for king. Still by others, Gija Joseon is believed to have been a new indigenous political power emerging in the course of Ancient Joseon autochthonous socio-political evolution. Others view Gija Joseon as an immigrant political force, which moved into the Daedong River basin in the 12th century BC from north China via southern Manchuria, following the collapse of the Shang Dynasty.

4) Wiman Joseon

Wiman Joseon was centered in Pyeongyang area in northwest Korea during the second century (BC 194~108 BC). According to the Shiji, Wiman Joseon was a fully centralized state with professional bureaucracy of varying ranks, a strong military force, stratified citizenry, administrative center at Wanggeom Fortress, and a hereditary kingship.

In terms of its origin, some view Wiman Joseon as a conquest state, that is, a state formed in northwest Korea by invading Chinese forces ; however, it appears more appropriate to view it as an indigenous state based on inter-regional trading activities. Strategically located between China Han empire and various polities such as Ye, Chin, Mahan, and Byeojin in the Korean peninsula as well as Wa Japan, Wiman Joseon maximized its intermediary position for profit (Choi M.L. 1997). With powerful economy built on the intermediary trade, Wiman emerged as a centralized state and continued to expand its political influence. Han China, provoked by Wiman Joseon's attempt to monopolize the trade between China and the various polities in Korea and Japan, conquered it in 108 BC, establishing in its place its own commanderies.

According to the Hanshu and the Houhanshu, compiled in China during the first and the fifth century AD respectively, Wiman Joseon had a population of about 250,000~300,000 people. They were placed under leaders, each controlling a population of 800~3,000 people. In governance, Wiman Joseon applied various laws and ordinances, which had evolved from the so-called Eight Forbidden Rules of Ancient Joseon. Laws were undoubtedly enforced with the help of the military and armed police force.

5) Other Early States

Buyeo

Buyo was an early state formed in the first century AD in northeastern Manchuria. Ruled by kings chosen by various tribal leaders, it maintained a tributary relationship with Han China ; however, its power waned following invasions by the Senpei tribes. Subsequently, threatened by Malgal tribes, Buyeo's ruling elite submitted to Goguryeo.

As with Ancient Joseon and Wiman joseon, Buyeo governed its population with formal laws, so-called Four Ordinances, which were essentially similar to Ancient Joseon's Eight Forbidden Rules. Buyeo elite worshipped the Heaven and conducted elaborate ceremonies at the beginning of each year as well as in times of war. They practiced fortune telling, using the hoop of a slain ox. Also, when kings died, they were buried with numerous human sacrifices, in some cases up to a hundred, suggesting Buyeo peoples belief in the life-after-death.

Goguryeo

According to the Samguksagi (Historical Records of Three Kingdoms), compiled in the 12th century AD, Goguryeo, closely related to Buyeo in its origin, was founded in 37 BC in southern Manchuria near the middle reaches of the Yalu river. In time, it continued to grow and expand its territory westward as well as southward into the Korean peninsula, across the Yalu River. Long in conflict with Chinese commanderies in southern Manchuria as well as in northwest Korea, it finally conquered the latter region early in the 4th century AD. Subsequently it moved its capital from Jian in southern Manchuria to Pyeongyang, where it flourished as a dominant political power in northeast Asia for another two and a half centuries. Goguryeo state was based on a political and military alliance of five independent tribal organizations (or chiefdoms). In light of recent archaeological finds, it has been suggested that Koguryo states emergence was closely related to Chinese expansion into southern Manchuria under the State of Yen and the Han Dynasty, beginning in the 3rd century BC. In self-defense, Goguryeo chiefdoms formed an alliance. Concurrently, it appears that elite groups from north China, defeated and lost out in power struggle during the Warring Period as well as during Chin and Han Dynasty's wars of conquest, fled and joined Goguryeo elite, further strengthening the emerging Goguryeo power (Rhee 1992).

Okjeo and Eastern Ye

Okcho and Eastern Ye were polities located along the east coast. According to recent archaeological data, this area followed socio-cultural evolution similar to that of Ancient Joseon and elsewhere, particularly during the bronze age/chiefdom period as well as during the early phase of Goguryeo nearby. This is evidenced among archaeological finds at Sora-ri Earthen Fortress

(Hamgyeongnam-do), Hasedong-ri (Bukcheong), Ihwa-dong (Hamheung), and Chodo (Najin). However, it appears that their growth into full-fledged states was stifled by Goguryeo's expansionist exploits southward. Essentially, they remained at the level of local chiefdoms.

Sam Han (Three Han)

Beginning in the first century BC there existed numerous chiefdoms in the southern Korea, south of the Han river, organized as three political alliances, known as Mahan, Jinhan, and Byeonhan. Of the three, Mahan was the largest consisting of about 50 chiefdoms, of which Mokjiguk acted as primus inter pares. Each of Sam Han chiefdoms was led by two types of leaders : one civil, and the other religious, called Cheongun, who presided over religious and agricultural ceremonies. Within each chiefdom was also a sacred place known as Sodo, which functioned as a city of refuge. During the Sam Han period, iron became increasingly important, particularly thanks to Byeonhan's advanced iron technology and its flourishing iron trade throughout the peninsula. The iron technology speeded up socio-cultural and economic development of Sam Han chiefdoms. In time, Baekje in the Han river basin grew into an early state incorporating other nearby Mahan chiefdoms. In the Nakdong river basin, Byeonhan chiefdoms evolved into early Gaya states, while in the southeast, Saro, one of Jinhan chiefdoms, emerged as the early Silla state.

1. Sam Han and Early State Formation

In recent years, a number of scholars have sought to understand Sam Han in the context of early state formation in the Korean peninsula (Kim J.B. 1979 ; Lee J.W. 1982 ; Rhee S.N. and Choi M.L. 1992). From cultural evolutionary perspectives, they argue, the chiefdoms which had emerged during the bronze age continued to develop in their complexity, particularly with advancement in agriculture, iron technology, and inter-regional trade. The increasing socio-cultural complexity inevitably led to the emergence of Baekje, Silla, Gaya, and other early states in southern Korea.

2. Mokjiguk

Initially, Mokjiguk, as the primus inter pares of Mahan chiefdoms, was located in Seonghwan and Jiksan area. Under Baekje's expansionist pressure, Mokjiguk moved its center to southward, first to Iksan and Yaesan area and eventually to Naju plains in the southwest. It appears that in Naju area, it flourished as a full-fledged early state. A large number of great tumuli at Bannam-myeon and the finding of a gilt-bronze crown in them strongly connects Mokjiguk with Naju. It continued to prosper until the end of the 4th century or possibly until the early 6th century AD when Naju area came under Baekje control (Choi M.L 1991 ; Rhee 1998).

3. Gaya

Known as Koreas lost kingdom, Gaya received little attention in Koreas ancient historical narratives, particularly in the Samgusagi, compiled by Kim Bu-sik, a Silla-centered historian. Recent archaeological investigations, however, have brought to light brilliant cultural achievements of Gaya states, located in the lower reaches of the Nakdong river and on its west bank. Emerging form the old Byeonhan tribes, Gaya states flourished for three centuries between the fourth and the sixth centuries AD, until they were either absorbed or conquered by Silla in AD 532. Gaya strength lay its highly developed iron technology, which it traded with Chinese commanderies in the northwest, Wa Japan, and various local polities within the peninsula. Highly refined Gaya stone ware influenced Silla pottery and became the Sueki pottery of Kofun of Japan (Lee 1998).

Postscript

1. Chinese Impact on State Formation in Ancient Korea

In the emergence of early states in Korea, Chinese influence, politically, economically, socially, and culturally, played a salient role. Discovery of Chinese coins Wu-shu-Chien and Ming-Tao-Chien throughout the Korean peninsula suggests a close interaction between the Chinese and local Korean polities during the dynamic iron age. Particularly, Korean interaction with Chinese commanderies in the northwest, a small China within Korea with all of Chinese cultural elements, greatly enhanced increasing socio-cultural complexity among local Korean polities in all walks of life including introduction of Chinese writing (Rhee and Choi 1992).

2. Chronology of Ancient Korea

In this paper the traditional chronology of Korean bronze and iron age is revised as follows : 300 BC for the lower limit of the bronze age ; 300 BC~1 BC for Iron Age I (corresponding to the traditional Early Iron Age) ; AD 1~AD 300 for Iron Age II or Early Three Kingdoms Period (corresponding to the traditional Proto-three Kingdoms Period or Sam Han Period). This revision reflects recent archeological investigations and also simplifies the traditional chronology for 300 BC~AD 660/668. Underlying this revision is the hope to overcome and further refine chronological differences resulting from the on-going regional studies. Also presented here is a chronology of Korean prehistory to be standardized for the 21st century Korean archaeology:

- · Paleolithic Period: Currently, there is too much controversy regarding the upper limit, all the way from 700,000 BP to 200,000 BP. This problem is yet to be resolved.
- · Neolithic Period : from 10000~8000 BC to 2000~1500 BC.
- · Bronze Age : 2000 BC~400 BC.
- · Iron Age I : 400 BC~1 BC (formerly Early Iron Age).

· Iron Age II/Early Three Kingdoms : AD 1~AD 300 (formally, Proto-Three Kingdoms Period or Sam Han Period).

3. Issues for the 21st Century Archaeology

Korean archaeology, deeply involved in salvage archaeology up to now, must strive for quality in terms of scientific analyses and interpretations. This calls for efficient and effective utilization of laboratory methods already used in natural science: accelerator mass spectrometry (AMS) for more precise absolute dating, electromagnetic subsurface profiling (ESP) for efficient site studies, X-ray diffractive (XRD) analysis as well as X-ray fluorescence (XRF) analysis for artifact contents, among others. With the help of natural sciences, ancient trade (inter-regional as well as long distance) and the paleo-environment will also be clarified. Particularly urgent in this regard is the task of ascertaining a reliable chronology of the paleolithic sites and the paleolithic culture, which may be resolved only with scientific insights from geology and paleobotany.

Another critical issue relates to standardization of archaeological terminologies in anticipation for South-North Korea unification. Far more critical is the deep chasm in theoretical framework, hermeneutics, and chronological perspectives existing between North and South Korean archaeologists and historians. At the heart of the debate will undoubtedly lie the issues regarding the so-called Daedong river civilization and the identity of what is claimed by

North Koreans to be the tomb of Dangun.

In conclusion, it is time for Korean archaeology to free itself from the quagmire of endless debates on artifact typology and their dating and to move forward in the understanding and reconstructing of Korean pre- and early history, on the basis of solid theoretical and methodological foundations. This will help narrow the gap between Korean archaeology and that of advanced nations.

REFERENCES

Ayres, W. and Rhee, S.N.

1984, The Acheulean in Asia? A Review of *Research on Korean Paleolithic Culture. In Proceedings of the Prehistoric Society Vol. 40.* University of Southampton, England.

Choi, J.P.

1997, New Evolutionism and Reexamination of Critiques of its Application to Ancient Korean History. In *Theories on State Formation in Ancient Korea.*

Choi, M.L. and Choi S.N.(eds.). Seoul : Seoul National University Press.

Choi, M.L.

1984, *A Study of the Yŏngsan River Valley Culture.* A Ph.D. dissertation, Harvard University, Cambridge, Mass.

Choi, M.L.

1991, Mahan-Mokjiguk. In *Understanding the History of Baekje*
Choi M.L.and Shim, C.B.(eds.) Seoul : Hakyon Munhwasa.

Choi, M.L.

1993, *In Search of the Origins of Korean Culture.* Seoul : Hakyon
Munhwasa.

Choi, M.L.

1997, Wiman Chosun. In *Theories on State Formation in Ancient
Korea.*

Choi M.L. and Choi S.N.(eds.) Seoul : Seoul National University
Press.

Choi, M.L.

2000, *Korean Archaeology for the 21st Century: From Prehistory to
State Formation.* Seoul : Guksapyeonchan Uiwonhoe

Han, Y.H.

1995, Altai and the Korean Peninsula from the Perspective of
Archaeological *Remains.* In *Altai Civilization.* Seoul : Korea
National Museum.

Kim, J.B.

1979, Developmental Process of Chiefdoms : A Trial
Discussion. In *Baekje Munhwa Vol. 12.*

Lee, J.W.

1982, *Formation of Silla State.* Seoul : Iljogak.

Lee, S.J.

1998, *Origin and Growth of Shilla and Kaya Societies.* Seoul :

Hakyon Munhwasa.

Rhee, S.N.

1997, Origins of Goguryeo State in Light of Archaeology. In *State Formation process in Ancient Korea.* Seoul : Ancient Historical Society of Korea.

Rhee, S.N.

1998, Society and Culture of Ancient Naju Region. In *History of Ancient Naju Region.* Naju : Naju County Office.

Rhee, S.N.

1999, Development of Complex Society in Ancient Korea and the Decline of the Megalithic Culture. In The 22nd Annual Academic Conference Volume.

Ancient Historical Society of Korea.

Rhee, S.N. and Choi, M.L.

1992, Emergence of Complex Society in Prehistoric Korea. In *Journal of World Prehistory, Vol. 6, no. 1.*

Service, E.R.

1975, *Origins of the State and Civilization.* New York : Norton.

Willey, G. and Sabloff, J.

1963, *A History of American Archaeology.* London : Thames and Hudson.

최근 한국 고고학계의 동향은 남한 청동기대의 상한이 북한과 같이 기원전 15세기로, 그리고 중국과 러시아와 비교해 보면 기원전 20세기까지 거슬러 올라간다는 것과 종래의 초기 철기시대와 원삼국시대라는 용어가 철기시대 전기(기원전 400년~기원전 1년)와 철기시대 후기(삼국시대 전기 : 서기 1년~서기 300년)로 대체되어 사용하고 있는 경향이 두드러지고 있다. 이는 점차 증가하는 고고학자료에 의거한 것이다(최몽룡, 1997 및 2000a).

새로이 통용될 수 있는 한국고고학의 전체 편년은 다음과 같다(최몽룡, 2000a : 64).

구석기시대(구석기시대는 전기 · 중기 · 후기로 나누나 북한과 남한의 학자들 간에 전기 구석기시대의 상한에 대하여는 이견이 많다. 전기 구석기시대에 속하는 유적들은 평양 상원 검은모루, 경기도 연천 전곡리와 충북 단양 금굴 등이며 그 상한은 학자에 따라 70~20만 년으로 보는 등 이견이 심한 편이다)
신석기시대(기원전 10000~8000년~기원전 2000년)
청동기시대(기원전 2000~기원전 400년 : 기원전 1500년은 남북한 공통의 청동기시대상한이며 북한의 경우 앞으로의 만주지방의 유적발굴조사에 따라 기원전 20세기까지도 가능하다 하겠다.)
철기시대 전기(기원전 400~기원전 1년) 종래의 초기 철기시대
철기시대 후기(서기 1년~서기 300년) : 삼국시대 전기(종래의 원삼국시대, 삼한시대)

신석기시대의 경우 제주도 한경면 고산리 유적의 연대측정결과, 우리나라에서 가장 연대가 올라가는 기원전 8000년(10500 B.P.)이 나왔는데, 융기문토기와 유경삼각석촉이 공반되었다(최몽룡 · 김선우,

2000 : 141). 이와 비슷한 시기의 것으로는 국립문화재연구소에서 1998년 12월~1999년 3월 발굴한 강원도 고성 문암리 유적을 들 수 있다.

청동기시대의 경우 많은 유적이 최근 조사되고 있다. 이들을 아직 가설적인 수준이긴 하지만 돌대문토기(조기), 단사선문이 있는 이중구연(전기), 공렬과 구순각목토기(중기)의 기간 등에는 逆刺式 또는 유경석촉과 반월형석도 등이 출토되며, 중국 遼寧省 沈陽 鄭家窪子 유적부터 시작되는 것으로 추정되는 철기시대의 개시를 알려주는 단면 원형의 점토대토기와 청동기시대와 철기시대에 걸치는 무문토기(청동기시대 후기의 700-850℃ 사이에 소성된 경질무문토기 포함)와 여러 가지 공반유물 등이 등장하는 네 번째 시기 등 청동기시대를 토기의 특징으로 대개 조기, 전기, 중기와 후기의 네 시기로 나누어 볼 수 있다.

조기(기원전 20세기~기원전 15세기)
전기(기원전 15세기~기원전 10세기)
중기(기원전 10세기~기원전 7세기)
후기(기원전 7세기~기원전 5세기)

청동기시대와 철기시대전기의 우리나라 토착인은 지석묘 축조인들이었으며 그들은 중국의 요녕성과 길림성 그리고 한반도 전역에 기원전 1500년에서 기원 전후한 시기까지 약 1500년간에 걸쳐 북방식, 남방식과 개석식을 축조하였다. 요녕성과 길림성의 북방식고인돌 축조자들은 미송리식단지, 비파형동검, 거친무늬거울을 標識遺物

들로 고조선의 주체세력과 그 문화를 이루었다. 고인돌의 축조자들은 전문직의 발생, 재분배경제, 조상숭배와 혈연을 기반으로 하는 계급사회였다(최몽룡·김선우 2000 : 3 및 최몽룡 2002). 이러한 계급사회를 바탕으로 우리나라의 최초의 국가인 위만조선이 철기시대 전기에 나타나게 된다. 전세계의 문화발달사에서는 보통 청동기시대에 국가가 발생한다는 주장이 일반적인데, 이와는 달리 한국에서 국가는 철기시대 전기에 나타난다. 참고로 이 연대는 수메르보다 2800년이 그리고 중국의 商보다 약 1500년이 늦다.

철기시대 전기에는 司馬遷의 史記 朝鮮列傳에 자세히 나오는 衛滿朝鮮(기원전 194~108년)이 성립되며 이로부터 한국의 고대국가가 시작된다(최몽룡 1999 : 1-70). Yale Ferguson의 언급대로 '국가는 경제·이념·무력의 중앙화, 그리고 새로운 영역과 정부의 공식적인 제도로 특징 지워지는 정치진화 발전상 뚜렷한 단계' 또는 Timothy Earle의 정의와 같이 '무력을 합법적으로 사용하고 통치권을 행사할 수 있는 지배체제의 존재 힘·무력, 경제와 이념을 바탕으로 한 중앙집권화 되고 전문화된 정부제도'를 의미하며, Kent Flannery는 위의 특징이외에도 '법률, 도시직업의 분화, 징병제도, 세금징수, 왕권과 사회신분의 계층화를 든 바 있다.

그런데 사기 조선열전에 직업적인 계급을 가진 중앙관료정부와 막강한 군사력, 계층화된 신분조직, 행정중심지로서의 왕검성, 왕권의 세습화 등 국가의 모든 요소가 나타나고 있고, 위만조선은 초기에 주위의 유이민 집단을 정복해 나가다 차츰 시간이 흐를수록 완벽한 국가체계를 갖추었다 하겠으며, 무역에 기초하여 성장한 국가로 보인다(최몽룡 2000a : 53-54). 최근의 무역에 대한 증거로는 동아대학교에서 발굴한 사천 늑도에서 기원전 221년 진시황의 통일 이후에 제조되었다가 기원 118년 한무제 5년에 폐기된 半兩錢을 비롯해 五銖錢이 나오고 있다.

이 유적은 기원전 1세기가 중심되며, 현지 제작된 일본의 야요이(彌生)토기를 비롯해 한국 철기시대의 특징적인 토기인 단면 원형의 점토대토기, 회청색경질토기와 경질무문토기들이 나오고 있다. 중국의 화폐는 해남 군곡리, 제주 산지항과 금성리, 고성과 창원 성산패총 등지에서도 나온다. 그래서 이곳은 三國志 魏志 東夷傳 弁辰條의 '國出鐵 韓濊倭皆從取之 諸市買皆用鐵如中國用錢又以供給二郡'의 기사나 倭人傳에서 보이는 대방(낙랑)-김해(狗邪韓國)-사천 늑도(史勿國?)-對馬島-壹岐-邪馬臺國으로 잇는 무역로의 한 기착지로서 언급이 된 사물국이 아닌가 여겨진다. 이외에도 국가발생력의 원동력 중의 하나인 무역에 관한 고고학 증거는 계속 증가하고 있다.

최근의 고고학 성과 중의 하나는 원삼국시대라는 한국의 고대사기록과 부합하지 않는 애매한 시기설정 대신에 마한과 백제라는 시기의 구분으로 설명이 명확해진 것이다. 삼국사기의 초기 기록대로 한성시대 백제(기원전 18~서기 475년)는 마한의 영역을 잠식해 들어가고 있다. 파주 주월리, 자작리, 여주 하거리 언양리, 진천 산수리·삼룡리, 진주 석장리와 원주 법천리 등 백제 초기의 강역이 고고학발굴조사로 알려지고 있다.

백제보다 앞선 마한의 중심지는 오늘날 천안의 용원리 일대이고 백제의 강성과 더불어 마한은 축소되어 전라남도 나주군 반남면 대안리, 덕산리, 신촌리(사적 76-8호)와 복암리(사적 404호) 일대로 추정된다. 그리고 目支國이라는 국가체제를 갖춘 이 일대의 마한 잔여

세력은 5세기 말~6세기 초에 백제로 편입되었던 것 같다(최몽룡 1999a). 이는 최근 목포대학교와 동신대학교 박물관에 의해 발굴조사된 나주시 금천면 당가리 요지에 의해 확인되고 있다. 마한의 토성은 충북대학교 중원문화연구소가 발굴한 청주 정북동토성(사적 415호)이 대표적이며 그 연대는 서기 130년(서문터 : 40-220년)이 중심이된다. 백제는 풍납동토성(사적 11호)과 몽촌토성(사적 297호)처럼 판축토성을 썼으나 근초고왕이 漢山성(서기 371~391년 근초고왕 21~진사왕 1년 : 최몽룡 2000b)으로 도읍을 옮기는 서기 371년부터 석성을 만들어 썼던 것 같다.

이의 대표적인 것이 하남시 이성산성(사적 422호)이며 이와 같은 예로 단국대학교에서 발굴한 이천 설봉산성(사적 423호)을 들 수 있다. 아직 가설적이나마 백제와 마한의 고고학적 차이도 언급할 수 있다. 즉, 한성시대의 백제에서 판축토성과 371년경부터 석성을 사용하고 기원전부터 사용되는 중도계 경질무문토기와 타날문토기가 주로 사용되는 반면, 마한의 경우 판축되지 않은 토성과 굴립주, 鳥足文과 鋸齒文이 보이는 회청색연질토기, 경질토기와 타날문토기 등을 사용하며 묘제로는 토광묘(청주 송절동)와 周溝墓(익산 영등동) 등을 축조하였다.

앞으로 청동기시대의 토착세력인 지석묘 축조자들과 약 1500년간의 축조기간 동안에 공존하거나 동화시킨 여러 가지 다른 문화계통(최몽룡 2002b)의 묘제 다시말하여 석관묘, 토관묘와 옹관 등과의 문화접촉관계도 앞으로 연구해야 할 중요한 과제이다. 그리고 청동기시대의 세장방형-장방형-방형-원형의 수혈움집을 거쳐 나타나는 철기시대 전기-철기시대 후기(삼국시대 전기)의 凸자-呂자-육각형수혈

움집의 변천과정과 아울러 토광묘-주구토광묘-옹관묘의 발달과정(최성락 2001) 그리고 최근 공주 탄천면 장선리(이훈 · 강종훈 2001 : 103-143 사적 433호), 기흥읍 구갈리(기전문화재연구원 200)1와 논산 원북리(중앙문화재연구원 2001)의 토실과의 상호 문화적 관계를 좀더 구체적으로 살피면 철기시대 전기와 후기에 걸쳐 나타나는 동예, 옥저, 변한, 진한, 마한 그리고 이들을 기반으로 해서 형성되는 고구려 백제, 신라와 가야라는 기록에 나타나는 구체적이고 역사적인 국가의 형성과 발전도 고고학적으로 입증해 낼 수 있을 것이다. 최근 포천 반월성(사적 403호), 연천 호루고루성(사적 467호), 하남 이성산성(사적 422호), 이천 설봉산성(사적 423호, 방유리 2001), 연기 운주산성과 청주 남산골산성의 발굴을 보면 백제초축(근초고왕 26년-고구려(서기 475년 : 고구려 장수왕 63년) 증축-신라보축(553년 : 진흥왕 14년)-통일신라-고려-조선 등 여러 역사적 사건이 얽혀진 맥락을 볼 수 있다. 다시 말해 삼국사기 초기의 기록이 사실임을 고고학 유적의 발굴이 잘 입증해 주고 있다.

최근 김해 봉황동(사적 2호) 주변발굴이 경남발전연구원에 의해 이루어지고 있는데 목책시설이 나오고 있다. 가락국(가야)은 서기 42년에 만들어져 그중 금관가야는 서기 532년(법흥왕 19년)에 신라에 합병된다. 최근 사천 늑도의 한일 고대무역자료와 같이 철을 생산해 교역의 중심을 이루었던 김해는 서기 1세기경부터 존속하는 고고학자료가 많아 나올 것으로 기대된다. 종전의 낙랑의 영향하에 제작되었을 것으로 추정되는 회청색경질토기(종래 김해식 회청색경질토기)가 늑도에서 나오며 그 연대도 기원전 1세기경으로 올라간다. 목책도 가속기질량분석(AMS)장치에 의해 연대를 낸다면 현재의 추정치

4~5세기 보다 건국연대 가까이로 올라갈 가능성이 많다. 참고로 전라남도 완도 장도의 청해진(사적 308호) 주위에서 발견된 목책의 연대는 서기 840년경으로 설진연대인 828년(흥덕왕 3년)에 가까이 나오고 있다.

현재 충청북도를 제외하고 전국에 걸쳐 전문적인 매장문화재연구소가 발족되어 활발한 발굴조사를 하고 있다. 이에 따라 화성군 발안에서와 같이 원삼국시대란 용어가 적용이 될 수 없는 유적들이 늘어나고 있다. 청동기시대의 상한도 가속기질량분석(AMS)에 따라 그 상한 연대가 계속 올라가고 있다. 한국의 고고학도 우리의 고대사를 부정하는 종래의 식민지사관에서 벗어나서 좀더 새로운 고고학자료에 의해 한국고대사의 편년과 해석이 긍정적으로 해석되길 고대한다. 특히 한국역사시대와 고대국가의 시작인 위만조선의 나타날 무렵이면 한반도에 있어서 고고학과 고대사는 동전의 양면과 같이 서로 보완해서 연구해야하는 입장이다.

21세기의 고고학은 다른 어떤 분야보다도 고고학과 고대사가 상호 보완하며 일치할 수 있는 연구가 이루어져야 하겠다. 이것은 비단 남부지방의 고대국가의 성립과 발전에 국한된 것만이 아니다. 다행스럽게도 현재 그러한 자료가 전국적으로 속속 발견되고 있어 21세기 고고학의 방향과 전망을 밝게 하고 있다.

참·고·문·헌

경남발전연구원 역사문화센터
2001, 김해 봉황동 시굴조사 지도위원회자료

경상북도문화재연구원

  2001, 대구 상동 정화우방팔레스 건립부지 내 발굴조사 지도위원
      회 및 현장설명회 자료

공주대학교박물관 · 충청남도천안시

  1998, 백석동유적

공주대학교박물관 · 천안온천개발 · 고려개발

  2000, 용원리고분군

국립문화재연구소

  1999, '98~'99 고성문암리 신석기유적발굴조사 성과발표 : 문화관
      광보도자료

  2001, 풍납토성 I

  2001, 나주 복암리 3호분

기전문화재연구원

  2001, 기흥 구갈(3)택지개발 예정지구 내 구갈리 유적발굴조사
      설명회 자료(8)

단국대학교 매장문화재연구소 · 이천시

  1999 & 2001, 이천 설봉산성 1 · 2차 발굴조사보고서

동아대학교 박물관

  2000 & 2001, 사천 늑도 유적 3차 발굴조사자료

목포대학교박물관 · 동신대학교박물관

  2001, 금천-시계간 국가지원지방도시사업구간 내 문화재발굴조
      사 지도위원회와 현장설명회자료

방유리

  2001, 이천 설봉산성출토 백제토기연구, 단국대 사학과 석사학위
      논문

원광대학교 · 익산시

  2000, 익산 영등동 유적

이훈 · 강종원

  2001, 공주 장선리 토실유적에 대한시론한국상고사학보 34호

중앙문화재연구원

  2001, 논산 성동지방 산업단지 부지 내 논산 원북리 유적

최몽룡

  1985, 고고분야 일본 對馬 · 壹岐島종합학술조사보고서 서울신문사, 115~124쪽

최몽룡

  1997, 청동기시대와 철기시대, 한국사 3, 국사편찬위원회 1-5쪽

최몽룡 · 최성락

  1997, 한국고대국가형성론-고고학으로 본 국가-서울대학교출판부

최몽룡

  1999a, 나주지역 고대문화의 특성, 복암리고분군(전남대학교 박물관 · 나주시), 281~7쪽

  1999b, 철기문화와 위만조선, 고조선문화연구, 한국정신문화연구원 1-70쪽

  2000a, 21세기의 한국고고학, 21세기의 한국사학, 한국사론 30, 29~66쪽

  2000b, 흙과 인류, 주류성

최몽룡 · 김선우

  2000, 한국지석묘연구 이론과 방법-계급사회의 발생-, 주류성

Choi Mong-Lyong & Rhee Song-nai, 2001, Korean Archaeology for the 21st Century : From Prehistory to State Formation, Seoul Journal of

Korean Studies vol.14. 117~148쪽

　최몽룡

　2002a, 선사문화와 국가형성, 고등학교 국사, 교육인적자원부
　　　16~43쪽

　2002b, 고고학으로 본 문화계통, 한국사 1, 국사편찬위원회

최성락

　2001, 고고학여정, 주류성

최정필 · 하문식 · 황보경

　2000, 평택 지제동 유적, 세종대학교 박물관 · 한국도로공사,
　　　422~3쪽

충남대학교 박물관

　2001, 아산테크노콤플렉스 지방산업단지 조성부지 내 아산 명암
　　　리 유적

충북대학교 박물관

　2000, 박물관안내, 14쪽

　2001, 청원I.C~부용간 도로확장 및 포장공사구간 남산골산성 및
　　　주변유적발굴조사 현장설명회자료

충북대학교 중원문화연구소 · 충주시

　1999, 청주 정북동 토성 I

한국문화재보호재단 · 한국토지공사

　2000, 청주 용암유적(I · II)

한국문화재보호재단 · 청주시

　2000, 청주 송절동유적

한양대학교 · 하남시

　2000/2001, 이성산성(제8 · 9차 발굴조사보고서)

2. 다원론의 입장에서 본
한국 청동기 · 철기시대의 새로운 연구방향

New Perspectives in the Bronze and Iron Age of Korean
Archaelogy in terms of polyhedral theory

Analysis and synthesis of archaeological data from the various
sites excavated recently by several institutes nationwide provided a
critical opportunity to reconsider archaeological cultures of Korean
Bronze, Iron Ages and Former Three Kingdoms Period, and I have
presented my own chronology and sub-periodization of Korean
Bronze and Iron Ages with some suggestions, including a new
perspective for future studies in this field.

Though it is still a hypothesis under consideration, the Korean
Bronze Age(2000/1500 BC~400 BC) can be divided into four phases
based on distinctive pottery types as follows :

1. Initial Bronze Age(2000 BC~1500 BC) : a pottery type in the
   transitional stage from Jeulmun comb pattern pottery to plain
   coarse pottery with band applique decoration on the rim, and
   plain coarse pottery with double rim or Jeulmun pottery
   decoration.

2. Early Bronze Age(1500 BC~1000 BC) : double rimmed plain coarse pottery with short slant line design on the rim.

3. Middle Bronze Age(1000 BC~600 BC) : pottery with a chain of hole-shaped decoration on the rim and pottery with dentate design on the rim.

4. Late Bronze Age(600 BC~400 BC) : high temperature fired plain coarse pottery(700~850℃).

The Iron Age(400 BC~1 BC) can be divided into two phases based on distinctive set of artifacts as follows as well :

1. Former Iron Age : pottery types such as high temperature fired plain coarse pottery and pottery with clay strip decoration on the rim(section : round), mould-made iron implements and bronze implements such as type Ⅰ Korean style dagger, dagger-axe, fine liner design mirror, ax, spear and chisel.

2. Later Iron Age : bronze implements such as type Ⅱ Korean style dagger, horse equipments and chariots, forged iron implements and pottery with clay strip decoration on the rim(section: triangle).

On the other hand, cross-section shape of clay strip attached to pottery can be a criterion to divide the Iron Age into three phases. The shape of clay strip had been changed in the order of section with round, rectangular and triangular shapes and each shape of the cross-section represents a phase of Iron Age, respectively. All the three types of clay strip potteries in terms of the section on the rim of surface, usually accompanied by the Korean type bronze dagger, are buried in the earthen pit tomb, indicating the beginning of the Former Iron Age(BC 400) in Korean peninsula.

Korean academic circles have to fully accept a record illustrated in the Samguksagi(三國史記) as a historical fact that King Onjo, the first king of Baekje Kingdom, founded Baekje(百濟) in the territory of Mahan in 18 BC During the Later Iron Age, or Former Three Kingdoms Period, Baekje had been coexisted with Lolang(樂浪) and Mahan(馬韓) in the Korean Peninsula with close and active interrelations within an interaction sphere. Without full acceptance of the early records of the Samguksagi, it is impossible to obtain any productive scholarly outcome in the study of ancient Korea. For quite a long time period, Korean archaeological circles have used a concept and term of Proto-Three Kingdom Period. However, it is time to replace the inappropriate and illogical term and concept, the Proto-Three Kingdom Period with Later Iron Age or Former Three Kingdoms Period.

최근 한국고고학계의 연구동향을 보면, 남한 청동기시대의 상한이 기원전 20세기까지 거슬러 올라가며, 종래의 초기 철기시대와 원삼국시대라는 용어가 철기시대 전기(기원전 400~기원전 1년)와 철기시대 후기 또는 삼국시대 전기(서기 1~300년)로 대체되고 있다. 철기시대 전기는 종래 고(故) 김원용 교수가 『한국고고학개설』 제3판(1986, 일지사)에서 사용한 초기 철기시대를 대체한 용어이다. 초기 철기시대와 원삼국시대란 용어는 이전 시기와는 비교할 수 없을 정도로 많은 고고학 자료가 매년 새로 추가되는 현 시점에서 더 이상 한국고고학과 고대사의 시대구분에 적용하는데 상당한 무리가 있다.

　　필자는 1988년 제5차 고등학교 국사교과서 집필 이래로 1997년부터 2002년까지 국사편찬위원에서 간행된 한국사 1~4권에 이르기까지 초기 철기시대와 원삼국시대라는 용어를 배제한 새로운 시대구분안을 설정하여 사용해 오고 있다. 필자가 설정한 시대구분은 새로운 고고학 자료를 적극 반영한 것으로 이 시기에 대한 연구는 통시적 · 진화론적 · 역사적 맥락을 고려해 진행하고 있다. 필자는 청동기시대와 철기시대의 고고학적 연구에서 노정된 여러 문제들에 꾸준히 관심을 가져오면서 다음과 같은 여러 사안들을 도출해내게 되었다. 필자의 입장은 학계에서 통용되어 오던 여러 생각과는 매우 다른 새로운 것이었으나 이중 상당부분은 점진적으로 학계에 수용되고 있으며, 적지 않은 연구자들이 관심을 표명하고 있어 매우 다행스럽게 생각하고 있다. 필자의 견해는 주로 최근 4~5년 사이에 새로이 확인된 자료들을 토대로 이루어졌는데, 과거 필자의 입장들이 오히려 최근의 자료들에 의해 뒷받침 되고 있다.

　　필자가 새로이 설정한 한국고고학의 시대구분 및 그 실제 연대는 다음과 같이 정리된다.

◆ 구석기시대 : 구석기시대를 전기·중기·후기로 구분하는 데에는 별다른
　　　　　　이견이 없으나 전기 구석기시대의 상한에 대해서는 연구자들
　　　　　　사이에 상당한 이견이 있다. 전기 구석기시대 유적들로는 평
　　　　　　양 상원 검은 모루, 경기도 연천 전곡리와 충북 단양 금굴 등
　　　　　　이 있으나 그 상한은 학자에 따라 70~20만 년 전으로 보는 등
　　　　　　상당한 이견이 있다.

◆ 신석기시대 : 기원전 10000/8000년~기원전 2000년

◆ 청동기시대 : 기원전 2000년~기원전 400년. 기원전 1500년은 남북한 모
　　　　　　두에 적용되는 청동기시대의 상한이며 연해주지방-아무르하
　　　　　　류지역, 만주지방과 한반도 내의 최근 유적발굴조사의 성과
　　　　　　에 따라 청동기시대 조기는 기원전 20세기까지 올라간다. 현
　　　　　　재까지 확인된 고고학 자료에 따르면 빗살문토기시대 말기에
　　　　　　청동기시대의 시작을 알려주는 돌대문토기가 공반하며, 이중
　　　　　　구연토기로의 이행과정이 나타나고 있어 그 가능성은 더욱
　　　　　　높다. 그 이행 연대는 기원전 2000년에서 1500년간의 약
　　　　　　500년 동안이다.

◆ 철기시대 전기 : 기원전 400년~기원전 1년. 종래의 초기 철기시대. 최근
　　　　　　점토대토기 관계유적의 출현과 관련하여 종래의 기원전
　　　　　　300년에서 기원전 400년으로 상한을 100년 더 올려잡는
　　　　　　다.

◆ 철기시대 후기 : 서기 1년~300년. 또는 삼국시대 전기로 종래의 원삼국시
　　　　　　대/삼한시대

　한편 신석기시대의 경우 제주도 한경면 고산리 유적(사적 제412호)
에서 우리나라에서 가장 연대가 올라가는 기원전 8000년(10500 B.P.)

이란 연대측정결과가 나왔는데, 이 유적에서는 융기문토기와 유경삼
각석촉이 공반되고 있다. 국립문화재연구소에서 1998년 12월 조사한
강원도 고성 문암리 유적(사적 제426호)은 이와 비슷한 시기의 유적
이다.

일관성 있는 청동기시대, 철기시대 전기와 후기(삼국시대 전기)의
고고학 및 고대사 연구에 천착해온 필자는 지금까지 다음과 같은 글
들을 발표해 왔다.

최몽룡, 1972, 「한국동과에 대하여」, 『서울대 문리대학보』 18권, 27호 (崔夢
龍, 1975, 「韓國銅戈について」, 『朝鮮考古學年報』 2에 日譯되어
재수록)

최몽룡, 1983, 「한국고대국가의 형성에 대한 일 고찰-위만조선의 예-」, 『김철
준교수 회갑기념 사학논총』

최몽룡·권오영, 1985, 「고고학 자료를 통해본 백제초기의 영역고찰-도성 및
영역문제를 중심으로 본 한성시대 백제의 성장과정-」, 『천
관우선생 환력기념 한국사학 논총』

최몽룡, 1985, 「고대국가성장과 무역 -위만조선의 예-」, 『한국고대의 국가와
사회』, 역사학회 편

최몽룡, 1987, 「한국고고학의 시대구분에 대한 약간의 제언」, 『최영희교수
화갑기념 한국사학논총』

최몽룡, 1987, 『한국고대사의 제 문제』, 관악사

최몽룡, 1988, 「반남면 고분군의 의의」, 『나주 반남면 고분군』, 광주박물관
학술총서 13책

崔夢龍, 1989, 「歷史考古學 研究의 方向 -우리나라에서 역사시대의 시
작」, 『韓國上古史』, 韓國上古史學會

최몽룡, 1989, 「삼국시대 전기의 전남지방문화」, 『성곡논총』 20집

최몽룡, 1990, 「전남지방 삼국시대 전기의 고고학연구현황」, 『한국고고학 보』 24집

최몽룡, 1990, 「초기 철기시대」, 『국사관논총』 16집(신숙정과 공저)

최몽룡, 1993, 「철기시대: 최근 15년간의 연구성과」, 『한국사론』 23집, 국사 편찬위원회

최몽룡, 1993, 「한국 철기시대의 시대구분」, 『국사관논총』 50, 국사편찬위원 회

최몽룡, 1997, 「청동기·철기시대의 시기구분」, 『한국사 3 -청동기와 철기문 화-』, 국사편찬위원회, 서울

최몽룡, 1999, 「Origin and Diffusion of Korean Dolmens」, 『한국상고 사학보』 30호

최몽룡, 2000, 「21세기의 한국고고학」, 『한국사론』 30, 국사편찬위원회

최몽룡, 2000, 『한국 지석묘 연구이론과 방법 -계급사회의 발생-』, 주류성

최몽룡, 2002, 「21세기의 한국고고학의 새로운 조류와 전망」, 한국상고사학 회 27회 학술발표대회 기조강연

최몽룡, 2002, 「고고학으로 본 문화계통」, 『한국사』 1, 국사편찬위원회

崔夢龍, 2003, 「考古學으로 본 馬韓」, 『益山文化圈研究의 成果와 課題』

최몽룡, 2003, 「백제도성의 변천과 문제점」, 『서울역사박물관 연구논문집』 창간호

최몽룡, 2003, 「한성시대의 백제와 마한」, 『문화재』 36호

최몽룡, 2004, 「역사적 맥락에서 본 경기도 소재 고구려 유적 연구의 중요 성」, 고구려 유적 정비활용을 위한 학술워크숍

최몽룡, 2004, 「부천 고강동 유적 발굴을 통해 본 청동기시대·철기시대 전 기와 후기의 새로운 연구방향」, 한양대학교문화재연구소 『선사와 고

　　대의 의례고고학』

최몽룡, 2004, 「朝鮮半島の文明化 -鐵器文化と衛滿朝鮮-」, 『日本國立歷
　　史民俗博物館硏究報告』, 119輯

최몽룡, 2004, 「통시적으로 본 경기도의 통상권」, 한국상고사학회 제32회 학
　　술발표대회 기조강연

최몽룡·김경택·홍형우, 2004, 『동북아 청동기문화연구』, 주류성

최몽룡, 2005, 「동북아시아적 관점에서 본 한국청동기시대 연구의 신경향」,
　　2005년 서울·경기 고고학회 춘계학술대회 기조강연

　신석기시대에서 청동기시대로의 이행은 인천광역시 중구 용유도 남북동, 인천시 계양구 동양동, 용유 백령도 말등과 연평도 모이도 패총, 대구 북구 사변동, 경상남도 산청군 소남리, 강원도 영월 남면 연당 2리 쌍굴 유적, 정선 여량2리(아우라지), 춘천 천전리, 춘천 우두동, 원주 가현리 국군병원 부지, 홍천 두촌면 철정리, 서산 해미면 기지리와 경기도 파주 주월리 육계토성 등 빗살문토기와 무문토기가 공존하는 유적들에서 시작되었다. 즉 이들 유적들에서는 문양과 태토의 사용에 있어 서로의 전통에 구속됨 없이 서로의 문화적인 특징을 수용하고 있음이 확인된다.

　이러한 현상은 신석기시대 후기, 즉 빗살/부분빗살문토기시대부터 관찰되는데, 그 연대는 기원전 2000년~1500년경이다. 그 기간은 다음에 오는 중기와 후기에 비해 상당히 긴 기간이 지속된다. 청동기시대는 돌대문토기[춘성 내평 출토 융기대부단사집선문(隆起帶附短斜集線文)토기를 의미]와 이중구연의 토기, 철기시대는 점토대토기의 등장을 기점으로 시작되었다고 할 수 있다.

　최근 많은 청동기시대 유적들이 조사되고 있는데, 아직은 가설 수

준이기는 하지만 청동기시대에는 다음과 같은 네 가지 토기가 순서
를 이루면서 등장했다고 생각된다.

(개) 기형은 빗살문토기이나 태토가 무문토기인 경우, 전면 또는 부
분의 빗살문토기와 공반하는 돌대문토기와 이중구연토기로의
이행과정에 있는 토기
(내) 단사선문이 있는 이중구연토기
(대) 공렬토기와 구순각목토기[이 기간에는 역자(逆刺)식 또는 유경
석촉과 반월형석도도 공반한다]
(래) 경질무문토기(700~850℃ 사이에 소성됨)

각각의 토기가 성행하는 기간을 영어로 표현한다면 phase/epoch가
가장 적절한 것으로 생각된다. 그런데 (내)와 (대)의 기간을 명확하게 나
눌 수 있는 근거가 충분한지에 대해서는 좀 더 자료를 검토해 볼 필
요가 있다. 즉, 구순각목토기와 공렬토기의 기원문제와 공반관계를
밝혀야 한다.

한편 섭씨 700~850도에서 소성된 경질무문토기의 하한 연대는 철
기시대 전기의 말인 서력기원 전후라 생각되며, 그 구체적인 연대는
사적 제11호 풍납동토성을 축조했던 온조왕 41년, 즉 서기 23년으로
볼 수 있다. 이는 풍납동토성 동벽과 서벽 바닥에서 출토된 매납용
경질무문토기의 존재를 통해 알 수 있다. 단면 원형의 점토대토기는
철기시대의 개시를 알려주는 고고학 자료로 인식되는데, 이는 중국
요령성 심양 정가와자 유적부터 확인되기 시작한다. 철기시대 전기
에는 단면 원형의 점토대토기와 함께 청동기시대와 철기시대에 걸쳐
제작 사용된 무문토기(경질무문토기 포함)가 보인다. 점토대토기는

그 단면형태가 원형, 직사각형, 삼각형의 순으로 발전함이 확인되어
이를 통한 세부 편년도 설정해 볼 수 있다. 아직 유물의 형식분류, 공
반 관계 및 기원 등 해결해야 할 문제가 많이 남아 있지만 필자가 현
장 자료들을 토대로 만들어 본 청동기시대의 유적의 편년 시안은 다
음과 같다.

가. 조기(기원전 20세기~기원전 15세기)
강원도 춘천 천전리 샘밭 막국수집
강원도 춘천 우두동 직업훈련원 진입도로
강원도 춘성군 내평(소양강댐 수몰지구)
강원도 영월 남면 연당2리
강원도 정선 북면 여량2리(아우라지)
강원도 원주 가현동 국군병원
강원도 홍천 두촌면 철정리
경기도 가평 상면 덕현리
경기도 파주 주월리 육계토성
인천광역시 계양구 동양동
인천광역시 중구 용유도
인천광역시 옹진군 백령도 말등패총
인천광역시 옹진군 연평 모이도
충청북도 제천 신월리
충청남도 서산군 해미면 기지리
대구광역시 달서구 대천동
경상북도 경주 신당동 희망촌
경상북도 금릉 송죽리

경상남도 산청 단성면 소남리

나. 전기(기원전 15세기~기원전 10세기)

경기도 화성 천천리

경기도 강화도 내가면 오상리 고인돌(인천광역시 기념물 제5호)

경기도 가평 가평읍 달전2리(가평역사부지)

경기도 평택 현곡 토진리

경기도 안성 원곡 반제리

경기도 안성 공도면 만정리

인천광역시 서구 검단 2지구

인천광역시 옹진군 덕적면 소야도

강원도 춘천 신매리(17호 : 기원전 1510년, 기원전 1120~840년)

강원도 강릉 교동(1호 : 기원전 1878~1521년/2호 : 기원전 1495~1219년/3호 기원전 1676~1408년)

강원도 고성 현내면 송현리

강원도 속초 대포동

충청북도 충주 동량면 조동리(1호 : 2700±165 B.P., 2995±135 ; 기원전 11세기경)

충청남도 부여 구봉면 구봉리(기원전 1450년)

충청남도 서산군 음암 부장리

충청남도 공주시 장기면 제천리

충청남도 계룡시 두마면 두계리

경상남도 진주 대평 옥방지구

경상남도 밀양 산외면 금천리

경상북도 포항시 남구 구룡포읍 삼정리

전라북도 군산시 내흥동 군산역사

광주광역시 북구 동림동 2택지개발지구

전라남도 여천 적량동

다. 중기(기원전 10세기~기원전 7세기)

　강원도 강릉 입압동

　강원도 속초 조양동(사적 제376호)

　강원도 양구군 양구읍 하리 및 고대리

　강원도 정선 신동읍 예미리

　강원도 원주 가현동(국군병원), 태장동 4지구

　강원도 춘천 거두리(1리 및 2리)

　강원도 춘천 신매리

　강원도 춘천 율문리

　강원도 춘천 천전리

　강원도 화천 용암리

　강원도 홍천 화촌면 외삼포리

　강원도 춘천 우두동 직업훈련원 진입도로

　강원도 춘천 삼천동

　경기도 광주시 장지동

　경기도 하남시 덕풍골(종교 · 제사유적)

　경기도 하남시 미사동(사적 제269호 옆)

　경기도 부천 고강동

　경기도 안성 공도 만정리

　경기도 안성 공도 마정리

　경기도 연천 통현리 · 은대리 · 학곡리 지석묘

경기도 의왕시 고천동 의왕 ICD 부근

경기도 양평군 개군면 공세리 대명콘도 앞

경기도 양평군 개군면 상자포리

경기도 양평군 양서면 도곡리

경기도 양평군 양수리

경기도 평택 지제동(기원전 830년, 기원전 789년)

경기도 평택 토진 현곡동

경기도 파주 옥석리 고인돌(기원전 640년경)

경기도 화성 동탄 동학산

경기도 시흥 논곡동 목감중학교

경기도 시흥 계수동 안골·능곡동·군자동

경기도 안양 관양동(1호 주거지 : 기원전 1276~1047년, 1375~945년/5호 주거지 : 기원전 1185~940년, 1255년~903년)

경기도 가평 대성리

경기도 가평 설악면 창의리

인천광역시 연수구 선학동 문학산

인천광역시 서구 검단 2지구

인천광역시 서구 원당 4지구(풍산 김씨 묘역)

인천광역시 서구 불로지구(4구역)

대구광역시 달서구 진천동(사적 제411호 옆)

대구광역시 수성구 상동

경상북도 경주 내남면 월산동(기원전 1530~1070년, 기원전 970~540년)

경상북도 안동시 서후면 저전리(저수지, 관개수리시설, 절구공이)

경상북도 포항시 남구 지곡동

경상북도 포항 호동

경상북도 흥해읍 북구 대련리

경상북도 청도 송읍리

경상북도 청도 화양 진라리

울산광역시 북구 연암동(환호가 있는 종교 · 제사유적)

울산광역시 남구 야음동

경상남도 울주 두동면 천전리(국보 제147호), 언양 반구대(국보
　제285호) 진입로

경상남도 울주 검단리(사적 제332호)

경상남도 밀양 상동 신안 고래리

전라북도 군산 내흥동

전라북도 진안 오라동

전라북도 진안 모정리 여의곡

전라북도 진안 삼락리 풍암

광주광역시 북구 동림 2택지

전라남도 고흥 과역 석북리

전라남도 곡성 겸면 현정리

전라남도 광양 원월리

전라남도 구례군 구례읍 봉북리

전라남도 승주 대곡리

전라남도 승주 죽내리

전라남도 여수 적량동

전라남도 여수 봉계동 월암

전라남도 여수 월내동

전라남도 여천 화장동 화산

전라남도 순천 우산리와 곡천

충청북도 청주 용암동(기원전 1119년)

충청북도 청주 내곡동

충청남도 천안 백석동(94-B : 기원전 900~600년, 95-B : 기원전
890~840년)

충청남도 천안 운전리

충청남도 운산 여미리

충청남도 아산 명암리(기원전 1040~940년, 780~520년)

충청남도 청양 학암리

충청남도 보령시 웅천면 구룡리

충청남도 대전 대덕구 비래동 고인돌(기원전 825, 795, 685년)

충청남도 대전 유성구 관평동 · 용산동

충청남도 대전 유성구 서둔동 · 궁동 · 장대동

충청남도 유성구 자운동 · 추목동

충청남도 대전 동구 가오동 대성동 일원

충청남도 서산군 해미면 기지리

제주도 남제주군 신천리 마장굴

라. 후기(기원전 7세기~기원전 5세기)

경기도 성남 판교지구 9지점

경기도 양평 개군면 공세리

경기도 파주 덕은리(사적 148호, 기원전 640년)

강원도 춘천시 신북읍 발산리

대구광역시 달서구 월성동 리오에셋

대구광역시 달서구 대천동

충청북도 제천 황석리 고인돌(기원전 410년)

충청남도 부여 송국리(사적 제249호)

충청남도 부여 규암면 나복리

충청남도 서산군 해미면 기지리

충청남도 서천 도삼리

충청남도 대전 대정동

충청남도 계룡시 입암리

전라남도 나주 노안면 안산리, 영천리

전라남도 화순 춘양면 대신리 고인돌(기원전 555년)

전라남도 순천시 해룡면 복성리

전라남도 여수 화양면 소장지구

전라남도 여수 화양면 화동리 안골 고인돌

전라남도 여천 화장동 고인돌(기원전 1005년)

전라남도 장흥 유치면 대리 상방촌

전라남도 장흥 유치면 오복동

전라남도 장흥 유치면 신풍리 마정(탐진댐 내 수몰지구)

전라남도 함평 학교면 월산리

광주광역시 남구 송암동

인천광역시 서구 원당 1구역

한반도의 청동기시대와 철기시대 전기의 토착인은 지석묘를 축조 하던 사람들로 이들은 중국 요령성·길림성과 한반도 전역에서 기원 전 1500년에서 기원전 1년까지 약 1500년 동안에 걸쳐 북방식, 남방 식 그리고 개석식 지석묘를 축조하였다. 요령성과 길림성의 북방식 고인돌 사회는 미송리식 단지, 비파형동검, 거친무늬거울 등을 표지유물(標識遺物)로 하는 문화를 지닌 고조선의 주체세력으로 알려져 있다. 이들은 전문직, 재분배경제, 조상숭배와 혈연을 기반으로 하는 계급(또는 계층)사회를 형성했으며, 이러한 계급(계층)사회를 바탕으로 철기시대 전기에 이르러 복합족장사회(complex chiefdom)를 거쳐 우리나라의 최초의 국가인 위만조선이 등장하게 되었다. 함경북도와 연해주에서는 이와 비슷한 시기에 끄로우노프카 문화를 비롯하여 얀콥스키와 뽈체 문화가 나타나는데 끄로우노프카는 옥저(沃沮) 그리고 뽈체는 읍루(挹婁)에 해당한다. 같은 문화가 서로 다른 명칭으로 불리고 있는데, 이런 문제는 앞으로 한국과 러시아의 공동연구를 통해 해결되어나갈 것이다.

그리고 경기도 가평 외서면 청평4리, 경기도 광주시 장지동, 강원도 횡성 공근면 학담리와 춘천 거두리에서 출토된 해무리굽과 유사한 바닥을 지닌 경질무문토기는 아무르강 중류 리도프카 문화와 끄로우노프카(옥저) 문화에서도 보이므로 한반도의 철기시대에 러시아 문화의 영향을 고려할 필요가 있다. 아무르강 유역 하바로프스크시 근처 사카치알리안 등지에서는 울산 두동면 천전리(국보 제147호) 암각화와 같은 암각화가 많이 확인되었다. 여기에서 보이는 여성의 음부 묘사가 천전리 암각화와 최근 밀양 상동 신안 고래리 지석묘 개석에서 확인된 바 있다. 후기 구석기시대 이후의 암각화나 민족지에서 성년식(Initiation ceremony) 때 소녀의 음핵을 잡아 늘리는 의식(girl's clitoris-stretching ceremony)이 확인되는데, 이는 여성의 생식력이나 성년식과 관계가 깊다고 한다. 제사유적으로도 양평 신월리, 하남시 덕풍동과 울산시 북구 연암동 등에서 발견되어 정령숭배(animism), 조상숭배(ancestor worship)과 소도(asylum)와 같은 종교적 모습이 점차 들어나고 있다. 그리고 울주 언양면 대곡리 반구대의 암각화(국보 285호)에 그려져 있는 고래는 지금은 울주 근해에 잘 나타나지 않는 흑등고래중 귀신고래(Korean stock whale)로 당시 바닷가에 면하고 있던 반구대사람들의 고래잡이나 고래와 관련된 주술과 의식을 보여준다. 인류문명의 발달사를 보면 청동기시대에 국가가 발생하는 것이 일반적인데, 한반도의 경우는 이와는 달리 철기시대 전기에 이르러 국가가 등장한다. 참고로 우리나라에서의 국가 발생은 연대적으로는 수메르보다는 2800년, 중국의 상(商)보다는 약 1500년이 늦다. 그런데 옥, 용, 여신묘(女神廟), 제단 등으로 대표되는 신전정치(Theocracy)의 종교권력과 계급사회를 형성했던 홍산문화(기원전 3600~기원전 3000년)를 중국 최초의 문명으로 인정한다면, 중국과의 차이는 훨씬 더 벌어진다. 중국의 최근 발굴조사에서 확인된 이 시기 집자리의 규모에 주목할 필요가 있다. 각 유적에서 확인된 최대 규모 집자리의 장축 길이를 보면 평택 현곡 17m, 화성 천천리 29m, 화성 동탄면 석우리 동학산 18m, 부천 고강동 19m, 화천 용암리 19.5m, 보령 관산 24m, 시흥 논곡동 목감 15m, 춘천 거두 2지구 15m, 청도 송읍리 18m, 화양 진라리 18m 등 15~29m에 이른다. 이들 대형 집자리의 조사 및 연구에서는 격벽시설의 유무와 격벽시설로 구분되는 각 방의 기능도 고려해야 할 것이다. 이는 기원전 5500~기원전 5000년경의 유럽의 빗살문토기문화(LBK, Linear Band Keramik)의 장방형 주거지에서 보이듯이 아직 모계사회의 잔재가 남아 있는 것으로 해석될 수 있다. 그런데 해발 60~90m의 구릉 정상부에 자리한 이들 집자리들은 혈연을 기반으로 하는 청동기시대 족장사회의 족장의 집 또는 그와 관련된 공공회의 장소·집무실 등으로 보는 것이 좋을 것 같으며, 이러한 예는 철기시대 전기로 편년되는 제주시 삼양동(사적 제416호) 유적에서 확인된 바 있다.

청동기시대 연구의 새 방향의 하나로 돌대문토기(융기대부단사집선문토기, 덧띠새김문토기, 돌대각목문토기 등으로도 지칭)가 전면 또는 부분빗살문토기와 함께 나타나는 문제에 주목할 필요가 있는데, 이러한 현상은 청동기시대에서 가장 이른 시기에 관찰된다. 그 연대는 기원전 2000년~기원전 1500년 사이로 추정되며, 진주 남강, 창원 쌍청리, 하남시 미사동, 강원도 춘성 내평리(소양강댐 내), 춘천 천전리, 춘천 우두동, 홍천 철정리, 인천광역시 계양구 동양동 등의 유적에서 확인된 예가 있다. 이들은 청동기시대를 조기, 전기, 중기, 후기의 네 시기로 나눌 경우 조기(早期)에 해당된다. 또 아직 단정하기에는 약간 문제가 있지만 빗살문토기의 전통 및 영향이 엿보이는 경주 신당동 희망촌 유적과 제천 신월리 유적들도 청동기시대 조기에 포함될 수 있으며, 경남 산청 단성면 소남리(101호 주거지), 경북 금릉 송죽리(1991~1992년 조사), 인천광역시 중구 용유도(漁醬을 만들던 노지가 많이 나온다), 서산 기지리와 원주 가현리 유적도 마찬가지로 조기로 볼 수 있겠다. 즉, 내륙지방으로 들어온 부분즐문토기와 이중구연의 토기가 공반되며, 그 연대는 기원전 10세기~기원전 15세기 정도가 될 것이다. 이들은 한반도 청동기시대 상한문제와 아울러, 앞선 전면 또는 부분빗살문토기와 부분적으로 공반하는 돌대문토기와 이중구연의 공반성 그리고 신석기시대에서 청동기시대로 이행 과정 중에 나타나는 계승성 문제도 앞으로의 연구방향과 과제가 될 것이다. 또 안성 원곡 반제리, 안성 공도 만정리, 고성 현내 송현리, 서산 음암 부장리, 공주 장기 제천리와 계룡 두마 두계리 등지에서는 이중구연, 단사선문, 공렬과 구순각목이 혼재하거나 같은 토기에서 같이 나타난다. 이들은 청동기시대 전기 말에서 중기 초에 걸치는 과도기적인 현상이며 그 연대도 기원전 12~기원전 10세기경이 된다. 그리고 아무르강 유역과 연해주지역에서 기원하는 청동기시대의 토기들에서 보이는 한국문화 기원의 다원성문제도 앞으로의 연구과제가 된다. 그리고 청동기시대 중기에 해당하는 공열문·구순각목 토기가 나오는 시기에 유적이 전국적으로 급증한다. 이는 이 시기의 인구 증가가 뚜렷이 확인된다는 이야기가 된다. 안동 서후면 저전리의 관개 수리 시설과 울산 야음동의 논이 나타나는 것도 모두이 시기이다. 이는 집약 농경이 실시된 증거로 볼 수 있는데, 이 점도 앞으로의 연구과제 중의 하나이다.

이제까지 한국고고학에서 철기시대 전기의 연구성과는 1997년도 국사편찬위원회에서 나온 『한국사 3 : 청동기문화와 철기문화』의 수준을 넘지 못한다. 또 대부분의 최근 연구들도 이 시기에 해당하는 자료의 수집에 불과하여 철기시대 전기의 정치·사회·문화상을 뚜렷이 밝히기에는 매우 미흡하다. 즉, 『한국사』 3권이 발행된 지 9년이 지난 오늘날에도 산발적인 자료 보고 이외에 이를 종합할만한 연구 성과는 찾아보기 어렵다.

1. 편년

철기시대 전기는 두 시기로 구분할 수 있다. Ⅰ기(전기)는 Ⅰ식 세형동검(한국식 동검), 정문식 세문경, 동부, 동과, 동모, 동착 등의 청동기류와 철부를 비롯한 주조 철제 농·공구류 그리고 단면 원형의 점토대토기와 섭씨 700~850도 사이에서 구워진 경질무문토기를 문화적 특색으로 한다. 그 연대는 기원전 400년부터 기원전 200년 전후로 볼 수 있다.

Ⅱ기(후기)에는 Ⅱ식 세형동검과 단조철기가 등장하고, 세문경 대신 차마구가 분묘에 부장되고 점토대토기의 단면 형태는 삼각형으로 바뀐다. 또 철기시대 전기는 동과와 동검의 형식분류에 따라 세 시기로 구분될 수도 있다. 한편 점토대토기의 아가리 단면 형태로는 원형, 직사각형 그리고 삼각형의 세 종류가 확인되는데, 제주도 삼양동(사적 416호), 안성 공도 만정리, 화성 동학산과 홍천 철정리에서 발견된 단면 직사각형의 점토대토기는 원형에서 삼각형으로 넘어가는 과도기로 파악되고 있다. 다시 말해서 동과와 동검 그리고 점토대토기의 단면형태를 고려한다면 철기시대 전기를 두 시기가 아닌 세 시기로 구분할 수도 있다.

철기시대 전기의 말기에 해당하는 기원전 108년 낙랑군이 설치된 이후 그 영향하에 한식 도기가 무문토기 사회에 유입되는데 한식도기(漢式陶器) 또는 낙랑도기(樂浪陶器)/토기의 공반 여부를 기준으로 시기구분을 설정할 수도 있다. 일반적으로 통용되는 토기(pottery 또는 Terra-cotta)라는 용어 대신 도기(陶器, earthenware)란 용어를 사용한 것은 토기는 소성온도의 차이에 따라 토기-도기-석기(炻器, stone ware)-자기(磁器, 백자 porcelain, 청자 celadon)로 구분되기 때문이다. 한나라 도기의 소성온도는 1,000도를 넘고 석기의 경우는 1,200도 전후에 달하는데 소성온도는 토기의 제작기술을 반영하는 중요한 요소이다. 중국에서는 500~700도 정도 구워진 선사시대의 그릇을 토기라 부르고 춘추-전국시대와 한나라의 그릇은 이와 구분하여 도기라 지칭한다. 백제나 마한의 연질·경질의 토기는 도기로, 회청색 신라토기는 석기라 지칭되는 것이 보다 타당하다.

과학적 분석에 근거한 적확한 용어 선택은 우리 고고학계의 시급한 과제 중의 하나이다. 특히 시대구분의 표지가 되는 토기, 도기, 석기의 구분 문제는 보다 중요한데, 이는 이들을 구워 내는 가마를 포함한 제작기술상의 문제와 이에 따른 사회발달상과 깊은 관련을 맺고 있기 때문이다.

2. 정치적 배경

철기시대 전기, 즉 기원전 400년에서 기원전 200년 전후까지의 약 200년의 기간은 한국고고학과 고대사에 있어서 매우 복잡하고 중요한 시기이다. 그러나 앞으로 철기시대 연구의 문제점은 최근의 가속기질량분석(AMS)은 강릉 송림리 유적이 기원전 700~기원전 400년, 그리고 안성 원곡 반제리의 경우 기원전 875년~기원전 450년이 나오고 있어 철기시대 전기의 상한 연대가 기원전 5세기에서 더욱더 올가갈 가능성이 있다는 것이다. 아직은 기원전 400년이 그 상한으로 볼 수 있다. 이 기간 중에 중국으로부터 한문이 전래되었고, 국가가 형성되는 등 역사시대가 시작되었다. 중국에서는 춘추시대(기원전 771~기원전 475년)에서 전국시대(기원전 475년~기원전 221년)로 전환이 이루어졌고, 한반도의 경우는 기자조선(기원전 1122~기원전 194년)에서 위만조선(기원전 194년~기원전 108년)으로 넘어가 고대국가가 시작되었다. 국제적으로도 정치적 유이민이 생기는 등 매우 복잡한 시기였으며, 한나라의 원정군은 위만조선을 멸망시킨 후 과거 위만조선의 영토에 낙랑·진번·임둔·현도군을 설치했다. 한반도에는 이미 마한이 존재하고 있었으며, 이어 진한(辰韓)과 변한(弁韓) 그리고 옥저와 동예가 등장하였다. 현재까지 확인된 고고학 자료와 문헌을 검토해 보았을 때 위만조선과 목지국을 중심으로 하는 마한은 정치진화상 이미 국가(state) 단계에 진입하였으며 나머지 사회들은 그보다 한 단계 낮은 계급사회인 족장단계(chiefdom)에 머물러 있었다고 여겨진다. 당시 한반도에 존재하던 이들 사회들은 서로 통상권(Interaction Sphere, Joseph Caldwell이 제안한 개념)을 형성하여 활발한 교류를 가졌으며, 특히 위만조선은 중심지무역을 통해 국가의 부를 축적하였고, 이는 한나라 무제의 침공을 야기해 결국 멸망에 이르게 되었다.

위만조선이 멸망한 해는 『사기』의 편찬자인 사마천이 37세 되던 해이며, 평양 근처 왕검성에 자리했던 위만조선은 문헌상에 뚜렷이 나타나는 한국 최초의 고대국가이다. 위만조선은 위만-이름을 알 수 없는 아들-손자 우거-태자 장을 거치는 4대 87년간 존속하다가 중국 한나라 7대 무제(기원전 141년~87년, 사마천 37세 때)의 원정군에 의해 멸망했다. 오늘날 평양 낙랑구역에 낙랑이, 그리고 황해도와 경기도 북부에 대방이 설치되었는데 이들은 기원전 3세기경부터 존재하고 있던 마한과 기원전 18년 마한의 바탕 위에 나라가 선 백제 그리고 남쪽의 동예, 진한과 변한에 막대한 영향을 끼치었다.

다시 말해서 철기시대 전기에 사마천의 『사기』 조선열전에 자세히 기술된 위만조선이 성립되었으며 이는 한국 고대국가의 시원이 된다. Yale Ferguson은 국가를 '경제·이념·무력의 중앙화와 새로운 영역과 정부라는 공식적인 제도로 특징 지워지는 정치진화 발전상의 뚜렷한 단계'라 규정한 바 있으며, Timothy Earle(1991)은 국가를 '무력을 합법적으로 사용하고 통치권을 행사할 수 있는 지배체제의 존재와 힘·무력, 경제와 이념을 바탕으로 한 중앙집권화되고 전문화된 정부제도'라 정의하였다. 한편 Kent Flannery는 '법률, 도시, 직업의 분화, 징병제도, 세금징수, 왕권과 사회신분의 계층화'를 국가를 특징짓는 요소들로 추가하였다. 『사기』 조선열전에는 계급을 지닌 직업적 중앙관료정부와 막강한 군사력, 계층화된 신분조직, 행정중심지로서의 왕검성, 왕권의 세습화 등 국가의 요소 여러 가지가 보이고 있으며, 위만조선은 초기에는 주위의 유이민 집단을 정복해 나가다가 차츰 시간이 흐르면서 보다 완벽한 국가체계를 갖춘 사회였으며, 이 과정에서 무역이 중요한 역할을 담당했던 것으로 보인다. 청동기시대에 도시 · 문명 · 국가가 발생하는 전 세계적인 추세에 비추어 우리나라에서는 이보다 늦은 철기시대 전기에 나타난다. 이는 우리나라의 문화가 다른 지역에 비해 발전 속도가 늦은 까닭이다.

3. 사회

변한, 진한, 동예와 옥저는 혈연을 기반으로 하는 계급사회인 족장사회였으며, 위만조선과 마한을 대표하는 목지국의 경우는 혈연을 기반으로 하지 않는 국가 단계의 사회였다. 그 중 위만조선은 무력정변, 즉 쿠데타(coup' de etat)를 통해 정권을 획득한 국가 단계의 사회였다. 이들 사회에는 청동기와 토기의 제작, 그리고 무역에 종사하는 상인 등의 전문직이 형성되어 있었다. 또 이미 정치와 종교의 분리가 이루어졌으며, 무역은 국가가 주도하는 중심지무역이 주를 이루었다. 부천 고강동, 강릉 사천 방동리, 안성 원곡 반제리, 파주 탄현 갈현리와 화성 동탄 동학산 등의 제사유적도 이런 점에서 해석되어야 할 것이다. 또 위만조선에는 전문화된 관료가 중심이 되는 정부 및 국가 기관들이 설치되어 있었는데, 이러한 내용들은 『사기』와 『삼국지』 위지 동이전의 여러 기록들을 통해 뒷받침된다.

4. 통상권

통상권을 형성하고 있던 한반도 내의 사회들은 중국과의 국제무역 및 한반도 내부 나라(國)들 사이의 교역을 행하였다. 『삼국지』 위지 동이전 변진조와 왜인전 이정기사(里程記事)에는 낙랑·대방에서 출발하여 쯔지마고꾸(對馬國), 이끼고꾸(一支國), 마쯔로고꾸(末慮國), 나고구(奴國)를 거쳐 일본의 사가현 간자끼군 히사시세부리손 요시노가(佐賀縣 神埼 東背振 吉野け里)에 위치한 야마다이고꾸(邪馬臺國)에 이르는 무역루트 또는 통상권이 잘 나타나 있다. 해남 군곡리-김해 봉황동(회현동, 사적 제2호) 사천 늑도-제주도 삼양동(사적 제416호) 등 최근 확인된 유적들은 당시의 국제 통상권의 루트를 잘 보여주고 있다. 즉, 중국 하남성 남양(南陽) 독산(獨山) 또는 밀현(密縣)의 옥과 반량전과 오수전을 포함한 중국 진나라와 한나라의 화폐는 오늘날의 달러[美貨]에 해당하는 당시 교역수단으로 당시 활발했던 국제무역에 관한 고고학적 증거들이다. 기원전 1세기경으로 편년되는 사천 늑도 유적은 당대의 국제무역과 관련해 특히 중요한 유적이다. 동아대학교 박물관이 발굴한 지역에서는 경질무문토기, 일본 야요이 토기, 낙랑도기, 한식경질도기 등과 함께 반량전이 같은 층위에서 출토되었다. 반량전은 기원전 221년 진시황의 중국 통일 이후 주조된 동전으로 알려져 있다. 중국 화폐는 해남 군곡리, 제주 산지항·금성리, 고성과 창원 성산패총 등지에서도 출토되었다. 사천 늑도는 『삼국지』 위지 동이전 변진조의 '국출철(國出鐵) 한예왜개종취지(韓濊倭皆從取之) 제시매개용철여중국용전우이공급이군(諸市買皆用鐵如中國用錢又以供給二郡)'의 기사와 왜인전에 보이는 '樂浪(帶方)-金海(狗邪韓國)-泗川 勒島-對馬島-壹岐-邪馬臺國'으로 이어지는 무역로의 한 기착지인 사물국(史勿國)이 아닌가 생각된다. 이외에도 국가 발생의 원동력 중의 하나인 무역에 관한 고고학 증거는 계속 증가하고 있다. 한편 역시 늑도 유적을 조사한 부산대학교 박물관 조사지역에서는 중국 서안에 소재한 진시황(재위 : 기원전 246~기원전 210년)의 무덤인 병마용갱(兵馬俑坑)에서 보이는 삼익유경동촉(三翼有莖銅鏃)이 출토되었는데 이와 같은 것이 양평군 양수리 상석정에서는 두 점, 가평 대성리와 사천 늑도(부산대학교 박물관)에서 각각 한 점이 출토된 바 있다. 진시황의 무덤에 부장된 이 동촉은 진시황릉 축조 이전에 제작된 것으로 보인다.

또 흥미로운 사실은 사천 늑도에서 출토된 일본 야요이 토기편의 경우 형태는 일본의 야요이 토기이지만 토기의 태토(바탕흙)는 현지, 즉 한국산임이 밝혀졌다. 사천 늑도는 당시 낙랑·대방과 일본 야마다이고꾸(邪馬臺國)를 잇는 중요한 항구였다. 김해 예안리와 사천 늑도에서 나온 인골들의 DNA 분석을 실시해 보면 우리가 생각하고 있는 것보다 훨씬 더 복잡하고 다양한 인종교류가 있었음이 밝혀질 것으로 추측되며, 이들에 의한 무역-통상권 역시 상당히 국제적이었을 것으로 여겨진다. 이들 유적보다는 다소 시기가 떨어지는 마한 유적으로 이해되는 전남 함평군 해보면 대창리 창서에서 출토된 토기 바닥에 묘사된 코캐소이드(caucasoid)인의 모습은 이러한 맥락에서 이해할 수 있다. 이 점은 경남 사천 늑도와 김해 예안리 인골에서도 충분히 보일 가능성이 있어 앞으로 선사시대의 국제화 문제도 염두에 두어야 할 것이다.

최근 김해 봉황동(사적 제2호) 주변 발굴이 경남발전연구원에 의해 이루어지고 있는데 목책시설이 확인되었을 뿐 아니라 바다로 이어지는 부두·접안·창고와 관련된 여러 유구가 조사되었다. 그리고 사천 늑도와 김해패총의 경우처럼 횡주단사선문(橫走短斜線文)이 시문된 회청색경질도기가 출토되는데, 이는 중국 한나라제로 무역을 통한 것으로 보인다. 가락국(가야)은 서기 42년 건국되었는데, 그중 금관가야는 서기 532년(법흥왕 19년)에 신라에 합병되었다.

최근 사천 늑도유적에서 고대 한 · 일간의 무역의 증거가 확인되었는데, 철 생산을 통한 교역의 중심이었던 김해에서는 서기 1세기경 이래의 고고학 자료가 많이 확인될 것으로 기대된다. 낙랑의 영향하에 제작되었을 것으로 추정되는 회청색 경질도기(종래의 김해식 회청색 경질토기)가 출토되었는데, 그 연대는 기원전 1세기경까지 올라간다. 가속기질량분석(AMS)을 이용해 목책의 연대를 낸다면 현재 추정되고 있는 4~5세기보다는 건국 연대 가까이로 올라갈 가능성이 많다. 한편 서울 풍납동토성(사적 제11호)의 동벽과 서벽에서 성벽 축조와 관련된 매납 의식의 일환으로 매장된 무문토기들은 성벽의 축조가 온조왕 41년, 즉 서기 23년 이루어졌다는 『삼국사기』 기록을 고려할 때, 그 하한 연대가 서기 1세기 이후까지 내려가지 않을 것으로 생각된다. 참고로 전라남도 완도 장도의 청해진(사적 제308호) 주위에서 발견된 목책의 연대는 서기 840년경으로 측정되어 진을 설치한 연대인 828년(흥덕왕 3년)에 매우 근사하게 나왔다.

5. 주거

이 시대에 이르면 청동기시대 후기(또는 말기) 이래의 평면 원형 수혈주거지에 '철(凸)'자형 및 '여(呂)'자형의 주거지가 추가된다. 그리고 삼국시대 전기(철기시대 후기)가 되면 풍납동토성(사적 제11호), 몽촌토성(사적 제297호) 밖 미술관 부지, 포천 자작리와 영중면 금주리 등지에서 보이는 육각형의 집자리가 나타난다. 한/낙랑의 영향하에 등장한 지상가옥, 즉 개와집은 백제 초기에 보이기 시작한다. 온조왕 15년(기원전 4년)에 보이는 '검이부루(儉而不陋) 화이부치(華而不侈)'라는 기록은 풍납동토성 내에 기와집 구조의 궁궐을 지었음을 뒷받침해 준다. 그리고 집락지 주위에는 해자가 돌려졌다. 청동기시대 유적들인 울주 검단리, 울산시 북구 연암리, 창원 서상동 남산이나 진주 대평리의 경우보다는 좀더 복잡한 삼중의 해자가 돌려지는데, 이는 서울 풍납동토성, 안성 원곡 반제리, 강릉 사천 방동리나 수원 화성 동학산의 점토대토기 유적에서 확인된다.

6. 묘제

지석묘의 형식상 후기 형식으로 이해되는 개석식 지석묘의 단계가 지나고, 토광묘가 이 시기의 주 묘제가 되었다. 가평 달전 2리, 완주 갈동, 안성 공도 만정리, 예천의 성주리 토광묘가 이에 해당된다. 또 자강도 시중군 노남리, 자성군 서해리 등지에서 보이는 적석총이 연천 삼곶리, 학곡리와 군남리 등지에서 확인되었는데, 특히 학곡리의 경우는 기원전 2~1세기대의 중국제 유리장식품과 한나라의 도기편이 출토되었다. 이들 묘제는 백제의 국가형성의 주체세력이 되었다.

7. 문화

종래 한국고고사학계에서는 청동기시대 및 철기시대의 사회발전을 부족사회-부족국가-부족연맹-고대국가로 이어지는 도식으로 설명하였으나, 부족과 국가는 결코 결합될 수 없는 상이한 개념임이 지적된 바 있다. 그리고 사회진화에 관한 인류학계의 성과 중에서 엘만 서비스(Elman Service)의 모델에 따르면 인류사회는 군집사회(band society), 부족사회(tribe society), 족장사회(chiefdom society) 그리고 고대국가(ancient state)로 구분될 수 있는데, 한국의 청동기시대와 철기시대 전기는 족장사회에 해당된다. 서비스는 족장사회를 잉여생산에 기반을 둔 어느 정도 전문화된 세습지위들로 조직된 위계사회이며 재분배 체계를 경제의 근간으로 한다고 규정한 바 있다. 족장사회에서는 부족사회 이래 계승된 전통적이며 정기적인 의식행위(calendaric ritual, ritual ceremony, ritualism)가 중요한 역할을 하는데, 의식(ritualism)과 상징(symbolism)은 최근 후기/탈과정주의 고고학(post-processual archaeology)의 주요 주제이기도 하다. 국가단계 사회에 이르면, 이는 권력(power)과 경제(economy)와 함께 종교형태를 띤 이념(ideology)으로 발전한다. 족장사회는 혈연 및 지역공동체 개념을 기반으로 한다는 점에 있어서는 부족사회의 일면을 지니나 단순한 지도자(leader)가 아닌 지배자(ruler)의 지위가 존재하며 계급 서열에 따른 불평등 사회라는 점에서는 국가 단계 사회의 일면을 지닌다. 족장사회는 하나의 정형화된 사회단계가 아니라 평등사회에서 국가사회로 나아가는 한 과정인 지역정치체(regional polity)라는 유동적 형태로 파악된다. 그리고 여기에는 기념물(monument)과 위세품(prestige goods) 등이 특징으로 나타난다(Timothy Earle 1997). 우리나라에서 고인돌 축조사회를 족장사회 단계로 보거나 위만조선을 최초의 고대국가로 설정하는 것은 이와 같은 유의 정치 진화 모델을 한국사에 적용해 본 사례라 할 수 있다. 그렇게 보면 창원 동면 덕천리, 여천 화양 화동리 안골과 보성 조성리에서 조사된 고인돌은 조상숭배를 위한 성역화된 기념물로 당시 복합족장사회의 성격(complex chiefdom)을 잘 보여준다 하겠다. 그리고 계급사회의 특징 중의 하나인 방어시설도 확인된 바 있는데 울주 검단리와 창원 서상동에서 확인된 청동기시대 주거지 주위에 설치된 환호(環濠)가 그 예이다.

한반도에 관한 최고의 민족지(民族誌, ethnography)라 할 수 있는 삼국지 위지 동이전에 실린 중국 측의 기록 이외에는 아직 이 시기의 문화를 구체적으로 논할 자료가 없다. 그러나 최근 확인된 고고학 자료를 통해 보건대 중국과의 대등한 전쟁을 수행했던 위만조선을 제외한 한반도 내의 다른 세력들은 중국과 상당한 문화적 격차가 있었던 것으로 짐작된다. 한사군 설치 이후 한반도 내에서 중국문화의 일방적 수용이 있었다고 해도 과언은 아닐 것 같다. 이와 같은 배경을 고려하면 부천 고강동 제사유적은 2001년 밀양대학교 박물관과 동의대학교 박물관에서 공동 조사한 울산 남구 야음동의 제사유적(반원형의 구상유구, 토기 매납 유구)의 경우처럼 혈연을 기반으로 하는 청동기-철기시대의 족장사회를 형성하는 필수 불가결의 요소로 볼 수 있겠다. 시간적으로 청동기시대 중기의 울산 북구 연암동, 하남시 덕풍골과 양평 신월리의 종교 · 제사유적은 철기시대 전기의 부천 고강동, 파주 탄현 갈현리, 화성 동탄 동학산, 강릉 사천 방동리와 안성 원곡 반제리의 제사유적에까지 그 전통을 이어가는데 이들보다도 2000년 이상이나 앞서고 규모도 훨씬 큰 홍산문화 유적인 요령 능원 우하량의 제사유적이 이들과 외관상 매우 비슷함은 많은 점을 시사해 준다. 특히 이곳에서 발굴되는 저룡(猪龍)과 같은 옥제품으로 상징되는 종교 권력을 바탕으로 하는 계급의 분화가 우리나라에서보다 훨씬 앞서는 시기부터 진행되고 있었음을 알 수 있다. 이는 파주 주월리 유적에서 확인된 신석기시대 옥 장식품이 멀리 능원 우하량과 객좌(喀左) 동산취(東山嘴)의 옥제품 공급처인 요령 안산시 수암

(遼寧 鞍山市 岫岩)에서 왔을 것이라는 시사와도 맥을 같이 한다. 그리고 강원도 고성 현내면 송현리 청동기시대 전기 말에서 중기 초 (기원전 12~기원전 10세기)에 걸치는 집자리 5호 및 6호에서 옥기(玉器)를 제작하던 도구가 출토되고 있어 앞으로 옥(玉)의 기원과 제작도 문제가 되고 있다.

8. 물질문화

1) 점토대토기

철기시대는 점토대토기의 등장과 함께 시작되는데, 가장 이른 유적은 심양 정가와자 유적이며 그 연대는 기원전 5세기까지 올라간다. 따라서 한국의 철기시대의 시작은 현재 통용되는 기원전 4세기보다 1세기 정도 상향조정될 수 있는데, 이는 신석기시대 후기에 청동기시대의 문화 양상이 국지적으로 보이는 것과 같은 맥락에서 이해될 수 있다. 매우 이른 시기 철기시대의 유적의 예로 강원도 강릉 사천 방동리 과학일반 지방산업단지에서 확인된 유적을 들 수 있다. 점토대토기의 단면 형태는 원형, 직사각형, 삼각형의 순으로 변화한 것 같다. 원형에서 삼각형으로 바뀌는 과도기에 해당하는 점토대토기 가마가 경상남도 사천 방지리 유적에서 확인된 바 있다. 단면 직사각형의 점토대토기는 원형에서 삼각형으로 바뀌는 과도기적 중간 단계 토기로 제주시 삼양동(사적 416호), 강원도 홍천 철정리, 화성 동학산 및 안성 공도 만정리에서 확인된다. 여하튼 단면 원형의 전형적인 점토대토기가 나오는 유적들이 최근 경주 나정(사적 245호), 금장리와 견곡 하구리, 인천 서구 원당리, 수원 고색동, 울주 검단리, 경기도 부천 고강동, 화성 동탄 감배산과 동학산, 안성 공도면 만정리와 원곡면 반제리, 아산 배방면 갈매리, 양평 용문 원덕리, 삼성리, 강릉 송림리, 홍천 철정리, 춘천 거두리(2지구), 고성 현내면 송현리, 파주 탄현 갈현리와 완주 갈동 등지에서 상당수 확인되고 있다.

2) 용범

완주 이서면 반교리 갈동에서는 동과·동검의 용범과 단면 원형 점토대토기가, 화성 동학산에서는 철제 끌 용범과 단면 직사각형의 점토대토기가, 논산 원북리, 가평 달전 2리와 안성 공도 만정리의 토광묘에서는 세형동검, 그리고 공주 수촌리에서 세형동검, 동모, 동부(도끼, 斧), 동사와 동착(끌, 鑿)이 토광묘에서 나왔는데, 이들은 철기시대 전기의 전형적인 유물들이다. 특히 이들이 토광묘에서 출토되었다는 사실은 세형동검이 나오는 요양 하란 이도하자(遼陽 河欄 二道河子), 여대시 여순구구 윤가촌(旅大市 旅順口區 尹家村), 심양 정가와자(沈陽 鄭家窪子), 황해도 재령 고산리(高山里)를 비롯해 위만조선(기원전 194~기원전 108년) 시기와 밀접한 관련이 있는 것으로 볼 수 있다. 다시 말해 세형동검 일괄유물 끌을 비롯한 용범(거푸집), 토광묘 등은 점토대토기(구연부 단면 원형)와 함께 철기시대의 시작을 알려준다. 낙랑의 묘제는 토광묘, 귀틀묘, 전축분의 순으로 발전해 나갔는데, 토광묘의 경우는 평안남도 강서군 태성리와 경기도 가평군 가평읍 달전 2리의 경우처럼 위만조선 시대의 것으로 볼 수 있다.

3) 토기제작

한 무제의 한사군 설치를 계기로 낙랑과 대방을 통해 고도로 발달한 한의 문물이 한반도로 유입되었다. 앞선 청동기시대 전통의 500~700℃의 화도에서 소성된 무문토기와 700~850℃에서 구워진 경질무문토기를 함께 사용하던 철기시대 전기의 주민들에게 화도가 1,000~1,100℃에 이르는 도기와 석기는 상당한 문화적 충격이었을 것이다. 송파구 풍납동토성, 경기도 연천 청산면 초성리, 양평 양수리 상석정, 가평 상면 덕현리, 화성 기안리, 가평 달전2리와 가평 대성리, 경기도 광주시 장지동, 강원도 춘천 율문리, 정선 신동읍 예미리, 강릉 안인리와 병산동, 동해 송정동 등지에서 확인된 한나라와 낙랑의 도기들은 무문토기 사회에 여과되지 않은 채 직수입된 중국의 문물이 어떠했는가를 엿볼 수 있는 좋은 자료들이다. 진천 삼룡리 (사적 제344호)와 산수리(사적 제325호)에서 확인되는 중국식 가마 구조의 차용과 그곳에서 발견되는 한식도기의 모방품에서 확인되듯이 도기제작의 기술적 차이를 극복하는데 적어도 2~300년간이 걸렸을 것이다. 한반도 청동기시대 주민들은 당시 안성 공도 만정리에서 확인되듯이 물레의 사용 없이 손으로 빚은 경질무문토기를 앙천요 (open kiln)에서 구워 내었지만 그후 철기시대가 되면 강릉 사천 방동리, 파주 탄현 갈현리와 경남 사천 방지리에서 보여주다시피 직경 1.5m 내외 원형의 반수혈(半竪穴)의 좀더 발전한 가마에서 점토대토기를 구워내고 있었다. 3~4세기 마한과 백제유적에서 흔히 보이는 토기 표면에 격자문, 횡주단사선문, 타날문 또는 승석문이 시문된 회청색 연질 또는 경질토기(도기로 보는 것이 좋음)들이 도기 제작에 있어서 기술의 극복 결과인 것이다. 따라서 한식도기(漢式陶器) 또는 낙랑도기(樂浪陶器)가 공반되는 무문토기 유적의 연대는 낙랑이 설치되는 기원전 108년과 가까운 시기가 될 것이다. 가평 달전2리 토광묘에서 한식 도기와 중국 서안(西安) 소재 섬서성 역사박물관 전시품과 똑같은 한대의 과(戈)가 출토되었고, 경기대학교 박물관과 기전문화재연구원에서 시굴 및 발굴 조사한 가평 대성리, 육군사관학교의 연천 청산면 초성리, 성균관대학교 박물관의 양평 양수리 상석정의 '철(凸)'자와 '여(呂)'자형 집자리와 예맥문화재연구원의 춘천 율문리 집자리 유적의 경우도 마찬가지로 볼 수 있으며, 그 연대도 기원전 1세기를 내려오지 않을 것이다. 또 세종대학교 박물관에서 조사한 포천 영중면 금주리 유적에서도 기원전 20년~서기 10년이라는 연대가 확인되어 이들과 비슷한 시기의 유적임이 확인된 바 있다.

원삼국시대라는 한국 고대사 기록과 부합되지 않는 애매한 시기 설정 대신에 마한과 백제라는 시기구분이 등장하여 이 시기의 성격이 명확하게 설명되고 있음은 최근 우리 고고학계의 성과 중의 하나이다. 『삼국사기』 초기 기록대로 한성시대 백제(기원전 18~서기 475년)는 마한의 영역을 잠식해 들어갔는데, 이는 최근 경기도 강화 대룡리, 파주 주월리, 자작리, 여주 하거리와 연양리, 진천 산수리·삼룡리, 진천 석장리와 원주 법천리 등 백제 초기 강역에서 확인된 유적들을 통해서 잘 드러난다. 백제보다 앞선 마한의 중심지는 오늘날 천안 용원리 일대였는데 백제가 강성해짐에 따라 마한의 영역은 축소되어 익산과 전라남도 나주시 반남면 대안리, 덕산리, 신촌리와 복암리 일대로 밀려났다. 그리고 목지국이란 국가체제를 갖춘 사회로 대표되던 마한 잔여세력은 5세기 말~6세기 초에 백제로 편입되었던 것 같다. 이는 최근 목포대학교와 동신대학교 박물관에 의해 발굴조사된 나주시 금천면 당가리 요지에 의해서도 확인된다. 충북대학교 중원문화연구소가 발굴한 청주 정북동토성(사적 제415호)은 대표적인 마한의 토성인데, 그 연대는 서기 130년(서문터 : 40~220년)경이 중심이 된다. 백제는 풍납동토성(사적 제11호)과 몽촌토성(사적 제297호)의 경우에서 보이듯이 판축토성을 축조했으나 근초고왕이 한산성(서기 371~391년, 근초고왕 21년~진사왕 1년)으로 도읍을 옮긴 서기 371년부터는 석성을 축조했던 것 같다. 그 대표적인 예가 하남시 이성산성이며, 단국대학교에서 발굴한 이천 설봉산성도 그러한 예로 볼 수 있다. 아직 가설적인 수준이긴 하지만, 백제와 마한의 고고학적 차이도 언급할 수 있다. 즉, 한성시대의 백제는 판축토성을 축조하다가 371년경부터 석성을 축조하기 시작했고, 기원전부터 사용되었던 중도계 경질무문토기와 타날문토기를 주로 사용했던 반면에 마한은 판축을 하지 않은 토성과 굴립주, 조족문과 거치문이 보이는 회청색 연질토기, 경질무문토기와 타날문토기 등을 사용했고, 묘제로는 토광묘(청주 송절동)와 주구묘(익산 영등동) 등을 채택하였다.

청동기시대-철기시대 전기의 토착세력, 즉 지석묘 축조자들과 1500여 년에 이르는 지석묘 축조 기간 동안 공존했거나, 이들이 동화시킨 여러 가지 다른 문화 계통의 묘제 다시 말해 석관묘, 석곽묘, 토광묘와 옹관묘 등과의 문화 접촉 관계는 앞으로 연구되어야 할 중요한 과제이다. 그리고 청동기시대의 세장방형-장방형-방형-원형의 수혈움집을 거쳐 나타나는 철기시대 전기-철기시대 후기(삼국시대 전기)의 '철(凸)'자형-'여(呂)'자형-육각형의 수혈움집의 변천 과정과 아울러 토광묘-주구토광묘-옹관묘의 발달과정 그리고 최근 발굴조사되고 그 수가 증가하고 있는 공주 탄천면 장선리(사적 제433호), 가평 대성리, 기흥읍 구갈리와 논산 원북리, 화성 동탄지구 내 석우리 먹실, 화성 동탄 반월리 토실들과의 상호 문화적 관계를 좀더 구체적으로 살펴보면 철기시대 전기와 후기에 걸쳐 나타나는 동예, 옥저, 변한, 진한, 마한 그리고 이들을 기반으로 하여 형성된 고구려 백제, 신라와 가야 등 기록에 나타나는 구체적이고 역사적인 국가의 형성과 발전도 고고학적으로 입증해 낼 수 있을 것이다. 특히 토실은 북쪽

읍루와의 관련성이 있다. 三國志 魏志 東夷傳 挹婁조에 보면 …常穴居
大家深九梯以多爲好土氣寒…(…큰 집은 사다리가 9계단 높이의 깊이
이며 깊이가 깊을수록 좋다…)라는 기록에서 사다리를 타고 내려가
사는 토실에 대한 언급이 나온다. 또 1755년 Krasheninnikov나 1778
년 James Cook의 탐험대에 의해 보고된 바로는 멀리 북쪽 베링해
(Bering Sea)근처 캄챠카(Kamtschatka)에 살고 있는 에스키모인 꼬략
(Koryak)족과 오날라쉬카(Oonalaschka)의 원주민인 알류산(Aleut)인
들은 수혈 또는 반수혈의 움집을 만들고 지붕에서부터 사다리를 타
고 내려가 그 속에서 살고 있다고 한다. 이들 모두 기후환경에 대한
적응의 결과로 볼 수 있다. 아울러 우리 문화의 원류도 짐작하게 한
다. 그리고 최근 포천 반월성, 연천 호로고루성(사적 467호), 하남 이
성산성(사적 422호), 이천 설봉산성, 연기 운주산성과 청주 남산골산
성의 발굴은 백제 초축(근초고왕 26년)-고구려 증축(서기 475년 : 고
구려 장수왕 63년)-신라 보축(553년 : 진흥왕 14년)-통일신라-고려-조
선 등 여러 역사적 사건이 얽혀진 맥락을 보여 준다. 다시 고고학 유
적의 발굴 결과가 『삼국사기』 초기 기록의 신빙성을 높여주고 있다
하겠다.

결론적으로 기원전 2000년에서 서기 600년 사이의 2600년의 기간,
즉 한국고고학의 시대구분상 청동기, 철기시대 전기와 후기(삼국시
대전기)의 연구의 새로운 방향은 아래와 같이 정리될 수 있겠다.
  1) 한국고고학과 고대사 연구는 통시적 관점, 진화론적 입장 및 역
사적 맥락의 바탕 위에서 이루어져야 한다.
  2) 한국 문화의 계통은 각 시대에 따라 서로 다른 다원적인 입장에
서 파악하여야 한다. 최근 확인된 고고학 자료는 유럽, 중국(요령성,

길림성, 흑룡강성 등 동북삼성 포함)과 끄로우노프카(북옥저, 団結)를 포함하는 시베리아 아무르·우수리강 유역 등 한국문화의 기원이 매우 다양했음을 보여준다.

3) 남한의 청동기시대는 요령성과 북한지역의 경우처럼 기원전 1500년경까지 거슬러 올라가는데 그 시발점은 기원전 20~15세기경인 신석기시대 중·후기의 빗살-부분빗살문토기, 즉 강원도 춘성군 내평(소양강 수몰지구), 춘천시 남면 발산리와 인천 계양구 동양동 유적 등 돌대문토기가 공반되는 빗살문토기 유적까지 거슬러 올라간다. 이중구연토기, 공렬문토기, 구순각목토기 등의 편년과 공반관계, 문화적 주체와 수용, 다양한 기원 등은 앞으로 학계의 연구방향이 될 것이다.

4) 우리 문화의 주체를 형성한 토착인들은 한국고고학 시대구분상 청동기시대와 철기시대 전기, 즉 기원전 1500년경에서 기원전 1년까지 한반도 전역에 산재해 있던 지석묘(고인돌) 축조인들이다. 지석묘는 그 형식상 북방식, 남방식과 개석식으로 나누어지는데, 각 형식은 서로 다른 문화 수용현상을 보인다. 즉, 북방식과 남방식 지석묘사회는 한반도 북쪽의 카라스크에서 내려온 석관묘 문화를, 한반도 남부의 지석묘 사회에서는 보다 늦게 등장한 개석식 지석묘는 석곽묘나 토광묘를 수용했으며, 이를 기반으로 경기·충청·전라지방에서는 마한이 형성되었다.

5) 신석기시대에서 청동기시대로의 이행은 문화 계통의 다원적 기원과 함께 국지적인 문화의 수용 내지는 통합을 통해 이루어졌으며, 문화의 자연스런 계승도 엿보인다. 이러한 양상은 강원도 원주 가현동, 강원도 춘천시 남면 발산리, 영월 남면 연당 쌍굴, 충남 서산 해미 기지리, 인천광역시 옹진군 백령도·연평 모이도·중구 용유도 그리

고 대구 북구 서변동 유적을 포함한 내륙지역에서 확인되는 전면/부분빗살문토기 유적들에서 확인된다.

6) 백제는 기원전 3~2세기에 이미 성립된 마한의 바탕 위에서 성립되었으므로 백제 초기의 문화적 양상은 마한의 경우와 그리 다르지 않다. 백제의 건국연대는 『삼국사기』 백제본기의 기록대로 기원전 18년으로 보아야 한다. 마한으로부터 할양 받은 한강유역에서 출발한 백제가 강성해져 그 영역을 확장해 나감에 따라 마한의 세력범위는 오히려 축소되어 천안-익산-나주로 그 중심지가 이동되었다. 백제 건국연대를 포함한 『삼국사기』의 초기 기록을 인정해야만 한국고대사를 무리없이 풀어 나갈 수 있다. 그래야만 최근 문제가 되고 있는 고구려와 신라·백제와의 초기 관계사를 제대로 파악해 나갈 수 있다.

7) 한성시대 백제(기원전 18년~서기 475년)도 석성을 축조했는데, 하남 이성산성, 이천 설봉산성과 설성산성 그리고 안성 죽주산성 등이 그 좋은 예들이다. 그 석성 축조의 기원은 제13대 근초고왕대인 서기 371년 고구려 고국원왕과의 평양 전투에서 찾을 수 있다. 고구려는 일찍이 제2대 유리왕이 서기 3년 집안의 국내성을 축조했고, 제10대 산상왕 2년(서기 198년)에는 환도산성을 축조한 바 있는데, 이는 2004년 6월 29일 세계문화유산에 등재를 위해 실시된 중국 측의 발굴조사에서도 확인된 바 있다.

8) 위만조선의 멸망과 한사군의 설치는 『사기』의 편찬자인 사마천이 37세에 일어난 사건이며, 위만조선과 낙랑·대방의 존재는 역사적 사실로 인정되어야 한다. 위만조선의 왕검성과 낙랑은 오늘날의 평양 일대로 보아야 한다.

9) 철기시대 전기와 후기(삼국시대 전기)에 보이는 점토대토기·흑

도·토실과 주구묘를 포함한 여러 가지 고고학 자료와 문헌에 보이는 역사적 기록들은 당시의 정치·사회·문화가 매우 복잡했음을 보여준다. 이 시기의 역사 서술은 이들을 바탕으로 이루어져야 하는데, 이는 일찍부터 기정사실로 인식되고 있는 고구려사와 같은 맥락에서 이해되어야 한다.

참·고·문·헌

강릉대학교 박물관

  2000, 발굴유적유물도록

강원문화재연구소

  2001, 춘천 거두지구 문화재발굴조사 지도위원회 자료

  2002, 국도 44호선(구성포-어론간) 도로 확·포장공사구간 내 유적시굴조사 지도위원회 자료

  2002, 춘천시 신북읍 발산리 253번지 유구확인조사 지도위원회 자료

  2003, 국도 44호선(구성포-어론간) 도로확장구간 내 철정·역내리 유적

  2003, 영월 팔괘 I.C. 문화재 시굴조사 지도위원회 자료

  2003, 화천 생활체육공원 조성부지 내 용암리 유적

  2004, 강릉 과학일반지방산업단지 문화유적 발굴조사

  2004, 국군 원주병원 주둔지 사업예정지역 시굴조사

  2004, 동해 송정지구 주택건설사업지구 내 문화유적 시굴조사 지도위원회 자료

2004, 천전리 유적

2004, 춘천 우두동 직업훈련원 진입도로 확장구간 내 유적발굴조 사 지도위원회 자료 및 2005, 발굴조사 중간 지도위원회 자료

2005, 정선 아우라지 유적-정선 아우라지 관광단지 조성부지 시 굴조사 지도위원회의 자료-

2005, 국군 원주병원 문화재 발굴조사

2005, 춘천 천전리 유적 : 동면~신북간 도로확장 및 포장공사구 간 내 유적발굴조사 4차 지도위원회자료

2005, 고성 국도 7호선(남북연결도로) 공사구간 내 유적조사 지 도위원회 자료

2005, 속초 대포동 롯데호텔 건립부지 내 유적시굴조사 지도위원 회 자료

2005, 국도 38호선(연하-신동간)도로 확 · 포장공사구간 내 유적 발굴조사 지도위원회 자료

2005, 강릉 입압동 671-3번지리 3필지 아파트 신축부지 내 유적 발굴조사 지도위원회 자료

2005, 춘천 율문리 생물 산업단지 조성사업부지 유적

2005, 춘천 신매리 373-6 번지 유적

2006, 홍천 철정리 유적 II 지도위원회 자료

2006, 춘천-동홍천간 고속도로건설공사 문화유적 지도위원회 자료

2006, 서울-춘천 고속도록 7공구 강촌 I.C. 구간 내 유적 발굴조 사 지도위원회 자료

2006, 춘천 우두동 유적-춘천 우두동 직업훈련원 진입도로 확장구 간 내 유적 발굴조사 3차 지도위원회의 자료

2006, 춘천 거두 2지구 택지개발사업지구 내(북지구) 유적 발굴
　　조사 2차 지도위원회의 자료

강인욱 · 천선행
　2003, 러시아 연해주 세형동검관계유적의 고찰, 한국상고사학보
　　42

경기대학교 박물관
　2004, 화성 동탄면 풍성주택 신미주아파트 건축부지 문화유적 발
　　굴조사 현장설명회 자료
　2005, 수원 고색동 유적
　2005, 양평 공세리 유적 - 양평군 개군면 마을회관 건립부지 문화
　　유적 발굴조사 지도위원회의 자료
　2005, 중앙선(원주-덕소)복선 전철화구간 내 4~5지구 문화유적
　　발굴조사 지도위원회 자료집
　2005, 중앙선(덕소-원주) 복선전철화구간 내 4-2 · 3지구 문화유
　　적 발굴조사 지도위원회 자료집

경기도박물관
　1999, 파주 주월리 유적
　2004, 포천 자작리 유적(II) 시굴조사보고서
　2005, 육계토성 현장지도위원회자료집

경남문화재연구원
　2003, 창원 외동 택지개발사업지구 내 발굴조사 지도위원회 자료
　2004, 울산 연암동 유적발굴 지도위원회 자료, 대한문화재신문
　　제24호(2004년 11월 15일)

경남발전연구원 역사문화센터
　2001, 김해 봉황동 시굴조사 지도위원회 자료

2003, 가야인 생활체험촌 조성부지 내 김해 봉황동 발굴조사 지
도위원회 자료집

2005, 마산 진동리 유적

경북문화재연구원

2001, 대구 상동 정화 우방 팰레스 건립부지 내 발굴조사 지도위
원회 및 현장설명회 자료

2002, 경주 신당동 희망촌 토사 절취구간 내 문화유적 시굴지도
위원회 자료

2003, 대구-부산간 고속도로 건설구간(제4·5공구) 청도 송읍리
Ⅰ·Ⅲ 유적 발굴조사 지도위원회 자료

2003, 성주 예산리 유적 발굴조사

2003, 성주·백전·예산 토지구획정리사업지구 내 성주예산리
유적 발굴조사 지도위원회 및 현장설명회 자료

2003, 포항시 호동 쓰레기매립장 건설부지 내 포항 호동 취락유
적 발굴조사 지도위원회 및 현장설명회 자료

2005, 구룡포-대포간 4차선 도로 확·포장구간 내 발굴조사 지도
위원회 및 현장설명회 자료

2005, 삼정리 취락 유적 지도위원회 및 현장설명자료

2005, 삼정리 Ⅱ, 강사리 유적 지도위원회 및 현장설명회

경상남도 남강 유적 발굴조사단

1998, 남강 선사유적

경주대학교 박물관

2005, 대구시 달서구 대천동 413번지 일대 오르젠아파트 신축부
지 내 문화재 시굴조사 지도위원회

계명대학교 박물관

　　2004, 개교 50주년 신축박물관 개관 전시도록

고고학 및 민속한연구소 고고학연구실

　　1959, 유적발굴보고 제5집, 태성리 발굴보고

고려대학교 매장문화재연구소

　　2001, 대전 대정동 유적 고려대학교 매장문화재연구소

　　2002, 논산 마전리 보고서

　　2003, 서천 도삼리 유적

공주대학교 박물관

　　1998, 백석동 유적

　　2000, 용원리 고분군

　　2005, 해미 기지리 유적

국립문화재연구소

　　1994, 연천 삼곶리 백제적석총 발굴조사 보고서

　　2001, 풍납토성 Ⅰ

　　2002, 고성문암리 선사유적 발굴조사 지도위원회의 자료

국립문화재연구소 유적조사연구실

　　1999, ’98~’99 고성문암리 신석기유적발굴조사 성과발표

　　2001, 나주 복암리 3호분(보도자료)

　　2001, 풍납토성 Ⅰ (보도자료)

　　2002, 올림픽 미술관 및 조각공원 건립부지 발굴조사 현장지도회
　　　　의 자료

　　2003, 풍납동 삼표산업사옥 신축부지 발굴조사 현장지도회의 자
　　　　료

　　2003, 2003 풍납동 197번지 일대(구 미래마을 부지) 유적발굴조
　　　　사현장지도회의 자료

2003, 연평 모이도 패총

국립문화재연구소 한성백제학술조사단

2004, 풍납동 재건축부지(410번지외) 발굴(시굴)조사 자문회의 자료

2004, 2004 풍납토성(사적 11호) 197번지 일대(구 미래마을 부지) 발굴조사 지도위원회 회의자료

국립중앙박물관

1994, 암사동

1998, 여주 연양리 유적

1999, 백제

2002, 원주 법천리 유적 발굴조사보고서

2000, 원주 법천리 고분군 -2차 학술발굴조사-

1996, 『백제금동향로와 창왕명 사리감』 특별전시회도록

국립청주박물관

1997, 『철의 역사』 군산대학교 박물관

2002, 군산 산월리 유적

기전문화재연구원

2001, 기흥 구갈(3) 택지개발 예정지구 내 구갈리 유적발굴조사 설명회 자료

2001, 기흥 구갈(3) 택지개발 예정지구 내 구갈리 유적발굴조사

2001, 화성 발안 택지개발지구 내 유적 발굴조사 개요

2002, 안양시 관양동 선사유적 발굴조사 지도위원회 자료

2002, 연천 학곡제 개수공사지역 내 학곡리 적석총 발굴조사

2002, 용인 보정리 수지빌라트 신축공사부지 내 유적시·발굴조사 4차 지도위원회 자료

2003, 기전고고 3

2003, 서울 EMS테크센터부지 내 유적발굴조사 지도위원회 자료

2003, 용인 보정리 수지빌라트 신축공사부지 내 유적시·발굴조사 5차 지도위원회 자료(4지점)

2003, 하남 시가지우회도로 확·포장구간 유적발굴조사보고서

2003, 화성 발안리마을 유적·제철유적 발굴조사

2003, 화성 발안리마을 유적·기안리 제철유적발굴조사, 현장설명회 자료

2004, 경춘선 복선전철 사업구간(제4공구) 내 대성리 유적 발굴조사

2004, 안성 공도 택지개발사업부지 내 유적 발굴조사 1차 지도위원회 자료(5·6 지점)

2004, 안성 공도 택지개발사업부지 내 유적 발굴조사 2차 지도위원회 자료(1·3·5 지점)

2004, 안양 관양동 선사유적 발굴조사보고서

2004, 평택 현곡 지방산업단지 내 문화유적 발굴조사 3차 지도위원회 자료집

2004, 화성 동탄지구 내 석우리 먹실유적 발굴조사 II

2004, 경춘선 복선전철 사업구간(제4공구) 내 대성리 유적 발굴조사

2005, 화성 신영통 현대타운 2·3단지 건설공사부지 문화재발굴조사 지도위원회자료

2005, 안성 공도 택지개발사업지구 내 유적 발굴조사 : 3차 지도위원회 회의자료(3지점 선공사지역·4지점)

2005, 경춘선 복선전철 사업구간(제4공구) 내 대성리 발굴조사

제2차 지도위원회 자료

2005, 안성공도 택지개발사업지구 내 유적 발굴조사 4차 지도위
원회 자료(2지점)

2006, 성남~장호원도로 건설공사(2공구) 문화유적 시굴조사 지도
위원회 자료

2006, 시흥 능곡택지개발지구 내 문화유적 시·발굴조사 4차 지
도위원회의 자료(1, 2지점)

김구군

2000, 「호형 대구의 형식분류와 편년」, 『경북대 고고인류학과 20
주년 기념논총』

김권구

2003, 청동기시대 영남지역의 생업과 사회, 영남대 대학원 박사
학위 청구논문

김태식

2001, 풍납토성, 김영사

남도문화재연구원

2001, 나주 공산 우회도로구간 내 문화유적 시굴발굴조사 현장설
명회

2005, 구례 공설운동장 건립부지 내 문화유적 발굴조사

2005, 전라선 성산-신풍간 철도개량구간(대법유물 산포지) 내
문화유적 발굴조사

2006, 순천 코아루럭스아파트부지 내 문화유적 발굴조사

단국대학교 매장문화재연구소

2004, 평택 서부 관방산성 시·발굴조사 지도위원회 자료집

2005, 의당 ICD 진입로 개설공사구간 연장 발굴조사 1차 지도위

원회 자료집

　2002-5, 이천 설성산성 1~4차 발굴조사 지도위원회자료집

동양대학교 박물관

　2005, 국도 5호선 확장공사 부지 내 안동 저전리 유적

　2000, 사천 늑도유적 3차 발굴조사 자료

목포대학교 박물관

　1995, 서해안고속도로(무안-목포)구간 문화유적 발굴조사 약보고

　2001, 탐진 다목적(가물막이)댐 수몰지역 내 문화유적 발굴조사
　　개요

　2002, 지방도 819호선 확ㆍ포장공사구간 내 문화유적

　2002, 탐진 다목적댐 수몰지역 내 문화유적발굴조사(2차) 지도위
　　원회 및 현장설명회 자료

목포대학교 박물관ㆍ동신대학교 박물관

　2001, 금천-시계간 국가지원 지방도 사업구간 내 문화재발굴조사
　　지도위원회와 현장설명회 자료』

　2002, 나주 오량동 가마유적 지도위원회 회의 자료

목포대학교 박물관ㆍ호남문화재연구원ㆍ한국수자원공사

　2000, 탐진 다목적댐 수몰지역 내 문화유적 발굴조사 지도위원회
　　및 현장설명회 자료

문산 김삼룡박사 고희기념 논총간행위원회

　1994, 문산 김삼룡박사 고희기념 마한ㆍ백제문화와 미륵사상

문화재관리국

　1974, 팔당ㆍ소양댐 수몰지구 유적발굴 종합조사보고

밀양대학교 박물관ㆍ동의대학교 박물관

　2001, 울산 야음동 유적

백종오

　2002, 임진강 유역 고구려 관방체계, 임진강 유역의 고대사회, 인
　　　하대학교 박물관

상명대학교 박물관

　2005, 파주 탄현면 갈현리 공장 신축예정 부지 문화유적 시굴조
　　　사

서울대학교 박물관

　1975, 석촌동 적석총 발굴조사보고

　2000, 덕적군도의 고고학적 조사연구

　2000, 아차산 제4보루

　2000, 아차산성

　2002, 아차산 시루봉 보루

　2002, 용유도 유적

　2006, 용마산 2보루 발굴조사 약보고

석광준 · 김종현 · 김재용

　2003, 강안리 고연리 구룡강, 백산자료원

성균관대학교 박물관

　2000, 여수 화장동 유적 제2차 조사 현장설명회 사진자료

　2003, 경기도 양평군 양수리 상석정마을 발굴조사 1차 지도위원
　　　회 자료

　2004, 경기도 양평군 양수리 상석정마을 발굴조사 3차 지도위원
　　　회 자료

　2000, 평택 지제동 유적

　2001, 하남 미사동 선사유적 주변지역 시굴조사

　2002, 연천 고인돌조사 현장설명회 자료

　　2002, 하남 망월동

　　2003, 포천-영중간 도로확장구간 내 유적(금주리 유적) 문화유적
　　　　발굴조사 약보고

　　2005, 하남 덕풍골 유적 -청동기시대의 집터 · 제의유적 및 고분조
　　　　사-

　　2006, 하남 덕풍골 유적

수원대학교 박물관

　　2005, 화성 장안리 유적 -이화~상계간 도로 확 · 포장공사구간 내
　　　　문화유적 발굴조사-

순천대학교 박물관

　　2000, 여수 화장동 문화유적 2차 발굴조사

　　2001, 광양 용강리 택지개발지구 2차 발굴조사회의 자료

　　2001, 보성 조성리토성 발굴조사 현장설명회 및 지도위원회 자료

　　2002, 여천 화양경지정리지구 문화유적 발굴조사

신라대학교 가야문화재연구소

　　1998, 산청 소남리 유적발굴조사 현장설명회 자료

신용철 · 강봉원

　　1999, 여주 하거리 방미기골 고분

심재연 · 김권중 · 이지현

　　2004, 춘천 천전리 유적, 제28회 한국고고학 전국대회 발표요지

안재호

　　2000, 한국 농경사회의 성립, 한국고고학보 43호

연세대학교 박물관

　　2004, 『연당 쌍굴 : 사람, 동굴에 살다』, 연세대학교 박물관 특별
　　　　전 도록

　　2004, 영월 연당리 피난굴(쌍굴) 유적 시굴조사 현장설명회 자료

연세대학교 원주박물관

　　2004, 안창대교 가설공사 부지 내 문화유적 시굴조사 지도위원회
　　　　자료

　　2004, 춘천 삼천동 37-12 번지 주택건축부지 내 문화유적 시굴조
　　　　사 지도위원회 자료

　　2005, 원주 태장 4지구 임대주택 건설부지 문화유적 발굴조사 2
　　　　차지도위원회 자료

영남대학교 민족문화연구소

　　2003, 대구 월성동 리오에셋아파트 건립부지 내 문화유적 발굴조
　　　　사 지도위원회 및 현장설명회 자료집

영남문화재연구원

　　2001, 진천 코오롱아파트 신축부지 내 대구 진천동 유적발굴조사

　　2002, 청도 진라리 유적 발굴조사 현장설명회 자료

예맥문화재연구원

　　2006, 춘천 율문리 75-2번지 창고 신축부지 내 유적 발굴(시굴)조
　　　　사 약보고서

　　2006, 양구 서천 자연행 하천 정화사업지구 내 시굴조사 지도위
　　　　원회의 자료

울산문화재연구원

　　2003, 울주 반구대 암각화 진입도로부지 내 유적 시굴·발굴조사
　　　　지도위원회 자료집

육군사관학교 화랑대연구소 국방유적연구실

　　2006, 연천군 초성-백의간 도로 확·포장공사구간 내 유적 발굴
　　　　조사 약보고서

이숙임

　2003,『강원지역 점토대토기 문화연구』, 한림대 대학원 문학석사
　　　학위논문

李榮文

　1987,「昇州 九山里 遺蹟과 出土唯物」,『三佛 金元龍教授 停年退任
　　　紀念論叢』I (考古學篇), 一志社, 서울

　2002,『全南地方 支石墓社會의 研究』, 학연문화사

李榮文 · 曺根佑

　1996a,『全南의 支石墓』, 學研文化社, 서울

　1996b,「全南의 支石墓」『全南의 古代墓制』, 全羅南道 · 木浦大學校
　　　博物 館

인천시립박물관

　1994, 영종 · 용유지구 지표조사보고서

인하대학교 박물관

　2000, 인천 문학경기장 내 청동기 유적 발굴조사 현장설명회 자
　　　료

전남문화재연구원

　2003, 진도 고군지구 경지정리 사업구역 내 문화유적 시굴조사
　　　지도위원회 회의 자료

　2004,『진도 오산리 유적』학술총서 14집

全北大博物館

　1985,『細田里出土土器』, 全北大 博物館, 全州

전주대학교 박물관

　2002, 구이-전주간 도로 확 · 포장공사구간 내 문화재발굴조사 현
　　　장설명회 자료

전주대학교 박물관 · 전북대학교 박물관

　2002, 전주 송천동 토지구획정리사업지구 내 문화재발굴조사 현
　　　장설명회 자료

제주대학교 박물관

　1999, 제주 삼양동 유적

제주문화예술재단 문화재연구소

　2001, 신제주-외도간 도로개설구간 내 외도동 시굴조사보고서

　2003, 제주 국제공항확장부지 내 문화유적 발굴조사-지도위원회
　　　및 현장설명회 자료-

중앙문화재연구원

　2001, 논산 성동지방 산업단지부지 내 논산 원북리 유적

　2001, 논산 지방산업단지부지 내 논산 원북리 유적 발굴조사

　2001, 진천 문백 전기 · 전자 농공단지 내 매장문화재 발굴조사

　2002, 대전 테크노밸리 사업부지 내 문화재 발굴조사 지도위원회
　　　자료

　2002, 중부내륙고속도로 충주지사 및 두담 고분군 시굴발굴조사
　　　지도위원회 자료

　2003, 2004, 2005, 경주 나정

　2004, 고속도로 40호선 안성 음성간(제5공구) 건설공사 사업부지
　　　내 안성 반제리 유적 발굴조사 현장설명회 자료집

　2005, 중앙선 덕소-원주간 복선전철 5-17지구 삼성리 유적 발굴
　　　조사 지도위원회자료

崔夢龍

　1972, 한국 동과에 대하여, 서울대 문리대학보 18권, 27호

　1975, 「韓國 銅戈に ついて」, 『朝鮮考古學年報』 2

1978,「光州 松岩洞 住居址 發掘調査報告」,『韓國考古學報』4

1982,「全南地方 支石墓社會와 階級의 發生」,『韓國史研究』35

1983,「한국고대국가의 형성에 대한 일고찰-위만조선의 예-」,『김철준교수 회갑기념 사학논총』

1985,「고고분야」,『일본 對馬·壹岐島 종합학술조사보고서』, 서울신문사

1985,「고대국가성장과 무역-위만조선의 예-」,『한국고대의 국가와 사회』, 역사학회편

1986,「고인돌과 독무덤」,『全南文化의 性格과 課題』, 第一回 全南古文化 심포지움 발표요지

1987,「한국고고학의 시대구분에 대한 약간의 제언」,『최영희교수 화갑기념 한국사학논총』

1987,『한국고대사의 제문제』, 관악사

1988,「반남면 고분군의 의의」,『나주반남면 고분군』, 광주박물관 학술총서 13책

1989,「歷史考古學 研究의 方向-우리나라에서 역사시대의 시작」,『韓國上古史』, 韓國上古史學會, 서울

1989,「삼국시대 전기의 전남지방문화」,『성곡논총』20집

1989,「상고사의 서해 교섭사 연구」,『국사관논총』3집

1989,「역사고고학연구의 방향」,『한국상고사 연구현황과 과제』, 민음사

1990,「전남지방 삼국시대전기의 고고학연구현황」,『한국고고학보』24집

1990,「초기 철기시대」,『국사관논총』16집(신숙정과 공저)

1991,「마한목지국의 제문제」,『백제사의 이해』(최몽룡·심정보

편), 학연문화사

1993, 「철기시대 : 최근 15년간의 연구성과」, 『한국사론』 23집, 국
　　사편찬위원회

1993, 『한국 문화의 원류를 찾아서』, 학연문화사

1993, 「한국 철기시대의 시대구분」, 『국사관논총』 50, 국사편찬위
　　원회

1994, 「고고학상으로 본 마한의 연구」, 『문산 김삼룡박사 고희 기
　　념논총 : 마한 · 백제문화와 미륵사상』(논총간행위원회 편),
　　pp.91~98, 원광대학교 출판국, 익산

1994, 「최근 발견된 백제향로의 의의」, 『韓國上古史學報』 15

1996, 「한국의 철기시대」, 『東아시아의 鐵器文化 -도입기의 제양
　　상-』, 문화재연구소 국제학술대회 발표논문 제5집

1997, 「백제의 향로, 제사유적 및 신화」, 『도시 · 문명 · 국가』(최
　　몽룡 저), 서울대학교출판부, 서울

1997, 「북한의 단군릉 발굴과 그 문제점」, 『도시 · 문명 · 국가』
　　(최몽룡 저), 서울대학교출판부, 서울

1997, 「청동기 · 철기시대의 시기구분」, 『한국사 3-청동기와 철기
　　문화-』, 국사편찬위원회, 서울

1997, 『도시 · 문명 · 국가-고고학에의 접근-』, 서울대학교출판부

1997, 「청동기시대와 철기시대」, 『한국사』 3, 국사편찬위원회

1998, 『백제를 다시 본다』(편저), 주류성(2004 『百濟をもう一度考
　　える』日譯,周留城, 서울

1998, 『다시 보는 百濟史』, 周留城, 서울

1999, 「나주지역 고대문화의 성격-반남면 고분군과 목지국-」, 『복
　　암리고분군』

1999,「서울 · 경기도의 백제유적」, 경기도박물관 제5기 박물관 대학강좌

1999,「철기문화와 위만조선」, 고조선문화연구, 한국정신문화연구원

1999,「Origin and Diffusion of Korean Dolmens」,『한국상고사학보 30호

2000,「21세기의 한국고고학」,『한국사론』30, 국사편찬위원회

2000,「21世紀의 韓國考古學」,『21世紀의 韓國史學』, 國史編纂委員會

2000,『흙과 인류』, 주류성, 서울

2002,「21세기의 한국고고학의 새로운 조류와 전망」, 한국상고사학회 27회 학술발표대회 기조강연

2002,「考古學으로 본 文化系統: 多元論的 立場」,『韓國史』1, 國史編纂委員會

2002,「고고학으로 본 문화계통」,『한국사』1, 국사편찬위원회

2002,「百濟都城의 變遷과 研究上의 問題點」, 第3回 文化財研究 學術大會 基調講演, 國立扶餘文化財研究所

2002,「선사문화와 국가형성」,『고등학교 국사』(5 · 6 · 7 차), 교육인적자원부

2002,「풍납동토성의 발굴과 문화유적의 보존」,『풍납토성』, 서울역사박물관

2003,「考古學으로 본 馬韓」,『益山文化圈研究의 成果와 課題』, 원광대학교 마한 · 백제문화연구소 창립 30주년 기념 학술대회 및 2004『마한 · 백제문화』16

2003,「백제도성의 변천과 문제점」,『서울역사박물관 연구논문

집』 창간호

2003, 한성시대의 백제와 마한, 문화재, 36호

2004, 「부천 고강동 유적 발굴조사를 통해 본 청동기시대, 철기시대 전기와 후기의 새로운 연구방향」, 『선사와 고대의 의례 고고학』

2004, 역사적 맥락에서 본 경기도 소재 고구려 유적 연구의 중요성, 고구려 유적 정비활용을 위한 학술워크숍

2004, 「朝鮮半島の文明化-鐵器文化와 衛滿朝鮮-」, 『日本 國立歷史民俗博物館研究報告』 119輯

2004, 「철기시대 전기의 새로운 연구방향」, 『기전고고』 4

2004, 「통시적으로 본 경기도의 통상권」, 한국상고사학회 32회 학술발표대회 기조강연

2005, 「동북아시아적 관점에서 본 한국청동기시대 연구의 신경향」, 2005 서울 · 경기 고고학회 춘계학술대회 기조강연

2006, 「최근 경기도에서 발굴 · 조사된 고구려 유적과 그 역사적 맥락」, 경기도박물관 우리곁의 고구려 특별전 기조강연

2004, 「한국문화의 계통」, 『동북아 청동기문화연구』, 주류성

최몽룡 · 권오영

1985, 고고학적 자료를 통해본 백제초기의 영역고찰 -도성 및 영역문제를 중심으로 본 한성시대 백제의 성장과정-, 천관우 선생 환력기념 한국사학논총

崔夢龍 · 金庚澤

1990, 「全南地方의 馬韓 · 百濟時代의 住居址研究」, 『韓國上古史學報』 4호

최몽룡 · 김경택 · 홍형우

　2004,『동북아 청동기시대 문화 연구』, 주류성

최몽룡 외

　1999,『덕적군도의 고고학적 조사연구』, 서울대 박물관

최몽룡 · 김선우

　2000,『한국지석묘 연구이론과 방법-계급사회의 발생-』, 주류성

최몽룡 · 김용민

　1998, 인골에 대한고찰,『능산리』

최몽룡 · 신숙정 · 이동영

　1996, 고고학과 자연과학-토기편』, 서울대학교출판부

최몽룡 · 심정보

　1991,『백제사의 이해』, 학연문화사

최몽룡 · 유한일

　1987,「심천포시 늑도 토기편의 과학적 분석」,『삼불김원용교수
　　　정년퇴임 기념논총 I (고고학편)』, 일지사

최몽룡 · 이선복 · 안승모 · 박순발

　1993, 한강유역사, 민음사, 서울

최몽룡 · 이청규 · 김범철 · 양동윤

　1999,『경주 금장리 무문토기유적』, 서울대학교 박물관

崔夢龍 · 李淸圭 · 盧赫眞

　1979, 羅州 潘南面 大安里 5號 百濟石室墳發掘調査, 文化財 12

최몽룡 · 이헌종 · 강인욱

　2003, 시베리아의 선사고고학, 주류성

최몽룡 · 최성락

　1997, 한국고대국가형성론, 서울대학교출판부

최몽룡 · 최성락 · 신숙정

1998, 『고고학연구방법론-자연과학의 응용-』, 서울대학교출판부

崔盛洛

    1986a, 『靈岩 長川里 住居址 I』, 木浦大學博物館, 木浦

    1986b, 『靈岩 長川里 住居址 II』, 木浦大學博物館, 木浦

    1992, 『韓國 原三國文化의 硏究-全南地方을 中心으로』, 학연문화사

    2001, 『고고학여정』, 주류성

    2002, 「삼국의 성립과 발전기의 영산강 유역」, 『한국상고사학보』
        37호

    2002, 「전남지역 선사고고학의 연구성과」, 『고문화』 59집

최성락 · 김건수

    2002, 「철기시대 패총의 형성배경」, 『호남고고학보』 15집

최완규

    1997, 금강유역 백제고분의 연구, 숭실대학교 대학원 박사학위논
        문

    1999, 「익산지역의 최근 고고학적 성과」, 『마한 · 백제문화』 14호

충남대학교 박물관

    1999, 대전 궁동유적 발굴조사

    2001, 대전 장대지구 문화유적 발굴조사 지도위원회 회의자료』

    2001, 아산 테크노 콤플렉스 지방산업단지 조성부지 내 아산 명
        암리 유적

충청남도역사문화원(구 충남발전연구원)

    2001, 연기 운주산성 발굴조사 개략보고서

    2002, 부여 백제역사재현단지 조성부지 내 문화유적조사 발굴약
        보고

    2002, 부여 증산리 유적 발굴조사 개요(부여 석성 십자거리 우회

도로 개설예정 부지 내 문화유적 발굴조사)

2003, 공주 의당농공단지 조성부지 내 발굴조사 : 공주 수촌리 유
　　적

2003, 서천-공주간(6-2) 고속도로 건설구간 내 문화유적 발굴조사
　　중간설명회

2003, 서천-공주간(6-2) 고속도로 건설구간 내 봉선리 유적

2004, 금산 백령산성 문화유적 발굴조사 개략보고서

2004, 서산 음암 임대아파트 신축공사부지 내 서산 부장리 유적
　　현장설명회 자료

2004, 아산시 배방면 갈매리아파트 신축공사부지 내 아산 갈매리
　　유적 현장설명회 자료

2005, 공주 우성씨에스 장기공장 신축부지 내 문화유적 발굴조사
　　개략보고서

2005, 계룡 포스코 The# 아파트 신축공사부지 내 문화유적 시굴
　　조사 현장설명회

2005, 서산 기지리 유적

2006, 계룡 입암지방산업단지 조성사업부지 내 계룡 입암리 유적
　　발굴조사 현장설명회 자료집

2006, 아산 탕정 LCD단지 조성부지(2구역) 내 문화유적 시굴조
　　사 현장설명회

충북대학교 박물관

2000, 박물관 안내

2001, 청원 I.C.~부용간 도로확장 및 포장공사구간 남산골산성
　　및 주변유적 발굴조사 현장설명회 자료

2002, 청원 I.C.~부용간 도로확장 및 포장공사구간 충북 청원 부

강리 남성골 유적

충북대학교 중원문화연구소

　1999, 청주 북정동 토성 I

충청매장문화재연구원(구 충청매장문화재연구원)

　1999, 공주 장원리 유적 현장설명회 자료

　2000, 대전 월평산성

　2001, 서천 남산성 발굴조사 약보고서

　2002, 국도 32호선 서산-당진간 국도확장 및 포장공사구간 내 문
　　　화유적 발굴조사 1차 현장 설명회 자료

　2002, 장흥-군산간 철도연결사업구간 내 군산 내흥동 현장설명회
　　　자료

　2002, 천안 운전리 유적

　2002, 대전 자운대 군사시설공사 사업부지 내 자운동 · 추목동 유
　　　적 발굴조사 현장설명회 자료

　2002, 대전 자운대 군사시설공사 사업지역 내 문화유적 현장설명
　　　회 자료

　2002, 장항-군산간 철도연결사업구간 내 군산 내흥동 유적

　2002, 천안 운전리 유적 현장설명회 자료

충청매장문화재연구원 · 고려개발

　1999, 천안 용원리 유적

한국문화재보호재단

　2000, 청주 송절동 유적

　2000, 청주 용암 유적 (I · II)

　2002, 시흥 목감중학교 시설사업 예정부지 문화유적 발굴조사 -
　　　지도위원회 자료-

2002, 인천 검단 2지구 1·2구역 문화유적 시굴조사-지도위원회 자료

2002, 인천 원당지구 1·2구역 문화유적 발굴조사-1차 지도위원회 자료-

2002, 제천 신월 토지구획정리사업지구 내 문화유적발굴조사 지도위원회 자료

2003, 울산권 확장 상수도(대곡댐)사업 평입부지 내 3차 발굴 및 4차 시굴조사 약보고서

2003, 인천 검단 2지구 2구역 문화유적 발굴조사-지도위원회 자료-

2003, 인천 불로지구 문화유적 시굴조사-지도위원회 자료-

2003, 인천 원당지구 4구역 문화유적 발굴조사-4차 지도위원회 자료-

2004, 인천 동양택지개발사업지구(1지구) 문화유적 발굴조사 지도위원회 자료

2004, 인천 원당지구 4구역 문화유적 발굴조사-6차 지도위원회 자료-

2004, 성남 판교지구 문화유적 시굴조사 -1차 시굴 2차시굴 및 2차 시굴 1차 지도위원회자료-

2005/2006, 신갈-수지간 도로 확·포장공사 예정구간 문화유적 발굴조사 -3차 및 6차 지도위원회자료-

한국토지공사 토지박물관

2001, 연천 군남제 개수공사지역 문화재시굴조사-지도위원회 자료

韓南大學校 博物館

1987, 『鎭川 山水里 百濟土器 가마터 發掘調査 略報告』, 韓南大學校 博物館

한림대학교 박물관

　2002, 경춘선 복선전철 제6공구 가평역사부지 문화유적 시굴조사

　2002, 경춘선 복선전철 제6공구 가평역사부지 문화유적 시굴조
　　　사지도위원회 자료

　2003, 경춘선 복선전철 제6공구 가평역사부지내 문화유적 발굴
　　　조사지도위원회 자료

　2003, 동해고속도로 확장·신설구간(송림리) 문화유적 발굴조사
　　　보고서

　2004, 경춘선 복선전철 제5공구 내 청평리 유적 문화재 시굴지도
　　　위원회자료집

　2005, 공조 문화마을 조성사업 문화재발굴조사 지도위원회 자료
　　　집

　2005, 춘천 거두 2지구 택지개발사업 문화재 시굴조사 지도위원
　　　회 자료집

　2005, 청평-현리 도로공사 중 매장문화재 발굴조사지구(C지구)
　　　지도위원회 자료집

　2005/2006, 춘천 천전리 121-16번지 내 문화유적 발굴조사 지도
　　　위원회 자료집

한백문화재연구원

　2006, 서울-춘천고속도로 5공구 내 유적발굴조사 1차 지도위원회
　　　자료집

한신대학교 박물관

　1999, 경부고속철도 상리구간 문화유적 현장지도위원회 자료

　2002, 화성 천천리 유적

한양대학교 문화재연구소

2002, 부천 고강동 선사유적 제5차 발굴조사보고서

2004, 부천 고강동 선사유적 제6차 발굴조사 지도위원회 자료

한양대학교 박물관

1996, 부천 고강동 선사유적 발굴조사보고서

1998, 부천 고강동 선사유적 제2차 발굴조사보고서

1999, 부천 고강동 선사유적 제3차 발굴조사보고서

2000, 부천 고강동 선사유적 제4차 발굴조사보고서

호남문화재연구원

2003, 전주시 관내 국도대체 우회도로(이서~용정) 건설구간 내
완주갈동 유적 현장설명회 자료

2004, 광주 동림 2택지 개발사업지구 내 문화유적 발굴조사

2005, 무안-광주구간 내 문화유적 지도위원회 자료

미 · 국 · 문 · 헌

Choi, M. L. and S. N. Rhee

2001, Korean Archaeology for the 21st Century : From
Prehistory to State Formation, *Seoul Journal of Korean Studies*
Vol.14, Seoul National University.

Rice, P.

1987, *Pottery Analysis*-A Source Book-, Chicago & London :
University of Chicago.

Sanders, W. and J. Marino

1970, *New World Prehistory*, Prentice-Hall, INC, Englewood

Cliffs, New Jersey.

Timothy Earle ed.

　1991, *Chiefdoms : Power, Economy & Ideology,* Cambridge Univ.
　Press

Timothy Earle

　1997, How *Chiefs Come to Power,* The Political Economy in
　Prehistory, Stanford Univ. Press.

William W. Fitzhugh & Aron Crowell

　1988, *Crossroads of Continents,* Smithonian Institution Press

일 · 본 · 문 · 헌

中山淸隆

　2002,「繩文文化と大陸系文物」,『繩文時代の渡來文化』, 雄山閣

藤尾愼一郎

　2002,「朝鮮半島の突帶文土器」,『韓半島考古學論叢』, 東京

渡邊素舟

　1971,『東洋文樣史』

중 · 국 · 문 · 헌

遼寧美術出版社

　1990,『遼寧重大文化史跡』

3. 한국 지석묘의 기원과 전파

Origin and Diffusion of Korean Dolmens

I. Introduction

Dolmens, constructed as a prehistoric stone grave structure, are an important part of the worldwide megalithic cultural tradition, which includes dolmens, menhirs (standing stones), tombs with multiple burials (chamber tombs, passage graves, and gallery graves), stone circles (stone hendges) and stone alignments. In Europe, megalithic struructures such as dolmens, stone hendges, and stone alignments, have been found in France, southern Sweden, Portugal, Denmark, and Netherlands. Until recently, European dolmens were considered to have been built ca. 2500~2000 BC Based on the recalibration of the old radiocarbon dates, however, Dr. Colin Renfrew, a noted English archaeologist, has concluded that the dolmens began to be built in Europe as early as in the 5th millenium BC that is 1500 years prior to the building of the Egyptian pyramids. The earliest dolmens in England and France are now dated to 4800 BC It is now a scholarly consensus that dolmens appeared in Europe at the latest during the 4th millenium BC.

Dolmens have also been identified in Minorca, Malta, Sardinia, Bulgaria, Kavkaz, and Dacca. In Africa, dolmens have been reported in Ethiopia and Sudan. In these regions, dolmens are concentrated along the Mediterranean coast. Dolmens are also found in Palestine, Iran, Pakistan, Tibet, and southern India. In India, dolmens are attributed to the Iron Age of the 8th century BC, but some dolmens have been dated as late as the 2nd century AD It is generally believed that Dravidians built dolmens during the period of 750~550 BC. Also, scholars have found dolmens in Indonesia, Borneo, and Malaysia as well, but their dates are unknown. Believing that the dolmens of Indonesia were related to the region's agricultural transition from a slash-and-burn farming to a paddy-field farming, Dr. Peacock has suggested that the early dolmens of Indonesia were built during the period of 2500~1500 BC while the later ones were built during the 5th~4th century BC when the Dongson Culture and iron implements were introduced.

In Japan, dolmens are found in the northern part of Kyushu Island. Diffusing from the Korean Peninsula, dolmens began to appear in Japan during the Final Jomon Period, ca. 5th~4th century BC However, it was not until the subsequent Yayoi Period that the dolmens became a major burial type in Japan.

II. Dolmens of Korea

Presently, only two types of megalithic structure, namely, dolmens and menhirs, are found in the Korean Peninsula. Korea has the largest number of dolmens in northeast Asia, and the dolmens are the most conspicuous feature of Korea's prehistoric cultural remains. Approximately more than 12,000 dolmens have been identified in South Chŏlla Province alone in recent years. Altogether, about 20,000 dolmens are believed to exist throughout the Korean Peninsula.

A. Typology of Korean Dolmens

Korean dolmens are broadly classified into three types : Northern Type, Southern Type, and Capstone Type. The fundamental difference between the Northern and the Southern Type dolmens is the location of their burial chamber. With the Northern Type, the burial chamber is placed on the ground, and it looks like a rectangular box, consisting of four upright slab-stones and a cover, also a slab-stone. With the Southern Type, the burial chamber is constructed underground ; its walls are made of slab-stones or rows of piled stones. On the ground, above the underground burial chamber, are a number of roundish or rough-hewn stones supporting a large boulder which serves as the capstone. As for the Capstone Type, it is similar to the Southern Type in terms of the burial chamber. The main difference between the Southern Type and the Capstone Type is the absence of supporting stones between the capstone and the burial chamber.

Classification of Korean dolmens is an ongoing task among Korean archaeologists, and many differing models have been proposed on the basis of various formal features of the dolmens such as styles of capstone and kinds of burial chamber.

B. Origin and Development of Korean Dolmens

The origin of Korean dolmens is a subjects of an ongoing debate also. Currently, there are three main views : 1) Northern Origin Theory, 2) Southern Origin Theory, and 3) Indigenous Origin Theory. According to the Northern Origin Theory, Korean dolmens first appeared under the influence of the cist burial tradition of the Karasuk Culture (1300~1000 BC) of Siberia. According to the Southern Origin Theory, Korean dolmens were a part of a cultural diffusion from Southeast Asia, especially in association with the latter's so-called "secondary burial" practice. The Indigenous Origin Theory maintains that Korean dolmens originated independently within the Korean Peninsula itself.

In regard to their interrelationships, the traditional view holds that the Northern Type dolmens first appeared in the northern part and later spread to the South, giving birth to the Southern Type dolmens, which in turn gave birth to the Capstone Type. Some scholars, however, consider the Southern Type dolmens found only in southern Korea, to be the product of the final stage of the Korean dolmens. On the other hand, others, considering the Capstone Type (called "Transformed or Variant Type" by North Korean archaeologists) to be the earliest of Korean dolmens, hold that the Capstone Type evolved into the Northern Type (called "Classic Type" by North Korean archaeologists) in northern Korea and into the Southern Type in southern Korea, respectively. Essentially, that is the view of North Korean archaeologists, who classify the Korean dolmens into the so-called Ch'imch'on Type (the Southern Type and the Capstone Type of the traditional view) and Odŏk Type (the Northern Type) and consider the latter to have been derived from the former.

1. Northern Type Dolmens

The most distinctive feature of the Northern Type dolmens, found mainly in northern Korea, is their fully exposed burial chamber. As such, the Northern Type dolmens look like a large rectangular stone box consisting of four upright slab-stones and an oversized top. The oversized top also makes the Northern Type dolmens look like a table. Normally, two long side slabs, buried firmly underground, directly support the capstone ; therefore, they are much thicker and sturdier than the short slabs placed at the front and the back side of the chamber. The latter were easily removable and served as the entrance of the burial chamber. Today, one or both of the entrance slabs are often found missing. In a few cases, pebbles or slabs were laid on the burial chamber floor, but usually it was a plain dirt floor.

The burial chambers are normally in the form of a single rectangular box. In a dolmen found at Songshin-dong in Hwangju, however, the burial chamber was partitioned into four sections by three slab-stones, and a dead body appears to have been placed in each section.

The average length of the capstone is two to four meters ; however, in some cases, such as Kwansan-ni and Odŏk-ni dolmens, the capstones are eight meters long or even longer. As for their height, the Northern Type dolmens are one to two meters high, even though a few have been reported to be more than two meters high.

While the majority of the Northern Type dolmens are in northern Korea, especially in South P'yŏngnan and Hwanghae Provinces, along the Taedong River, the Chaeryŏng River, and the Hwangju River, a few have been found in southern Korea, at Kangwha Island in Kyŏnggi Province (National Historical Site No. 137), Tosan-ni in Koch'ang (North Chŏlla Provincial Monument No. 49), at Manbong-ni and Whoejin in Naju in South Chŏlla Province, and elsewhere. Initially, they were erroneously interpreted as the Capstone Type dolmens, whose underground burial chamber had become exposed in time by wind and rain ; but they are now regarded as the Northern Type dolmens constructed in the South. It is, therefore, reasonable to conclude that while northern Korea was the primary home of the Northern Type dolmens, a few of them were also constructed in the South.

2. Southern Type Dolmens

Southern Type dolmens, also called "Go-Table Type dolmens", are found mainly in southern Korea, that is south of the Han River, especially in Chŏlla and Kyŏngsang Provinces including such representative dolmens as Daesin-ni and Hyosan-ni in Hwasoon (Historical Site No. 410), Sangap-ni and Chuknim-ni in Koch'ang in North Chŏlla (Historical Site No. 391), and Kuam-ni in Puan (Historical Site No. 103). A burial pit, consisting of slab-stones, rough-hewn rocks, or cobbles, is constructed underground, and a varying number of supporting(or propping) stones are placed between the burial pit and a capstone, which, unlike the flat top of the Northern Type dolmens, is usually a large roundish or elongated boulder. The underground burial pit appears in several forms, but without exception, it was covered with slab-stones or possibly wood in some cases.

The burial pits are normally about one meter long or even less, while in a few cases they may be longer up to one and half meters. One might assume that dolmens having such a small burial pit were constructed as graves of children or infants. It is more likely, however, that they were associated with the so-called "secondary burial practice", which involved the burying of only bones of the deceased, collected after excarnation, a practice still in vogue in certain regions in southern Korea. In a few cases, on the surface of the capstones are found pot marks, circular or rectangular in shape. They have been considered by some to be associated with prehistoric fertility cult and by others to be holes associated with quarrying.

Some scholars consider the Capstone Type dolmens a variant form of the Southern Type dolmens, but the two types have distinctly different features and should be treated as separate types.

In general, the Southern type dolmens are found in open plains or on ridge tops, but they are also found in narrow valleys, on ridge slopes, or on hilltops. Also, normally, they were built where large boulders were easily obtainable.

3. Capstone Type Dolmens

Capstone Type dolmens are marked by the absence of upright stones propping the capstone, because the latter is placed directly over the underground burial pit. Another distinctive feature of the Capstone Type dolmens is a stone pavement surrounding the burial pit, as seen at Kyŏngsŏk-ni in Wŏlsŏng, Sŏngdong-ni in Muan, Mojŏng-i in Chinan, and Ch'unghyo-dong in Kwangju. The stone pavement, built with small flat stones, strengthened the ground surrounding the burial chamber, and in turn protected the latter from the crushing weight of the heavy capstone. It might also have served as a grave boundary marker. Even though the surrounding stone pavement was normally built around the burial pit, in some cases, as seen in the dolmens discovered at Taebong-dong in Taegu and Kogan-ni in Ch'angwŏn, the stone pavement covered the entire burial chamber. This might be a regional characteristic appearing only in Kyŏngsang Province.

A number of the Capstone Type dolmens have been found in clusters in northern Korea, especially in Hwangju and Pongsan Counties, in the Sŏhong River Valley of Hwanghae Province, at Taesŏng-ni in Kangsŏ, and at Mukpang-ni in Kaech'ŏn of South P'yŏngan Province. But, by far the largest number of Capstone Type dolmens are found in southern Korea. Most of the 12,000 dolmens recently identified in South Chŏlla Province, for example, are comprised of the Capstone Type dolmens. The peninsula-wide distribution of the Capstone Type dolmens, in an extraordinarily large number, suggests that they were the most typical and prevalent type during the later stage of the Korean dolmens.

C. Associated Artifacts

Considering the size and the number of dolmens, their associated artifacts (burial goods) are limited both in number and in kinds. The most common artifacts associated with the Korean dolmens are polished stone daggers and stone arrowheads. Other artifacts include polished stone axes, stone chisels, semi-lunar stone knives, grooved stone adzes, stone spears, grinding stones, and spindle whorls as well as potteries and bronze implements.

As for the polished stone arrowheads, they include tanged and non-tanged types. In regard to the tanged types, those with a diamond-shaped cross-section of the blade are found throughout the Peninsula, while other types are regional. Those with a flat diamond-shaped cross-section of the blade and those with a long diamond-shaped cross-section of the blade are found mainly in the region south of the Han River. In regard to the non-tanged types, while those with a willow leaf-shaped blade are found in the western part of Korea around Hwanghae and South P'yŏngan Provinces, those with a triangular shaped blade are found in the central region.

As for the polished stone daggers, they include hafted types and tanged types. In addition to the dolmens, they are also found in dwelling sites, usually semi-subterranean. Semi-lunar stone knives are found in the Capstone Type dolmens, while bifacial axes and discoidal maces in the Northern Type dolmens. Stone chisels are often found in the Southern Type dolmens.

Recently, a number of dolmens have yielded bronze implements. They include a variant form of the Liaoning-type (Manchurian or lute-shaped type) bronze daggers, unearthed from Capstone Type dolmens at Wusan-ri in Sŭngju, Tŏkch'i-ri in Posŏng, Pongkye-dong, Chŏkryang-dong, P'yŏngyŏ-dong in Yŏch'ŏn, and Orim-dong in Yŏsu, all in South Chŏlla Province. Similar bronze daggers have been found from dolmens at Tŏkch'ŏn-ni in Ch'angwŏn and

Pirae-dong in Taejŏn, In addition, a bronze arrowhead and a fan-shaped bronze ax have been found in dolmens at Yaksa-dong in Ŭnch'ŏn and Choyang-dong in Sokch'o, respectively. These new discoveries of the bronze implements from dolmens have led scholars to conclude that dolmens were built during Korean Bronze Age, ca. 2000~400 BC On the other hand, North Korean archaeologists maintain that the Capstone Type dolmen, which they call Transformed or Variant Type dolmens, began to be built as early as in the 1500 BC in Manchuria and evolved into the Northern or the Classic Type in the Korean Peninsula.

In a few cases, the dolmens have yielded potteries including top-shaped pottery, plain coarse pottery, red burnished pottery, and Misong-ni (Mukpang-ni) pottery as well as Kimhae pottery. Ornaments, found mainly in the Capstone Type dolmens, include tubular jade beads and ball-shaped beads for pendant.

D. Distribution of Korean Dolmens

Dolmens are found in all parts of the Korean Peninsula as well as on the off-shore islands such as Kanghwa, Cheju, and Hŭksan Islands, some of which are quite remote from the Peninsula itself. As a whole, dolmens are found mostly along the southern and western coastal regions and their river valleys, with their greatest concentration in Chŏlla and Hwanghae provinces. Along the east coast, dolmens are sparse even though a few have been reported in the eastern mountainous regions. Essentially, found mostly in western river valleys, dolmens were closely related to the west coast region.

Dolmens are often found in clusters. In the southern region, especially in Chŏlla Province, dolmens appear in clusters without exception. According to their distributional pattern in the northwest region (Mukpang-ni, Kwansan-ni, Yongdong-ni, Noam-ni in South Hwanghae Province and Lyongsan-ri of South P'yŏngan Province), they appear as a group of 5, 6, or even 10 dolmens, totaling 100 200 dolmens in a single area, while in a few cases dolmens appear as a single or a pair of two dolmens. Also, they are almost always aligned in the direction of the valleys.

The Northern Type dolmens, with a few exception, are found mainly in the northwest, north of the Han River. In central Korea, especially, in the upper reaches of the North Han River, the Northern Type dolmens occur along with the Southern Type. The Southern Type dolmens are found primarily in southern Korea, south of the Han River, especially in Chŏlla and Kyŏngsang provinces. The Capstone Type dolmens are found in all parts of the peninsula and comprise the largest number of Korean dolmens. Northern Type dolmens are also found in the southeastern part of Manchuria, particularly in the east Liaoning region, adjacent to the Korean Peninsula. Thus northeast Asian dolmen zone includes southern and southwestern Manchuria, the Korean Peninsula, and northern Kyushu in Japan, with the greatest dolmen concentration being in the Korean Peninsula.

E. Dolmen Construction Method

While natural boulders were often used, Korean prehistoric dolmen builders also quarried the lithic materials they needed. A number of actual prehistoric quarries have been identified in the northwest region. In southern Korea, recent archeological surveys have revealed the quarrying sites at Daesin-ni in Hwasoon and at Ch'onch'on village and Samgo-ri in Kanghwa Island.

In terms of quarrying method, we can only conjecture. Most likely, wooden wedges were hammered into existing natural cracks or man-made holes, which were in turn filled with water. As the wooden wedges expanded, soaked with water, huge chunks of rocks would split off from their base rock. They then would be transported to construction sites with the help of ropes and levers as well as waterways.

Likewise at this time, we can only hypothesize about the actual construction process. In regard to the Northern Type dolmens, after a burial chamber has been constructed on the ground with four upright slab-stones, a sloping earthen mound would be constructed next to a broad side, and a capstone would be pushed up the earthen mound. When the capstone is securely placed atop the rectangular burial box, the earthen mound would be removed. A similar method would have been used in regard to the Southern

Type dolmens as far as the installation of their capstone was concerned. In the cases of the Capstone Type dolmens, the process would have been much simpler inasmuch as the top of their burial pit was at a ground level.

F. Dating of Dolmens

Dates of the Korean dolmens have been determined largely on the basis of their associated artifacts. In the past, the polished stone daggers were believed by some scholars to have been lithic copies of Korean-style (or slender) bronze daggers of the Former Iron Age (BC 400~1 BC) Consequently, some, especially Japanese scholars of the Colonial Period thought that the Korean dolmens were later than the time of the Korean style bronze daggers. Archaeological researches of recent years, however, have clarified that the polished stone daggers had appeared long before the Korean style bronze daggers. Radio-carbon dating of a pit house, yielding a polished stone dagger, discovered under a dolmen in Oksŏk-ni, dated the house to ca. 640 BC Likewise, according to a radio-carbon dating, a dolmen yielding a polished stone dagger, in Hwangsŏk-ni, was constructed in ca. 410 BC Both dates are much earlier than those of the Korean style bronze daggers. Also, recent discoveries of the Liaoning-type bronze daggers from several Capstone Type dolmens in South Chŏlla province lend further support for an earlier date. However, the upper and the lower limit of dolmen chronology is not firmly determined yet.

G. Socio-political Significance of Dolmens

Dolmens were constructed as graves of high classes during the stratified/hierarchical chiefdom stage based upon clan, craft specialization, and redistributional economic system during the Korean prehistory. Presence of children's graves among P'anch'on-ri dolmens in Naju suggests an inherited social status within a stratified society. Also, in association with the Misong-ni type pottery, bronze mirrors with coarse decorations, and the Liaoning type bronze daggers, the Korean dolmens play an important role in the study of Ko Chŏson's (Old Chŏson) territory and culture.

North Korean scholars, according to their own socio-political perspectives, consider the Korean dolmens to be the graves of military commanders or chiefly leaders, and regard the dolmen builders as the people of Ko Chŏson (Old Chŏson). In 1993 they claimed to have discovered the grave of Tangun, Ko Chŏson's (Old Chŏson) founding father, at Mt. Taebak in Kangdong-ku of P'yŏngyang, and dated it to 3,000 BC Accordingly, they hold that Tangun or Ko Chŏson was founded as early as 3000 BC Thus North Korean scholars discuss the dolmen society in terms of Tangun or Ko Chŏson, the beginning of Korea's Bronze Age, Korea's ancient Slavery Society, and Korea's early state formation. These are scholarly issues requiring further study.

III. Conclusion

Recently, Korean archaeologists have begun to pay more attention to the Indigenous Origin Theory regarding the origin of the Korean dolmens. As already mentioned, however, there remains a number of unresolved issues in regard to Korean dolmens. They include the question of their origin, the temporal sequence of different dolmen types, dating and chronology of dolmens, and the relationships between the dolmen chronology and their associated artifacts. We expect that more archaeological evidence from other regions such as Siberia, China, and Japan will help clarify these issues.

REFERENCES

Arimitsu, K.

   1969, A Study on the Genealogy of the Korean Dolmen. *Kodaikaku* 16 (in Japanese)

Choi, M. L.

   1978, Typology of the Dolmen in the South Chŏlla Province. *Yŏksa Hakpo* 78 (in Korean)

   1981, The Dolmen Society of the South Chŏlla Province and Occurrence of Rank. *Hanguksa Yŏngu* 35. (in Korean)

   1993, *The Origin of the Korean Culture.* Hakyŏn Munhwasa, Seoul (in Korean)

Choi, M. L. and S. R. Choi (editors)

1997, *Studies on the Formation of Ancient State in Korea.* Seoul
National University Press, Seoul (in Korean)

Chŏnnam Province

1997, *Ancient Burials of the Chŏnnam Province.* (in Korean)

Christie, A. H.

1979, The Megalithic Problem in South East Asia. *South East
Asia*

Daniel, G.

1963, *Builders of Western Europe.* Richard Clay & Company,
Bungay.

Han, C. K., S. J. Shin, and H. S. Chang

1995, *A Study on the Prehistoric Culture of the North Korea.*
Paeksan Charyŏwŏn, Seoul (in Korean)

Han, H. S.

1935, A Study on the Megalithic Culture in Korea. *Chindan
Hakpo* 3. (in Korean)

Institute of the Archaeology and Culture of Liaoning District

1994, *Megaliths of the Liaodong Peninsula.* Liaoning Kexue Jishu
Chubanshe (in Chinese)

Kim, J. W. and M. B. Yun

1967, *A Study on the Korean Dolmen.* Korean National Museum,
Seoul. (in Korean)

Kim, W. Y.

1962, The Origin of the Southern Type Dolmen. *Kogo Musul* 3(1)

(in Korean)

1974, *Ancient Burials of Korea.* The Series Korean History For General Education vol. 2. (in Korean)

Komoto, M.

1973, The Chronology of Korean Dolmen. *Chosen Gakuho* 66. (in Japanese)

Lee, Y. M.

1993, *A Study on the Dolmen Society of the South Chŏlla Province.* (in Korean)

Migami, T.

1961, *A Study on the Primitive Burials in Manchuria and Korea.* Yoshikawa Kobunkan, Tokyo (in Japanese)

Nishitani, T., et. al.

1997, *A Comprehensive Study on the Dolmen of East Asia.* (in Japanese)

Peacock, J. E.

1962, Pasemah Megalith : Historical, Functional and Conceptual Interpretation. *Bulletin of the Institute of Ethnology.* vol. 13 : 53-61.

Sŏk, K. C.

1979, A Study on the Dolmen in the Northwest Korea. *Kogo Minsok Nonmunjip* 7 (in Korean)

To, Y. H.

1959, A Study of Megalithic Culture in Korea. *Munhwa Yusan* 59(2) (in Korean)

선사시대 돌무덤의 하나. 지석묘(支石墓)와 같은 뜻이며 거석문화에 속한다. 성격은 무덤으로서의 구실이 크다. 대표적인 집단무덤의 예로는 석실 속에서 성별 · 연령의 구별 없이 약 3백개체의 뼈가 발견된 남부 프랑스 카르카송(Carcasonne) 근처에서 발견된 집단묘와 185구의 성인과 18개체분의 어린아이의 뼈가 나온 아베이롱(Aveyron)을 들 수 있다. 유럽의 고인돌은 프랑스 · 남부 스웨덴 · 포르투칼 · 덴마크 · 네덜란드 · 영국 등지에 두루 분포하고 있는데, 그 연대가 지금까지는 대개 기원전 2500~2000년에 속하는 것으로 알려져 왔다. 그러나 최근 영국의 고고학자인 콜린 렌프루(Collin Renfrew)가 보정탄소연대를 적용해 본 결과 유럽의 고인돌은 이집트 피라미드의 제작연대보다 약 1500년이 앞서는 기원전 4000년대까지 올라가며, 또 영국이나 프랑스의 경우 가장 오래된 고인돌의 연대는 기원전 4800년까지 나오고 있다. 따라서, 기원전 4000~기원전 3000년대에 이미 고인돌이 유럽 전역에서 축조되었다는 것이 정설로 되었다.

고인돌은 또한 미노르카(Minorca) · 말타(Malta) · 사르디니아(Sardinia) · 불가리아 · 카프카스(Kavkaz) · 다카(Dacca)지방에서도 보이며, 에티오피아 · 수단 등 아프리카에서도 나타난다. 이들은 지중해 연안을 끼고 있는 지역 일대에 중점을 두어 나타나고 있는 것이 특징이며, 멀리 팔레스타인 · 이란 · 파키스탄 · 티베트와 남부 인도에까지도 분포하고 있다. 인도의 경우 일반적으로 인도고고학 편년상 철기시대에 나타나고, 실연대는 기원전 8세기경인데 어떤 것은 기원후 2세기까지 내려오는 것도 있다.

대체적으로 인도의 고인돌은 기원전 750~550년 사이 드라비다족에 의해 만들어진 것으로 알려져 있다. 또한, 고인돌은 인도네시아 ·

보르네오 · 말레이시아에서도 계속 나타나는데, 그 연대에 대해서는 아직 정설이 없다. 그러나 피코크(Peacock, J. L.)는 농업의 단계, 즉 화전민식 농경(火田民式農耕)에서 수전식 농경(水田式農耕)에로의 변천과정에 착안하여, 인도네시아지역의 오래된 고인돌은 기원전 2500~1500년경에 해당하는 것으로 보고, 늦은 것은 동손문화(Dongson 文化)와 철기가 유입된 기원전 5~4세기경으로 보고 있다. 고인돌은 일본에서도 나타나고 있는데, 우리나라에서 전파된 구주지방(九州地方)의 고인돌은 조몽시대(繩文時代) 말기 즉 기원전 5~4세기까지 올라가는 것도 있으나, 보편적으로 야요이시대(弥生時代)에 속한다.

형태 분류 ◆　　우리나라에 있어 고인돌은 크게 세 가지 형식, 즉 북방식 · 남방식 · 개석식으로 나누어진다. 일반적으로 남방식 고인돌은 매장시설의 주요부분이 지하에 설치되어 있는 것으로, 우선 매장시설이 지상에 있는 북방식 고인돌과 형태상으로 구분된다. 남방식 고인돌은 판석(板石), 할석(割石)이나 냇돌을 사용하여 지하에 돌방(石室)을 만들고 그 위에 거대한 뚜껑돌(蓋石)을 올려놓은 것으로, 청동기시대에서 철기시대 전기(기원전 400~기원전 1년) 초에 걸쳐 유행한 거석분묘이다. 남방식 고인돌은 크게 받침돌(支石)이 있는 것과 없는 것으로 나누어지는데, 앞의 것은 남방식(기반식 · 바둑판식)으로, 뒤의 것은 개석식(무지석식 · 변형고인돌)으로 세분된다. 남방식은 주로 전라도 · 경상도 등 한강 이남지역에 분포되어 있고, 개석식은 한반도 전역에 분포되어 있다. 북방식(탁자식) 고인돌은 네 개의 판석을 세워서 평면이 장방형인 돌방을 구성하고 그 위에 거대한 뚜껑돌을 올려놓은 것으로, 돌방이 지상에 노출되어 있다.

고인돌에 대한 형식분류는 학자에 따라 다르고, 또 지하석실구조에 따라 다시 세분된다. 즉, 돌방 뚜껑의 유무와 돌널(石棺)·돌방·덧널(土壙)등 돌방의 구조, 그리고 돌방의 수 또는 학자들의 분류기준에 따라 다양하게 분류된다.

기원·변천 및 편년 ◆　　우리나라 고인돌의 기원으로, 시베리아의 카라스크 돌널무덤계통(石箱墳系統)의 거석문화의 영향을 받은 것으로 보는 북방설, 세골장과 함께 동남아시아에서 왔다고 보는 남방설, 한반도에서 독립적으로 발생했다고 보는 자생설 등이 있다. 고인돌의 변천이나 편년에 대해서도 아직 확실한 정설은 없다. 한반도 북부에서 북방식 고인돌이 먼저 나타나서 그것이 점차로 남부로 퍼지고, 이어 개석식 고인돌이 파생되었다고 보는 것이 가장 전통적인 견해이다. 그러나 남부에만 있는 남방식 고인돌을 말기적 형식으로 보는 설도 있다. 또한 개석식 고인돌을 원초적인 것으로 보고 이를 기반으로 하여 북부에서는 북방식 고인돌로, 남부에서는 남방식 고인돌로 발전하였다고 하는 제3의 설도 있다. 즉 북한에서 침촌형(황해북도 황주군 침촌리에서 따옴, 변형 고인돌)과 오덕형(황해북도 연탄군 오덕리에서 따옴, 전형 고인돌)으로 나누고 변형 고인돌(남방식·개석식)에서 전형고인돌(탁상식·북방식)로 발전해 나갔다고 하는 견해가 바로 그것이다.

북방식 ◆　　북방식 고인돌은 네 개의 판석을 세워서 장방형의 돌방을 구성하고 그 위에 거대하고 편평한 돌을 뚜껑돌로 올려 놓은 것으로, 유해가 매장되는 돌방을 지상에 노출시키고 있는 것이 뚜렷한 특징이다. 돌방의 긴 변에 세운 두 개의 받침돌은 거대한 뚜껑돌의 무게를 직접 받고 있으므로 두꺼운 판석을 사용하고 있으며, 하부는 땅 속에 깊이 묻혀 돌방 내부 바닥보다 훨씬 뿌리가 깊다. 또한, 밑뿌리의 형태는 되도록 지하에 깊이 박을 수 있도록 삼각형이나 반달형을 이루고 있다. 돌방의 짧은 변에 세우는 받침돌은 긴 변 받침돌 내부에 들어와 'ｖ'모양으로 세워진다. 이 짧은 받침돌들은 뚜껑돌의 중량을 직접 받고 있지 않기 때문에 입구를 여닫기가 비교적 용이하다. 그러나 북방식 고인돌 중에는 네 개의 받침돌 중 한두 개가 없어진 경우도 많다. 돌방 내부 바닥에는 자갈이나 판석을 깐 것도 있으나, 그냥 맨땅으로 된 것이 보통이다. 받침돌 하부에는 기초를 튼튼히 하기 위해 돌덩이로 보강하고 있는 것이 보통이다. 그러나 돌방 바깥쪽에 돌을 깐 경우는 거의 없다. 뚜껑돌 크기는 대개의 경우 2~4m 정도가 보통이나 황해도 은율 관산리나 오덕리에서처럼 8m 이상이며, 전체 높이가 2m 이상인 경우도 있다. 돌방은 대개 하나로 구성되어 있으나, 황주군 송신동의 예처럼 남북 장축의 돌방 안에 세 장의 판석을 동서방향으로 세워 네 개의 칸을 만들고, 각 칸에 시체를 동서방향으로 눕혔던 흔적이 있는 형식도 있다. 북방식 고인돌은 전라북도 고창읍 도산리(사적 391호), 전라남도 나주군 만봉리와 회진읍 회진성내에서 발견되기도 하나 주로 한강 이북에 분포하고 있으며, 평안남도와 황해도지방의 대동강·재령강·황주천 일대에 집중되어 있다. 평안남도 용강군 석천산일대에는 동서 2㎞, 남북 3㎞의 면적 안에 무려 120여 기가 밀집되어 있기도 한다. 그러나 평안북도와 함경도에는 분포가 드물다. 강원도 산악지대에는 고성과 춘천을 연결하는 북한강 유역을 한계로 북방식 고인돌의 분포가 끝난다. 종전에 전라남도나 경상도에서도 발견된 북방식 고인돌들은 개석식 고인돌의 지하돌방이 노출된 것으로 오인되었다. 그러나 이제는 이러한 북방식 고인돌이 전국에서 발견될 수 있는 것으로 보아도 되겠다. 북방식 고인돌은 돌방이 지상에 노출되어 일찌기 도굴당했을 가능성이 커 부장품이 거의 발견되지 않고 있다. 부장품은 대개 화살촉과 돌검(石劍)이 주이나 최근 옥(玉)류와 청동검도 나오고 있다. 황해도 연탄군 오덕리 두무동 4호에서는 한 곳에서만 9개의 화살촉이 나왔다. 이들은 대부분 화살촉 몸의 단면이 마름모꼴을 이룬 슴베화살촉(有莖石鏃)이다. 그밖에 반달형돌칼·대팻날도끼·둥근도끼·대롱옥(관옥) 및 토기조각이 소수 출토되고 있다. 북방식 고인돌의 편년 및 연대에 대해 일치된 의견은 아직 없으나, 기원전 1500년 이후 한반도에서 축조되었으며, 하한에 대하여서는 북한지구에 철기가 들어오기 전, 늦어도 기원전 5~4세기 이전에 그리고 남쪽지역에서는 철기시대 전기말인 기원전 1년까지 존속하였던 것으로 보고 있다.

남방식 ◆　　남방식 고인돌은 '바둑판식'이라고도 불리는 것으로, 판석·할석·냇돌 등을 사용하여 지하에 돌방을 만들고 뚜껑돌과 돌방 사이에 3, 4매 또는 그 이상의 받침돌이 있는 형식으로서, 주로 전라도·경상도 등 한강 이남지역에 분포되어 있다. 지하 널방의 구성은 여러 가지 방법이 사용되어 왔으나, 이들은 반드시 그 윗면을 덮는 자신의 뚜껑을 가지고 있다. 뚜껑으로는 판석을 이용하기도 하였으나 나무로 만든 뚜껑을 덮었을 가능성도 많다. 일부에서는 개석식 고인돌을 남방식 고인돌에 포함시키기도 하나, 양자는 분포와 형식상 차이가 많아 구별하여야 한다고 생각된다. 남방식 고인돌은 평지나 구릉 위에 분포하고 있으나, 때로는 좁은 평지가 있는 계곡 사이나 산의 경사면 또는 산정상부에서도 발견되고 있는데, 대개 일정한 형식이 없이 거대한 뚜껑돌을 구하기 쉽고 운반하기 용이한 곳을 택하고 있다. 그래서 고인돌은 그 당시 인구문제, 뚜껑돌의 채석이나 이동문제에 따른 사회적 · 경제적 및 정치적인 측면과 밀접한 관계가 있다.

개석식 ◆ 개석식 고인돌은 뚜껑돌과 각종 지하 돌방 사이에 받침돌이 없이 뚜껑돌이 직접 돌방을 덮고 있는 형식으로 '무지석식' 또는 '놓인형 고인돌'이라고 불리기도 하는데, 이를 남방식 고인돌에 포함시키기도 한다. 개석식 고인돌의 또 하나의 일반적인 특징은 돌무지시설(積石施設)인데, 대개의 경우 돌방을 중심으로 주위 사면에 얇고 납작한 돌을 평탄하게 깔았다. 경상북도 월성군 경석리, 광주광역시 충효동과 무안읍 성동리의 경우는 원형의 형태를 보인다. 이러한 돌깔이는 뚜껑돌의 무게에서 돌방을 보호하기 위한 보강책으로서, 돌방 상부주위의 지면을 견고히 하려는 의도라고 생각되나, 또 한편으로는 묘역을 나타내는 것으로도 여겨진다. 대부분 돌무지는 돌방주위의 지면에 설치되고 있으나 대구광역시 대봉동이나 경상남도 창원군 곡안리의 고인돌에서는 돌방의 상부까지도 완전히 돌을 덮은 특수한 양식이 나타나는데, 이는 경상도지방에서만 보이는 지방적 특성으로 볼 수 있다. 개석식 고인돌은 광복 이후 한강 이북에서도 많이 발견되어, 한반도에 전면적으로 분포되어 있는 것으로 알려지고 있다. 서북쪽으로는 청천강을 넘어 독로강 유역까지, 동북쪽으로는 동해안을 따라 고성지방과 마천령을 넘어 김책 덕인리에서도 발견되고 있다. 특히 황해도 황주와 봉산군의 서홍천 유역, 평안남도 강서군 태성리, 개천군 묵방리에서는 무리를 지어 많은 수가 발견되었으며, 전라남도에서 최근에 발견된 약 12,000기의 고인돌 중 대부분이 개석식으로 밝혀져, 개석식 고인돌은 분포상으로나 숫자상으로 미루어보아 우리나라 고인돌의 대표적인 형식으로 볼 수 있겠다.

껴묻거리 ◆ 고인돌의 규모와 수에 비하여 껴묻거리(副葬品)가 나온 것은 비교적 적고, 그나마 출토된 유물의 수와 종류도 매우 한정되어 있다. 지금까지 조사된 껴묻거리에는 주로 화살촉과 돌검이 중심을 이루고 있으며, 그밖에 돌도끼·가락바퀴 등의 석기와 민무늬토기계통의 토기류, 옥으로 된 장식품과 소수의 청동기 등이 있다. 최근 전남 승주 우산리, 보성 덕치리, 여천 봉계동·적량동·평여동, 여수 오림동, 경남 창원군 동면 덕천리, 대전광역시 대덕구 비래동 등지에서 변형 비파형 동검이 나왔으며, 황해남도 은천군 은천읍 약사동 지석묘에서 청동활촉, 그리고 강원도 속초시 조양동(사적 376호)에서는 부채꼴의 청동도끼(扇形銅斧) 등의 출토례가 보고되어 청동유물의 수가 점차 증가하고 있는 추세이다. 이는 지석묘의 중심연대가 청동기시대임을 입증하고 있는 것이다. 그러나 고인돌의 껴묻거리를 대표할 수 있는 유물은 돌검과 화살촉으로서 출토된 껴묻거리의 대부분을 차지하고 있다. 화살촉의 분포를 보면, '마름모꼴 슴베형'은 전국적인 분포를 보이고 있으며, '마름모 납작 슴베형'과 긴 마름모형은 중부 이남, 버들잎형은 황해도·평안남도를 중심으로 한 서부지방, 슴베 없는 세모꼴촉은 중부지방에 분포되어 있다. 돌검은 자루달린 식과 슴베달린 식의 두 종류가 모두 나오고 있으며, 이들은 주거지에서도 차츰 발견되고 있다. 반달돌칼은 주로 개석식 고인돌에서, 양면날 돌도끼는 북방식에서, 대팻날 돌도끼는 남방식에서, 또 둥근도끼는 북방식에서 주로 나온다. 그밖에 별도끼·홈자귀·석창·숫돌·가락바퀴 등의 석기류도 나온다. 적갈색 민무늬토기의 조각들이 고인돌주위에서 자주 발견되나 고인돌 내부에서는 매우 드물게 나타난다. 토기의 종류로는 팽이토기 · 적갈색 민무늬토기 · 붉은 간토기가 있고, 김해토기와 묵방리형 토기가 나온 곳도 있다. 장식품으로는 대롱구슬과 드리게구슬이 있는데 대부분 개석식에서 나오고 있다.

분포 ◆   우리나라의 고인돌은 거의 국토전역에 걸쳐 나타나고 있다. 이제까지 보고되지 않은 함경북도지방 뿐만 아니라 강화도 하점면 부근리 지석묘(사적 137호), 파주 덕은리(사적 148호), 부안 구암리(사적 103호), 고창 성송면과 대산면 일대(사적 391호)와 화순 춘양 대산리와 도산 효산리 일대(사적 410호)를 포함하는 해안 도서나 또는 육지에서 멀리 떨어진 제주도와 흑산도에서도 발견되고 있다. 대체적으로 이들은 서해 및 남해의 연해지역과 큰 하천의 유역에 주로 분포되어 있으며, 특히 전라도 · 황해도에 가장 밀집되어 있다. 그러나 동해지방으로 가면 그 분포가 희박해지며 산악지대에서 가끔 발견되는 경우도 있다. 이들의 위치는 서해로 흘러가는 강줄기 근처로 결국 우리나라 고인돌은 서해지역과 밀집한 관계를 가지고 있다. 고인돌이 분포하고 있는 상황은 무리를 지어 있는 것이 보통이다. 황해남도 개천군 묵방리, 황해남도 은율군 관산리, 배천군 용동리, 안악군 노암리, 평안남도 성천군 용산리 고인돌(순장묘)과 같은 서북지방의 경우를 보면 1, 2기의 고인돌이 독립적으로 나타나는 경우도 있으나 대부분은 5, 6기 내지 10여 기를 중심으로, 한 지역에 1백~2백여 기씩 무리를 지어 있다. 또한, 이곳의 고인돌의 방향은 보통 고인돌이 있는 골짜기의 방향과 일치한다. 전라남도에서도 고인돌은 예외 없이 무리를 지어 발견된다. 전국적인 분포를 가진 것으로 추정되는 북방식 고인돌 중 서해안지대에서는 전라북도 고창지방(고창읍 죽림리 지석묘군은 현재 사적 391호로 지정됨), 황해남도 은천군 은천읍과 평안북도 남포시 용강군 용강읍의 것들이 대표적이다. 그러나 고창의 고인돌의 대부분은 개석식으로 추정된다. 어떻든 한강 이남으로 내려가면 전라남도의 몇례를 제외하고는 북방식 고인돌의 분포는 매우 희박해진다. 반도 중심부에서는 북한강 상류의 춘천을 한계로 하며, 동해안에서는 고성지방에서 남방식과 같이 발견되고 있다. 남방식 고인돌은 한강과 북한강유역 아래에서부터 분포하기 시작하나 주로 경상도와 전라도의 남부지방에 그 분포가 국한되고 있다. 개석식 고인돌은 국토 전역에 걸쳐 분포하고 있으며 숫자상으로도 가장 많다. 또 북방식의 경우 중국의 요녕성 요동반도 지역, 즉 보란점 석붕구(普蘭店 石棚溝), 와방점 화동강(瓦房店 華銅壙), 대자(台子), 대석교 석붕치(大石橋 石硼峙), 안산시 수암(鞍山市 岫岩), 해성 석목성(海城 昔牧城), 대련시(大蓮市) 금주구(金州區) 향응향(向應鄉) 관가둔(關家屯) 에서도 나오고 있어, 고인돌의 전체 분포 범위는 한반도와 중국의 동북부지방까지 확대되고 있다.

축조방법 ◆ 뚜껑돌은 자연암석을 그대로 이용하거나 큰 바위에서 일부를 떼낸 것으로, 실제로 그러한 채석장이 서북지방에서 여러 군데 발견되고 있다. 돌을 떼내는 방법으로는 바위틈이나 인공적인 구멍에 나무쐐기를 박아서 물로 불리어 떼내는 방법이 일반적으로 이용되었을 것이다. 운반은 지렛대와 밧줄을 이용하거나 수로를 이용했을 것이며, 뚜껑돌을 들어올릴 때에는 받침돌을 세우고 그것과 같은 높이의 봉토를 쌓아 경사면을 이용, 끌어올린 다음 봉토를 제거하는 방법이 이용되었을 것이다.

기타 ◆ 고인돌의 돌방은 길이가 1.5m 이상 되는 것도 있지만 1m 미만의 돌방도 상당수가 있어, 이들은 어린아이의 무덤으로도 보여진다. 그러나 어른의 시신을 일단 가매장하고 살이 썩으면 뼈만 추려 묻는 세골장(洗骨葬, 二次葬)도 있었던 것 같다. 고인돌에 관한 또 하나의 문제는 뚜껑돌에 파여진 원형이나 사각형의 구멍들이다. 이들은 생산의 풍요성을 비는 성혈(性穴, cupmark), 또는 돌을 떼어낼 때 나무를 박았던 구멍으로 보아지기도 한다.

연대 ◆ 고인돌에 대한 연대문제는 주로 출토 유물 중 돌검을 통해 연구되어 오고 있다. 종래에는 돌검이 세형동검을 모방하였다고 하여 소위 금석병용기시대에 속한다는 이론적 근거로 삼고 고인돌을 이 시기에 속한다고 본적이 있으나, 현재 고고학의 성과로 보아 돌검이 세형동검보다 앞서므로 이를 부인하고 있다. 즉, 옥석리(玉石里) 고인돌 밑에서 발견된 움집에서 나온 이단자루식 돌검이 방사선 탄소연대 측정에 의해 기원전 640년경에 제작되었고, 또 황석리 고인돌 출토 돌검의 연대가 기원전 410년으로 알려져, 돌검이 세형동검보다 연대가 앞서는 것으로 알려지고 있다. 그 결과 고인돌은 금석병용기의 묘제가 아니라 청동기시대의 묘제로 밝혀진 것이다. 이는 최근 고인돌의 발굴에서 비파형동검이 자주 발견되는 것으로도 입증이 된다. 그러나 그 상한연대와 하한연대에 관해서는 이론이 많다. 그러나 청동기시대(기원전 2000년~기원전 400년)에 나타나는 고인돌 축조사회는 늦어도 기원전 1500년 이후 한반도 내의 토착을 이루던 사회로서 여기에서 철기시대까지 이어져 삼한사회로 발전하게된다. 이러한 배경을 가진 고인돌은 고대국가발생 이전의 계급사회인 혈연, 조상숭배, 그리고 재분배경제를 기반으로 하는 하는 족장사회 상류층의 공동묘지였다. 그리고 나주 판촌리(板村里)에서 나타나는 어린 아이의 무덤은 고인돌 사회에서 신분이 세습되었음을 보여주는 증거이다. 전라북도 진안 용담동 내 여의곡, 전라남도 보성 조성면 동촌리, 경상남도 마산시 동면 덕천리와 진동리의 고인돌, 경상남도 사천시 이금동의 신전은 지석묘가 조상숭배 및 제사의식과도 연관되었음을 시사해주는 증거들이다. 고인돌은 미송리형단지, 거친무늬거울 및 비파형 동검과 같이 고조선의 강역과 문화를 연구하는데 중요한 표식적유물이다. 북한에서도 고인돌 사회를 정치체와 연결시켜 무덤의 주인공이 군사령관 또는 추장(족장)이며 지석묘 축조자들의 후예가 고조선의 주민을 형성했다는 견해를 제시하고 있다. 한편 최근의 북한학자들은 1993년 평양시 강동구 대박산에서 단군릉을 발굴하고 이의 연대를 기원전 3000년으로 올려 그때부터 단군조선이 있어 왔다고 주장한다. 따라서 이는 고인돌사회=단군조선=청동기시대의 시작=노예순장제사회=한국 최초의 국가성립이란 등식이라는 견해가 성립되어 앞으로의 연구과제가 된다. 고인돌의 연구는 앞에서 언급한 바와 같이 그 기원문제와 더불어 형식간의 선후관계, 편년·출토유물간의 관계 등에서 아직도 해결해야 할 몇몇 문제를 안고 있다.

참·고·문·헌

경남고고학연구소

　1999, 사천 이금동 유적

경남대학교

　1993, 창원 덕천리 유적 발굴조사

경남발전연구원 역사문화센터

  2005, 마산 진동리 유적

국립광주박물관

  2001, 보성 동촌리 유적

金元龍

  1962,「南式支石墓의 發生」『考古美術』 3-1.

  1974,『韓國의 古墳』 교양국사총서

金載元 · 尹武炳

  1967,『韓國支石墓研究』 국립박물관

도유호

  1959,「조선거석문화연구」『문화유산』 59-2

목포대학교 박물관 · 全羅南道

  1997,『全南의 古代墓制』

석광준

  1979,「우리나라 서북지방 고인돌에 관한 연구」『고고민속논문집』
7

沈奉謹

  1979,「日本支石墓의 一考察」『부산사학』 3

李榮文

  1993,『全南地方支石墓社會의 研究』

조선유적유물도감 편찬위원회

  1990,『조선유적유물도감』 1 · 2, 동광

崔夢龍

  1978,「전남지방소재 지석묘의 형식과 분류」『역사학보』 78

  1981,「全南地方支石墓社會와 階級의 發生」『韓國史研究』 35

1993,『한국문화의 원류를 찾아서』, 학연문화사, 서울

崔夢龍 · 金仙宇

2000, 韓國支石墓 研究 理論과 方法 -階級社會의 發生- 주류성, 서울

崔夢龍 · 崔盛洛

1997,『韓國古代國家形成論』, 서울대출판부

한창균 · 신숙정 · 장호수

1995,『북한의 선사문화 연구』백산자료원, 서울

韓興洙

1935,「朝鮮巨石文化研究」『震檀學報』3

甲元眞之

1973,「朝鮮支石墓の編年」『朝鮮學報』66

三上次男

1961, 滿鮮原始墳墓の研究 吉川弘文館

西谷正 外

1997,『東アジアにおける支石墓の總合的 研究』

遼寧省文物考古研究所

1994,『遼東半島石棚』遼寧科學技術出版社

有光敎一

1969,「朝鮮支石墓の系譜に關する一考察」『古代學』16

大貫靜夫

1998,『東北 ァシァ 考古學』同成社

Christie, A. H

1979, The Megalithic Problem in Southeast Asia, In *Early Southeast Asia :*

Essays in Archaeology, History and Historical Geography, edited by R.

 B. Smith and W. Watson, Oxford University Press, New York.

Daniel, G.

 1963, *The Megalith Builders of Western Europe,* Penguin Books,

 Middlesex.

Joussame, R.

 1998, *Dolmens for Dead : Megalith-building through the World.*

 translated by A. Chippindale and C. Chippindale.

 Cornwell University Press. Ithaca

Peacock, J. E.

 1962, Pasema Megalithic Historical, Functional and Conceptual

 Interrelationship.

 Bulletin of the Institute of Ethnology No. 19.

4. 한국 고고학·고대사에서 양평 양서 신원리와 안성 원곡 반제리의 종교·제사유적의 의의

― 청동기시대 중기와 철기시대 전기의 제사유적 ―

1. 유적의 현황

최근 청동기시대 중기와 철기시대 전기를 대표할 수 있는 종교·제사·조상숭배 유적들이 경기도에서 조사되었다. 전자는 양평군 양서면 신원리에서, 그리고 후자는 안성군 원곡면 반제리에서이다. 전자 양평 신원리는 공렬토기 유적으로 청동기시대 중기, 그리고 안성 반제리는 점토대토기 유적으로 철기시대 전기에 속한다.

1) 양평 신원리 유적

楊平郡 楊西面 新院里 유적은 중앙선 양수역과 신원역 사이 위치한 부용산(362.8m)의 동남선 끝자락의 불규칙한 자연석 塊石이 전면에 깔려있는 돌밭위에 위치한다. 유적은 해발 약 90~100m에 위치하며 남북선상 약 30m안에 위치해 있으며, 북쪽으로 중앙 장축이 6.3m로 가장 큰 塊石을 중심으로 약 3~6.3m 높이의 자연석 3개가 동서 일렬로 배치되어 있다. 그리고 일렬로 된 자연석 세개의 90도 남쪽으로 약 5m 떨어져 16m 수혈의 큰 원안(環狀列石)에 약 10m의 작은 수혈

원이 이중으로 겹쳐 있다. 그리고 그 한가운데 방형상의 積石이 배치되어있다. 그러나 전반적으로 환상석렬 내외로 교란이 무척 심하여 그 내부의 형태와 기능을 파악할 수 없다. 그러나 자연 지물을 그대로 이용해 환상열석을 인위적으로 만들어 정령숭배(animism)나 조상숭배(ances tor worship)의 제사(ritual ceremony)를 했던 것으로 쉽게 짐작된다. 그리고 북쪽의 자연석 셋은 타원형으로 규모는 작으나 전라남도 화순 춘양면 대신리(사적 410호) 입구에 있는 "驪興閔氏 世葬山"이 음각된 지석묘와 그 모습이 유사하다. 그러나 그 남쪽 아래 나 있는 직경 16m와 10m의 원형 수혈유구는 아직 그 비교례가 없다. 평면으로 보면 일본 동북부지역 秋田縣 鷹巢町 伊勢堂岱(이세도다이) 유적과 비슷하나 규모는 훨씬 적다. 이세도다이 유적은 埋葬유적으로 추정되며, 繩文時代 後期末(晩期)에 속한다고 한다. 신원리의 경우도 유적 남쪽 교란된 돌무더기 속에 매장으로 이용된 고인돌의 하부구조 2기가 발견되었다. 이들은 공렬토기가 공반하는 이웃 양평군 양서면 도곡리 지석묘의 하부구조와 유사하다. 그리고 이 유적에서는 무문토기편과 홍도편을 비롯하여, 돌로 만든 갈돌, 대패날, 도끼와 마제석검 봉부(峰部)편도 나오고 있다. 공렬토기는 청동기시대 중기(기원전 10세기~7세기)에 속한다. 그리고 마제석검은 아직 단언할 수 없으나 이웃 쌍자포리 유적에서와 같이 二段柄式으로 보인다. 一段柄式의 석검은 여천 화장리 안골의 경우 790~480 BC로 그보다 앞서는 이단병식은 적어도 기원전 9~7세기경으로 올라 갈 수 있다. 그래서 이 유적도 청동기시대 중기에 속하나 중기 말인 기원전 8~7세기쪽에 가까운 연대로 보아도 될 것이다. 이와 비슷한 시기의 유적으로 양평 개군면 공세리 집자리와 개군면 상자포리 지석묘가 있는데, 상자포리 1호 지석묘에서는 동검과 天河飾玉이, 4호에서는 공렬토기,

이단병식의 석검, 유경석촉이 나왔다. 그리고 당시의 방사선 탄소연대는 220 BC로 나와있으나 현재 수정 연대로 하면 기원전 6~7세기 이전으로 충분히 올라 갈 수 있다. 그리고 같은 쌍자포리 유적 3지구의 국립박물관 발굴에서도 석관묘와 공렬토기가 나왔다. 따라서 양평 신원리 유적은 청동기시대 중기 즉 기원전 10세기~기원전 7세기에 속한다. 이 유적은 외견상 종교·제사유적으로 자연적으로 배치된 바위를 중심으로 精靈崇拜(animism)하였으며, 여기에 지석묘의 묘제를 가미한 祖上崇拜(ancestor worship)도 병행했던 것 같다. 이는 경기도 하남시 덕풍골과 강남구 세곡동 대모산의 정령숭배와 경상남도 마산 동면 덕천리, 진동과 사천 이금동의 조상숭배에서도 비슷한 예를 찾아볼 수 있다. 이곳 신월리 유적은 근처의 두물머리(兩水里)를 중심으로한 청동기시대 전기 이래 사람이 살기 좋은 생태적 적소(niche)를 이루어 왔으며, 인구가 갑자기 증가하는 공렬토기가 나오는 청동기시대 중기에 정령숭배나 조상숭배의 제사유적이 나타나는 것은 정치·사회 진화과정상 당연한 것으로 여겨진다.

2) 안성 원곡 반제리 유적

安城郡 元谷面 盤諸里의 유적은 해발 99m의 낙타등(또는 말안장)과 같은 매봉산을 형성하는 두 구릉의 정상을 중심으로 형성되어 있다. 유적의 중심인 종교·제사유적은 현재까지의 발굴 결과에 의하면 북쪽 능선 정상에 위치하며 구릉 정상에 솟아오른 바위(하남시 덕풍골과 같은 자연 암반의 모습)를 중심으로 남북 장축 71m, 직경 약 38m의 폭 약 3m의 中心環壕와 밖으로 한겹 더 두르다만 듯한 보조 환호가 하나 더 확인되고 있다. 그러나 중심의 환호는 하나로 볼 수 있다.

이곳에는 남양주 호평과 와부읍 덕소와 인천 서구 원당 4지구에서와 같은 33200~16500년 전의 연대가 나오는 후기 구석기시대의 석영제석기 한 점(긁개)이 출토되고 조선시대의 토광묘가 발견되긴 하지만, 현재까지의 발굴결과로는 중심연대는 세장장방형 집자리와 청동기시대 전기-중기에 이행과정의 토기가 나오는 시기, 방·장방형의 집자리와 점토대토기가 나오는 철기시대 전기, 그리고 6세기 후반의 신라시대의 모두 세 시기로 볼 수 있다.

1) 청동기시대 전기~중기 : 전기의 이중구연에 단사선문이 있는 토기에서, 중기의 공렬과 구순각목이 있는 토기에로의 이행과정, 실연대는 기원전 12세기~기원전 10세기경

2) 철기시대 전기 : 단면원형의 점토대토기, 실연대는 기원전 5세기~기원전 3세기경

3) 삼국시대 후기 : 24대 진흥왕의 한강유역의 진출과 관련된 석곽묘, 횡혈식 석실과 토기 및 아케메니드(기원전 559년~기원전 331년)와 파르티아왕조를 이은 사산왕조(서기 224년~651년)의 영향을 받은 초기의 印文陶가 나옴

이상과 같은 고고학과 문헌과 신화를 포함하는 문화사적 배경을 놓고 볼 때 우리나라 철기시대의 시작을 알리는 지표로 인식되는 점토대토기는 기원전 5세기로 편년되는 중국 심양(瀋陽) 정가와자(鄭家窪子) 토광묘에서 기원한 것으로 이해되는데, 최근 양평 미금리와 용문 삼성리, 강릉 사천 방동리와 송림리, 홍천 철정리, 화성 동탄 동학산, 안성 원곡 반제리와 공도 만정리, 수원 고색동, 파주 탄현면 갈현리, 그리고 전라북도 완주 이서 반교리 갈동, 경남 사천 방지리와 순천 덕암동 등 전국에서 이에 관련되는 유적들이 나타나고 있다. 이러한 양상들을 통해 한반도의 청동기 및 철기시대 전기에 북방계통의

문화들이 폭넓게 수용되었음을 알 수 있다. 그러나 앞으로 철기시대 연구의 문제점은 최근의 가속기질량분석(AMS)에 의한 결과 강릉 송림리 유적이 기원전 700~기원전 400년경, 그리고 안성 원곡 반제리의 경우 기원전 875년~기원전 450년이 나오고 있어 철기시대 전기의 상한 연대가 기원전 5세기에서 더욱더 올가갈 가능성이 있다는 것이다. 철기시대는 점토대토기의 등장과 함께 시작되는데, 현재까지 가장 이른 유적은 심양 정가와자 유적이며 그 연대는 기원전 5세기까지 올라간다. 따라서 한국의 철기시대의 시작은 현재 통용되는 기원전 4세기보다 1세기 정도 상향조정될 수 있는데, 이는 신석기시대 후기에 청동기시대의 문화양상과 국지적으로 공존하는 것과 같은 맥락에서 이해될 수 있겠다. 매우 이른 시기에 속하는 철기시대 유적의 예로 강원도 강릉 사천 방동리 과학일반 지방산업단지 등에서 확인된다. 점토대토기의 단면 형태로 보면 원형, 직사각형, 삼각형의 순으로 변화한 것 같다. 원형에서 삼각형으로 바뀌는 과도기에 해당하는 점토대토기 가마가 경상남도 사천 방지리 유적에서 확인된 바있다. 단면 직사각형의 점토대토기는 원형에서 삼각형으로 바뀌는 과도기적 중간 단계 토기로 강원도 홍천 두촌면 철정리, 제주시 삼양동(사적 416호), 화성 동학산 및 안성 공도 만정리 등에서 확인된다. 여하튼 단면 원형의 전형적인 점토대토기가 나오는 유적들이 최근 경주 나정(사적 245호), 금장리와 견곡 하구리, 인천 서구 원당리, 수원 고색동, 울주 검단리, 경기도 부천 고강동, 화성 동탄 감배산과 동학산, 안성 공도면 만정리와 원곡면 반제리, 아산 배방면 갈매리, 양평 용문 원덕리, 삼성리, 강릉 송림리, 춘천 거두리(2지구), 홍천 두촌면 철정리, 고성 현내면 송현리, 파주 탄현 갈현리, 완주 갈동과 순천 덕암동 등지에서 상당수 확인되고 있다. 이곳 안성 원곡 반제리 점토대토기 유적의 위상을 파악할 수 있다.

2. 한국고고학의 편년

필자는 청동기, 철기시대 전기와 후기(삼국시대 전기)의 고고학과 고대사의 흐름의 일관성에 무척 관심을 가져 몇 편의 글을 발표한 바 있다. 1988년~2006년의 제5 · 6 · 7차 고등학교 국사교과서에서부터 1997년~2002년 국사편찬위원회에서 간행한 한국사 1, 3과 4권에 이르기까지 초기 철기시대와 원삼국시대란 용어대신 새로운 편년을 설정해 사용해오고 있다. 한국고고학 편년은 구석기시대-신석기시대-청동기시대(기원전 2000년~기원전 400년)-철기시대 전기(기원전 400년~기원전 1년)-철기시대 후기(삼국시대전기 또는 삼한시대 : 서기 1년~서기 300년: 종래의 원삼국시대)-삼국시대 후기(서기 300년~서기 660/668년)로 설정된다. 그래서 새로이 설정한 한국고고학의 시대구분 및 그 실제 연대는 다음과 같이 정리된다.

◆ 구석기시대 : 구석기시대를 전기 · 중기 · 후기로 구분하는 데에는 별다른 이견이 없으나 전기 구석기시대의 상한에 대해서는 연구자들 사이에 상당한 이견이 있다. 전기 구석기시대 유적들로는 평양 상원 검은 모루, 경기도 연천 전곡리와 충북 단양 금굴 등이 있으나 그 상한은 학자에 따라 70~20만 년 전으로 보는 등 상당한 이견이 있다.

◆ 신석기시대 : 기원전 10000/8000년~기원전 2000년

◆ 신석기시대의 경우 제주도 한경면 고산리 유적(사적 제412호)에서 우리나라에서 가장 연대가 올라가는 기원전 8000년(10500 B.P.)이란 연대측정결과가 나왔는데, 이 유적에서는 융기문토기와 유경삼각석촉이 공반되고 있

다. 강원도 고성 문암리 유적(사적 제426호)은 이와 비슷한 시기의 유적이
다.

◆ 청동기시대 : 기원전 2000년~기원전 400년. 기원전 1500년은 남북한 모두
에 적용되는 청동기시대의 상한이며 연해주지방-아무르하류지역, 만주지
방과 한반도내의 최근 유적 발굴조사의 성과에 따라 청동기시대 조기는 기
원전 20세기까지 올라간다. 현재까지 확인된 고고학 자료에 따르면 빗살문
토기시대 말기에 청동기시대의 시작을 알려주는 돌대문토기가 공반하며,
그 다음 이중구연토기로의 이행과정이 나타나고 있어 그 가능성은 더욱 높
다. 청동기 조기의 연대는 기원전 2000년에서 1500년간의 약 500년 동안이
다.

◆ 철기시대 전기 : 기원전 400년~기원전 1년. 종래의 초기 철기시대. 최근 점
토대토기 관계 유적의 출현과 관련하여 종래의 기원전 300년에서 기원전
400년으로 상한을 100년 더 올려잡는다.

◆ 철기시대 후기 : 서기 1년~300년. 또는 삼국시대 전기/삼한시대

1) 청동기시대 전기~중기

청동기시대 연구의 새로운 방향의 하나로 돌대문토기(융기대부단
사집선문토기, 덧띠새김문토기, 돌대각목문토기 등으로도 지칭)가
전면 또는 부분빗살문토기와 함께 나타나는 현상은 청동기시대에서
가장 이른 시기에 관찰된다는 것이다. 그 연대는 기원전 2000년~기
원전 1500년 사이로 추정되며, 창원 쌍청리, 하남시 미사동, 강원도
춘성 내평리(소양강댐 내), 춘천 천천리, 춘천 우두동, 홍천 두촌면
철정리, 정선군 북면 여량2리(아우라지), 인천광역시 계양구 동양동
등의 유적에서 확인된 예가 있다.

이들은 청동기시대를 조기, 전기, 중기, 후기의 네 시기로 나눌 경

우 조기(早期)에 해당된다. 또 아직 단정하기에는 약간 문제가 있지만 빗살문토기의 전통 및 영향이 엿보이는 경주 신당동 희망촌 유적과 제천 신월리 유적들도 청동기시대 조기에 포함될 수 있으며, 인천광역시 옹진군 백령도 말등과 연평도 모이도 패총, 경남 산청 단성면 소남리(101호 주거지)와 경북 금릉 송죽리(1991~1992년 계명대 조사), 대구 달서구 대천동, 원주 가현동 유적 역시 마찬가지로 조기로 볼 수 있겠다. 즉, 내륙지방으로 들어온 부분즐문토기와 이중구연의 토기가 공반되며, 그 연대는 기원전 20세기~15세기 정도가 될 것이다. 이들은 한반도 청동기시대 상한문제와 아울러, 앞선 전면 또는 부분빗살문토기와 부분적으로 공반하는 돌대문토기와 이중구연의 공반성 그리고 신석기시대에서 청동기시대에로 이행과정 중에 나타나는 계승성 문제도 앞으로의 연구방향과 과제가 될 것이다. 안성 원곡 반제리를 비롯하여 안성 공도 만정리, 고성 현내 송현리, 서산 음암 부장리, 공주 장기 제천리, 계룡 두마 두계리와 포항시 남구 구룡포읍 삼정리 등지에서는 이중구연, 단사선문, 공렬과 구순각목이 혼재하거나 같은 토기에서 같은 이행과정이 나타난다. 이들은 청동기시대 전기 말에서 중기 초에 걸치는 과도기적인 현상이며 그 연대도 기원전 12세기~기원전 10세기경이 된다. 그리고 아무르강 유역과 연해주지역에서 기원하는 청동기시대의 토기들에서 보이는 한국문화 기원의 다원성문제도 앞으로의 연구과제가 된다. 그리고 청동기시대 중기에 해당하는 공열문·구순각목 토기가 나오는 시기에 유적이 전국적으로 급증한다.

이는 이 시기의 인구 증가가 뚜렷이 확인된다는 이야기가 된다. 안동 서후면 저전리의 관개수리시설과 울산 야음동의 논이 나타나는 것도 모두 이 시기이다. 이는 집약 농경이 실시된 증거로 볼 수 있는데, 이 점도 앞으로의 연구과제 중의 하나이다. 안성 원곡 반제리의 경우도 청동기시대 전기에서 중기로 이행하는 과정의 과도기적인 시대가 나타나며, 그 연대도 고성 송현리나 서산 부장리와 같이 기원전 12세기~기원전 10세기경이 되겠다.

2) 철기시대 전기

이제까지 철기시대 전기는 두 시기로 구분되어 왔다. Ⅰ기(전기)는 Ⅰ식 세형동검(한국식 동검), 정문식 세문경, 동부, 동과, 동모, 동착 등의 청동기류와 철부를 비롯한 주조 철제 농·공구류 그리고 단면 원형의 점토대토기와 섭씨 700~850도 사이에서 구워진 경질무문토기를 특색으로 한다. 그 연대는 기원전 400년부터 기원전 200년 전후로 볼 수 있다. Ⅱ기(후기)에는 Ⅱ식 세형동검과 단조철기가 등장하고, 세문경 대신 차마구가 분묘에 부장되고 점토대토기의 단면 형태는 삼각형으로 바뀐다. 그리고 철기시대 전기는 동과와 동검의 형식 분류에 따라 세 시기로 구분될 수도 있다. 그러나 최근의 자료로 보아 점토대토기의 아가리 단면 형태로는 원형, 직사각형 그리고 삼각형의 세 종류가 확인되는데, 제주도 삼양동(사적 416호), 안성 공도 만정리나 화성 동학산에서 발견된 단면 직사각형의 점토대토기는 원형에서 삼각형으로 넘어가는 과도기로 파악되고 있다. 다시 말해서 동과와 동검 그리고 점토대토기의 단면형태를 고려한다면 철기시대 전기를 두 시기가 아닌 세 시기의 구분이 가능할 수 있겠다.

최근 발견된 유적을 보면 보면 완주 이서면 반교리 갈동에서는 동과·동검의 용범과 단면 원형 점토대토기가, 화성 동학산에서는 철제 끌의 용범과 단면 직사각형의 점토대토기가, 논산 원북리, 가평 달전2리와 안성 공도 만정리의 토광묘에서는 세형동검, 그리고 공주 수촌리에서 세형동검, 동모, 동부(도끼, 斧), 동사와 동착(끌, 鑿)이 토광묘에서 나왔는데, 이들은 철기시대 전기의 전형적인 유적·유물들이다. 특히 이들이 토광묘에서 출토되었다는 사실은 세형동검이 나오는 요양 하란 이도하자(遼陽 河欄 二道河子), 여대시 여순구구 윤가촌(旅大市 旅順口區 尹家村), 심양 정가와자(沈陽 鄭家窪子), 황해도 재령 고산리(高山里)를 비롯해 위만조선(기원전 194~기원전 108년) 시기와 밀접한 관련이 있는 것으로 볼 수 있다. 다시 말해 세형동검 일괄유물, 끌을 비롯한 용범(거푸집), 토광묘 등은 점토대토기(구연부 단면원형)와 함께 철기시대의 시작을 알려준다. 낙랑의 묘제는 토광묘, 귀틀묘, 전축분의 순으로 발전해 나갔는데, 토광묘의 경우는 평양 대성리의 경우처럼 樂浪에 앞선 위만조선 시대(기원전 194년~기원전 108년)의 것으로 볼 수 있다.

토기제작을 보면 한 무제의 한사군 설치를 계기로 낙랑과 대방을 통해 고도로 발달한 한의 문물이 한반도로 유입되었다. 앞선 청동기시대 전통의 500~700℃의 화도에서 소성된 무문토기와 700~850℃에서 구워진 경질무문토기를 함께 사용하던 철기시대 전기의 주민들에게 화도가 1,000~1,100℃에 이르는 陶器와 炻器(stoneware)는 상당한 문화적 충격이었을 것이다. 철기시대 전기의 말기에 해당하는 기원전 108년 낙랑군이 설치된 이후 그 영향하에 한식 도기가 무문토기 사회에 유입되는데 한식도기(漢式陶器) 또는 낙랑도기(樂浪陶器)/토기의 공반 여부를 기준으로 시기구분을 설정할 수도 있다. 일반적으로 통용되는 토기(pottery 또는 Terra-cotta)라는 용어 대신 도기(陶器, earthenware)란 용어를 사용한 것은 토기는 소성온도의 차이에 따라 토기-도기-석기(炻器, stoneware)-자기(磁器, 백자 porcelain, 청자celadon)로 구분되기 때문이다. 한나라 도기의 소성온도는 1,000도를 넘고 석기의 경우는 1,200도 전후에 달하는데 소성온도는 토기의 제작기술을 반영하는 중요한 요소이다. 중국에서는 500-700도 정도 구워진 선사시대의 그릇을 토기라 부르고 춘추·전국시대와 한나라의 그릇은 이와 구분하여 도기라 지칭한다. 백제나 마한의 연질·경질의 토기는 도기로, 회청색 신라토기는 석기라 지칭되는 것이 보다 타당하다. 과학적 분석에 근거한 적확한 용어 선택은 우리 고고학계의 시급한 과제 중의 하나이다. 특히 시대구분의 표지가 되는 토기, 도기, 석기의 구분 문제는 보다 중요한데, 이는 이들을 구워 내는 가마를 포함한 제작기술상의 문제와 이에 따른 사회발달상과도 깊은 관련을 맺고 있기 때문이다. 송파구 풍납동토성, 경기도 양평 양수리 상석정, 가평 상면 덕현리, 경기도 광주시 장지동, 화성 기안리, 가평 달전2리와 가평 대성리, 강원도 홍천 철정리, 정선 신동읍 예미리, 강릉 안인리, 병산동, 동해 송정동과 춘천 율문리 등지에서 확인된 漢나라 또는 樂浪의 도기들은 무문토기 사회에 여과되지 않은 채 직수입된 중국의 문물이 끼친 영향이 어떠했는가를 엿볼 수 있는 좋은 자료들이다. 한반도 청동기시대 주민들은 당시 안성 공도 만정리에서 확인되듯이 물레의 사용 없이 손으로 빚은 경질무문토기를 앙천요(open kiln)에서 구워 내었지만 그 후 철기시대가 되면 강릉 사천 방동리, 파주 탄현 갈현리와 경남 사천 방지리에서 보여주다시피 직경 1.5m 내외 원형의 반수혈(半竪穴)의 좀더 발전한 가마에서 점토대토기를 구워내고 있었다. 진천 삼룡리(사적 제344호)와 산수리(사적 제325호)에서 확인되는 중국식 가마 구조의 차용과 그 곳에서 발견되는 한식도기의 모방품에서 확인되듯이 도기제작의 기술적 차이를 극복하는데 적어도 2~300년의 기간이 걸렸을 것이다. 3~4세기 마한과 백제유적에서 흔히 보이는 토기 표면에 격자문, 횡주단사선문, 타날문 또는 승석문이 시문된 회청색 연질 또는 경질토기(도기로 보는 것이 좋음)들이 도기 제작에 있어서 기술 극복의 결과로 볼 수 있을 것이다. 따라서 낙랑의 설치와 아울러 중국 漢나라 본토에서 직접 가져온 한식도기(漢式陶器) 또는 낙랑도기(樂浪陶器)가 공반되는 무문토기 유적의 연대는 낙랑이 설치되는 기원전 108년과 가까운 시기가 될 것이다. 가평 달전2리 토광묘에서 한식 도기와 중국 서안(西安) 소재 섬서성 역사박물관 전시품과 똑같은 한대의 과(戈)가 출토되었고, 연천 청산면 초성리, 춘천 율문리 및 가평 대성리와 양평 양수리 상석정의 '철(凸)' 자와 '여(呂)' 자형 집자리 유적의 경우도 마찬가지로 볼 수 있으며, 그 연대도 기원전 1세기를 내려오지 않을 것이다. 또 포천 영중면 금주리 유적에서도 기원전 20년~서기 10년이라는 연대가 확인되어 이들과 비슷한 시기의 유적임이 확인된 바 있다.

철기시대 전기 중 후기(기원전 3세기~기원전 1년)에는 위만조선-낙랑-마한-동예 등의 정치적 실체들이 서로 깊은 관계를 맺어 역사적 맥락을 형성하고 있다. 따라서 원삼국시대라는 한국 고대사 기록과 부합되지 않는 애매한 시기 설정 대신에 마한과 백제라는 시기구분이 등장하여 이 시기의 성격이 명확하게 설명되고 있음은 최근 우리 고고학계의 성과 중의 하나이다. 본문 주제와는 거리가 있으나, 그 다음 시기인 삼국시대 전기(서기 1년~서기 300년)에는 『삼국사기』 초기 기록대로 한성시대 백제(기원전 18년~서기 475년)는 마한의 영역을 잠식해 들어갔는데, 이는 최근 경기도 강화 대룡리, 파주 주월리, 자작리, 여주 하거리와 연양리, 진천 산수리·삼룡리, 진천 석장리와 원주 법천리 등 백제 초기 강역에서 확인된 유적들을 통해서 잘 들어난다. 백제보다 앞선 마한의 중심지는 오늘날 천안 용원리 일대였는데 백제가 강성해짐에 따라 마한의 영역은 축소되어 익산과 전라남도 나주시 반남면 대안리, 덕산리, 신촌리(사적 76-8호)와 복암리(사적 404호)일대로 밀려났다. 그리고 목지국이란 국가체제를 갖춘 사회로 대표되던 마한 잔여세력은 5세기 말~6세기 초에 백제로 편입되었던 것 같다. 이는 동신대에 의해 발굴된 나주시 금천면 당가리 요지에 의해서도 확인된다. 청주 정북동토성(사적 제415호)은 대표적인 마한의 토성인데, 그 연대는 서기 130년(서문터 : 서기 40년~220년)경이 중심이 된다. 백제는 풍납동토성(사적 제11호)과 몽촌토성(사적 제297호)의 경우에서 보이듯이 판축토성을 축조했으나 근초고왕이 한산성(서기 371년~391년, 근초고왕 26년~진사왕 1년)으로 도읍을 옮긴 서기 371년부터는 고구려의 영향을 받아 석성을 축조했던 것 같다. 그 대표적인 예가 하남시 이성산성(사적 422호)이며, 이천 설봉산성(경기도 기념물 76호, 가속기질량분석(AMS)은 서기 370-410년이 나옴)과 설성산성(사적 423호), 안성 죽주산성(경기도 기념물 69호)도 그러하다. 아직 가설적인 수준이긴 하지만, 백제와 마한의 고고학적 차이도 언급할 수 있겠다. 즉, 한성시대의 백제는 판축토성을 축조하다가 서기 371년 근초고왕 26년경부터 석성을 축조하기 시작했고, 기원전부터 사용되었던 경질무문토기와 타날문토기를 주로 사용했던 반면에, 마한은 판축을 하지 않은 토성과 굴립주, 조족문과 거치문이 보이는 회청색 연질토기, 경질무문토기와 타날문토기 등을 사용했고, 묘제로는 토광묘(청주 송절동)와 주구묘(익산 영등동) 등을 채택하였던 것으로 보인다.

청동기시대-철기시대 전기의 토착세력, 즉 지석묘 축조자들과 1500여 년에 이르는 지석묘 축조기간 동안 공존했거나, 이들이 동화시킨 여러 가지 다른 문화 계통의 묘제 다시 말해 석관묘, 석곽묘, 토광묘와 옹관묘 등과의 문화접촉 관계는 앞으로 연구되어야 할 중요한 과제이다. 이는 마산 진동리 지석묘 발굴의 경우에서 잘 보인다. 청동기시대의 세장방형-장방형-방형-원형의 수혈움집을 거쳐 나타나는 철기시대 전기-철기시대 후기(삼국시대 전기)의 '철(凸)'자형-'여(呂)'자형-육각형 수혈움집의 변천과정과 아울러 토광묘-주구토광묘-옹관묘의 발달과정, 그리고 최근 발굴조사되고 그 수가 증가하고 있는 공주 탄천면 장선리(사적 제433호), 가평 대성리, 기흥읍 구갈리, 논산 원북리, 화성 동탄지구 내 석우리 먹실, 화성 동탄 반월리, 안성 용두리 토실들과의 상호 문화적 관계를 좀더 구체적으로 살펴보면 철기시대 전기와 후기에 걸쳐 나타나는 동예, 옥저, 변한, 진한, 마한의 족장사회(chiefdom society) 그리고 이들을 기반으로 하여 형성된 고구려 백제, 신라와 가야 등 기록에 나타나는 구체적이고 역사적인 고대국가(ancient state)의 형성과 발전도 고고학적으로 입증해 낼 수 있을 것이다. 최근 포천 반월성(사적 403호), 연천 호로고루성(사적 467호), 하남 이성산성(사적 422호), 이천 설봉산성(사적 423호), 연기 주류성과 청주 부용면 부강리 남산골산성(서기 340~370년과 서기 470~490년의 두 연대가 나와 마한-백제-고구려의 관계를 파악하 수 있다) 등의 발굴은 백제 초축(근초고왕 26년)-고구려 증축(서기 475년 : 고구려 장수왕 63년)-신라 보축(551년 : 진흥왕 12년)-통일신라-고려-조선 등 여러 역사적 사건이 얽혀진 맥락을 보여준다. 다시 말하여 고고학 유적의 발굴 결과가 『삼국사기』 초기 기록의 신빙성을 더욱더 높여주고 있다 하겠다.

문헌과 신화상으로 볼 때 고구려 및 백제와 같은 계통이라는 추정이 가능하다. 이는 고고학 자료로도 입증된다. 석촌동에서 제일 거대한 3호분은 방형 기단형식의 돌무덤이다. 계단은 3단까지 확인되었으며, 그 시기는 3세기 중엽에서 4세기에 축조된 것으로 보인다. 4호분은 방형으로 초층을 1면 세 개 미만의 護石(받침돌, 보강제 등의 명칭)으로 받쳐놓아 將軍塚과 같은 고구려의 계단식 적석총 축조수법과 유사하다(신라의 경우 31대 신문왕릉〈사적 181호〉과 33대 성덕왕릉〈사적 28호〉에서 이와 같은 호석들이 보인다). 그러나 그 연대는 3호분과 비슷하거나 약간 늦은 것으로 추측된다. 왜냐하면 적석총보다 앞선 시기부터 존재했을 토광묘와 판축기법을 가미하여 축조했기 때문에 순수 고구려 양식에서 약간 벗어난 모습을 보여주기 때문이다. 여기에는 사적 11호 풍납토성의 경당지구에서 출토된 것과 같은 漢-樂浪 계통으로 보이는 기와 편이 많이 수습되었다. 이는 集安의 太王陵, 將軍塚과 千秋塚 등의 석실이 있는 계단식 적석총의 상부에서 발견된 건물터나 건물의 지붕에 얹은 기와 편들로 부터 구조상 상당한 유사점을 찾을 수 있다. 즉 고구려의 적석총은 무덤(墓)인 동시에 제사를 지낼 수 있는 廟의 기능인 享堂의 구조를 무덤의 상부에 가지고 있었다. 이런 점에서 연도가 있는 석실·석곽을 가진 석촌동 4호분 적석총도 축조 연대만 문제가 될 뿐 고구려의 적석총과 같은 기능을 가지고 있었던 고구려 계통의 무덤양식인 것이다. 석촌동 1호분의 경우 왕릉급의 대형 쌍분임이 확인되었다. 그 쌍분 전통은 압록강 유역의 환인현 고력묘자촌에 보이는 이음식 돌무지무덤과 연결되고 있어 백제 지배세력이 고구려와 관계가 깊다는 것에 또 하나의 증거를 보태준다. 자강도 시중군 로남리, 집안 양민과 하치 등지의 고구려 초기의 무기단식 적석총과 그 다음에 나타나는 집안 통구禹山下, 환도산성하 洞溝와 자강도 자성군 서해리 등지의 기단식 적석총들은 서울 석촌동 뿐만 아니라 남한강 및 북한강 유역에서 많이 발견되고 있다. 남한강 상류에는 평창군 여만리와 응암리, 제천시 양평리와 도화리 등에서 발견된 바 있으며, 북한강 상류에서는 화천군 간척리와, 춘성군 천전리, 춘천 중도에서도 보고되었다. 또한 경기도 연천군 삼곶리를 비롯하여, 군남리와 학곡리에서도 백제시대의 초기 적석총이 발견되었다. 임진강변인 연천 중면 횡산리에서도 적석총이 발견되었다는 것은 백제 적석총이 북에서 남하했다는 설을 재삼 확인시켜주는 것이며, 아울러 백제 적석총에 대한 많은 시사를 한다고 볼 수 있다. 그러나 고구려인이 남한강을 따라 남하하면서 만든 것으로 추측되는 단양군 영춘면 사지원리〈傳 溫達 (?-서기 590년 영양왕 1년)장군묘〉의 적석총이 2001년 11월 한양대학교 박물관에 의해 발굴되었는데 이것은 山淸에 소재한 가야의 마지막 왕인 仇衡王陵(사적 214호)의 기단식 적석구조와 같이 편년이나 계통에 대한 아직 학계의 정확한 고증을 받지 못하고 있다. 그러나 한강유역의 각지에 퍼져있는 적석총의 분포상황으로 볼 때 고구려에서 나타나는 무기단식, 기단식과 계단식 적석총이 모두 나오고 있다. 이들은 당시 백제는 [三國史記] 溫祚王代(13년, 기원전 6년)의 기록에서 보이는 바와 같이 동으로는 走壤(춘천), 남으로는 熊川(안성천), 북으로는 浿河(예성강)에까지 세력을 확보하고 있었음을 확인시켜준다. 이와 같이 한강유역에 분포한 백제 초기의 적석총들은 이러한 백제 초기의 영역을 알려주는 고고학적 자료의 하나이며, 이는 오히려 고구려와 백제와의 역사적 맥락에 대한 문헌과 신화의 기록을 보충해 주고 있다 하겠다.

한성백제(기원전 18년~서기 475년)는 마한의 바탕 위에서 성립하였다. 마한을 특징짓는 고고학 자료로는 토실과 주구묘, 조족문 및 거치문 등의 문양이 시문된 토기 등을 들 수 있다. 마한의 존속 시기는 기원전 3~2세기에서 서기 5세기 말~6세기 초로 볼 수 있으며, 공간적으로는 경상도지역을 제외한 한반도 중남부지역, 즉 경기도에서 전남에 걸친 지역에 걸쳐 분포하는 것으로 알려져 있다. 구체적으로는 고양 멱절산, 화성 동탄 오산리 감배산, 남한산성 행궁지(사적 57호 내 경기도 기념물 164호 옆), 용인 죽전과 보정리 수지 빌라트, 화성 태안읍 반월리 신영통과 동탄 석우리 능리, 안성 공도읍 용두리, 용인 구성면 마북리, 기흥 구갈리, 가평 대성리와 인천 계양구 동양동 등지에서 부터 멀리 군산 내흥동과 전북 익산 왕궁면 구덕리 사덕에 이르는 경기도, 충청도와 전라도의 전 지역에서 마한의 특징적인 土室과 주구묘(분구묘)가 확인되었다. 이들은 마한 54국을 대표하는 주거지와 묘제이다. 이들은 북쪽 읍루와도 관련성이 있다. 三國志 魏志 東夷傳 挹婁조에 보면 ...常穴居大家深九梯以多爲好土氣寒...(...큰 집은 사다리가 9계단 높이의 깊이이며 깊이가 깊을수록 좋다...) 라는 기록에서 사다리를 타고 내려가 사는 토실에 대한 언급이 나온다. 또 1755년 Krasheni nnikov나 1778년 James Cook의 탐험대에 의해 보고된 바로는 멀리 북쪽 베링해(Bering Sea) 근처 캄챠카(Kamtschatka)에 살고 있는 에스키모인 꼬략(Koryak)족과 오날라쉬카(Oonalaschka)의 원주민인 알류산(Aleut)인들은 수혈 또는 반수혈의 움집을 만들고 지붕에서부터 사다리를 타고 내려가 그 속에서 살고 있다고 한다. 이들 모두 기후환경에 대한 적응의 결과로 볼 수 있다. 아울러 우리 문화의 원류도 짐작하게 한다.

3) 삼국시대 후기

한편 마한 54국 상호간의 지역적 통상권 및 그 고고학적 증거를 확인하는 작업은 매우 중요하며, 그 내부에서 발전해 나온 백제와 마한과의 문화적 상사성과 상이성을 밝혀내는 작업 역시 매우 중요하다.

이러한 관점에서 볼 때 전남 함평 대창리 창서유적에서 발견된 토기 바닥에 그려진 인물도는 매우 흥미롭다. 그 인물은 우리 마한인의 전형적인 모습이라기보다는 코가 큰 백인종에 가까운데, 이는 당시 마한의 통상권이 한반도와 중국을 포함한 동북아시아에 국한되지는 않았음을 의미하며, 앞으로 이에 대한 연구가 진행되어야 할 것이다. 문헌으로 볼 때 高句麗, 百濟와 新羅는 신화와 역사적 사건으로 서로 얽히어 있다. 그러나 한국의 고대사에서는 백제와 신라의 초기 역사를 인정하지 않고 있다. 그래서 삼국시대 초기에 대한 기본적인 서술은 通時的, 進化論的과 아울러 歷史的 脈絡을 고려해야 한다. 이것이 오늘날 경기도에 소재하고 있는 유적들을 통해 고구려와 백제·신라와의 관계를 연구하는 것이 중요하다. 이러한 편년에 따르면 고구려사의 초기는 삼국시대 전기에 속한다.

그러나 한국의 역사고고학 시작은 衛滿朝鮮(기원전 194년~기원전 108년) 때 부터이다. 그중 철기시대 전기에 속하는 기원전 400년에서 기원전 1년까지의 약 400년의 기간은 한국고고학과 고대사에 있어서 매우 복잡하다. 이 시기에는 한국고대사에 있어서 중국의 영향을 받아 漢字와 佛教를 알게 되고 국가가 형성되는 등 역사시대가 시작되고 있다. 청동기시대에 도시·문명·국가가 발생하는 전 세계적인 추세에 비추어 우리나라에서는 국가가 이보다 늦은 철기시대 전기에 나타난다. 위만조선은 漢나라 7대 武帝(기원전 141년~기원전 87년)가 보낸 원정군에 의해 망한다. 이때는 사기의 저자인 사마천의 나이 37세이다. 그의 기록에 의하면 평양 근처의 왕검성에 자리하던 위만조선이 문헌상에 뚜렷이 나타나는 한국 최초의 고대국가를 형성하고 있었다. 위만 조선은 위만-이름을 알 수 없는 아들-손자 右渠-太子 長을 거치는 4대 87년간 존속하다가 중국 한나라에 의해 망한다. 그리고 樂浪, 臨屯, 玄菟(이상 기원전 108년 설치)와 眞番(기원전 107년 설치)의 한사군이 들어서는데, 오늘날 평양 낙랑구역에 樂浪이, 그리고 황해도와 경기도 북부에 帶方(처음 낙랑군에 속하다가 獻帝 建安 서기 196년~220년간에 대방군이 됨)이 위치한다. 이들은 기원전 3~2세기경부터 존재하고 있던 마한과 기원전 18년 마한의 바탕 위에 나라가 선 백제, 그리고 동쪽의 東濊, 남쪽의 辰韓과 弁韓에 막대한 영향을 끼치었다. 백제 제13대 근초고왕, 고구려 제19대 광개토왕과 제20대 장수왕 그리고 신라 제24대 진흥왕 등은 각각 가장 활발한 영토확장을 꾀한 삼국의 왕들이다. 백제의 근초고왕은 서기 369년경 천안 용원리를 중심으로 하는 마한의 목지국세력을 남쪽으로 몰아내고, 서기 371년 북으로는 평양에서 제16대 고국원왕을 전사시켰다. 고구려의 광개토왕과 장수왕은 그 보복으로 해로로 강화도 교동 대룡리에 있던 것으로 추정되는 華蓋山城과 寅火里 분수령을 거쳐 한강과 임진강이 서로 만나는 지점에 위치한 백제시대의 퇴뫼식산성인 관미성(사적 331호)을 접수하고 고양 멱절산선, 행주산성을 거쳐 풍납토성(사적 11호)과 이성산성(사적 422호)에 이른른다. 그리고 육로로는 연천 당포성(사적 468호), 은대리성(사적 469호)과 호루고루성(사적 467호), 파주 월롱산성과 덕진산성을 거쳐 임진강과 한강을 관장하고 계속 남하하여 하남 이성산성까지 이르렀다. 또 최근 새로이 발견된 서울 근교의 삼성동토성, 아차산성(사적 234호 및 고구려 보루), 광동리, 태봉산, 도락산, 불곡산, 수락산, 국사봉, 망우산, 용마산, 홍련봉, 구의동, 자양동과 시루봉 등의 고구려 유적(대개 제20대 장수왕 63년 서기 475년경에서 제24대 진흥왕 12년 551년경으로 추정됨)을 볼 때 고구려군이 남하한 육로를 알 수 있다. 그리고 고구려는 남쪽으로 중원 고구려비(국보 205호), 순흥 읍내리 벽화분(사적 313

호)과 태장리 於宿墓(서기 553년, 사적 238호), 영일 냉수리까지 내려
갔으며 경주 壺于塚에까지 영향을 미쳤다. 서쪽으로는 화성 장안3리
와 청원 부용 부강리 남산골 산성을 거쳐 대전 월평동 산성에까지
도달했다. 한편 신라는 제24대 진흥왕 12년(551년) 또는 14년(553년)
한강유역에 진출하여 신주를 형성했는데, 근초고왕 때(371년경) 이후
고구려 산성을 모방하여 처음 쌓은 석성인 하남 이성산성에서 보이
는 신라 유물들이 이를 입증한다. 신라, 고구려와 백제 삼국은 모두
임진강과 한강유역을 점유하려 노력했음을 알 수 있다. 안성 원곡 반
제리 유적 일대는 전쟁을 통해 자연스럽게 통상권 또는 물류유통망
이 형성되었던 지역으로 정치 · 사회 · 경제적으로 매우 중요했음을
알 수 있다. 이를 입증하는 고고학적 증거들이 최근 활발하게 보고되
고 있는데, 인천 영종도 퇴뫼재토성, 청원 부강동 남성골산성(340년
~370년 및 470년~490년), 이천 설성산성(370년~410년)과 설봉산성,
고양 멱절산성, 파주 월롱산성, 연천 은대리성과 당포성 그리고 파주
덕진산성 등이 그 좋은 예들이다. 이러한 관계는 고구려 소수림왕
(372년), 백제 침류왕(384년)과 신라 제23대 법흥왕(527년) 때 정치적
기반을 굳게 하기 위한 불교의 수용과 전파를 통해 확대된다. 백제의
불교수용 초기 절터로는 하남 천왕사(天王寺)를 들 수 있다. 중국은
2004년 세계문화유산에 등재하기 위해 발굴조사한 국내성(2대 유리
왕 22년 서기 3년), 환도산성(10대 산상왕 2년 서기 188년), 太王陵을
19대 廣開土王(서기 391년~413년 재위)의 무덤으로 추정하고 있다.
다시 말해 중국 측의 발굴조사는 삼국사기의 기록을 따라 유적을 설
명해 나가고 있다. 기원전 37년에 세운 고구려 건국도 그대로 인정하
고 있다. 서기 371년 백제 13대 近肖古王(서기 346년~375년 재위) 때
평양에서 벌린 전투에서 16대 故國原王(서기 331년~371년 재위)이

전사한다. 또 20대 長壽王(서기 413년~491년 재위) 서기 427년 평양으로 천도한다. 그리고 21대 蓋鹵王(서기 455년~475년 재위) 서기 475년 한성시대의 백제(기원전 18년~서기 475년)는 고구려에 의해 망하고 22대 文周王(서기 475년~477년 재위)이 공주로 천도한다. 이러한 배경하에서 볼 때 안성 원곡 반제리에서 나타나는 서기 6세기 후반대의 유적·유물은 24대 진흥왕의 한강유역 진출과 관련된 석곽묘와 함께 사산왕조의 영향을 받은 초기 인문도들도 나타난다. 계룡 입암리, 광주 초월읍 대쌍룡리, 부천 고강동, 음성 문촌리, 용인 보정리와 가평 대성리의 유적들도 그 성격이 유사하다.

3. 문헌상으로 본 종교유적

원시종교적 측면에서 다루어진 한국의 종교는 고구려의 소수림왕 2년(서기 372년), 백제의 침류왕 원년(서기 384년), 그리고 신라의 법흥왕 14년(서기 527년) 불교를 공식적으로 수용하여 국가의 지배 이데올로기로 삼기 이전을 말한다. 한국의 토착신앙에 대한 제사의례는 제천의례, 시조묘제사와 산천제사로 나누어 볼 수 있다(최광식, 1994 및 2004).

제천의례 : 부여의 영고, 고구려의 동맹, 예의 무천, 삼한의 계절제 및 별읍(소도)
시조묘제사 : 고구려 졸본의 시조묘, 백제의 동명묘와 구태묘, 신라의 시조묘, 국조묘, 선조묘, 조고묘, 오묘 등
산천제사 : 고구려의 산천제사, 백제 무녕왕의 매지권(국보 163호), 신라의 3산 5악제사 등

세계의 종교를 통관하면 唯一神敎(monotheism, unitarianism)의 발생에 앞서 나타난 원시종교는 劣等自然敎와 高等自然敎로 나누며 이들을 각기 多靈敎期와 多神敎期로 칭하기도 한다. "그중 열등자연교인 多靈敎는 신이라고 이름할 수 없는 물건을 숭배의 대상으로 하여 그 本尊目的物로 하는 종교로, 혼백숭배 혹은 精靈崇拜라고도 한다. 이는 인간에 길흉화복을 주는 힘이 있는 것으로 사람의 혼백과 같은 영혼을 숭배의 대상으로 삼는 것이다. 이것을 polydemonism이라 한다. 여기에서 더 나아간 것을 多神敎(polytheism)라고 한다."(서경보, 1969) 열등자연교 또는 다령교에는 천연숭배, 주물숭배(fetishism), 정령숭배(animism), 토테미즘(totemism)과 원시적 유일신교 등이 속한다. 정령의 힘을 통제할 수 있는 방법을 기준으로 주술의 유형은 呪物崇拜(fetishism), 巫敎(shamanism)과 민간주술(popular magic)의 셋으로 나뉜다. 주술숭배는 "不活性의 사물에도 어떤 힘이 존재한다고 생각하고 그 힘에 의지하려는 태도"를 말한다. 샤마니즘은 "신에 들린 사람이 정령을 마음대로 다루는 힘을 갖게 되어 필요에 따라 정령을 사람의 몸속으로 들어 가거나 몸밖으로 빠져 나가게 한다" 그리고 민간주술은 "개인이나 집단에 정령이 해를 끼치지 못하도록 방지하거나 개인이나 집단의 이익을 위해 그 정령의 도움을 받기위한 것이며.....속죄 양, 풍요와 다산을 위한 생산주술 등이 포함된다"(노스, 윤이흠역, 1986). 그리고 사회진화에 관한 인류학계의 성과 중에서 엘만 서비스(Elman Service)의 경제와 기술이 아닌 조직과 구조에 의한 사회발전 모델에 따르면 인류사회는 군집사회(band society), 부족사회(tribe society), 족장사회(chiefdom society), 그리고 고대국가(ancient state)로 구분될 수 있는데, 서비스는 족장사회를 잉여생산에 기반을 둔 어느 정도 전문화된 세습지위들로 조직된 위계사회이며 재분배 체계를 경제의 근간으로 한다고 규정한 바 있다. 족장사회와 국가는 같은 계급사회이면서도 혈연을 기반으로 하면 족장사회 그렇지 않으면 국가단계로 한 단계 높이 간주한다. 족장사회에서는 '부족사회의 기회가 될 때 임시로 갖는 특별한 의식(Ad hoc ritual)'을 계승한 전통적이며 계획적이고 지속적인 의미를 가진 정기적인 의식행위(calendaric ritual, ritual ceremony, ritualism)가 중요한 역할을 하는데, 의식(ritualism)과 상징(symbolism)은 최근 후기/탈과정주의 고고학(post-processual archaeology)의 주요 주제가 되기도 한다. 국가단계 사회에 이르면, 권력(power)과 경제(economy)와 함께 종교형태를 띤 이념(ideology)으로 발전한다. 족장사회는 혈연 및 지역공동체 개념을 기반으로 한다는 점에 있어서는 부족사회의 일면을 지니나 단순한 지도자(leader)가 아닌 지배자(ruler)의 지위가 존재하며 계급서열에 따른 불평등 사회라는 점에서는 국가 단계사회의 일면도 아울러 지닌다. 족장사회는 하나의 정형화된 사회단계가 아니라 평등사회에서 국가사회로 나아가는 한 과정인 지역정치체(regional polity)라는 유동적 형태로 파악된다. 그리고 여기에는 기념물(monument)과 위세품(prestige goods) 등이 특징으로 나타난다(Timothy Earle, 1997).

　도시와 문자의 존재로 대표되는 문명의 발생에 神政政治 (theocracy)와 그에 뒤이어 世俗王權政治(secularism)가 나타난다. 여기에는 만신전(pantheon of gods)과 함께 이에 필요한 공식적인 藝術樣式도 나타난다. "....Such a religion typically has a pantheon of gods with an hierarch and task-differentiation as complex as that of human society itself. In addition, many states use an 'official' art style to portray these gods(and secular rulers who serve them) throughout the area they control or influence, even when those areas are ethnically diverse"(Kent Flannery, 1972) 이는 夏·商·周과 같은 고대중국에 있어서 藝術, 神話와 儀式 등은 모두 政治体 또는 정치적 권위에 이르는 과정을 언급한 張光直의 견해와도 일치한다. 都市, 文明과 國家는 거의 동시에 발전하고 나타난다. 이들의 연구는 歐美학계에서 1960년대 이후 신고고학(New Archaeology)에서 Leslie White와 Julian Steward의 新進化論(neo-evolutionary approach ; a systems view of culture)과 체계이론(system theory)을 받아들임으로서 더욱 발전하게 된다. 이들 연구의 주제는 農耕의 起源과 文明의 發生으로 대표된다. 이들의 관점은 生態學的인 接近에서 나타난 自然全體觀(holistic view)으로 物理的環境(physical environment), 生物相(biota ; fauna, flora)과 文化(culture)들이 相互 적응하는 생태체계(ecosystem)에 바탕을 둔다. 따라서 文化는 인간이 환경에 적응해 살아남기 위한 전략의 結果이다. 그리고 이러한 보편적인 문화에서 양적·질적으로 한 단계 높아져 도시와 문자가 나타나는 文明의 發生은 수메르(Sumer)로부터 잉카(Inca)에 이르기까지 時·空을 超越한다. 그 범위는 西亞細亞에서 南美에 이르기까지 全世界的이며, 時間도 紀元前 3100년에서 西紀 1532년까지 約 4600년간의 時差가 있다. 즉 都市와 文字로 특징 짓는 문명에서 武力을 合法的으로 使用하고 中央集權體制가 갖추어져 있거나, 힘·武力(power), 경제(economy)와 이념(ideology)이 함께 나타나는 國家段階의 出現을 엿볼 수 있다. 따라서 都市, 文明과 國家는 거의 동시에 나타난다고 본다. Yale Fergu son은 국가를 '경제·이념·무력의 중앙화와 새로운 영역과 정부라는 공식적인 제도로 특징지워지는 정치진화 발전상의 뚜렷한 단계'라 규정한 바 있으며, Timothy Earle(1991)은 국가를 '무력을 합법적으로 사용하고 통치권을 행사할 수 있는 지배체제의 존재와 힘·무력, 경제와 이념을 바탕으로 한 중앙집권화되고 전문화된 정부제도'라 정의하였다. 한편 Kent Flannery 는 '법률, 도시, 직업의 분화, 징병제도, 세금징수, 왕권, 사회신분의 계층화와 정기적인 제사(calendric ritual)'를 국가를 특징짓는 요소들로 언급하였다. 혈연을 기반으로 하는 계급사회인 족장사회와 그 다음 발전된 국가단계에서 이념(ideology), 종교(reli gion)와 의식 (ritual)은 사회를 유지하는 중요한 原動力(prime mover)일 뿐만 아니라, 乘數效果(multiplier effect)와 시너지(synergy)효과도 만들어 주었을 것이다. 우리나라의 경우 한국의 청동기시대와 철기시대 전기는 족장사회에 해당된다. 특히 기원전 1500년에서 기원전 1년까지의 약 1500년간 한반도의 토착사회를 이루던 지석묘사회는 혈연을 기반으로 하는 계급사회인 족장사회로서 교역, 재분배(redistribution)경제, 직업의 전문화, 조상숭배(ancestor worship) 등을 바탕으로 하고 있었다. 그리고 그 다음의 고대국가의 기원은 앞으로 고고학적인 자료의 증가에 따라 더욱더 소급될 수 있으나, 현재로는 사회조직, 직업적인 행정관료, 조직화된 군사력, 신분의 계층화, 행정 중심지로서의 왕검성(평양 일대로 추정)의 존재, 왕권의 세습화, 전문적인 직업인의 존재 등으로 보아서 위만조선이 한반도 내 최초의 국가체제를 유지하고 있었던 것으로 보인다. 또한 국가형성에 중요한 역할을 차지하는 무역의 경우를 보면 위만조선 이전의 고조선에서도 교역이 있었으며, 변진과 마한, 왜, 예 등은 철을 중심으로 교역이 행해졌던 것으로 보여진다. 위만조선의 경우 한반도 북쪽의 지리적인 요충지에 자리잡음으로 해서, 그 지리적인 이점을 최대한으로 이용한 '중심지 무역'으로 이익을 얻고, 이것이 국가를 성립시키고 성장하는데 중요한 요인이 되었을 것으로 추정된다.

4. 고고학상으로 본 종교 · 제사유적

최근 발견 · 조사된 종교 · 제사유적은 종래 문헌에 의거한 제천의
례, 시조묘제사와 산천의례제사의 분류와는 달리 고고학적 측면에서
시대순으로 보면 다음과 같이 분류된다. 이것은 최근 발견된 영세한
고고학자료에 의거한 시작 단계에 불과하다. 그리고 좀더 발전된 분
류체계를 얻기위해서는 문화의 기원의 다원성과 다양화가 반드시 고
려되어야 한다.

1) 야외 자연 지형물을 이용한 산천제사 : 정령숭배(animism)의 장
소, 하남시 덕풍골, 강남구 세곡동 대모산

하남시 덕풍골은 정령숭배(animism)를 잘 보여주는 바위유적으로
그 주위에 제사와 관련된 사람들이 살던 사람들의 세장방형 집자리
가 나오고 출토된 토기들도 공렬문과 구순각목이 있는 청동기시대
중기로 기원전 10세기에서 기원전 7세기에 해당한다. 하남시 덕풍골
집자리의 가속기질량분석 AMS연대측정도 기원전 1065년~기원전
665년(기원전 1065, 1045, 970, 960, 945, 855, 665년)으로 그 중심연대
도 기존의 편년과 같이 청동기시대 중기의 기원전 10~기원전 7세기
에 속한다. 이는 우리 나라에서는 처음 발견된 유적이다. 그리고 서
울 강남구 세곡동 대모산의 해발 150m 구릉 정상에 있는 성혈있는
바위도 여기에 해당한다. 이는 주위 환경이나 해발 291m 정상의 철
기시대 기원전 5~3세기 경의 점토대토기 유적이 발굴된 점으로도
가능성이 있다.

2) 암각화 : 多産기원의 주술적 聖所 또는 成年式(initiation

ceremony)場, 고령 양전동(보물 605호), 울주 두동면 천전리(국보 147호, 무교), 울주 언양 대곡리 반구대(국보 285호), 밀양 신안 상동 고래리의 경우 지석묘이면서 성년식의 장소로도 활용

이 경우 아무르강 유역에서 발현한 암각화 문화는 울주 언양 대곡리(국보 제285호)와 울주 두동면 천전리(국보 제147호), 고령 양전동(보물 제605호), 포항 인비동, 밀양 상동 안인리를 거쳐 남원 대곡리에 이르면서 기존의 토착 지석묘사회에 융화되었다. 아무르강 유역 하바로프스크시 근처 사카치알리안 등지에서는 울산 두동면 천전리(국보 제147호) 암각화에서 보이는 요소가 많이 확인되었다. 여기에서 보이는 여성의 음부 묘사가 천전리 암각화와 최근 밀양 상동 신안 고래리 지석묘 개석에서도 확인된 바 있다. 후기 구석기시대 이후의 암각화나 민족지에서 성년식(Initiation ceremony) 때 소녀의 음핵을 잡아 늘리는 의식(girl's clitoris-stretching ceremony)이 확인되는데, 이는 여성의 생식력이나 성년식과 관계가 깊다고 한다. 그리고 울주 언양면 대곡리 반구대의 암각화(국보 285호)에 그려져 있는 고래는 지금은 울주 근해에 잘 나타나지 않고 알라스카 일대에서 살고 있는 흑등고래 중 귀신고래(Korean stock whale)로 당시 바닷가에 면하고 있던 반구대 사람들의 고래잡이나 고래와 관련된 주술과 의식을 보여준다. 이는 미국과 캐나다와 국경을 접하고 있는 벤쿠버섬과 니아만 바로 아래의 태평양 연안에서 1970년 발굴조사된 오젯타의 마카족과도 비교된다. 그들은 주로 고래잡이에 생계를 의존했으며, 예술장식의 주제에도 고래의 모습을 자주 올릴 정도였다.

3) 환상열석 : 지석묘와 결합된 원형의 의식장소: 양평 신원리

이 유적은 아직 발굴이 완료되지 않아 정확한 것은 파악할 수 없으

나 외경 16m와 그 내부의 내경 10m의 이중의 環狀 구조를 갖고 있는 유구가 경기도 양평 양서 신월리에서 발견되었다. 여기에서는 주위 이웃 양평 개군면 쌍자포리와 양평 양서 도곡리에서와 같이 공렬토기와 관련된 지석묘가 발견된다. 그 시기는 공열토기기 나타나는 청동기시대 중기로 기원전 10세기에서 기원전 7세기에 속한다. 이런 유적은 하남시 덕풍동과 마찬가지로 우리나라에서 처음 타나는 것이다. 유사한 환상의 제사유적과 제단은 중국 요녕성 凌源, 建平과 喀左縣의 牛河梁과 東山嘴 유적의 紅山문화에서 보이며, 그 연대는 기원전 3600년~기원전 3000년경이다. 일본에서도 이러한 성격의 環狀列石이 繩文時代後期末에 北海道 小樽市 忍路, 靑森縣 小牧野, 秋田縣 鹿角市 大湯, 野中堂과 万座, 鷹巢町 伊勢堂岱, 岩木山 大森, 岩手縣 西田와 風張, 靜岡縣 上白岩 등 동북지역에서 발굴조사된 바 있다. 그중 秋田縣 伊勢堂岱 유적이 양평 신월리 것과 비슷하나 앞으로 유적의 기원, 성격 및 선후관계를 밝힐 조사연구가 필요하다.

4) 지석묘 : 지석묘는 조상숭배(ancestor worship)의 성역화 장소, 창원 동면 덕천리, 마산 진동리, 보성 조성면 동촌리, 무안 성동리, 용담 여의곡, 광주 충효동 등

우리나라에서 고인돌 축조사회를 족장사회 단계로 보거나 위만조선을 최초의 고대국가로 설정하는 것은 신진화론의 정치 진화 모델을 한국사에 적용해 본 사례라 할 수 있다. 그렇게 보면 경남 창원 동면 덕천리, 마산 진동리, 사천 이금동, 여천 화양 화동리 안골, 무안 성동리와 보성 조성리에서 조사된 고인돌은 조상숭배를 위한 성역화된 기념물로 당시 복합족장사회의 성격(complex chiefdom)을 잘 보여준다 하겠다.

5) 환호 : 청동기시대에서 철기시대 전기에 걸친다. 환호는 크기에 관계 없이 시대가 떨어질수록 늘어나 셋까지 나타난다. 그들의 수로 하나에서 셋까지 발전해 나가는 편년을 잡을 수도 있겠다.

울산 북구 연암동, 파주 탄현 갈현리, 안성 원곡 반제리, 부천 고강동, 강릉 사천 방동리, 화성 동탄 동학산 등 환호유적으로는 안성 원곡 반제리의 제사유적이 대표된다. 壕는 하나이며 시기는 단면원형의 점토대토기시대에 속한다. 연대도 기원전 5~3세기경 철기시대전기 초에 해당한다. 이제까지 환호는 경남지역이 조사가 많이 되어 울산 검단리(사적 332호), 진주 대평리 옥방 1, 4, 7지구 창원 남산을 포함하여 17여 개소에 이른다. 청동기시대부터 이어져 철기시대에도 경기-강원도 지역에만 파주 탄현 갈현리, 화성 동탄 동학산, 강릉 사천 방동리, 부천 고강동, 송파 풍납토성(사적 11호)과 순천 덕암동 등에서 발견된다. 그중에서 이곳 안성 반제리의 것은 철기시대 전기 중 앞선 것으로 보인다. 청동기시대의 것으로 제사유적으로 언급된 것은 울산시 북구 연암동이나, 철기시대의 것들 중 구릉에 위치한 것은 거의 대부분 종교·제사유적으로 보인다. 이는 청동기시대의 전통에 이어 철기시대에는 환호와 관련된 지역이 주거지로 보다 종교·제사 유적과 관계된 특수지구인 別邑으로 형성된 것 같다. 울주 검단리, 진주 옥방과 창원 서상동에서 확인된 청동기시대 주거지 주위에 설치된 환호(環壕)는 계급사회의 특징 중의 하나인 방어시설로 국가사회 형성 이전의 족장사회의 특징을 보여준다.

이는 청동기시대의 전통에 이어 철기시대에는 환호와 관련된 지역이 주거지로 보다 종교·제사유적과 관계된 특수지구인 別邑인 蘇塗로 형성된 것 같다. 다시 말해 청동기시대의 精靈崇拜(animism)와 巫敎(shamanism)를 거쳐 철기시대에는 환호를 중심으로 전문 제사장인 天君이 다스리는 蘇塗가 나타난다. 소도도 일종의 무교의 형태를 띤 것으로 보인다. 이는 종교의 전문가인 제사장 즉 天君의 무덤으로 여겨지는 토광묘에서 나오는 청동방울, 거울과 세형동검을 비롯한 여러 巫具들로 보아 이 시기의 종교가 巫敎(shamanism)의 일종이었을 것으로 짐작된다. 이는 三國志 魏志 弁辰條에 族長격인 渠帥가 있으며 이는 격이나 규모에 따라 신지(臣智), 검측(險側), 번예(樊濊), 살계(殺奚)와 읍차(邑借)로 불리워 지고 있었음을 알 수 있다. 그러나 蘇塗는 당시의 복합·단순 족장사회의 우두머리인 세속정치 지도자인 신지, 검측, 번예, 살계와 읍차가 다스리는 영역과는 별개의 것으로 보인다. 울주 검단리, 진주 옥방과 창원 서상동에서 확인된 청동기시대 주거지 주위에 설치된 환호(環壕)는 계급사회의 특징 중의 하나인 방어시설로 국가사회 형성 이전의 족장사회의 특징으로 볼 수 있겠다. 그러나 그 기능에 대하여는 앞으로의 연구과제이다.

학계에서 위서(僞書)로 보고 있는 『환단고기』(桓檀古記, 桂延壽 1911년)에는 신라의 건국에 대한 이야기가 수록되어 있다. 같은 책의 고구려국 본기(高句麗國本紀)에 따르면 신라의 시조 혁거세(赫居世)는 선도산(仙桃山) 성모(聖母)의 아들인데 부여제실(扶餘帝室)의 딸 파소(婆蘇)가 남편 없이 임신을 하여 남들의 의심을 받게 되자 눈수(嫩水)에서 동옥저(東沃沮)를 거쳐 배를 타고 진한(辰韓)의 내을촌(奈乙村)에 이르렀다. 그 곳에서 소벌도리(蘇伐都利)의 양육 하에 지내다가 13세에 이르러 서라벌에 도읍을 정하고 사로(斯盧)라는 나라를 세웠다. 이에 근거하여 혁거세를 도래신(渡來神)으로 보고 부여(夫餘)-동옥저(東沃沮)-형산강구(兄山江口)로 온 경로를 추정한 연구도 있었다. 이는 혁거세가 서술성모(西述聖母)가 낳은 아이라는 『삼국유사』 기록에 근거하여 파소(婆蘇)=서술(西述)로 보고 혁거세가 출현할 때 나정(蘿井, 사적 245호), 옆에 있던 백마를 북방계의 기마민족(騎馬民族)과 연결시켜 주몽신화와 같은 계열로 보는 입장이라 하겠다. 박혁거세는 유이민 세력과 토착세력 사이의 일정한 관계 속에서 국가를 형성하고 임금이 된 것으로 여겨진다. 나정은 발굴 결과 철기시대 전기의 유적으로, 수원 고색동, 파주 탄현, 갈현리 등지의 점토대토기 유적에서 나오는 대각(台脚)에 굵은 두형(豆形)도 보이는 점토대토기 문화가 바탕되었음이 들어났다. 따라서 기원전 57년 신라가 건국했던 연대도 이들의 시기와 일치한다. 또 실제 그곳에는 박혁거세의 신당(神堂), 또는 서술성모의 신궁이 팔각(八角)형태의 건물로 지어져 있었음으로 신라의 개국연대가 기원전 57년이라는 것도 새로이 믿을 수 있게 되었다. 신화에 가려져 있는 신라 초기의 역사가 점차 역사적 사실로 받아들여지고 있다. 그러나 박혁거세의 부인이 된 알영(閼英)은 사량리(沙梁里) 알영정[閼英井, 사적 172호 오능(五陵) 내]에 나타난 계룡(鷄龍)의 옆구리에서 나온 동녀(童女)라 전해지고 있다. 이로서 점토대토기 문화와 건국신화가 어떻게 이어지는지를 엿볼 수 있는 중요한 대목이다.

6) 건물지(신전) : 철기시대 전기의 지석묘 단계부터 나타나며 대부분 삼국시대 이후의 것들이다. 경남 사천시 이금동, 하남시 이성산성(사적 422호), 광양 마노산성(전남 기념물 173호), 안성 망이산성(경기도 기념물 138호) 등

건물지(신전)는 처음 팔각형으로부터 시작되는 것 같다. 고구려의 경우 원오리사지, 청암리사지, 상오리사지, 정릉사지, 토성리사지와 환도산성 내의 2호와 3호 건축지(이강근, 2005)가 팔각형으로 알려지고 있다. 백제의 경우 순천 검단산성(사적 418호)과 하남시 이성산성

(사적 422호, 이 경우 신라 24대 진흥왕의 신주설립 이후 551년 이후의 것으로도 생각됨), 신라의 것은 경주 나정(사적 245호), 그리고 신라 말~고려 초의 것은 안성 망이산성(경기도 기념물 173호) 등이 알려지고 있다. 삼국시대부터 절, 기념물과 산성 등에서 신성시되는 제사유적으로 이용되어온 것 같다. 여기에 산천제사도 포함된다. 강화도 마니산 塹星壇(사적 136호), 울릉도 聖人峯(1988년 필자 확인), 영암 월출산 천황봉 등이 이에 해당한다. 그리고 산성 내 또는 산성의 기능과 무관하게 神堂을 짓고 그 안에 土馬나 鐵馬를 모셔놓은 예들이 하남시 이성산성과 광양 마노산성(해발 208.9m)에서 발견된다. 마노산성의 경우 건물지는 뚜렷치 않지만 성이 폐기된 후 고려 말~조선조 초의 昇州牧(府)의 공식적인 제사를 위한 장소로 여겨지며, 그곳에서 204점의 토마, 한점의 철마와 6점의 청동마가 나왔다. 그리고 바닷길 편안을 위해 기도하는 제사터는 부안 죽막동 수성당(전라북도 유형문화재 58호)과 제주 용담동 등지에서 발견된다. 이곳은 일본에서 '바다의 正倉院 또는 섬으로 된 정창원'으로 불리우는 구주 앞바다의 오끼노시마(冲島)와 유사한 양상을 보인다. 이들은 모두 발견된 현재의 고고학자료상 대부분 삼국시대를 오르지 못하고 통일신라-조선시대에 속한다.

7) 기타 : 완도 장도 청해진 유적(흥덕왕 3년 828년 설진, 문성왕 13년 851년 폐지, 사적 308호) 매납유구, 제주도 용담시 등

완도 청해진 구릉 정상에 있는 최근까지 이용되어온 사당 서편 경사면 건물지 대지상에서 발견된 埋納遺溝는 지경 1m, 깊이 70㎝ 정동의 원형 구덩이 안에 경질 대옹을 똑바로 안치하고, 대옹과 수혈벽과의 사이에 토기 偏瓶 한점, 철제 솥 2점을 그리고 철제 반 1점, 청동

병 한점 그리고 용도 불명의 철기 2점을 각각 반으로 절단하여 매납하였다. 이들은 모두 제사용기로 특히 세발달린 솥은 고대국가에서 공식적인 제사에 사용된 祭器로 보인다. 이는 아마도 三國史記 권32 잡지1 제사조에 언급된 淸海鎭 助音島의 中祀에 관한 기록을 반영한 것으로 보인다. 그리고 또 신라 문성왕 13년 서기 851년 청해진 폐기와 관련된 마지막 제사 흔적일 가능성도 있다. 대중 12년명(신라 헌안왕 2년, 서기 858년)이 있는 편병이 익산 미륵사지에서, 그리고 그와 유사한 것이 영암 구림리 요지(사적 338호) 등지에서 발견된다. 그리고 제주시 용담동 제사유적은 바닷길의 안녕을 비는 제사 뿐만 아니라 신라 30대 문무왕 2년(서기 662년) 탐라국이 신라의 속국이 된 후 일어난 신라의 국가제사와도 관련이 있을 것이다.

5. 양평 양서 신원리와 안성 원곡 반제리 유적의 의의

한반도에 관한 최고의 민족지(民族誌, ethnography)라 할 수 있는 삼국지 위지 동이전에 실린 중국 측의 기록 이외에는 아직 이 시기의 문화를 구체적으로 논할 자료가 없다. 그러나 최근 확인된 고고학 자료를 통해 보건데, 중국과의 대등한 전쟁을 수행했던 위만조선을 제외한 한반도 내의 다른 세력들은 중국과 상당한 문화적 격차가 있었던 것으로 짐작된다. 한사군 설치 이후 한반도 내에서 중국문화의 일방적 수용이 있었다고 해도 과언은 아닐 것 같다. 이와 같은 배경을 고려하면 부천 고강동 제사유적과 울산 남구 야음동의 제사유적(반원형의 구상유구, 토기 매납유구)들은 혈연을 기반으로 하는 청동기~철기시대의 족장사회를 형성하는 필수 불가결의 요소로 볼 수 있겠다. 시간적으로 청동기시대 중기의 울산 북구 연암동, 하남시 덕풍골과 양평 신월리의 종교·제사유적은 철기시대 전기의 부천 고강동, 파주 탄현 갈현리, 화성 동탄 동학산, 강릉 사천 방동리, 순천 덕암동과 안성 원곡 반제리의 제사유적까지 그 전통을 이어가는데 이들보다도 2000년 이상이나 앞서고 규모도 훨씬 큰 홍산문화 유적인 요령성 능원·건평현 우하량의 제사유적이 이들과 외관상 매우 비슷함은 그 기원에서 많은 점을 시사해 준다. 특히 이곳에서 발굴되는 龍의 선행양식인 저룡(猪龍)과 같은 옥제품으로 상징되는 종교권력을 바탕으로 하는 계급의 분화가 우리나라에서보다 훨씬 앞서는 시기부터 진행되고 있었음을 알 수 있다. 이는 파주 주월리 유적에서 확인된 신석기시대 옥 장식품도 멀리 능원·건평현 우하량과 객좌(喀左) 동산취(東山嘴)의 옥제품 공급처인 요령 안산시 수암(遼寧 鞍山市 岫岩)에서 왔을 것이라는 추측과 맥을 같이 한다. 그리고 강원도 고성 현내면 송현리 청동기시대 전기 말에서 중기 초(기원전 12~기원전 10세기경)에 걸치는 집자리 5호 및 6호에서 옥기(玉器)를 제작하던 도구가 출토되고 있어 앞으로 옥(玉)의 기원과 제작도 문제가 되고 있다. 일제시대에 조성된 한국문화의 식민사관을 대표하는 단어로 타율성, 사대성, 정체성과 반도성이 있다. 그중 반도성은 한반도의 지정학상 문화의 교량 역할을 의미한다. 그러나 한반도에서 확인되는 고고학 자료는 한반도지역이 '문화가 통과하여 남의 나라에 전파만 시켜 주었던 단순한 다리' 역할만을 수행했다기 보다는 선사시대 이래 북방 초원지대, 중국 동북삼성(요녕성, 길림성과 흑룡강성)과 러시아의 바이칼호-아무르강 지역에서부터 시대에 따른 여러 지역의 다양한 문화를 수용해 왔으며, 또 이를 토대로 나름대로 특징 있는 문화를 형성하였음을 보여준다. 비록 이러한 증거들이 아직은 영세하고 구체적이지 못하나 최근 발굴조사된 자료들은 선사시대 이래 한반도 지역에서 발생했던 문화의 전파 및 수용과정을 시대별로 파악하는 것을 가능하게 한다. 일본에로의 문화 전파를 고려하지 않더라도, 한국문화는 마치 문화전파라는 철도의 종착역에 다다른 듯한 복합적이고 다원적인 요소를 갖추고 있다. 특히 끄로우노프카(북옥저, 團結)가 밀접한 관련이 있을 것으로 추정된다. 마한의 토실에 영향을 준 읍루도 그러하다. 뿐만 아니라 키토이-이자코보-세로보-아파나시에보-오꾸네보-안드로노보-카라스크-따가르를 잇는 문화계통 중 카라스크와 따가르의 석관묘도 북방 초원지대에서 몽고와 바이칼 루트를 따라 내려와 한반도 청동기시대 지석묘 사회와 합류했다. 또 아무르강 유역에서 발현한 암각화문화 역시 울주 언양 대곡리(국보 제285호)와 울주 두동면 천전리(국보 제147호), 고령 양전동(보물 제605호), 포항 인비동, 밀양 상동 안인리를 거쳐 남원 대곡리에 이르면서 기존의 토착 지석묘사회에 융합·동화되었다.

결론적으로 말하면 양평 신원리 유적은 청동기시대 중기(기원전 10세기~기원전 7세기)와 안성 반제리 유적은 철기시대 전기(기원전 400년~기원전 1년)에 속한다. 전자는 공렬토기가 그리고 후자는 단면 원형의 점토대 토기가 중심이 된다. 최근 점토대토기의 상한 연대가 기원전 5세기까지 올라가나, 이곳 반제리에서는 강릉 송림동과 같이 기원전 8~7세기까지 좀더 연대가 올라간다.

그리고 만약 그 상한 연대가 그대로 인정된다면 기원전 2000년~기원전 1500년경 신석기시대 말기에 청동기시대 조기와 약 500년간 공존했듯이 청동기시대 후기에도 철기시대 전기의 점토대토기와 공존했다고도 해석해 볼 수 있겠다. 그렇다면 환호와 관련된 종교유적은 울산 북구 연암동의 경우와 같이 청동기시대부터 그대로 이어져 내려오는 전통으로 볼 수 있겠다. 이 점 앞으로 연구과제로 현재로서는 기원전 5세기를 철기시대의 상한으로 보는 것이 무난한다. 또 그리고 환호 안밖에 형성된 집자리들은 전문직의 제사장과 제사에 관련된 사람들이 살던 특수구역인 別邑으로 이것이 삼국지 위지 동이전에 나오는 蘇塗일 가능성이 많다. 大木을 세운 蘇塗는 邑落의 경계표시이고, 신성지역인 別邑(asylum)으로 여겨져왔으며, 天君을 중심으로 다스리던 祭政分離의 사회를 반영한다. 철기시대 전기에는 북쪽 평양근처에 위만조선(기원전 194년~기원전 108년)이라는 최초의 국가가 형성되어었고 남쪽 마한의 고지에는 청동기시대 이래 내려오던 족장이 기원전 3~2세기 마한의 시작단계에까지 그대로 존속해왔던 단순 족장사회(simple chiefdom)와 여기에서 좀더 발달한 복합 족장사회(complex chiefdom)가 함께 공존해 있었다. 여기에는 별읍의 우두머리인 천군과 달리 단순 족장사회의 우두머리는 정치진화론상 族長(chief)으로, 그리고 복합 족장사회의 우두머리는 삼국지 위지 동이전의 기록대로 君長으로도 불릴 수 있겠다. 여기에는 영토의 규모나 혈연의 서열 또는 순서대로 군장격인 족장의 渠帥 밑에 신지, 검측, 번예, 살계, 읍차가 있었다. 또 여러 복합 족장사회들을 대표하는 王이 다스리는 국가단계의 目支國도 있었다. 이는 기원전 18년 백제의 국가형성 당시 溫祚가 영역을 할당받기 위해 사신을 보낸 나라는 마한왕이 다스리던 목지국이었고 이러한 관계 속에서 마한과 백제와의 역사적 맥락이 형성되었던 것이다. 비록 철기시대 전기에 祭·政이 기록상으로는 분리되고 있었지만 이러한 별읍 또는 소도의 전신으로 생각되는 환호 또는 별읍을 중심으로 하여 직업적인 제사장이 다스리던 신정정치(theocracy)도 가능했을 것이다. 그 다음 삼국시대 전기에는 세속왕권정치(secularism)가 당연히 이어졌을 것이다. 즉 고고학자료로 본 한국의 종교는 정령숭배(animism)-무교(shamanism)-

조상숭배(ancestor worship)로 이어지면서 별읍의 환호와 같은 전문 종교인인 천군이 이 다스리는 소도의 형태로 발전한다.

청동기시대 중기를 대표하는 양평 양서 신원리 유적은 철기시대 전기의 안성 원곡 반제리 유적과 함께 한국고고학 · 고대사에 있어서 청동기시대 중기와 철기시대 전기의 종교 · 제사유적이라는 점과 이의 정치 · 문화사적 배경은 앞으로 연구할 만한 가치가 매우 크기 때문에 그 의의를 쉽게 부여할 수 있겠다.

참 · 고 · 문 · 헌

강원문화재연구소

  2002, 춘천 신북 천전리 유적

  2002, 춘천시 신북읍 발산리 253번지 유구확인조사 지도위원회자료

  2004, 강릉 과학 일반지방산업단지 문화유적 발굴조사

  2005, 정선 아우라지 유적 -정선 아우라지 관광단지 조성부지 시굴조사 지도위원회의 자료-

  2006, 홍천 철정유적 II

  2006, 춘천 우두동 유적

  2006, 춘천 거두2지구 택지개발사업지구 내(북지구) 유적 발굴조사 2차 지도위원회 자료

경기대학교 박물관

  2005, 양평 남부지역 문화유적

  2005, 양평 공세리 유적

  2005, 중앙선(덕소-원주)복선화전철구간내 4-2 · 3지구 문화유적

발굴조사 지도위원회 자료(양평군 양서면 신원리)

2005, 중앙선(원주-덕소) 복선전철화구간내 4-5지구 문화유적 발굴조사 지도위원회 자료집(양평군 양서면 도곡리)

2005, 중앙선(덕소-원주)복선전철화구간 내 4공구 문화유적 발굴조사 약보고서

2006, 수원 고색동 유적

경남고고학연구소

1999, 사천 이금동 유적 회의자료

경남문화재연구원

2004, 울산 연암동 유적(대한문화재신문 2004년 11월 15일자 18-9면)

경남발전연구원 역사문화센터

2003, 밀양-상동간 철도전철화사업구간 내 신안유적 발굴조사 지도위원회 자료집

2005, 마산 진동리 유적

경북문화재연구원

2005, 구룡포-대포간 4차선 도로 확·포장구간 내 발굴조사, 삼정리 취락유적 지도위원회 및 현장설명회 자료

2005, 삼정리 II·강사리 유적 지도위원회 및 현장설명회 자료

경주대학교 박물관

2005, 대구시 달서구 대천동 413번지 일대 오르젠아파트 신축부지 내 문화재 시굴조사 지도위원회

고려대학교 고고환경연구소

2005, 홍련봉 2보루 1차 발굴조사 약보고

2005, 아차산 3보루 1차 발굴조사 약보고

고려대학교 매장문화재연구소

　2004, 홍련봉 1보루 2차 발굴조사 약보고

국립광주박물관

　2001, 보성 동촌리 유적

국립문화재연구소

　1999, 장도 청해진 유적 발굴조사 지도위원회 자료

　2001, 장도 청해진 유적 발굴조사보고서

국립전주박물관

　2003, 용담, 2003년 추계기획특별전

기전문화재연구원

　2003~4, 평택 현곡 지방산업단지 내 문화유적 발굴조사 2·3차
　　　　　지도위원회자료집

　2004, 화성 지방산업단지 내 동학산 유적 발굴조사

　2004, 경춘선 복선전철사업구간(제4공구) 내 대성리 유적 발굴조사

　2005, 안성 공도 택지개발사업지구 내 유적 발굴조사 4차지도위
　　　　원회자료(2지점)

　2006, 성남~장호원 도로건설공사(2공구) 문화유적 시굴조사 지
　　　　도위원회 자료

김두진

　1985, 삼한 별읍사회의 소도신앙, 역사학회편, 한국고대의 국가
　　　　와 사회, 일조각

남도문화재연구원

　2006, 순천 코아루 럭스아파트부지 내 문화유적 발굴조사

단국대하교 매장문화재연구소

　2005, 안성 망이산성 3차 발굴조사 지도위원회 자료집

문화공보부 문화재관리국

  1974, 팔당·소양댐 수몰지구 유적발굴 종합조사보고서

밀양대학교·동의대학교 박물관

  2001, 울산 야음동 유적

서경보

  1969, 세계의 종교, 을유문고 11, 을류문화사

서울경기고고학회

  2005, 동북아시아의 청동기시대, 2005년 춘계학술대회

서울대학교 박물관

  2000, 아차산 제4보루

  2000, 아차산성

  2002, 아차산 시루봉 보루

  2006, 용마산 2보루 발굴조사 약보고

세종대학교 박물관

  2005, 하남 덕풍골 유적 -청동기시대 집터·제의유적 및 고분조사-

  2006, 하남시 덕풍골 유적

순천대학교 박물관

  2004, 광양 마로산성 3차 발굴조사 현장설명회 자료

예맥문화재연구원

  2006, 춘천 율문리 75-2번지 창고신축부지 내 유작 발굴(시굴)조
      사약보고서

육군사관학교 화랑대연구소 국방유적연구실

  2003, 정선 애산리산성 지표조사보고서

  2003, 연천 당포성 지표 및 발굴조사 지도위원회 자료집

  2004, 파주 덕진산성 시굴조사 지도위원회자료

2006, 연천군 초성-백의간 도로 확·포장공사구간 내 유적 발굴
　　조사 약보고서
육군사관학교 화랑대연구소·경기도박물관
2006, 연천 당포성 2차 발굴조사 현장설명회 자료
윤철중
1996, 한국의 시조신화, 백산자료원
이강근
2005, 고구려 팔각형 건물지에 대한 연구, 선사와 고대 23, 한국
　　고대학회
이동희
2005, 전남동부지역 복합사회 형성과정의 고고학적연구, 성균관
　　대 박사학위 논문
이병도
1979, 한국고대사연구, 박영사
이영문·고영규
1996, 영암 월출산 제사유적, 목포대학교 박물관
전북대박물관·호남문화재연구원
2000, 용담댐 수몰지구 내 문화유적 4차 발굴조사 및 지석묘 이
　　전복원
제주대학교 박물관
1993, 제주시 용담동 유적
중앙문화재연구원
2001, 국도 38호선(장호원-앙성간) 음성 문촌리 유적
2004~5, 경주 나정
2005, 경주 나정, 제1회 중앙문화재연구원 학술대회

2004, 안성 반제리 유적 발굴조사

2006, 한국고고학·고대사의 신연구, 주류성

최광식

1994, 고대한국의 국가와 제사, 한길사

2004, 한국 고대의 제사의례와 제사유적, 선사와 고대의 의례고
고학, 한양대학교 문화재연구소

최몽룡

1985, 고대국가성장과 무역, 한국고대의 국가와 사회, 역사학회편

1989, 상고사의 서해교섭사연구 국사관논총 3집

1997, 도시·문명·국가, 서울대학교 출판부

2003, 한성시대 백제와 마한, 문화재 36호

2004, 한국문화의 계통, 동북아 청동기문화연구, 주류성

2006, 다원론의 입장에서 본 한국청동기·철기시대연구의 새로
운 연구방향, 동북아 청동기시대 문화연구 II, 주류성

2006, 최근 경기도에서 발굴·조사된 고구려 유적과 그 역사적
맥락, 경기도박물관 1월 19일(목) 우리곁의 고구려전 기조
강연

2006, 한국고고학·고대사에서 안성 원곡 반제리 종교·제사유
적의 의의

최몽룡 외

1998, 울릉도, 서울대학교 박물관

최몽룡·김선우

2000, 한국 지석묘 연구 이론과 방법 -계급사회의 발생-, 주류성

최몽룡·김경택

2005, 한성시대 백제와 마한, 주류성

충청남도역사문화원

　2005, 계룡 입암지방산업단지 조성사업부지 내 계룡입암리 문화
　　　유적 발굴조사 현장설명회 자료집

한국상고사학회

　2003, 지석묘 조사의 새로운 성과, 제30회 한국상고사학회 학술
　　　발표대회

한양대학교 문화재연구소

　2000, 부천 고강동 선사유적 제4차 발굴조사보고서

　2004, 선사와 고대의 의례고고학, 제1회 부천 고강동 선사유적
　　　국제학술회의

한양대학교 박물관

　1999, 대모산 문화유적 시굴조사 보고서

Chang K.C.

　1980, Shang Civilization, Yale University Press

　1983, Art, Myth, and Ritual, Harvard University Press

Colin Renfrew

　1973, Monument, mobilization and social organization in
　　　neolithic Wessex, The Explanation of culture change :
　　　Models in prehistory, London, pp. 539-558

J. B. Noss(노스, 윤이흠 역)

　1986, 세계종교사(상), 현음사

Jonathan Haas(조나단 하스 · 최몽룡 옮김)

　1989, 원시국가의 진화, 민음사

Keiji Imamura

　1996, Prehistoric Japan, University of Hawai' Press, Honolulu

Kent Flannery

    1972, The Cultural Evolytion of Civilization, Annual Review of Ecology & Systematics vol.3 pp.399-426

Melvin Aikens & Takyasu Higuchi

    1982, Prehistory of Japan, Academic Press

Timothy Earle

    1991, Chiefdom: Power, Economy, and Ideology, Cambridge University Press

    1997, How Chiefs come to power, Stanford University Press

Timothy Taylor

    1996, The Prehistory of Sex, Bantam Books, New York Toronto

William Sanders & Joseph Marino

    1970, New World Prehistory Prentice-Hall, INC, Englewood Cliffs, New Jersey

William W. Fitzhugh & Aron Crowell

    1988, Crossroads of Continents, Smithonian Institution Press

遼寧省文物考古研究所

    1990, 遼寧重大文化史迹

岡村道雄

    1997, ここまでわかった日本の先史時代, 角田書店

東京國立博物館

    1999, 日本の 考古

齊藤忠

    1982, 日本考古學槪論, 吉川弘文館

5. 通時的으로 본 漢江유역의 通商圈

　일제시대에 조성된 한국문화의 식민사관을 대표하는 단어로 타율성, 사대성, 정체성과 반도성이 있다. 그중 반도성은 한반도의 지정학상 문화의 교량역할을 의미한다. 그러나 한반도에서 확인되는 고고학 자료는 한반도 지역이 '문화가 통과하여 남의 나라에 전파만 시켜 주었던 단순한 다리' 역할만을 수행했다기보다는 선사시대 이래 북방 초원지대, 중국 동북삼성(요녕성, 김림성과 흑룡강성)과 러시아의 바이칼호-아무르강 지역에서부터 전래되는 시대에 따라 여러 지역에서 발생한 다양한 문화를 수용해 왔으며, 또 이를 토대로 나름대로 독특한 특징이 있는 문화를 형성하였음을 보여준다. 비록 이러한 증거들이 아직은 영세하고 구체적이지 못하나 최근 발굴조사된 자료들은 선사시대 이래 한반도 지역에서 발생했던 문화의 전파 및 수용과정을 시대별로 파악하는 것을 가능하게 한다. 일본에로의 문화 전파를 고려하지 않더라도, 한국 문화는 마치 문화전파라는 철도의 종착역에 다다른 듯한 복합적이고 다원적인 요소를 갖추고 있다.

　경기도 일대, 특히 한강유역에서 지금까지 확인된 선사시대, 즉 구석기, 신석기 및 청동기시대 유적의 절대수는 아직 그리 많지 않다. 따라서 한반도의 중심부라는 지정학적 조건을 갖춘 경기도 지역이 선사시대의 한반도 또는 한반도를 포함한 동북아시아 지역에서 담당하고 수행했던 역할을 파악할 수 있는 고고학적 증거 역시 아직은 미미하다 하겠다. 그러나 역사시대에 이르러서는 그 양상에 상당한 변화가 있었다. 즉, 경기도 지역은 철기시대 전기(기원전 400~기원전 1년), 철기시대 후기(삼국시대 전기 서기 1~300년), 삼국시대 후기(서기 300~660/668년)에 등장했던 한국 최초의 국가인 위만조선(기원전 194~기원전 108년)과 낙랑과 대방(기원전 108~서기 313년), 마한(기원전 3/2세기~서기 5세기 말/6세기 초), 한성시대의 백제(기원전 18~서기 475년)와 고려(서기 918~1392년)와 조선(서기 1392~1910년)에 걸쳐 한강유역을 중심으로 한 경기도는 한국사의 중심무대로 대두되었다.

상품(goods)과 용역(service)의 집합 및 분산 그리고 이동을 의미하는 용어로는 '직접 접촉에 의한 교역 또는 무역'(direct contact trade), 교역(trade)과 중심지 교역(central place trade) 등 세 가지를 들 수 있는데, 여기에 문화적인 의미를 부여한다면 Joseph Caldwell이 기원전 300년~서기 700년경 오하이오, 뉴욕과 미시시피주에서 융성했던 중기 우드랜드(Middle Woodland)의 호프웰 문화를 설명하면서 제시한 용어인 Hopewellian Interaction Sphere(호프웰 通商圈)를 추가할 수 있다. 예를 들어 위만조선은 중심지 무역, 마한과 낙랑·대방과는 직접 접촉에 의한 무역 또는 교역을 했다고 표현할 수 있겠다.

최근 경기도 지방에서 발견된 대표적인 구석기 유적으로는 남양주
시 호평동, 와부읍 덕소리, 인천 서구 불로 3지구와 원당 4지구 등을
들 수 있다. 그중 남양주 호평동 제2 문화층(3b지층)에서 벽옥
(jasper), 옥수(chalcedony)를 비롯한 흑요석(obsidian)으로 만들어진
석기들이 많이 출토되었으며, 유적의 연대는 23,000~16,000 B.P.로
후기 구석기시대에 속한다. 옥수와 흑요석의 돌감 분석결과가 아직
발표되지 않았고, 비교가 가능한 고고학 자료의 축적이 부족해 그 원
산지나 기원을 이야기하기는 아직 이르나 지금까지의 연구 결과에
따르면, 내몽고, 중국 그리고 백두산 등 다양한 지역으로부터 반입되
었을 가능성이 크다. 그리고 당시 文身用으로 이용되었을 가능성이
있는 흑요석제 도구에 나있는 혈흔이 현미경 분석으로 새로이 확인
되고 있다. 최근 발굴·조사된 중국 산서성(山西省) 벽관(薛關) 하천
(下川), 산서성(山西省) 치욕(峙峪)과 내몽고 사라오소(薩拉烏蘇)골,
러시아의 알단강 유역, 쟈바이칼과 우스티까라꼴(Ustikaracol) 등이
이 유적과 관련이 있을 것으로 추정되고 있다.

최근 확인된 주목할 만한 신석기시대 유적으로 파주 주월리 유적
을 들 수 있다. 교란된 집자리에서 연옥(軟玉, nephrite) 장식품이 세
점 출토되었는데, 이들은 중국의 내몽고 요령 건평현과 능원현의 우
하량과 동산취 유적으로 대표되는 紅山문화 또는 절강성 양저(良渚)
문화와 비교될 수 있는 외래적인 것으로 인식되고 있다. 강원도 고성
문암리(사적 제426호)에서 출토된 결상이식(玦狀耳飾) 역시 중국 능
원 우하량으로 대표되는 홍산문화와의 관련성 여부가 논의되고 있
다. 우리나라 신석기시대의 옥산지에 대해서는 별로 알려진 바가 없
으며, 춘천 및 해남 등지에서 최근 옥이 출토되어 유통되고 있긴 하

지만 신석기시대까지 오르지 못한다. 청동기시대에 이르러서는 진주 남강댐 수몰지구에서 조사된 옥방(玉房) 유적에서 옥이 가공되어 다른 지역으로 전달되었음이 알려진 정도이다. 또 최근 안성 공도 만정리 5·6지구와 의왕 고천 의왕 ICD 진입로에서 비취옥에 가까운 연옥 장식품(모자에 붙는 장신구일 가능성이 있음)이 출토된 바 있는데, 그 원산지는 중국 요녕성 안산시(鞍山市) 수암(岫岩)이나 신강성(新疆省) 위굴[維吾爾] 자치구의 허탄(和田)일 가능성이 높다. 또 안성 원곡 반제리, 제주 삼양동(사적 제416호)이나 풍납동토성(사적 제11호) 내 미래마을에서 출토된 연옥제 장식품과 이 시기 여러 다른 유적들에서 출토된 옥들은 낙랑 및 대방과의 교역을 통해 유입된 중국제, 즉 하남성 남양(河南省 南陽)의 독산(獨山)과 밀현(密縣) 옥산지(玉産地)에서 나온 제품일 가능성이 있는 것으로 알려져 있는데, 이러한 내용을 입증하기 위한 과학적 분석이 시급하다.

청동기시대(기원전 2000년~기원전 400년)의 한반도 토착민들은 주된 묘제로 지석묘를 채택하였다. 다시 말해 이들은 청동기시대 중 기원전 약 15세기부터 기원전 1년까지 약 1500년간 한반도에 살았던 청동기시대와 철기시대시대 전기(기원전 400~기원전 1년) 문화의 주역이었다. 앞선 구석기 및 신석기시대와 달리 청동기시대 이래 주변의 문화를 다원적으로 수용한 한반도의 문화는 상당한 다양성을 창출해 나가기 시작했던 것 같다. 돌대문(突帶文)토기는 강원도 춘성군 내평 유적에서 신석기시대 후/말기의 전면 또는 부분빗살문토기와 함께 기원전 2000~1500년경 처음 등장하는데, 최근에는 인천 계양구 동양동, 춘천 천전리, 춘천 우두동, 홍천 두촌면 철정리와 정선 북면 여량2리(아우라지) 등지에서도 확인된 바 있다. 이들 토기들은 신석기말기에서 청동기시대 조기에 이르는 약 500년간 공존해나가면서 서서히 문화접촉을 해온 것 같다. 이러한 양상의 유적들이 인천 백령도, 연평 모이도, 소야도, 용유도, 산청 단성면 소남리(101호 주거지), 파주 육계토성, 원주 가현리와 대구 달서구 대천동 등지에서 보인다. 다시 말해 이들은 신석기시대 후/말기에 무문토기인들이 빗살문토기인과 공존했거나 문화를 계승하는 양상을 보여준다는 측면에서 매우 중요하다. 그리고 '요(凹)'자형 바닥 토기는 경기도 가평군 외서면 청평 4리, 경기도 광주시 장지동, 의왕시 고천 의왕 ICD 진입로 예정지, 연천 청산면 초성리, 강원도 횡성군 공근면 학담리와 춘천 거두리와 충청남도 아산 탕정면 갈산리 등지에서도 출토되는데, 이들은 아무르강 중·상류의 얀콥스키, 리도프카, 끄로우노프카(북옥저, 団結)와 뽈체(읍루) 등지에서 자주 보이는 러시아·연해주 계통의 문화로 알려져 있다. 특히 끄로우노프카(북옥저)가 밀접한 관련이 있을 것으로 추정된다. 뿐만 아니라 키토이-이자코보-세로보-아파나시에보-오꾸네보-안드로노보-카라스크-따가르를 잇는 문화계통 중 카라스크와 따가르의 석관묘도 북방 초원지대에서 몽고와 바이칼 루트를 따라 내려와 한반도 청동기시대 지석묘 사회와 합류했다. 또 아무르강 유역에서 발현한 암각화문화 역시 울주 언양 대곡리(국보 제285호)와 울주 두동면 천전리(국보 제147호), 고령 양전동(보물 제605호), 포항 인비동, 밀양 상동 안인리를 거쳐 남원 대곡리에 이르면서 기존의 토착 지석묘사회에 융화되었다. 우리나라 철기시대의 시작을 알리는 지표로 인식되는 점토대토기는 기원전 5세기로 편년되는 중국 심양(瀋陽) 정가와자(鄭家窪子) 토광묘에서 기원한 것으로 이해되는데, 최근 양평 미금리와 용문 삼성리 그리고 멀리 강릉 사천 방동리와 송림리, 홍천 두촌면 철정리, 화성 동탄 동학산, 안성 원곡 반제리와 공도 만정리, 수원 고색동, 파주 탄현면 갈현리 그리고 전라북도 완주 이서 반교리 갈동, 경남 사천 방지리 등에서 이에 해당되는 유적들이 나타나고 있다. 이러한 양상들을 통해 한반도의 청동기 및 철기시대 전기에 북방계통의 문화들이 폭넓게 수용되었음을 알 수 있다. 그러나 앞으로 철기시대 연구의 문제점은 최근의 가속기질양분석(AMS)은 강릉 송림리 유적이 기원전 700~기원전 400년, 그리고 안성 원곡 반제리의 경우 기원전 875년~기원전 450년이 나오고 있어 철기시대 전기의 상한 연대가 기원전 5세기에서 더욱 더 올라갈 가능성이 있다는 것이다.

한반도 최초의 고대국가였던 위만조선이 존재했던 기원전 194년부터 기원전 108년까지의 시간대는 한국 고고학의 시대구분상 철기시대 전기에 해당한다. 위만조선이 한나라 무제의 원정군에 의해 멸망한 해는 기원전 108년으로 『사기』를 편찬한 사마천(기원전 145~87년)이 37세 때이다. 위만조선의 도읍지였던 평양에 낙랑, 그 아래 지역에 대방이 설치되었고, 이들을 통해 한나라의 발달된 문물이 한반도로 쏟아져 들어온다. 한나라로부터 유입된 대표적인 문물로 토광묘와 한자를 꼽을 수 있으며, 진나라와 한나라에서 사용되던 무기, 특히 과(戈)와 한식토기(漢式土器)의 유입 역시 당시 상황을 고고학적으로 입증해 준다. 가평 달전 2리에서 확인된 토광묘에서는 서한대(西漢代)의 철과(鐵戈, 극(戟)으로 이야기 할 수도 있으나 최근 중국서안박물관에서 과로 표현함)와 한식도기 그리고 위만조선시대의 화분형토기가 출토되었다. 강원도의 강릉 안인리, 병산동, 동해 송정동과 춘천 율문리를 비롯해 경기도 가평 대성리 '철(凸)'자형 집자리에서는 무문토기와 낙랑도기가 함께 출토되었으며, 양평군 양수리 상석정, 가평 대성리와 상면 덕현리와 연천 청산면 초성리에서 '철(凸)'자형, '여(呂)'자형 및 팔각형 집자리에서 한나라 도기가 여러 점 보고 되었는데, 화성군 기안리 풍성아파트 유적에서도 같은 양상이 확인되었다. 또 연천 학곡리 적석총에서 출토된 한나라도기의 연대는 공반유물을 통해 기원전 1세기경으로 추정되었으며, 연천 삼곶리와 군남리에서도 적석총이 발굴된 바 있다. 경기도지역에서 확인된 적석총은 백제의 건국신화에 백제가 고구려로부터 남하한 세력임이 명시된 점과 부합된다. 또 적석총의 분포상은 한성시대 초기 백제의 영역과 밀접한 관련이 있는 고고학 자료이기도 하다. 한나라가 위만조선의 고지(故地)에 설치했던 낙랑군 및 대방군과의 직접적인 접촉을 통한 무역 또는 통상권의 관계는 『삼국지』 위지 동이전에 자세히 기록되어 있으며, 그 기록은 최근 고고학적 자료를 통해서도 입증되고 있다. 즉, 경남 사천 늑도에서는 진시황이 중국을 통일한 해인 기원전 221년부터 한나라 7대 무제 5년 기원전 118년까지 사용되었던 반량전(半兩錢), 회청색경질도기를 비롯한 한나라도기, 무문토기와 일본의 야요이(彌生) 토기 등이 함께 출토된 바 있는데, 이러한 공반 관계는 위지 동이전의 기록을 고고학적으로 입증해 주는 고고학 자료임은 물론 기존 학계에서 통용되던 한국 철기시대 전기의 문화상과 편년을 재고할 필요성을 강력하게 제기한다.

한성백제(기원전 18년~서기 475년)는 마한의 바탕 위에서 성립하였다. 마한을 특징짓는 고고학 자료로는 토실과 주구묘, 조족문 및 거치문 등의 문양이 시문된 토기 등을 들 수 있다. 마한의 존속 시기는 기원전 3~2세기에서 서기 5세기 말~6세기 초로 볼 수 있으며, 공간적으로는 경상도 지역을 제외한 한반도 중남부지역, 즉 경기도에서 전남에 걸친 지역에 걸쳐 분포하는 것으로 알려져 있다. 구체적으로는 고양 멱절산, 화성 동탄 오산리 감배산, 남한산성 행궁지, 용인 죽전과 보정리 수지 빌라트, 화성 태안읍 반월리 신영통과 동탄 석우리 능리, 안성 공도읍 용두리, 용인 구성면 마북리, 기흥 구갈리, 가평 대성리와 인천 계양구 동양동 등지에서부터 멀리 군산 내흥동과 전북 익산 왕궁면 구덕리 사덕에 이르는 경기도, 충청도와 전라도 지역에서 마한의 특징적인 土室과 주구묘(분구묘)가 확인되었다. 이들은 마한 54국을 대표하는 주거지와 묘제이다. 이들은 북쪽 읍루와의 관련성이 있다. 三國志 魏志 東夷傳 挹婁조에 보면 …常穴居大家深九梯以多爲好土氣寒…(…큰 집은 사다리가 9계단 높이의 깊이이며 깊이가 깊을수록 좋다…)라는 기록에서 사다리를 타고 내려가 사는 토실에 대한 언급이 나온다. 또 1755년 Krasheninnikov나 1778년 James Cook의 탐험대에 의해 보고된 바로는 멀리 북쪽 베링해(Bering Sea) 근처 캄챠카(Kamtschatka)에 살고 있는 에스키모인 꼬략(Koryak)족과 오날라쉬카(Oonalaschka)의 원주민인 알류산(Aleut)인들은 수혈 또는 반수혈의 움집을 만들고 지붕에서부터 사다리를 타고 내려가 그 속에서 살고 있다고 한다. 이들 모두 기후환경에 대한 적응의 결과로 볼 수 있다. 아울러 우리 문화의 원류도 짐작하게 한다.

온조왕 13년(기원전 6년) 마한으로부터 영토를 할양 받은 이후 백제는 마한세력을 점차 잠식해 들어갔다. 즉, 백제가 한성-공주-부여로 수도를 옮겨감에 따라 마한의 중심지 역시 천안·성환·직산-익산-나주 등으로 그 세력이 축소·이동되어 갔다. 초기의 백제는 마한의 일부라고 해도 과언이 아니어서 고고학적으로 마한과 구분할 수 없을 정도로 유물이 마한과 유사하나 매우 빈약하다. 이런 점에서

『삼국사기』백제본기 온조왕 15년조의 '춘정월(春正月) 신작궁실(新作宮室) 검이부루(儉而不陋) 화이부치(華而不侈)'라는 기록이 이해된다. 온조왕 41년(서기 23년)에는 위례성을 수영(修營)하였다는 기사가 있는데, 이 기사는 풍납동토성의 동벽과 서벽 아래에서 출토된 경질무문토기와 관련하여 주목할 필요가 있다. 즉 이들 경질무문토기를 성벽의 축조와 관련지어 생각해 볼 때 이들 무문토기의 연대는 아무리 늦어도 서기 1세기 이상 내려갈 수 없으며, 함께 출토된 개와 편도 진, 한나라나 낙랑의 영향을 받은 것 역시 주목된다.

낙랑과 대방을 통해 전래된 중국 한나라의 도기는 마한, 변한, 진한 및 동예인들에게 있어 상당한 문화충격을 주었을 것이다. 기껏해야 섭씨 573~700도 내외의 화도(火度)로 앙천요(최근 안성 공도 만정리 5·6지구에서 그 예가 발견됨)에서 소성되던 무문토기와 섭씨 1,000도 정도의 고온으로 등요에서 소성된 한나라도기의 비교는 엄청난 기술적인 격차를 실감하게 했을 것이다. 처음에는 직접 교역에 의존해 힘들게 얻은 한나라도기와 재래의 무문토기가 함께 사용되었을 것이다. 당시 한나라도기는 매우 구하기 힘든 고가품이었을 것이다. 전술하였듯이 무문토기와 한나라도기 사이에는 상당한 기술적 차이가 존재했으며, 이 기술적 차이를 극복하고 한나라도기를 모방해 자체적으로 제작하는 데는 적어도 200~300년이라는 긴 시간이 필요했을 것으로 생각된다. 진천 삼룡리(사적 제344호)와 산수리(사적 제325호) 유적에서 확인된 요지(窯址)들은 당시 한반도 주민들이 한나라도기를 모방·제작했음을 보여주는 고고학적 증거들이다. 여기에서 만들어진 토기는 최근 연천 堂浦城(사적 468호) 고구려석성에 앞서는 백제시대의 판축토성에서 발견된 바 있다. 따라서 마한 또는 백제유적에서 출토되는 진품의 한나라도기 혹은 모방품들은 해당 유적의 편년 근거를 제공한다.

한편 마한 54국 상호간의 지역적 통상권 및 그 고고학적 증거를 확인하는 작업은 매우 중요하며, 또 그 내부에서 발전해 나온 백제와 마한과의 문화적 상사성과 상이성을 밝혀내는 작업 역시 매우 중요하다. 이러한 관점에서 볼 때 전남 함평 대창리 창서유적에서 발견된 토기바닥에 그려진 인물도는 매우 흥미롭다. 그 인물은 우리 마한인의 전형적인 모습이라기보다는 코가 큰 백인종에 가까운데, 이는 당시 마한의 통상권이 한반도와 중국을 포함한 동북아시아에 국한되지는 않았음을 의미하며, 앞으로 이에 대한 연구가 진행되어야 할 것이다. 백제 제13대 근초고왕, 고구려 제19대 광개토왕과 제20대 장수왕 그리고 신라 제24대 진흥왕 등은 각각 가장 활발한 영토 확장을 꾀한 삼국의 왕들이다. 백제의 근초고왕은 서기 369년경 천안 용원리에 있던 마한의 목지국 세력을 남쪽으로 몰아내고, 북으로는 평양에서 제16대 고국원왕을 전사시켰다. 고구려의 광개토왕과 장수왕은 그 보복으로 해로로 강화도 대룡리에 있던 것으로 추정되는 화개산성과 인화리 분수령을 거쳐 한강과 임진강이 서로 만나는 지점에 위치한 백제시대의 퇴뫼식산성인 관미성(사적 331호)을 접수하고, 육로로는 파주 월롱산성과 덕진산성을 거쳐 임진강과 한강을 관장하고 계속 남하하여 하남 이성산성(사적 422호)까지 이르렀다. 또 최근 새로이 발견된 서울 근교의 삼성동토성, 아차산성(사적 234호 및 고구려 보루), 광동리, 태봉산, 도락산, 불곡산, 수락산, 국사봉, 망우산, 용마산, 홍련봉, 구의동, 자양동과 시루봉 등의 고구려 유적(대개 제20대 장수왕 63년 서기 475년경에서 제24대 진흥왕 12년 551년경으로 추정됨)을 볼 때 고구려군이 남하한 육로를 알 수 있다. 그리고 고구려는 남쪽으로 포항 냉수리, 순흥 읍내리와 대전 월평동 산성에까지 도달했다. 한편 신라는 제24대 진흥왕 12년(551년) 또는 14년(553년) 한강유역에 진출하여 신주를 형성했는데, 근초고왕 때(371년경) 이후 고구려산성을 모방하여 처음 쌓은 석성인 하남 이성산성에서 보이는 신라 유물들이 이를 입증한다. 신라, 고구려와 백제 삼국은 모두 임진강과 한강유역을 점유하려 노력했음을 알 수 있다. 이 일대는 전쟁을 통해 자연스럽게 통상권 또는 물류유통망이 형성되었던 지역으로 정치·사회·경제적으로 매우 중요했음을 알 수 있다. 이를 입증하는 고고학적 증거들이 최근 활발하게 보고되고 있는데, 인천 영종도 퇴뫼재토성, 청원 부강동 남성골 산성, 이천 설성산성과 설봉산성(사적 423호), 고양 멱절산성, 파주 월롱산성, 연천 호루고루성(사적 467호), 당포성(사적 468호)과 은대리성(사적 469호) 그리고 파주 덕진산성 등이 그 좋은 예들이다. 그중 연천 호루고루성, 당포성과 은대리성은 처음 백제의 판축토성이었다가 475년 전후 고구려에 함락당한 후 고구려석성으로 다시 개축되었음이 밝혀지고 있다. 고구려군은 육로로 연천 瓠蘆古壘城, 파주 月籠山城과 德津山城을 거쳐 임진강과 한강을 관장하고 계속 남하하여 하남 二聖山城(사적 422호)까지 다다른다. 그리고 남한강을 따라 영토를 확장하여 최후의 고구려의 남쪽 경계는 중원(충주) 고구려비(국보 205호), 정선 애산성지, 포항 냉수리에 이른다. 이런 경로중 고구려의 묘제 중 석실묘는 연천 신답리(가속기질량분석 AMS 연대는 서기 520/535년이 나옴), 포항 냉수리와 춘천 천전리에서 나타난다. 고구려의 영향을 받거나 고구려의 것으로 추측될지 모르는 것으로는 영풍 순흥 태장리(乙卯於宿知述干墓, 서기 499/559년, 사적 238호)와 순흥 읍내리(사적 313호)벽화분들을 들 수 있으며, 고구려 유물이 나온 곳은 대전 월평동 산성, 화성 장안

3리, 서천 봉선리와 홍천 두촌면 역내리 유적 등이 있다. 그리고 경주 호우총의 경우 國岡上廣開土地好太王壺十이라는 명문이 나와 고구려에서 얻어온 祭器가 부장된 것으로 보인다. 또 최근 月城 垓子(사적 16호) 유구에서 고구려계통의 개와(숫막새)와 土製方鼎이 나왔는데 방정의 경우 표면에 於宿墓(499/599년) 문입구의 力士像과 427년 평양 천도후 나타나는 벽화분에서 보이는 四神図 중 玄武의 양각상이 보인다. 이는 서기 488년 신라 21대 炤知王이 月城을 수리하고 大宮을 지어 옮긴 사실과도 관계가 있을 것이다. 이 시기는 고구려가 가장 강하던 19대 광개토왕(서기 391-413년)과 20대 장수왕(서기 413~491년 재위) 때의 신라와 남쪽 경계선에서 일어난 일이라고 해도 무방하다. 이는 서기 4~5세기 때이다. 광개토왕과 장수왕 때 백제를 침공하기 위한 해로와 육로의 경유지를 살펴보면 선사시대 이래 형성된 通商圈(interaction sphere)또는 貿易路와도 부합한다. 주로 바다나 강을 이용한 水運이 절대적이다. 이러한 관계는 고구려 소수림왕(372년), 백제 침류왕(384년)과 신라 제23대 법흥왕(527년) 때 정치적 기반을 굳게 하기 위한 불교의 수용과 전파를 통해 확대된다. 백제의 불교수용 초기 절터로는 하남 천왕사(天王寺)를 들 수 있다.

삼국시대 후기(서기 300년~660/668년)와 고려시대(서기 918년~1392년)에는 한자의 전반적인 보급과 더불어 중국 일변도의 문화 수용이 이루어졌다. 그리고 신라 제24대 진흥왕의 서기 551년/553년의 북진정책도 여기에 포함될 수 있다. 이의 고고학적 증거로는 신라의 석곽묘, 횡구식과 회혈시 석실묘를 들 수 있는데 이들은 경기도 광주 초월읍 대쌍룡리, 의왕시 고천 ICD 진입로, 안성 원곡 반제리, 용인 보정리, 부천 고강동과 하남시 고광동, 화성 장안리와 이성산성

(사적 422호)등을 들 수 있다. 화성시 송산면 상안리의 당성[唐城, 당항성(唐項城), 고당성, 사적 제217호]은 신라 말 고려 초에 축조된 성으로 여겨지나 그 주위의 자성(子城)들은 삼국시대에 만들어지기 시작했다. 이 일대는 남양리성-당성-광평리로 이어지는 남양장성의 남양반도 해양 방어체계의 중심지이며, 안성천 하류와 아산만 등은 당시 중국과의 무역 중심지이자 중요한 해안 무역기지였다. 이웃하여 백제시대의 화성 장안 3리, 백곡리 고분과 평택 자미산성, 통일신라-고려시대의 안성 봉업사(奉業寺), 12~14세기 고려 무역항구 중의 하나인 안산 대부도 육곡(12~14세기경)과 2~4品 벼슬인 大夫의 무덤으로 여겨지는 석실묘가 있는 안성 매산리 소재 고려고분(석곽묘와 토광묘도 그 주위에 분포함) 등이 모두 당성을 중심으로 분포하고 있음은 이 일대가 삼국시대 이래 군사·교통·무역의 중심지였음을 방증해 준다. 또 남양주 호평(1270~1370 사이 축조)과 강화 하점면 창후리와 경기도 가평 설악면 창의리 등지의 고려시대 후기의 석곽묘들도 최근 조사되어 주목을 받고 있다. 최근 남양주 와부읍 덕소리에서 평택 자미산성에서 출토하는 건덕 3년명(송태조 3년, 고려 광종 16년, 서기 965년)이 있는 개와가 출토하였고, 또 개와가마의 부속시설인 수비와 반죽(꼬박밀기)시설도 발견되었다. 여기에서 만들어진 개와의 일부가 북한강과 남한강이 합수하는 양수리를 지나 남쪽 안성 봉업사와 여주 원향사까지 운반된 것으로 추측된다. 안성 봉업사에서는 오대(五代) 형요(邢窯)와 정요(定窯), 북송(北宋)대의 정요(定窯), 북송 말-남송 초의 경덕진요(景德鎭窯) 등 중국계 도자기가 다량으로 출토되는데, 이들 도자기들은 이웃한 여주(驪州) 원향사지[元香寺址, 사자산파 징효대사 절중(折中)이 영월 흥녕사에서 옮김]에서 출토된 도자기들과 쌍벽을 이룰 정도인데, 이들은 모두 중국에서 수입

된 것들이다. 그리고 안산 대부도 육곡은 12~14세기에 활약하던 6품 이하의 지위가 낮은 고려시대 무역상인들의 근거지 중의 하나로 상등품(上等品)은 아니지만 베개를 비롯한 질 좋은 여러 가지 형태의 고려자기, 숭녕중보와 같은 중국화폐 그리고 오늘날의 택배와 같은 의미가 있는 '돈수성봉(頓首誠封)'이라는 글자가 확인된 봉니용(封泥用) 인장(印章)이 출토된 바 있다. 이 시기에는 김윤후(金允侯)가 몽골 장수 살리타이[撒禮塔]를 사살했던 용인 처인성(處仁城) 전투(고종 19년 1232년), 최충헌(崔忠獻)-최우(崔瑀, 또는 怡)-최항(崔沆)-최의 (崔竩)로 이어지는 최씨 집권 및 강화천도(고종 19년, 1232년~원종 1년, 1260년) 등이 있었던 국내외의 급박한 정치상황이 겹치는 때이기도 했다. 한편 파주 진동면 서곡리의 권준 벽화묘(1352년)는 중요한 고려 말의 고고학 자료이다.

현재의 영세한 자료를 가지고 선사 및 역사시대 경기도의 통상권을 포함한 물류유통과 그 중심지를 구체적으로 논의하는 데는 상당한 무리가 따르는데, 이는 시간과 공간 즉 시대와 환경에 따라 많은 변화가 있기 때문이다. 19세기 말의 일련의 사건들, 즉 제물포조약 (1882년, 고종 19년), 인천 개항(開港, 1883년, 고종 20년)과 경인선 개통(1899년, 광무 3년) 등이 있은 이후 인천은 오랫동안 우리나라의 물류유통 중심지가 되었다. 또 1679년(숙종 5년) 초축된 강화도 돈대를 비롯한 12진보 53개의 돈대도 중요한 연구대상이 된다. 최근에는 통일 이후를 대비한 임진강 및 한강유역의 파주와 개성단지(봉읍동, 삼국시대 전기 유적), 그리고 앞으로 예상되는 중국과의 무역창로서의 서해안 무역 중심지로 떠오르고 있는 평택 등이 각광을 받고 있다. 이는 현재 서해의 방어를 책임지는 해군 제2 함대가 평택에 본부를 두고 있음으로도 입증되는데 통상권 및 무역루트로는 일찍부터 육로보다는 해로에 더 무게가 실려져 왔다. 따라서 경기도에는 時·空을 달리하여 연구할 고고학 소재가 많다. 이런 점에서 경기도의 고고학이 한반도에서 차지하는 중요성은 매우 높다.

참·고·문·헌

강동석 · 이희인

　　2002, 강화도 교동 대룡리 패총, 임진강 유역의 고대사회

강릉대학교 박물관

　　2000, 발굴유적유물도록

강원문화재연구소

　　2004, 동해송전지구 주택건설사업지구 내 문화유적-시굴조사지
　　　　도위원회 자료

　　2005, 정선 아우라지 유적

　　2006, 홍천 철정유적 II

　　2006, 춘천 우두동 유적 -춘천 우두동 직업훈련원 진입도로 확장
　　　　구간 내 유적 발굴조사 3차 지도위원회 자료-

경기대학교 박물관

　　2004, 화성 동탄면 풍성주택 신미주아파트 건축부지 문화유적 발
　　　　굴조사 현장설명회 자료

　　2005, 수원 고색동 유적

　　2005, 양평 공세리 유적

　　2005, 중앙선(원주-덕소) 복선전철화구간 내 4-5지구 문화유적 발

굴조사 지도위원회 자료집

2005, 중앙선(덕소-원주) 복선전철화구간 내 4-2·3지구 문화유
적 발굴조사 지도위원회 자료집

경기도박물관

1999, 파주 주월리 유적

2001, 봉업사

2004, 포천 자작리 유적 II

2004, 안성 봉업사 3차 발굴조사 약보고서

2005, 안성 매산리 고분군 발굴조사 현장설명회자료

2005, 파주 육계토성 시굴조사 지도위원회자료

2005, 우리곁의 고구려, 경기도박물관

2005, 연천 동이리 유적 학술발굴조사 지도위원회자료

경기문화재단 부설 기전문화재연구원

2002, 연천 학곡리 개수공사지역 내 학곡리 적석총 발굴조사

2003, 화성 발안리 마을유적·기안리 제철유적 발굴조사

2003, 서울 EMS테크센터 부지내 유적 발굴조사 지도위원회자료

2004, 평택 현곡 지방산업단지내 문화유적 발굴조사 3차 지도위
원회 자료집

2004, 남양주 호평동 구석기 유적(3차) 발굴지도위원회 자료

2004, 화성 지방산업단지 내 동학산 유적 발굴조사

2004, 경춘선 복선전철사업구간(제4공구) 내 대성리 유적 발굴조사

2004, 화성 동탄지구 내 석우리 먹실유적 발굴조사 II

2004, 안성 공도 택지개발 사업부지 내 유적 발굴조사 1차 자도
위원회자료(5·6지점)

2005, 화성 신영통 현대타운 2-3단지 건설공사부지 문화재 발굴

조사 지도위원회 자료

2005, 안성 공도 택지개발 사업부지 내 유적발굴조사 4 · 5차 지
　　도위원회 자료(2/3지점)

2005, 성남-장호원 도로건설구간 내(2공구) 문화유적 발굴조사
　　지도위원회 회의자료

국립경주문화재연구소

2006, 경주 월성해자 유적 문화재 발굴조사

국립문화재연구소

2002, 고성 문암리 선사유적 발굴조사 지도위원회의 자료

고려대학교 고고환경연구소

2004, 홍련봉 1보루 2차 발굴조사 약보고

2005, 홍련봉 2보루 1차 발굴조사 약보고

2005, 아차산 3보루 1차 발굴조사 약보고

경희대학교 고고 · 미술사연구소

1991, 오두산성 일차발굴 지도위원회자료 I

단국대학교 매장 문화재연구소

2003, 연천 은대리성 지표 및 발굴조사 지도위원회자료집

2004, 평택 서부 관방산성 시 · 발굴조사 지도위원회자료집

2004, 안성 죽주산성 남벽 정비구간 발굴조사 지도위원회자료집

2005, 의왕 ICD 진입로 개설공사구간 연장발굴조사 1 · 2 · 3차
　　지도위원회 자료집

2005, 안성 망이산성 3차 발굴조사 지도위원회 자료집

2005, 이천 설성산성 4차 발굴조사 지도위원회 자료집

문화공보부 문화재관리국

1974, 팔당 · 소양수몰지구 유적발굴종합조사보고

백종오

  2005, 고구려 기와연구, 단국대 대학원 박사학위논문

  2005, 최근 발견된 경기지역 고구려 유적, 북방사논총 7

백종오 · 신영문

  2005, 고구려 유적의 보고, 경기도박물관

서울대학교 박물관

  1998, 아차산 보루성 유적 발굴조사 중간보고

  2002, 용유도 유적

  2005, 초원의 지배자 -시베리아 고대문화 특별전-

  2006, 용마루 제 2보루

서울경기고고학회 · 기전문화재연구원

  2004, 경기지역 고구려 유적 정비 · 활용을 위한 학술토론회

서울역사박물관

  2002, 풍납토성

성균관대학교 박물관

  2003-4, 경기도 양평군 양수리 상석정마을 발굴조사 1-3차 지도
     위원회자료

세종대학교 박물관

  2003, 포천 일동-영중간 도로확장구간 내 유적(금주리 유적)

  2005, 하남 덕풍골 유적

  2005, 하남 덕풍-감북간 도로확포장구간 중 4차 건설구간 문화유
     적 발굴조사 약보고서

수원대학교 박물관

  2005, 화성 장안리 유적

  2005, 남양주 덕소 초등학교 신축부지 내 문화유적 발굴조사 지

　　　　도위원회자료

안산시 · 한양대학교 박물관

　　2004, 안산대부도 육곡 고려고분 2차 발굴조사 현장설명회

육군사관학교 화랑대연구소 국방유적연구실

　　2003, 연천 당포성 지표 및 발굴조사 지도위원회 자료집

　　2004, 파주 덕진산성 시굴조사 지도위원회자료

　　2005, 포천 화현리 분청사기 요지 발굴조사 -지도위원회 · 현장설
　　　　명회 회의자료-

육군사관학교 · 경기도박물관

　　2006, 연천 당포성 2차 발굴조사 현장설명회자료

예맥문화재연구원

　　2006, 춘천 율문리 75-2번지 창고신축부지 내 유적 발굴(시굴)조
　　　　사 약보고서

이숙임

　　2003, 강원도 지역 점토대토기문화 연구, 한림대 사학과 석사학
　　　　위논문

인천광역시립박물관

　　1994, 영종 · 용유지구 지표조사 보고서

　　2005, 강화 창후리 청소년 유스호스텔 부지내 문화유적 발굴조사

인하대학교 박물관

　　2000, 인천 문학경기장 내 청동기 유적 발굴조사 현장설명회 자료

중앙문화재연구원

　　2005, 안성 공도물류단지 조성사업부지 내 유적 발굴조사 지도위
　　　　원회의 자료

중원문화재연구원

2004, 안성 반제리 유적 발굴조사

2005, 중앙선 덕소-원주간 복선 전철 제 5-17지구 삼성리 유적 발굴조사 지도위원회자료

충청남도역사문화원

2003, 공주의당리공단지 조성부지 내 발굴조사-공주 수촌리 유적

2006, 아산 탕정 LCD 조성부지(2구역) 내 문화유적 시굴조사 현장설명회

최몽룡

1985, 고대국가성장과 무역, 한국고대의 국가와 사회, 역사학회편

1989, 상고사의 서해교섭사연구 국사관논총 3집

2003, 한성시대백제와 마한, 문화재 36호

2004, 한국문화의 계통, 동북아 청동기문화연구, 주류성

2005, 한성시대의 백제와 마한, 주류성

2006, 다원론의 입장에서 본 한국청동기·철기시대연구의 새로운 연구방향, 동북아 청동기시대 문화연구 II, 주류성

2006, 최근 경기도에서 발굴·조사된 고구려 유적과 그 역사적 맥락, 경기도박물관 1월 19일(목) 우리곁의 고구려전 기조강연

2006, 한국고고학과 고대사의 신연구, 주류성

최몽룡·신숙정·이동영

1996, 고고학과 자연과학-토기편, 서울대 출판부

최몽룡외

1999, 덕적군도의 고고학적조사연구, 서울대박물관

최몽룡·김선우

2000, 한국지석묘 연구이론과 방법-계급사회의 발생-, 주류성

최몽룡 · 이헌종 · 강인욱

　　2003, 시베리아의 선사고고학, 주류성

한국문화재보호재단

　　2004, 인천 동양택지 개발사업지구(I)지구 문화유적 발굴조사 지
　　　　도위원회 자료

　　2004, 시흥 목감동 유적

　　2004, 인천 불로지구 문화유적 시굴조사-2차 지도위원회 자료-

　　2005, 신갈-수지간 도로 확 · 포장공사 예정구간 문화유적 발굴조
　　　　사 -3차 및 6차 지도위원회 자료-

한국토지공사 · 한국토지박물관 · 사회과학원 고고학연구소

　　2004, 개성공업지구 문화유산조사 현장설명회자료

　　2005, 개성공업지구 1단계 문화유적 남북공동조사보고서

한림대학교박물관

　　2002, 경춘선 복선전철 제6공구 가평역사부지 문화유적 시굴조
　　　　사지도위원회자료

　　2003, 경춘선 복선전철 제6공구 가평역사부지 내 문화유적 발굴
　　　　조사 지도위원회자료

　　2003, 동해고속도로 확장 · 신설구간(송림리) 문화유적 발굴조사
　　　　보고서

　　2004, 경춘선 복선전철 제5공구 내 청평리 유적 문화재시굴지도
　　　　위원회자료집

　　2005, 청평-현리 도로건설공사구간 중 매장문화재 발굴조사(C지
　　　　구)지도위원회의 자료집

　　2006, 춘천 천전리 121-16번지 내 문화유적 발굴조사 지도위원회
　　　　자료집

한백문화재연구원

  2006, 서울-춘천고속도로 5공구 내 유적 발굴조사 1차 지도위원
    회 자료집

한양대학교 박물관 · 한양대 문화재연구소

  1998/2001, 당성

  2004, 안산대부도 육곡 고려고분 2차 발굴조사 현장설명회

  2004, 선사와 고대의 의례고고학

  2005, 부천 고강동 선사유적 제7차 발굴조사

호남문화재연구원

  2003/5, 익산-장수간 고속도로건설구간 내 사덕유적 발굴조사(1-
    3차)

2004, 광주 동림 2택지 개발사업지구 내 문화유적 발굴조사

洪美瑛 · 金起兒

  2003, 韓國 南楊州市 好坪洞 舊石器遺蹟 發掘調査槪要, 黑耀石文化
    硏究 第2號, 明治大學

홍미영 · 니나 코노넨코

  2005, 남양주 호평동 유적의 흑요석제 석기와 사용, 한국구석기
    학보 제12호

Colin Renfrew

  1973, Monument, mobilization and social organization in
    neolithic Wessex, The Explanation of culture change :
    Models in prehistory, London, pp. 539-558

Kent Flannery

  1972, The Cultural Evolytion of Civilization, Annual Review of
    Ecology & Systematics vol.3 pp.399-426

William Sanders & Joseph Marino

    1970, New World Prehistory Prentice-Hall, INC, Englewood
        Cliffs, New Jersey

William W. Fitzhugh & Aron Crowell

    1988, Crossroads of Continents, Smithonian Institution Press

6. 인천의 선사문화

1

인천시는 원래 초기(비류) 백제가 건국되었다고 전해지는 미추홀
(彌趨忽)로부터 출발한다. 그 뒤 매소홀(買召忽)-경원군(慶源郡)-인주
(仁州) 등의 지명을 거쳐 조선 태종 13년(1413)에 비로소 오늘의 인천
이라는 지명을 갖게 되었다. 일제 강점기에는 인천부(仁川府)의 위치
를 갖고 있었다. 광복 후 1968년의 인천에는 불과 중구, 동구, 남구,
북구의 4개 구가 있었으나 1981년에 직할시가 되었으며 1989년부터
김포군 계양면과 옹진군 용유면, 영종면이 편입되어 직할시의 면적
이 급격히 팽창하였다. 1995년에 또다시 강화군, 옹진군, 김포군 검
단면이 이 편입되어 인천광역시로 출발하게 되었다. 인천은 선사시
대의 구석기시대, 신석기, 청동기, 철기시대부터 역사시대의 백제, 고
려와 조선시대까지의 전시대에 걸쳐 유적이 골고루 분포되어 있다.
최근 강화도에서 강화천도(23대 고종 19년~24대 원종 1년, 1232~
1260년)와 관련있는 碩陵(사적 369호, 21대 희종의 릉), 嘉陵(사적 370
호, 24대 원종 순경왕후릉), 坤陵(사적 371호, 22대 강종왕비 유씨릉)

의 발굴, 서구 원당 4지구 풍산김씨 묘역에서 확인된 金安鼎의 묘비 (고려시대 사람이나, 1786년, 정조 10년 입비)와 더불어 12진보와 53 돈대의 하나인 花島墩臺(1679년, 숙종 5년 축조)의 발굴 등이 이를 말 해준다. 이에 따라 인천시에 분포하는 유적의 수도 급속히 늘어날 수 밖에 없게 되었다

특히 최근에는 영종도의 신공항건설로 인해 많은 용유도와 삼목도 에서 신석기시대의 유적들이 발굴, 조사되어 보고되고 있다. 여기에 서는 이러한 인천광역시 내에서 생활을 영위했던 아득한 옛사람들의 문화, 즉「인천의 선사문화」에 대해 간략히 정리해보고자 한다.

2

인천의 선사문화를 논함에 앞서 먼저 선사문화 또는 선사시대란 무엇을 말함인가를 알아보아야 할 것이다. 선사시대란 문자가 발명 되기 이전의 시대를 일컫는데 인류의 전 역사에 있어서 이 기간이 매우 길다. 인류가 지구상에 출현하기 시작한 이후로부터 역사시대 에 접어들기까지의 기간을 비율로 따지자면 약 99% 이상에 해당한 다. 따라서 이렇게 기나긴 기간을 잘 이해하기 위한 시대구분이 필요 하게 되는데 오늘날에는 널리 알려진 덴마크인 톰젠의 삼시기구분법 을 보완한 시대구분법을 적용하고 있다.

삼시기구분법은 원래 인류의 문화가 석기시대, 동기시대, 철기시대 로 발전해갔다는 가설로 출발했으며 이것이 의미하는 바는 문화의 발전상이 도구(즉 기술)에 반영된다는 것이다. 그러나 문화의 발전을 이렇게 단조롭게 설명할 수만은 없으므로 여기에 당시의 경제행위의 유형을 첨가하여 각 시기상의 특징을 이해하고 있다. 즉 선사시대는

기술과 경제행위에 의해 구석기, 신석기와 청동기시대로 세분된다.

구석기시대에는 사냥, 채집을 주로 하고 살았으며 신석기시대에는 여기에 농사짓기, 물고기잡이 등을 더하여 생업경제가 다양화되었으며 대체로 청동기시대부터 농사짓기와 집짐승기르기 위주로 생업이 전개되어 나갔다고 보고 있다. 인류문화의 발달상 이 시기에 도시 · 문명 · 국가가 나타난다. 그러나 우리나라에서는 최초의 고대국가는 衛滿朝鮮(기원전 194~기원전 108년)으로 청동기시대보다 늦은 그 다음의 철기시대 전기에 나타난다. 그래서 우리나라에서 선사시대를 구석기시대로부터 철기시대 전기(기원전 400~기원전 1년)까지를 언급한다.

3

구석기시대란 돌을 떼어내어 날카롭게 만든 것으로 도구를 삼았던 시기를 말한다. 그리고 이 시기의 생업은 사냥과 채집이라고 위에서 말하였다. 이러한 설명은 종종 구석기시대를 매우 미개하고 단조로운 시대로 얕잡아보는 선입견과 결부되는데, 이는 사실과 매우 다르다. 돌을 떼어내는(打製)수법은 시간의 흐름에 따라 올도완 초퍼 · 쵸핑툴(찍개)-아슈리안 주먹도끼(biface, hand-ax)-르발르와 격지(flake tool)- 세석기(microblade, 오리냐시앙, 그라베티앙, 솔루트레앙, 막다레니앙)로 매우 발전되어 갔다. 후기 구석기시대의 석기제작수법을 보게 되면 떼기가 매우 복잡해지고 숙련된 기술을 요하기 때문에 사실상 오늘날 이러한 제작수법을 흉내낼 수 있는 사람은 소수의 구석기학자에 불과하다. 즉 돌감을 가지고 미리 어떤 과정을 거쳐 어떻게 떼어낼 것인지를 완전히 추상해 볼 수 있는 인지능력과, 생각한 바를 그대로 실행할 수 있는 뛰어난 솜씨 등이 뒷받침되어야 하기 때문이다.

구석기시대 사람들은 사냥, 채집만으로도 환경에 잘 적응하면서 이를 적절히 활용하여 살아나갔다고 보고 있다. 오늘날의 연구결과에 의하면 후기 구석기시대에는 이미 인구증가라는 현상에 직면하였다고 알려지고 있는 것이다. 이러한 인간의 적응력이야말로 인간생존의 열쇠임을 잘 보여주는 대목으로서 시사하는 바가 크다.

인천광역시에서는 구석기 유적이나 유물의 발견 예는 강화도 내가면 오상리, 하점면 창후리, 남구 문학산, 서구 원당 4지구와 불로지구 3구역 등이 있으며 후기 구석기시대에 국한한다. 강화도 내가면 오상리 구석기 유물의 경우 지석묘 곁에서 발견된 팔매돌(다면석기)이며, 문학산의 경우도 마찬가지이다. 그러나 원당 4지구와 불로 3구역의 경우 후기 구석기시대의 석영맥암과 규암제 긁개, 격지와 망치돌 등의 석기들이 나와 경기도 남양주 호평이나 전라북도 군산 내흥동과 비슷한 32000년 전의 연대와 성격을 보인다. 최근 전국에서 발견된 구석기유적이나 유물의 발견 예를 참고한다면 앞으로 인천광역시에서 더욱더 시대가 올라가는 유적이 발견될 가능성은 매우 높다. 이는 첫째 한국의 전역에서 후기 구석기시대인 들의 이동성이 매우 높아 여러 곳에서 다발(多發)적으로 발견된다는 사실로부터 비롯되며, 둘째 인천광역시에서 매우 가까운 고양-일산을 비롯해 멀리 남양주 호평지역에서 우수한 구석기시대 유물들이 자주 출토되고 있기 때문이다. 따라서 인천광역시에서 구석기시대에 대한 좀더 구체적인 성격파악을 확인하는 일은 시간문제라고 보인다.

4

인천지역의 신석기시대 존재는 매우 많고 뚜렷하게 나타나는데 대체로 1990년대 이전에는 서해상의 옹진군, 강화군 등지에서 패총의 형태로 드러난 것이 대부분이다. 그러나 최근 들어 영종도 신국제공항 건설에 대한 기초작업으로서 발굴·조사된 성과를 보면 육지에 가까운 지역에서 집자리, 야외노지 등이 찾아지고 있어 당시 사람들의 생활 전체를 조망할 수 있게 해준다. 또 서구 검단 2지구 2구역의 경우 빗살문토기편도 나오고 있어 내륙지방의 신석기 유적도 발견될 가능성이 많다.

옹진군, 강화군 등지에서 그간 찾아진 신석기시대의 패총은 무수하다. 이들을 꼽아보면 백령도, 시도, 승봉도, 소야도, 연평도, 우도, 장봉도, 모도, 덕적도, 굴업도, 볼음도, 신도, 아도 등 이루 헤아리기 어렵다. 그리고 조사가 많이 이루어진 강화도, 영종도, 삼목도, 영흥도 등지에서는 한 섬 내의 여러 지점에서 패총발견이 보고되고 있다. 1999년 서울대학교 박물관에서 덕적군도 일대에 대해 조사한 바에 의하면 백아도, 울도, 문갑도 등 그간 조사되지 않은 섬에서도 모두 패총의 흔적 및 유물을 찾아내었으며 특히 소야도 등의 경우 현재 민가가 있는 해안선은 거의 모두 한때 패총이었다고 보일 정도로 빽빽이 분포되고 있다.

그러면 이렇게 널리 분포되어 있는 패총(貝塚 : shell-midden/shell-mound : 조개더미)이란 무엇인가. 이는 한마디로 당시 사람들의 쓰레기통이라고 할 만하다. 사람들이 조개류를 먹을 때 껍질부분을 한 곳에다 쌓아놓거나 버리는데, 평지보다는 약간 흘러내리는 곳에다 버리기 쉽다보니 약간 경사진 곳에 조개껍질이 쌓이게된 것이다. 이

때 토기 깨어진 것, 뼈 바늘 사용하다가 부러진 것, 물고기 뼈, 잡아먹은 짐승뼈 등등 사용가치가 없는 물건들을 모두 같은 곳에 버렸던 것으로 나타난다. 따라서 패총에서는 연구자들이 당시의 살림살이를 짐작할 수 있는 많은 중요한 유물들이 자주 출토된다.

패총에서 특히 많은 유물들이 나타나는 또 하나의 이유는 조개껍질 자체가 탄산염($CaCO_3$: Carbonate)이기 때문에 빗물에 녹으면 알칼리성을 나타내고 이것은 산성에서보다는 유물의 부식이 덜 빠르게 진행된다고 알려져 있는 점이다. 즉 유물의 보존에 유리하다. 조개껍질이 노출된 부분은 빗물에 녹아 단단하게 엉겨들며 그 사이에 유물들이 많이 보존되어 있으므로 당시 사람들의 생활을 아는데 최상의 조건을 갖추고 있는 유적 가운데 하나가 패총이라고 할 수 있다.

이러한 패총에서 출토된 자연, 인공유물들을 종합해보면 우리나라-그 중에서도 인천지방의 신석기시대 사람들은 사슴, 멧돼지 등의 짐승사냥과 서해바다에서 잡을 수 있는 농어, 우럭과 조기를 비롯한 온갖 물고기와 조개류(굴, 피뿔고둥, 바지락, 꼬막 등이 주종임), 아마도 바닷말(藻類), 그리고 주변의 풀과 나무로부터 딸 수 있는 모든 식물자원을 얻어 생활했을 것으로 보인다.

최근에는 인천지방의 신석기시대 유적에 대한 발굴이 행해지고 있는데 삼목도와 송산유적과 계양구 동양동, 그리고 영종도 운서동 등지에서 수혈집자리, 야외노지 등이 찾아지고 있어 앞으로 패총 뿐만 아니라 당시의 취락, 그리고 사회에 대한 연구도 이루어져 나갈 것으로 기대된다.

패총이나 집자리에서 나오는 인공유물 가운데 가장 유명한 것은 빗살무늬토기이다. 우리나라 신석기시대 전역에서 사용된 토기의 시대순은 원시무문토기-융기문토기-압인문토기-전면 빗살문토기-부분

빗살문토기인데, 인천지방에서는 빗살문토기가 중심으로 그 형태도 서해안의 특징적인 반쪽계란 모습을 띄며 빗살무늬 자체도 다소 생략되거나 흐트러져 있는 말기의 양상을 보인다. 그리고 빗살문토기와 다음의 청동기시대의 특징인 무문토기인 들과의 공존에서 나타나는 서로의 양식을 혼합한 同化현상도 보인다. 형태는 빗살문토기에 태토(바탕흙)는 무문토기로 백령도 말등패총, 연평도 모이도패총기(기원전 1110년~기원전 820년)과 삼목도에서 보인다. 이들은 부분적으로 빗살문토기에서 무문토기에로의 계승성도 보이고 있다. 그 중에서도 계양구 동양동 빗살문토기 집자리에서 나온 돌대문토기는 청동기시대의 조기(기원전 2000~1500년 전)에 속한 것으로 강원도 춘성군 내평, 춘천 천전리와 우두동, 홍천 두촌면 철정리나 영월군 연당리 쌍굴유적과 같은 연대를 보인다. 현재 인천지방이 속하는 서해안지방의 신석기연구는 토기만 가지고도 그 만들어진 시기를 추정하는 작업이 가장 발달해있는데 여기에 따르면 대략 기원전 2000년~1500년 사이에 해당한다. 올해 서울대학교 박물관의 지표조사에서 채집한 소야도의 목탄분석결과(3670 +-150 B.P. : 기원전 1720년)도 이 범주에 들고 있다. 소야도에서는 부산 동삼동 패총에서와 같이 貝面 人物像이 발견되었다.

5

인천지방의 청동기시대(기원전 2000년~기원전 400년)에 대해 살펴보자. 청동기시대란 구리와 주석, 납, 비소 등을 섞어만든 청동이란 합금을 이용해 생활에 필요한 제반도구가 만들어지면서, 이의 사용을 전후로 일어나는 사회의 변화, 즉 청동제작을 위시한 기술의 발달, 생산력의 증가로 인한 잉여생산의 축적, 이들로부터 비롯되는 분업 및 전문직의 발생, 계급의 분화로 인한 사회계층화 등이 생겨나는 시기이다. 이 시기에는 도시와 문자가 형성되고 발명되고 나아가 이념, 경제력과 무력을 바탕으로 한 전문화된 정부 또는 무력을 합법적으로 사용하고 중앙집권체제가 형성되는 국가의 출현도 가능하다. 이러한 청동기는 이미 신석기시대부터 청동장식이나 도구 등이 드물게 소개되다가 신석기 말기에 그러한 현상이 증가하여 마침내 청동기시대로 들어가는 것이 일반적인데 우리나라에서는 청동의 소개가 여타의 사회변화 보다 늦은 편으로서 청동기시대를 언제부터로 잡을 것인가 하는 점에서 논란의 여지가 있다. 여기에서는 무문토기 및 간(磨製)석기가 청동기시대 전 기간에 걸쳐서 쓰였음에 의미를 두어 무문토기와 간석기의 출현부터를 청동기시대라고 보고자한다. 청동기시대를 현재 조기(부분빗살문토기와 돌대문토기, 기원전 2000년~기원전 1500년), 전기(이중구연토기와 단사선문토기, 기원전 1500년~기원전 1000년), 중기(구순각목, 공렬문토기, 기원전 1000~기원전 700년)과 후기(경질무문토기, 기원전 700년~기원전 400년)의 4시기로 분류한다. 인천의 경우 계양구 동양동과 옹진군 백령도 말등패총, 연평 모이도패총 유적이 조기, 내가면 오상리 지석묘(인천 기념물 5호)와 서구 검단 2지구 2구역이 전기, 원당 1지구의 석관묘가 중기, 검단 2지구가 후기에 해당한다. 청동기시대 중 기원전 15세경부터 철기시대 전기 말의 기원전 1년까지 우리나라에서 토착문화를 형성했던 지석묘는 강화도를 중심으로 인천전역에서 발견된다. 대부분의 지석묘는 청동기시대 전기-후기에 속한다. 그들 중심 연대는 기원전 15세기~8세기경이다.

여하튼 생산력과 기술의 발전이란 잉여생산을 낳게되며 이에 대한 재분배경제가 필연적으로 등장하고 따라서 계급의 분화를 가져오기 마련이다. 결국 사회계층화가 이루어지는데 현재로서 이를 가장 잘 보여주는 증거로 고인돌을 꼽을 수 있다. 인천지역에서 청동기시대 사람들이 활동했던 사실은 당시의 무덤인 고인돌이 가장 잘 증명해 준다. 이들은 또 지표상에서 우뚝하게 드러나 있어 눈에 띄기 쉬운데 인천 시내에서는 남구 문학동, 서구 대곡리, 연수구 학익동 고인돌 등이 유명하다. 강화도는 특히 고인돌의 다발지역으로서 부근리, 오상리, 대산리, 신봉리, 신삼리, 하도리, 상도리 고인돌 등 이루헤아리 기 어려울 정도이다.

이러한 고인돌은 구조 자체가 거대하며 따라서 이를 축조하는데 막대한 노동력이 들기 때문에 일반인의 무덤이라고 보기는 어렵고, 사람들을 동원할 수 있는 혈연을 기반으로 하는 계급사회의 우두머리인 족장이나 그의 가족, 또는 경제적으로 능력있는 자들의 무덤이라고 보고있다. 즉 고인돌은 청동기시대의 사회발전단계와 사회계층화의 결과로 출현한 족장의 존재를 잘 보여주고 있는 것이다. 최근의 발굴결과를 보면 고인돌의 지하 매장구조는 덮개돌로 추정한 크기보다 훨씬 방대하거나 웅장한 구조가 나타나고 있으며, 관옥(管玉)이나 비파형단검 등 계급과 신분을 상징하는 부장품들이 출토되고 있어 지석묘는 계층사회의 증거가 틀림없다고 보아야 할 것이다. 이러한 고인돌을 축조한 계층을 족장이라고 부르며 따라서 고인돌사회를 고대국가이전의 혈연을 기반으로 하는 계급사회인 족장사회(chiefdom)라고 할 수 있다.

인천지방에서 아직 청동기시대의 집자리는 거의 찾아지지 않았지만 인천시 전역에 걸쳐 찾아지는 수많은 간도끼, 간돌검, 슴베가 있는 간화살촉, 반달칼, 공열토기 등의 존재는 당시 이곳에 많은 사람들이 청동기시대 중기에 집을 짓고 살았음을 시사한다. 그러므로 발굴된다면 앞으로 많은 집자리가 드러날 것으로 예상된다.

한편 토기는 청동기시대에 들어와 문화의 지역화 및 다양화가 더욱 진전되어갔다고 보는 만큼 전국적으로 많은 다양한 기형들이 생겨나는데 인천지방에서는 입술을 곱싼 밑에 짧은 빗금을 그은 팽이형토기, 그리고 화분형토기가 특징적이다. 최근 강화 내가면 오상리와 가평 달전2리 등지에서 보고된 바 있다. 그리고 우리나라의 청동기는 청동단추, 청동방울, 거친무늬거울, 비파형동검 등이 중심으로 계층화된 사회의 상위계급을 장식해주는 계급의 상징을 보여주는 위신재 역할을 했을 지는 모르나 도구로서의 기능을 크게 부여하기는 어렵다.

6

인천지방의 철기시대 전기(기원전 400년에서 기원전 1년까지)와 후기(서기 1년-서기 300년, 삼국시대 전기, 마한·한성시대 백제 포함)에 대한 자료는 현재로 매우 소략하다. 다만 연수구 청학동 패총과 검단지구 등지에서 발견된다. 철기시대 후기 즉 삼국시대 전기의 유물로는 남구 문학산과 강화도 교룡 대룡리 유적에서 나온 회색의 타날문토기를 들 수 있다(인천시립박물관이 소장하고 있는 세형동검 한 자루는 출토지명 미상임). 그러나 신석기-청동기시대의 예로 보아 인천지방의 철기시대에는 사람들이 더욱 많이 살았을 것이 틀림없으며 곧 이은 철기시대 후기(기원 1년~기원후 300년)는 바로 삼국시대 전기로서 역사시대에 해당하는데 이미 이 지역을 바탕으로 한 비류백제의 건국설화까지 등장하는 것을 보더라도 인천지방의 철기시대 전기와 후기는 매우 활발했을 것으로 짐작된다. 다시 말하여 철기시대 전기에 존재하고 기원전 3~2세기부터 앞서 존재했었던 마한의 세력 위에 기원전 18년 한성시대 백제가 들어선 것이며, 그러한 유적이 강화동 교룡 대룡리 패총과 영종도 운서동 퇴뫼재토성이다. 백제의 강역이 서쪽으로 인천까지 미쳤다는 삼국사기 백제본기의 기록을 뚜렷히 증명해준다. 이곳은 또 고구려 19대 광개토왕이 공략한 華蓋山城이 있으며 이곳에서 寅火里의 분수령을 지나 파주 烏頭山城(關彌城, 사적 351호)으로가 임진강과 한강을 접수하는 전략적 요충지이기도하다.

우리나라의 철기는 중국의 철기제작으로부터 영향을 받았다고 보는 것이 일반적이다. 그 연대는 중국 심양 정가와자의 경우와 같이 토광묘와 점토대토기가 공반하는 기원전 4~5세기가 된다. 중국의 경우 춘추시대 말에서 전국시대 초(기원전 475년~기원전 221년)에 걸쳐 인공철의 제작이 이루어지며 전국시대 후반이 되면 농기구를 비롯한 철기의 보급이 현저해지는데 이때의 철기는 주조(鑄造)기술로 제작된 것이다.

한국의 철기는 그러한 중국의 영향을 받아 성립한 것이므로 중국과 마찬가지로 주조 철부를 위시한 농공구류가 우세하였다. 초기에 전국계 철기의 영향을 받았던 우리나라의 철기문화가 본격적으로 자체생산이 가능하고 원재료를 수출할 정도의 단계에 이르는 것은 위만조선이 들어서기 직전 기원전 2~1세기에서 기원 전후의 무렵인데 이때부터 단조(鍛造)철기가 만들어진다. 철기생산의 본격화와 현지화 및 제조기술의 발전은 사회전체에 영향을 끼쳤으니 즉 철기의 농구를 통한 생산력의 획기적 증대, 새로운 토기문화의 출현, 영토확보에 대한 관심으로부터 비롯되는 방어시설과 전쟁의 다발 등을 꼽아

볼 수 있다. 또 이를 바탕으로 사회통합이 가속화되니 우리나라 최초의 고대국가인 위만조선(기원전 194~기원전 108년)이 성립·출현하게 된 것이다.

철기시대의 유적과 유물을 보면 평안북도 강계 시중 노남리에서 보이는 것과 같은 집자리에서 온돌시설 등이 나타나며 무덤으로는 토광묘, 옹관묘, 적석총 등이 채택되었다. 또 청동기시대에 드물던 패총도 다시금 활발히 출현한다. 다만 이때의 입지는 신석기시대-청동기시대와 많이 달라 양산패총에서 보듯이 해발 85m 정도의 높은 구릉에 입지하는 경우도 있다. 토기에는 청동기시대의 무문토기가 더욱 발전되어 만들어진 경질무문토기 외에 중국의 도기제작수법을 받아 진천 삼룡리(사적 344호)와 산수리(사적 325호)의 반 등요와 같은 밀폐요에서 만들어진 것으로 보는 회색계열의 타날문(와질)토기, 적갈색 연질토기 등이 있다. 최근 서구 불로지구 4구역 황화산하에서 발굴된 백제시대의 주거지 3기와 반등요의 토기가마는 이를 말해준다.

간석기류는 종래의 것을 계속해서 사용했으며 뼈와 뿔로 만든 도구도 계속 사용된다. 특히 철제의 작은 칼을 넣는 칼손잡이 자루 등은 대개 사슴뿔로 만들었다. 철기로는 칼, 도끼, 창, 화살촉 등의 무기류와 끌(화성 동탄 동학산 철끌 용범), 자귀 등의 공구류, 그리고 호미, 가래, 쇠낫, 쇠보습, 쟁기 등 모두 오늘날에도 쓰이는 농구류가 있다. 한편 권위를 나타내는 위신재, 각종 의례용기 및 부장품 등으로는 여전히 청동기의 사용이 많았는데, 예를 들면 세형동검이나 세문경, 농경문 청동기 등에서 이러한 양상을 볼 수 있다.

7

이와 같이 인천지방의 선사문화는 구석기-신석기-청동기-철기시대에 걸쳐서는 자료도 많고 다양하다. 그러나 앞으로 이들에 대한 체계적인 조사와 연구가 이루어져야 하겠다. 한편 유적의 보존문제도 심각한 편이다. 인천광역시는 최근 들어 급격히 발전, 팽창되어 온 반면에 수많은 유적의 파괴, 생태계의 파괴도 동시에 수반되고 있는 이율배반의 양상에 직면하고 있는 것이다. 영종도의 신국제공항 건설사업으로 인해 알려지는 유적도 많지만 그 부정적인 측면 또한 만만치 않은 것이다. 서울대학교 박물관의 1999년도 덕적군도 조사시에도 이러한 현상을 잘 목격된다. 1967년도에 조사·보고된 덕적, 소야도의 패총들은 흔적도 없는 것들이 많았으며 그나마 남아 있는 것들도 급속히 파괴되고 있는 실정이다. 특히 인천지방을 중심으로 하는 지역의 패총에 대한 정식 발굴조사가 드물어 당시의 문화에 대한 복원이 어려운 만큼, 이들에 대한 보존과 체계적인 조사연구가 필요하다

참·고·문·헌

강동석·이희인
  2002, 강화도 교동 대룡리 패총, 임진강 유역의 고대사회
강원문화재연구소
  2006, 춘천 우두동 유적 - 춘천 우두동 직업훈련원 진입도로 확장
      구간 내 유적 발굴조사 3차 지도위원회 자료

2006, 홍천 철정리 유적Ⅱ - 지도위원회 자료 -

국립문화재연구소

   1995, 문화유적총람 제1집

   2001, 강화 석릉(사적 369호) 발굴조사 현장설명회자료

   2002, 소연평도 패총

   2003, 연평 모이도 패총

   2004, 강화 고려왕릉(가릉 · 곤릉) 발굴조사

김재원 · 윤무병

   1957, 한국서해도서

대한불교조계종 문화유산발굴조사단

   2002, 강화의 문화유적

서울대학교 박물관

   1996, 삼목도지역 문화유적 정밀시굴 및 발굴조사 약보고

   2002, 용유도 유적

   2003, 인천 국제공항 관세자유지역 단지조성부지 내(삼목도) 문
      화유적 발굴조사

서울시립대학교 박물관

   1996, 영종도 송산 선사유적 발굴조사 현장설명회 자료

선문대학교 역사학과 발굴조사단

   2000, 강화내가면 오상리 고인돌 무덤 발굴조사 현장설명회 자료

   2002, 강화 오상리 지석묘 발굴 및 복원보고서

이경성

   1959, 인천의 선사유적유물 조사개요, 이대사원 1

   1973, 석기시대의 인천, 기전문화연구 4

인천광역시 교육과학연구원

1997, 인천지역의 선사문화

육군사관학교 화랑대연구소

2003, 강화군 화도돈대 발굴조사 현장설명회 자료

인천광역시립박물관

1994, 영종 · 용유지역 문화유적 지표조사보고서

1996, 인천광역시립박물관 도록

2003, 강화의 고려고분 지표조사보고서

2004, 강화 창후리 청소년 유스호스텔부지 내 문화유적 시굴조사

2004, 강화 교동 대룡리유적 발굴조사 지도위원회 자료

인천직할시사편찬위원회

1993, 인천시사

인하대학교박물관

1999, 인천지역 유적, 유물지명표 (I)

2000, 강화석릉 주변 고려고분군 정밀지표조사 지도위원회 자료

2000, 강화지역의 선사유적 · 유물-인천지역 유적 · 유물지망표
(II)-

2000, 인천 문학경기장 내 청동기 유적 발굴조사 현장설명회 자료

2002, 문학산의 역사와 문화유적

최몽룡

1967, 소야도 소재 신발견의 패총과 출토유물, 한국고고 2

1998, 도시 · 문명 · 국가, 서울대학교 출판부

1997, 청동기 · 철기문화, 한국사 3

1997, 한국고대국가형성론, 서울대학 교출판부

최몽룡외

1982, 백령, 연평도의 즐문토기 유적, 한국문화 3

1999, 덕적군도의 고고학적 조사연구, 서울대학교 박물관

최몽룡

2000, 흙과 인류, 주류성

최몽룡 · 김선우

2000, 한국지석묘 연구 이론과 방법, 주류성

최몽룡 · 김경택 · 홍형우

2004, 동북아 청동기문화연구, 주류성

최몽룡 · 김경택

2005, 한성시대 백제와 마한, 주류성

한국문화재보호재단

2002, 인천 검단 2지구 1 · 2구역 문화유적 시굴조사-지도위원회 자료

2003, 인천 검단 2지구 2구역 문화유적 발굴조사-지도위원회 자료-

2003, 인천 불로지구 3구역 문화유적 시굴조사-지도위원회 자료-

2003, 인천 불로지구 문화유적 시굴조사-지도위원회 자료-

2003, 인천 원당지구 4구역 문화유적 발굴조사-4차 지도위원회 자료-

2004, 인천 원당지구 4구역 문화유적 발굴조사-6차 지도위원회 자료-

2004, 인천 원당지구 4구역 구석기 유적 발굴조사 지도위원회 자료

2004, 인천 동양택지개발사업지구(1지구) 문화유적 발굴조사 지도위원회 자료

한림대학교 박물관

2006, 춘천 천전리 121-16번지 내 문화유적 발굴조사 지도위원회
     자료집

한병삼

  1970, 시도패총, 국립박물관

한양대학교 박물관

  1999, 영종도 문화유적

한영희 · 안승모 외

  1983, 서해도서지방의 지표조사(1), 중도 4

지건길 · 안승모

  1984, 서해도서지방의 지표조사(2) 중도 5

和田雄治

  1914, 朝鮮의 先史時代 遺物에 대하여, 考古學雜誌 4-5.

鳥居龍藏

  1916, 平安南道黃海道古蹟調査報告, 大正五年度 古蹟調査報告

7. 최근 경기도에서 발굴·조사된 고구려 유적과 그 역사적 맥락

　한강은 양평군 양수리를 기점으로 북한강과 남한강으로 나누어진다. 한강과 임진강을 포함하고 있는 경기도는 한국고고학 편년상 철기시대 전기(기원전 400년~기원전 1년) 중에 나타나는 한국 최초의 국가이며 역사시대의 시작이 되는 衛滿朝鮮(기원전 194년~기원전 108년)부터 한반도에 있어서 중요한 무대가 된다. 특히 그 다음의 삼국시대가 되면 父子之間의 나라로 알려진 高句麗와 百濟의 각축전이 전개된다. 이는 고구려에서는 가장 강성한 왕인 19대 광개토왕(서기 391년~413년)과 20대 장수왕(서기 413년~491년), 그리고 백제는 13대 근초고왕(서기 346~375년) 때의 일이다. 이러한 관계는 서기 551~553년 신라의 24대 진흥왕(서기 540년~576년)이 한강유역에 진출할 때까지 지속된다. 그래서 경기도에는 백제, 고구려와 신라의 유적이 많이 남아 있으며 그 유적들도 이러한 역사적 맥락에서 살펴보아야 된다.

　三國史記에 의하면 2대 瑠璃王(기원전 19년~서기 18년 재위)은 22년 서기 3년 고구려 초대 東明王(기원전 37년~기원전 19년 재위)이 기원전 37년 세운 최초의 도읍지인 卒本/桓仁(五女山城, 下古城子, 紇

升骨城 등이 초기 도읍지와 관련된 지명임)에서 集安(輯安)으로 옮겨 國內城을 축조하고, 10대 山上王 2년(서기 197년~227년 재위) 서기 198년에 丸都山城을 쌓고 있다. 중국 문물연구소는 길림성 문물연구소와 함께 2004년 6월 29일 江蘇省 蘇州에서 열리는 28차 국제기념물유적협의회(ICOMOS)에 세계문화유산(WHC)으로 등재(2004년 7월 1일 등재됨)하기 위해 丸都山城(南甕門, 瞭望臺와 宮址 등), 國內城, 五女山城, 太王陵, 將軍塚과 五盔墳 등 43건을 발굴ㆍ정비하였다(북한은 같은날 평양 동명왕릉, 진파리 고분 15기, 호남리 사신총, 강서 삼묘 등 모두 고분 97기를 등재함). 그 결과 太王陵을 19대 廣開土王(서기 391년~413년 재위)의 무덤으로 추정하고 있다. 다시 말해 중국 측의 발굴조사는 삼국사기의 기록을 따라 유적을 설명해 나가고 있다. 기원전 37년에 세운 고구려 건국을 그대로 인정하고 있다. 서기 371년 백제 13대 近肖古王(서기 346년~375년 재위) 때 평양에서 벌린 전투에서 16대 故國原王(서기 331년~371년 재위)이 전사한다. 또 20대 長壽王(서기 413년~491년 재위) 서기 427년 평양으로 천도한다. 그리고 21대 蓋鹵王(서기 455년~475년 재위) 서기 475년 한성시대의 백제(기원전 18년~서기 475년)는 고구려에 의해 망하고 22대 文周王(서기 475년~477년 재위)이 공주로 천도한다. 여기에 高句麗, 百濟와 新羅는 신화와 역사적 사건으로 서로 얽혀 있다. 그러나 한국고대사에서는 백제와 신라의 초기 역사를 인정하지 않고 있다. 그래서 삼국시대 초기에 대한 기본적인 서술은 通時的, 進化論的과 歷史的 脈絡을 고려해야 한다. 이것이 오늘날 경기도에 소재하고 있는 유적들을 통해 고구려와 백제ㆍ신라와의 관계를 연구하는 첫 번째의 중요한 연구방향이자 목적이 된다.

필자는 청동기, 철기시대 전기와 후기(삼국시대 전기)의 고고학과 고대사의 흐름의 일관성에 무척 관심을 가져 몇 편의 글을 발표한 바 있다. 1988년~2004년의 제5·6·7차 고등학교 국사교과서에서부터 1997년~2002년 국사편찬위원회에서 간행한 한국사 1, 3과 4권에 이르기까지 초기 철기시대와 원삼국시대란 용어를 제외한 새로운 편년을 설정해 사용해오고 있다. 한국고고학 편년은 구석기시대-신석기시대-청동기시대(기원전 2000년~기원전 400년)-철기시대 전기(기원전 400년~기원전 1년)-철기시대 후기(삼국시대전기 또는 삼한시대 : 서기 1년~서기 300년)-삼국시대 후기(서기 300년~서기 660/668년)로 설정된다. 이러한 편년에 따르면 고구려사의 초기는 삼국시대 전기에 속한다. 그러나 한국의 역사고고학 시작은 衛滿朝鮮(기원전 194년~기원전 108년) 때 부터이다. 그중 철기시대 전기에 속하는 기원전 400년에서 기원전 1년까지의 약 400년의 기간은 한국고고학과 고대사에 있어서 매우 복잡하다. 이 시기에는 한국고대사에 있어서 중국의 영향을 받아 漢字를 알게 되고 국가가 형성되는 등 역사시대가 시작되고있다. 청동기시대에 도시·문명·국가가 발생하는 전 세계적인 추세에 비추어 우리나라에서는 국가가 이보다 늦은 철기시대 전기에 나타난다. 위만조선은 漢나라 7대 武帝(기원전 141년~기원전 87년)가 보낸 원정군에 의해 망한다. 이때는 사기의 저자인 사마천의 나이 37세이다. 그의 기록에 의하면 평양 근처의 왕검성에 자리하던 위만조선이 문헌상에 뚜렷이 나타나는 한국 최초의 고대국가를 형성하고 있었다. 위만 조선은 위만-이름을 알 수 없는 아들-손자 右渠-太子 長을 거치는 4대 87년간 존속하다가 중국 한나라에 의해 망한다. 그리고 樂浪, 臨屯, 玄菟(이상 기원전 108년 설치)와 眞番(기원전 107년 설치)의 한사군이 들어서는데, 오늘날 평양 낙랑구역에 樂浪이, 그리고 황해도와 경기도 북부에 帶方(처음 낙랑군에 속하다가 獻帝 建

安 서기 196년~220년간에 대방군이 됨)이 위치한다. 이들은 기원전 3~2세기경부터 존재하고 있던 마한과 기원전 18년 마한의 바탕 위에 나라가 선 백제, 그리고 동쪽의 東穢, 남쪽의 辰韓과 弁韓에 막대한 영향을 끼치었다.

문헌상 보이는 백제의 특징은 부여 또는 고구려로부터 이주한 정권으로서 나름대로 정통성을 확보해 나가는 동시에 주위 마한(馬韓王 또는 西韓王이 통치)에 대한 정복을 강화하여서 조금씩 세력을 확장해 간다. 그들의 세력확장은 고고학적으로 보이는 산성이나 고분을 통해서 알 수 있다. 백제의 건국자는 朱蒙(高朱蒙/東明聖王)의 셋째 아들인 溫祚(기원전 18년~서기 28년 재위)이다. 그는 아버지인 주몽을 찾아 부여에서 내려온 유리왕자(고구려의 제2대왕) 존재에 신분의 위협을 느껴 漢 成帝 鴻嘉 3년(기원전 18년) 형인 沸流와 함께 남하하여 하북위례성(현 중랑천 근처이며, 온조왕 14년, 기원전 5년에 옮긴 하남위례성은 강동구에 위치한 몽촌토성으로 추정됨)에 도읍을 정하고, 형인 비류는 彌鄒忽(인천)에 근거를 삼는다. 이들 형제는 삼국유사에 의하면 고구려의 건국자인 주몽의 아들로, 그리고 三國史記 百濟本紀 별전(권23)에는 그의 어머니인 召西奴가 처음 優台의 부인이었다가 나중 주몽에게 개가하기 때문에 주몽의 아들로 기록된다. 온조는 天孫인 해모수, 용왕의 딸인 하백녀(유화)의 신화적인 요소와, 알에서 태어난 주몽의 탄생과 같은 난생설화가 없이, 처음부터 朱蒙-소서노-우태라는 구체적이고 실존적인 인물들 사이에서 태어난다. 그래서 백제에는 부여나 고구려다운 건국신화나 시조신화가 없다. 이것이 백제가 어버이 나라인 고구려에 항상 열등의식을 지녀온 요소가 될 수 있을 것이다. 이 점은 온조왕 원년에 東明王廟를 세운 것이나, 백제 13대 근초고왕(346~375년)이 371년 평양으로 쳐들어가 고구려 16대 故國原王(331~371년)을 사살하지만 평양을 백제의 영토로 편입시키는 노력을 기울이지 않고 한성으로 되돌아오는 점 등에서 이해된다. 그래서 백제의 왕실은 고구려왕실에 대한 열등감의 극복과 아울러 왕실의 정통성을 부여하려고 애를 써왔던 것으로 보인다. 이와 같이 고구려와 백제는 부자지간의 나라로 신화와 문헌을 통해서 알 수 있다. 그래서 경기도 소재 고구려유적의 발굴 · 조사의 두 번째 중요성은 고구려와 백제의 역사적 맥락을 알 수 있게 해준다는 것이다.

한성시대 백제의 대표적인 묘제는, 적석총, 토광묘, 옹관묘, 석곽묘와 석실분 등으로 나눌 수 있다. 적석총은 고구려 이주세력의 분묘로 보이며, 초기 백제의 지배세력이 사용한 것으로 보인다. 적석총은 크게 무기단식 적석총과 기단식 적석총으로 대별된다. 한강지역의 적석총에서는 무기단식이 보이지 않는데, 이것은 기단식을 축조할 때 남하해왔거나, 아니면 하천 근처에 있던 무기단식 적석총이 모두 물에 의해서 없어진 때문으로 보인다. 石村洞 古墳群(사적 243호)이 있는 석촌동에는 백제시대의 대형 적석총 7기와 함께 토광묘, 옹관묘 등이 30여 기 이상 확인되었다. 고구려의 영향인 돌무지무덤이 석촌동에 산재한다는 것은 고구려와 문화적으로 한성백제의 건국세력과 밀접한 관계에 있었음을 보여준다. 또 이 고분군 지역에는 3, 4호분과 같은 대형분 이외에도 소형의 토광묘와 같은 평민이나 일반 관리들의 것도 섞여 있으며, 서로 시기를 달리하면서 중복되게 형성된 것도 있어서 석촌동 일대에는 오랜 기간 동안 다양한 계급의 사람의 묘지가 쓰여진 것으로 보여진다. 이는 백제가 기원전 18년 앞서 살고 있던 마한의 기반 위에 건국하고 있기 때문이다. 다시 말해 여기에는 기원전 18년 건국한 백제에 앞서 마한이 존재했으며 백제인은 그들 토착세력과 공존해 살았기 때문에 여러 가지 묘제가 혼재하고 있는 것으로 보여진다. 백제 건국 전부터 있어왔던 토광묘가 후일 석곽묘로 발전해 나간다든지, 석곽묘·석실묘의 기원과 그들의 선후관계를 밝히는 것은 앞으로 풀어야할 고고학계의 과제이다. 아마도 이들 묘제의 변화는 한성시대 백제의 성장에 따른 토착세력인 마한의 축소와 관련이 있으며, 그 시작은 13대 근초고왕이 서기 369년 천안 용원리를 중심으로 하는 目支國으로 대표되는 마한세력을 토벌하고, 마한의 중심세력이 공주 의당면 수촌리나 익산 영등동 쪽으로 옮겨가는 것과 무관하지 않다. 마지막의 마한의 목지국은 나주 반남면 대안리·덕산리·신촌리(사적 76·77·78호)와 복암리(사적 404호) 일대에 위치하게되며, 그 멸망 연대는 서기 5세기 말이나 6세기 초가 된다. 이는 나주 금천면 신가리 당가 窯址에서 확인된다.

석촌동에서 제일 거대한 3호분은 긴 변 45.5m, 짧은 변 43.7m, 높이 4.5m의 규모로 형태는 방형 기단형식의 돌무덤이다. 계단은 3단까지 확인되었으며, 그 시기는 3세기 중엽에서 4세기에 축조된 것으로 보인다. 1975년 조사된 4호분은 한 변이 23~24m의 정방형으로 초층을 1면 세 개 미만의 護石(받침돌 , 보강제 등의 명칭)으로 받쳐놓아 將軍塚과 같은 고구려의 계단식 적석총 축조수법과 유사하다(신라의 경우 31대 신문왕릉〈사적 181호〉과 33대 성덕왕릉〈사적 28호〉에서 이와 같은 호석들이 보인다). 그러나 그 연대는 3호분과 비슷하거나 약간 늦은 것으로 추측된다. 왜냐하면 적석총보다 앞선 시기부터 존재했을 토광묘와 판축기법을 가미하여 축조했기 때문에 순수 고구려 양식에서 약간 벗어난 모습을 보여주기 때문이다. 그래도 발굴 당시 사적 11호 풍납토성의 경당지구에서 출토된 것과 같은 漢-樂浪 계통으로 보이는 기와 편이 많이 수습되었다. 이는 集安의 太王陵, 將軍塚과 千秋塚 등의 석실이 있는 계단식 적석총의 상부에서 발견된 건물터나 건물의 지붕에 얹은 기와 편들로 부터 구조상 상당한 유사점을 찾을 수 있다. 즉 고구려의 적석총은 무덤(墓)인 동시에 제사를 지낼 수 있는 廟의 기능인 享堂의 구조를 무덤의 상부에 가지고 있었다. 이런 점에서 연도가 있는 석실·석곽을 가진 석촌동 4호분 적석총도 축조 연대만 문제가 될 뿐 고구려의 적석총과 같은 기능을 가지고 있었던 고구려 계통의 무덤 양식인 것이다. 1987년에 조사된 1호분의 경우 왕릉급의 대형 쌍분임이 확인되었다. 그 쌍분 전통은 압록강 유역의 환인현 고력묘자촌에 보이는 이음식 돌무지무덤과 연결되고 있어 백제 지배세력이 고구려와 관계가 깊다는 것에 또 하나의 증거를 보태준다. 자강도 시중군 로남리, 집안 양민과 하치 등지의 고구려 초기의 무기단식 적석총과 그 다음에 나타나는 집안 통구 禹山下, 환도산성하 洞溝와 자강도 자성군 서해리 등지의 기단식 적석총들은 서울 석촌동 뿐만 아니라 남한강 및 북한강 유역에서 많이 발견되고 있다. 남한강 상류에는 평창군 여만리와 응암리, 제천시 양평리와 도화리 등에서 발견된 바 있으며, 북한강 상류에서는 화천군 간척리와, 춘성군 천전리, 춘천 중도에서도 보고되었다. 또한 경기도 연천군 삼곶리를 비롯해, 군남리와 학곡리에서도 백제시대의 초기 적석총이 발견되었다. 임진강변인 연천 중면 횡산리에서도 적석총이 발견되었다는 것은 백제 적석총이 북에서 남하했다는 설을 재삼 확인시켜주는 것이며, 아울러 백제 적석총에 대한 많은 시사를 한다고 볼 수 있다. 그러나 고구려인이 남한강을 따라 남하하면서 만든 것으로 추측되는 단양군 영춘면 사지원리〈傳 溫達 (?-서기 590년 영양왕 1년) 장군묘〉의 적석총이 2001년 11월 한양대학교 박물관에 의해 발굴되었는데 이것은 山淸에 소재한 가야의 마지막 왕인 仇衡王陵(사적 214호)의 기단식 적석구조와 같이 편년이나 계통에 대한 아직 학계의 정확한 고증을 받지 못하고 있다. 그러나 한강유역의 각지에 퍼져있는 적석총의 분포상황으로 볼 때 고구려에서 나타나는 무기단식, 기단식과 계단식 적석총이 모두 나오고 있다. 이들은 당시 백제는 [三國史記] 溫祚王代(13년, 기원전 6년)의 기록에서 보이는 바와 같이 동으로는 走壤(춘천), 남으로는 熊川(안성천), 북으로는 浿河(예성강)에까지 세력을 확보하고 있었음을 확인시켜준다. 이와 같이 한강유역에 분포한 백제 초기의 적석총들은 이러한 백제초기의 영역을 알려주는 고고학적 자료의 하나이며, 이는 오히려 문헌의 기록을 보충해 주고 있다 하겠다. 고구려와 백제간의 역사적 맥락 및 계승성이 적석총으로 확인된다. 고구려의 적석총이 백제건국의 주체가 된다는 점은 고고학 자료를 통해본 고구려 연구의 세 번째 중요성이 된다.

백제는 기원전 3~2세기에 성립한 앞선 馬韓의 바탕 위에서 성립한다. 그래서 백제 초기의 문화적 양상은 마한의 것과 그리 크게 다르지 않다. 그리고 백제의 건국은 삼국사기의 백제기록대로 기원전 18년으로 보아야 한다. 한강유역에서 마한으로부터 할양 받은 조그만 영역에서 출발한 백제가 강성해져 영역을 확장해 나가자 대신 마한은 그 범위가 축소되어 직산, 성환과 천안 용원리 일대(서기 369년 백제 근초고왕에 의해 점령당함)-공주 · 익산-나주로 그 중심지가 이동이 됨을 볼 수 있다. 백제를 포함한 삼국사기의 초기 기록을 인정해야만 현재의 한국고대사가 쉽게 풀려나갈 수 있다. 이는 최근 문제가 되는 고구려 초기 역사와 신라·백제와의 맥락에서 살펴볼 수 있다. 그리고 한성시대 백제(기원 18년~서기 475년)에도 석성이 존재해 있었으며 이는 하남시 이성산성(사적 422호), 이천 설봉산성(사적 423호), 설성산성(경기도 기념물 76호, 4차 조사시의 가속기질량분석(AMS)은 서기 370년~410년 사이의 축조임을 알려줌)과 안성 죽주산성(경기도 기념물 69호)과 망이산성(경기도 기념물 138호, 현재까지의 조사로는 토성만이 백제의 것으로 확인됨)에서 볼 수 있다. 백제 석성 축조의 기원은 13대 근초고왕이 서기 371년 평양에서 벌인 고국원왕과의 전투에서부터로 볼 수 있다. 이는 고구려의 國內城과 丸都山城에서 영향을 받아 만들었을 것이다. 고구려는 2대 유리왕 서기 3년에 집안의 國內城을 축조하고 10대 산상왕 서기 198년에 丸都山城을 쌓고 있다. 2001년 충북대학교 박물관에 의해 발굴된 청주 부용면 부강리 남산골 산성의 발굴의 결과 고구려 군에 의한 함락이 서기 475년으로 그 하한이 되는 점도 이러한 역사적 맥락을 잘 보여준다. 방사성탄소(C14)연대는 서기 340~370년과 서기 470~490년의 두 시기로 나온다. 이 남산골산성은 청주 井北洞土城(사적 415호 ; 서기 130~260년경 축조)과 같이 아마도 마한시대의 초축으로 후일 백제의 성이 되었다가 475년경 고구려군에 함락 당한 것으로 여겨진다. 한성시대 백제의 영역에 속하는 지역에서의 백제성은 포천 반월성(사적 403호), 연천 호로고루성(사적 467호)과 연기 운주성 등이 있다. 瓠蘆古壘城은 발굴결과 처음에는 백제시대의 판축으로 이루어진 토성으로 그 후 고구려의 석성으로 대체되었던 것으로 보인다. 이는 연천군 전곡읍 은대리 토성(사적 469호)이 원래 백제의 토성이었는데 475년경 고구려군의 침입으로 고구려 석성으로 바뀐 것과 역사적 맥락을 함께 한다. 그리고 최근 조사된 연천(漣川) 당포성(堂浦城, 사적 468호) 동벽도 역시 백제의 판축된 토성을 이용하여 고구려성을 쌓은 것으로 확인되었다. 이것은 서기 475년경 고구려군의 남하와 백제성의 점령과도 관련이 있을 것이다. 이들은 13대 근초고왕의 북진정책과 19대 광개토왕과 20대 장수왕의 남하정책과 관련이 있다. 그리고 이들 모두 한성시대의 백제가 망하는 서기 475년경 전후의 역사적인 맥락을 알려주는 중요한 유적이다. 파주 주월리(육계토성 내, 서기 260~400년, 서기 240~425년)와 포천 자작리의 백제시대 집자리의 존재는 이들을 입증해준다. 한성시대의 백제의 영역은 근초고왕 때가 가장 강성했으며 그 영역도 여주 연양리와 하거리, 진천 석장리, 삼용리(사적 344호)와 산수리(사적 325호)를 넘어 원주 법천리에 이르며 강원도 문화재연구소가 발굴했던 춘천 거두리와 홍천 하화계리까지 이르는 것으로 알려지고 있다. 또 충남 연기 운주산성의 경우 이제까지 통일신라시대의 성으로 추정되었으나 발굴결과 백제시대의 초축인 석성으로 밝혀지고 있다. 백제시대의의 석성으로는 하남시 이성산성(사적 422호), 이천 설봉산성(사적 423호), 설성산성(경기도 기념물 76호), 안성 죽주산성(경기도 기념물 69호), 평택 자미산성, 그리고 충주의 장미산성(사적 400호) 등이 알려져 있어 서로 비교가 된다. 그리고 2002~3년에 걸쳐 경기도박물관에 의해 파주 월롱산성, 의왕시 모락산성과, 고양시 법곶동 멱절산성 유적 등이 조사되었다. 그리고 당시 무역항구나 대외창구의 하나로 여겨진 화성 장안3리나 멀리 광양 마노산성(전라남도 기념물 173호)에서도 고구려 유물이 발견되거나, 그 영향이 확인된다. 최근 새로이 발견된 유적들로 서울 근교의 삼성동토성, 아차산성(사적 234호), 광동리, 태봉산, 도락산, 불곡산, 수락산, 국사봉, 망우산, 용마산, 아차산, 홍련봉, 구의동, 자양동, 시루봉 보루 등을 들 수 있으며, 이들을 통해 하성시대 백제의 멸망 당시 고구려의 남하한 육로를 알 수 있다. 아차산성의 경우 1996년 보수시 석성과 함께 보축시설이 새로이 발견되었다. 석성의 연대는 삼국시대로 그리고 보축은 통일신라시대에 이루어진 것으로 추정되었다. 이곳은 삼국시대부터 전략적으로 매우 중요한 지역으로 신라가 삼국을 통일한 이후에도 이곳을 보축해 전략적 요충지로 삼았던 것으로 보인다. 앞으로 백제 초기부터 통일신라시대에 이르는 역사적 맥락을 이곳에서 찾는 작업이 필요하다. 다시 말해 송파구 일대의 지역은 백제 초기에는 수도로서, 삼국시대 중기 이후에는 삼국의 한강유역 확보를 위한 쟁탈의 장으로서 한성시대의 백제를 연구하는데 빼놓아서는 안될 곳이다. 그리고 이 시기의 유적 또는 성벽의 발굴시 그 유적이 속하는 한 시기·시대에 편중해 연구하지 말고 역사적 맥락 속에서 유기체적인 해석이 선행되어야한다. 이는 앞시대에 만들어진 성내 건물지나 성벽 등 유구에 대한 철저한 파괴, 개축과 보수 등을 고려해야하기 때문이다.

백제는 13대 근초고왕(서기 346년~375년), 고구려는 19대 광개토왕(서기 391년~413년)과 20대 장수왕(서기 413년~491년), 그리고 신라는 24대 진흥왕(서기 540~576년 재위) 때 가장 활발한 영토확장을 꾀한다. 신라는 24대 진흥왕 12년(서기 551년) 또는 14년(서기 553년) 한강유역에 진출하여 新州를 형성한다. 백제는 근초고왕 때(서기 369년경) 천안 용원리에 있던 마한의 目支國세력을 남쪽으로 몰아내고, 북으로 평양에서 16대 고국원왕을 전사시킨다. 그 보복으로 고구려의 광개토왕-장수왕은 해로로 강화도 대룡리에 있던 것으로 추정되는 華蓋山城과 寅火里 分水嶺과 백제시대의 인천 영종도 퇴뫼재토성을 거쳐 한강과 임진강이 서로 만나는 지점인 해발 119m 길이 620m

의 퇴뫼식산성인 關彌城(坡州 烏頭山城, 사적 331호)을 접수하고, 육로로 연천 瓠蘆古壘城(사적 467호), 파주 月籠山城과 德津山城을 거쳐 임진강과 한강을 관장하고 계속 남하하여 하남 二聖山城(사적 422호)까지 다다른다. 그리고 남한강을 따라 영토를 확장하여 최후의 고구려의 남쪽 경계는 중원(충주) 고구려비(국보 205호), 정선 애산성지, 포항 냉수리, 경주 호우총(경주 호우총의 경우 國岡上廣開土地好太王壺杅十이라는 명문이 나와 고구려에서 얻어온 祭器가 부장된 것으로 보인다)에 이른다. 그리고 21대 炤知王 10년(488년) 月城(사적 16호)을 수리하고 大宮을 설치하여 궁궐을 옮긴 월성의 해자 유적에서 고구려의 기와(숫막새)와 玄武와 力士像이 양각으로 새겨져 있는 土製方鼎이 발굴되었다. 토제방정의 역사상은 순흥어숙묘에서, 현무는 427년 평양 천도후 고구려 벽화분에서 발견되는 것과 비슷하다. 고구려의 묘제 중 석실묘는 연천 신답리(방사선 탄소연대는 서기 520/535년이 나옴), 포항 냉수리와 춘천 천전리에서도 나타난다. 고구려의 영향을 받거나 고구려의 것으로 추측될지 모르는 것으로는 영풍 순흥 태장리(乙卯於宿知述干墓, 서기 499/559년, 사적 238호)와 순흥 읍내리(사적 313호) 벽화분들을 들 수 있으며, 고구려 유물이 나온 곳은 대전 월평동산성, 화성 장안 3리, 서천 봉선리와 홍천 두촌면 역내리 유적 등이 있다. 이 시기는 고구려가 가장 강하던 19대 광개토왕(서기 391~413년)과 20대 장수왕(서기 413~491년 재위) 때의 남쪽 경계선이라고 해도 무방하다. 이는 서기 4~5세기 때이다. 광개토왕과 장수왕 때 백제를 침공하기 위한 해로와 육로의 경유지를 살펴보면 선사시대 이래 형성된 通商圈(interaction sphere) 또는 貿易路와도 부합한다. 주로 바다나 강을 이용한 水運이 절대적이다. 이러한 관계는 고구려 소수림왕(서기 372년), 백제 침류왕(서기 384년)과 신라 23대 법흥왕(서기 527년) 때 정치적 기반을 굳히게 하기 위한 불교의 수용과 전파를 통해 확대된다. 백제의 불교수용 초기 절터로 하남 天王寺를 들 수 있다. 남한 내 소재하고 있는 고구려 유적의 대부분이 경기 북부지역에 집중되어 있다. 다시 말해 경기북부지역은 고구려 유적의 보고라 해도 과언이 아닐 것이다. 이 가운데 임진강과 한탄강이 지류들과 합류하는 강 안 대지에 형성된 호루고루(사적 467호), 당포성(사적 468호), 은대리성(사적 469호) 등은 모두 고구려의 남방 거점으로 활용된 중요한 성곽이었다. 이들은 모두 고구려가 남방의 신라나 백제를 견제할 목적으로 구축한 한강-임진강 유역의 고구려 관방유적군 가운데에서도 대규모에 속하는 성곽이며 광개토왕-장수왕대에 이르는 시기에 추진된 남진정책의 배후기지로 활용되었다. 유적의 보존 상태 또한 매우 양호하다. 연천 호로고루에서는 잘 보존된 성벽이 확인되었고, 남한 내에서는 그 유례를 찾을 수 없을 만큼 많은 양의 고구려 기와가 출토되어 학계의 비상한 관심을 모은 바 있다. 연천 당포성은 고구려 축성양식을 밝힐 수 있는 폭 6m, 깊이 3m의 대형 垓字를 비롯하여 동벽 상단부위에 이른바 '柱洞'들이 확인되고, 성벽에 일정한 간격으로 수직 홈이 파여져 있고 그 끝에 동그랗게 판 確돌이 연결되어 있다는 점 등에서 중요성이 부각되고 있다. 이와 같은 주동은 서울 광진구 중곡동 용마산 2보루에서도 보이고 있는 전형적인 고구려 양식이며, 전남 광양시 광양 용강리에 있는 백제의 마로산성 개거식 남문과 동문과도 비교가 된다. 이것은 앞으로 조사가 더 진행되어야 알겠지만 아마도 성문이 처음 開据式에서 이성산성 동문과 금산 백령산성(서기 597년 丁巳년 27대 威德王이 쌓음, 충남 기념물 83호)에서 보이는 것과 같은 懸門式으로 바뀌었음이 아닌가 생각된다. 그리고 남문의 성벽축조에서 고구려의 영향으로 보여지는 '삼각형고임'이나 성벽 기초부터 위로 올라갈수록 한 단계씩 뒤로 물러간는 '퇴물림' 축조수법도 나타난다. 이는 파주 덕진산성과 안성 망이산성에서도 보인다. 은대리성(사적 469호)은 본래 동벽과 북벽 단면에서 보이는 바와 같이 처음에는 백제의 판축토성 이었다가 고구려에 넘어가 석성으로 개조된 비교적 원형을 잘 보존하고 있는 성곽으로 이 일대 고구려 성곽 중에서 규모가 가장 큰 것에 속한다. 이 성은 지역 거점이거나 治所城의 성격을 가지고 있는 것으로 파악되며 경기도내에서 고구려의 통치방식을 연구할 때 제외될 수 없는 중요한 곳이라 할 수 있다. 이 점 또한 고구려 유적을 발굴조사하는 네 번째이자 마자막의 중요성이 된다.

경기도에서 발견되는 고구려 유적들은 고구려의 최남단 전진기지이자 백제와의 접경지로 고구려와 백제 양국간에 대한 역사적 맥락을 살펴 균형 있는 연구를 살릴 수 있는 곳이다. 일시적인 유행으로 남한 내 고구려 유적의 중요성만을 강조하다보면 비교적으로 상대적인 열세를 면치 못하고 있는 백제사 연구는 뒷전으로 밀리게 되어 경기도내에서 백제사 연구는 불모의 과제로 남을 수밖에 없다. 반면에 백제사만을 강조한다면 그나마 제대로 남아 있는 고구려 유적에 대한 연구의 앞날도 매우 불투명하게 될 것이다. 요컨대 고구려 유적의 연구는 초기 백제의 중심지인 경기도의 특색을 살려 진행되어야 한다. 이를 배제시킨 고구려 편향의 조사 연구결과는 불완전해질 수밖에 없는 것이다. 최근 경기도에서 조사된 고구려 유적들을 통하여 위만조선, 낙랑과 고구려, 그리고 마한과 백제와의 역사적 관계와 맥락을 좀더 신중히 고려하여 균형있는 연구가 필요할 때가 되었다는 것이다. 다시말하여 임진강과 남한강 유역에 만들어진 고구려의 유적의 주대상(主敵)이 원삼국시대가 아닌 역사상의 실체인 백제와 신라임이기 때문이다. 그중 고구려와 백제간의 끈임없는 역사는 장수왕과 개로왕사이에 일어난 한성시대 백제의 멸망으로 이어졌고, 그해가 서기 475년이었다.

참·고·문·헌

강동석·이희인

　　2002, 강화도 교동 대룡리 패총, 임진강 유역의 고대사회, 인하대학교 박물관

강원문화재연구소

　　2003, 국도 44호선(구성포-어론간) 도로확장구간 내 철정·역내리 유적

　　2004, 천전리 유적

경기문화재단

　　2003, 경기도의 성곽, 기전문화예술총서 13

경기도박물관

　　1999, 파주 주월리 유적

　　2003, 월롱산성

　　2003, 고양 멱절산 유적 발굴조사

　　2004, 포천 자작리 유적 II -시굴조사보고서-

　　2005, 파주 육계토성 시굴조사 지도위원회자료

광진구

　　1998, 아차산성 '96 보수구간 내 실측 및 수습발굴조사보고서

고려대학교 고고환경연구소

2005, 홍련봉 2보루 1차 발굴조사 약보고

2005, 아차산 3보루 1차 발굴조사 약보고

고려대학교 매장문화재연구소

2004, 홍련봉 1보루 2차 발굴조사 약보고

국립경주문화재연구소

2006, 월성해자

국립중앙박물관

2000, 원주 법천리 고분군 -제2차 학술발굴조사-

2000, 원주 법천리 I (고적조사보고 31책)

기전문화재연구원

2002, 연천 학곡제 개수공사지역 내 학곡리 적석총 발굴조사

단국대학교 매장문화재연구소

2001, 포천 고모리산성지표조사 완료약보고서 및 보고서(총서 11
책)

2002~5, 이천 설성산성 2~4차 발굴조사 지도위원회자료집

2001, 안성 죽주산성 지표 및 발굴조사 완료 약보고서

2001, 포천 반월산성 5차 발굴조사보고서

2003, 연천 은대리성 지표 및 발굴조사 지도위원회자료집

2003, 이천 설봉산성 4차 발굴조사 지도위원회자료집

2004, 평택 서부관방산성 시 · 발굴조사 지도위원회자료집

2004, 안성 죽주산성 남벽 정비구간 발굴조사 지도위원회자료집

2005, 안성 망이산성 3차 발굴조사 지도위원회자료집

목포대학교 · 동신대학교 박물관

2001, 금천-시계간 국가지원 지방도 사업구간 내 문화재발굴조사
지도위원회현장설명회자료

박대재

　2005, 중국의 한국사 왜곡, 국사교과서 순환 교원연수 교재, 국사
　　　　편찬위원회

백종오

　2002, 임진강 유역 고구려 관방체계, 임진강 유역의 고대사회, 인
　　　　하대학교 박물관

　2003, 고구려와 신라기와 비교연구-경기지역 고구려성곽 출토품
　　　　을 중심으로, 백산학보 67, 백산학회

　2003, 朝鮮半島臨津江流域的高句麗關防體系硏究, 東北亞歷史與考
　　　　古信息 總第40期

　2004, 포천 성동리산성의 변천과정 검토, 선사와 고대 20, 한국고
　　　　대학회

　2004, 백제 한성기산성의 현황과 특징, 백산학보 69, 백산학회

　2004, 임진강 유역 고구려 평기와 연구, 문화사학 21, 한국문화사
　　　　학회

　2005, 고구려 기와연구, 단국대 대학원 박사학위 논문(주류성,
　　　　2006 출간 예정)

　2005, 최근 발견 경기지역 고구려 유적, 북방사논총 7

백종오 · 김병희 · 신영문

　2004, 한국성곽연구논저총람, 서경

백종오 · 신영문

　2005, 고구려 유적의 보고 : 경기도, 경기도박물관

서울대학교 박물관

　1975, 석촌동 적석총 발굴조사보고

　2000, 아차산성

2000, 아차산 제4보루

2002, 아차산 시루봉보루

2006, 용마산 2보루

서울대학교 박물관 · 경기도박물관

2000, 고구려 : 한강유역의 요새

세종대학교 박물관

2001, 하남 미사동 선사유적 주변지역 시굴조사

수원대학교 박물관

2005, 화성 장안리 유적

순천대학교 박물관

2004, 광양 마로산성 3차 발굴조사 현장설명회 자료

2005, 광양마로산성 4차 발굴조사 현장설명회 자료

2005, 광양 마노산성 I

육군사관학교 화랑대연구소 국방유적연구실

2003, 정선 애산리산성 지표조사보고서

2003, 연천 당포성 지표 및 발굴조사 지도위원회 자료집

2004, 파주 덕진산성 시굴조사 지도위원회 자료

육군사관학교 화랑대연구소 · 경기도박물관

2006, 연천 당포성 2차 발굴조사 현장설명회 자료

이종욱

2005, 고구려의 역사, 김영사

인하대학교 박물관

2000, 인천 문학경기장 내 청동기유적 발굴조사 현장설명회 자료

중원문화재연구원

2004, 충주 장미산성 발굴조사 현장설명회 자료집

차용걸

    2003, 충청지역 고구려계 유물출토 유적에 대한 소고-남성골 유
        적을 중심으로-, 호운 최근묵 교수 정년기념 간행위원회

최몽룡

    1983, 한국고대국가의 형성에 대한 일 고찰-위만조선의 예- 김철
        준교수 회갑기념 사학논총

    1985, 고고학자료를 통해본 백제 초기의 영역고찰-도성 및 영역
        문제를 중심으로 본 한성시대 백제의 성장과정, 천관우 선
        생 환력기념 한국사학 논총

    198, 고대국가성장과 무역 -위만조선의 예-, 한국고대의 국가와
        사회, 역사학회편

    1987, 한국고고학의 시대구분에 대한 약간의 제언, 최영희 교수
        회갑기념 학국사학논총

    1989, 삼국시대 전기의 전남지방문화, 성곡논총 20집

    1989, 역사고고학연구의 방향, 한국상고사 연구현황과 과제, 민음
        사

    1990, 전남지방 삼국시대 전기의 고고학연구현황, 한국고고학보
        24집

    1993, 철기시대 : 최근 15년간의 연구성과, 한국사론 23집, 국사편
        찬위원회

    1993, 한국 철기시대의 시대구분, 국사관논총 50, 국사편찬위원
        회

    1997, 청동기문화와 철기문화, 한국사 3, 국사편찬위원회

    2000, 21세기의 한국고고학 : 선사시대에서 고대국가의 형성까
        지, 한국사론 30, 국사편찬위원회

2002, 21세기의 한국고고학의 새로운 조류와 전망, 한국상고사학
　　　회 27회 학술발표대회 기조강연(4월 26일)

2002, 고고학으로 본 문화계통- 문화계통의 다원론적인 입장-, 한
　　　국사 1, 국사편찬위원회

2003, 백제도성의 변천과 문제점, 서울역사박물관 연구논문집 창
　　　간호

2003, 고고학으로 본 마한, 익산문화권 연구의 성과와 과제(16회
　　　국제학술회의, 5월 23일), 마한·백제문화연구소

2003, 한성시대의 백제와 마한, 문화재 36호

2004, 동북아 청동기시대 문화연구, 주류성

2004, 朝鮮半島の文明化 -鐵器文化와 衛滿朝鮮- 日本 國立歷史民俗
　　　博物館研究報告 119 輯

2004, 통시적으로 본 경기도의 통상권, 한국상고사학회 32회 학
　　　술발표대회기조강연 (10월 29일)

2004, 역사적 맥락에서 본 경기도 소재 고구려 유적의 중요성,경
　　　기지역 고구려 유적 정비·활용을 위한 학술토론회, 서울
　　　경기고고학회·기전문화재연구원(12월 9일)

2005, 한성시대 백제와 마한, 주류성

충남발전연구원 충남역사문화연구소

2001, 연기 운주산성 발굴조사 개략보고서

2003, 서천-공주간(6-2) 고속도로 건설구간 내 봉선리유적

충북대학교 박물관

2002, 청원 I.C.-부용간 도로확장 및 포장공사구간 충북 청원 부
　　　강리 남성골 유적

충청매장문화재연구원

2001, 대전 월평동산성

하문식 · 백종오 · 김병희

2003, 백제 한성기 모락산성에 관한 연구, 선사와 고대 18, 한국
고대학회

한국문화재보호재단

2001, 하남 천왕사지 시굴조사-지도위원회 자료-

한국토지공사 토지박물관

2001, 연천 호로고루-지도위원회자료

2001, 연천 군남제 개수공사지역 문화재 시굴조사-지도위원회 자료

2003, 연천 신답리고분

한양대학교 박물관

2000, 이성산성(제8차 발굴조사보고서)

2001, 단양 사지원리 태장이묘 발굴조사 지도위원회 자료집

2001, 이성산성(제9차 발굴조사보고서)

2002, 이성산성(제10차 발굴조사보고서)

2005, 풍납과 이성 : 한강의 백제와 신라문화 : 한양대학교 개교
66주년 기념 특별전

8. 한국의 건국신화와 龍

1. 설화

　설화(說話)란 일정한 구조를 지닌 꾸며낸 이야기를 일컫는데, 이에
는 신화, 전설 그리고 민담이 포함된다. 신화는 '종교적 교리 및 의
례의 언어적 진술'이라 정의되는데, 이는 다시 그 내용에 따라 건국,
씨족, 마을, 무속 신화의 네 가지로 분류된다(김열규 1976 : 70-74). 한
국에서는 신격을 타고난 인물이 범상(凡常)을 벗어나 과업을 성취하
는 신화와 주인공의 원향(原鄕)에 관한 이야기에서 시작하여 출생,
성장, 혼인, 즉위를 거쳐 죽음에 이르는 일련의 통과의례 과정을 다
룬 건국신화(建國神話)나 시조신화(始祖神話)를 으뜸으로 인식하여
왔다. 김열규는 무속원리에 의해 신성화된 한국의 신화들은 공통적
으로 무속신화의 중요한 속성 중의 하나인 '본풀이'(또는 본향풀이 :
바리공주 신화에서 볼 수 있음)의 요소를 지니고 있다고 보았다. 한
편 한국의 건국신화는 왕권을 신성화하는데, 이러한 건국신화들은
단순한 신화의 영역을 뛰어넘어 역사적으로 구체화된 신화와 전설의
복합체라 할 수 있다. 신화의 주인공은 인간의 한계를 뛰어넘는 능력

을 지닌 신적인 존재이며, 신화는 민족 내부에서 전승된다는 견해가 제시된 바 있다. 이 견해에 따르면 국가는 국가창건신화의 증거물에 해당하며, 만일 신화에서 이와 같은 증거물이 없다면, 그 전승은 중지되거나 민담으로 전환된다고 한다(조희웅 1983 및 이종욱, 2004).

우리나라의 상고사(上古史)를 살펴보면, 한민족이 중심이 되어 건국된 단군조선, 부여, 고구려와 신라에는 각기 고유하면서도 서로 맥이 통하는 신화가 존재한다. 그리고 백제와 고려 그리고 조선의 경우는 각기 역사적인 구체적 사실을 미화시켜 건국신화를 만들려고 노력하였다. 여기에는 우리나라 역사에 등장했던 부여, 고구려, 백제, 신라 그리고 고려와 조선의 건국신화와 시조신화에 주제로 등장한 용(龍)이 중요한 위치를 점하고 있다. 필자는 1993년 12월 국립부여박물관에서 조사한 '부여 능산리(扶餘 陵山里) 출토 국보 제287호 백제금동대향로(百濟金銅大香爐)'에 대한 새로운 해석 등을 통해 '용의 상징성'에 대한 고고학 및 신화학적 배경에 관한 연구를 진행해 왔는데, 이는 본격적인 고찰에 앞선 서설(序說) 또는 여적(餘滴)이라 할 수 있다(최몽룡 1994, 1997).

2. 우리나라의 건국신화

『삼국유사』 권(卷) 제1 기이(紀異) 제2조(條)에 따르면, 왕검조선(王儉朝鮮)은 풍사(風師)·우사(雨師)·운사(雲師)를 거느리고 지상[신단수 아래 신시(神市)]에 내려온 상제 환인(上帝 桓因)의 서자 환웅(桓雄)이 3·7일을 굴에서 지낸 후 여자가 된 웅녀(熊女)와 결혼해서 난 단군왕검(檀君王儉)이 아사달(阿斯達)에서 나라를 열면서 생겨났다. 그 해가 요제(堯帝) 즉위 후 50년경인년[庚寅年, 실제로는 정묘년(丁

巳年)] 즉, 기원전 2333년으로 『동국통감』에 의하면 당고(唐高) 무진년(戊辰年)에 해당한다. 참고로 신라 진평왕(眞平王) 50년(서기 628년) 여름에 큰 가뭄이 들자 시(市)를 옮기고 용(龍)을 그려 비가 오기를 기원했다는 기록이 있고, 이를 근거로 이시(移市)와 기우제(祈雨祭)를 하나의 연관된 과정으로 보는 견해도 있는데(金昌錫 1997 : 70), 단군신화의 우사(雨師)도 이와 연관이 있을 것으로 추측된다. 단군왕검은 평양성(平壤城)에 도읍을 정하고, 국호를 조선(朝鮮)이라 하였는데, 이후 백악산 아사달로 도읍을 옮겨 1500년 동안 나라를 다스리다가, 주 무왕[周 武王 또는 호왕(虎王)] 기묘년(기원전 1122년)에 기자조선(箕子朝鮮)이 들어서서 장당경(藏唐京)으로 도읍을 옮겼다. 단군왕검은 후일 아사달에 숨어 산신이 되었다고 하는데, 당시 그의 나이는 1,908세에 이르렀다고 한다. 지난 1993년 이래로 북한 고고학자들이 평양 근교 강동군 대박산(江東郡 大朴山) 기슭에서 소위 단군릉이 발굴되었다고 주장하고 있으나, 무덤의 위치, 연대, 묘의 구조, 인골의 연대 및 출토 유물 등 여러 부분에서 모순점이 엿보인다(최몽룡 1997 : 103-116).

북부여는 해모수(解慕漱)가 하늘에서 다섯 마리의 용을 타고 내려와 나라를 세우면서 건국된 것으로 되어 있는데, 이는 전한 선제 신작(前漢 宣帝 神爵) 3년으로 기원전 59년에 해당한다. 북부여의 시조 해모수의 가계는 해부루[解扶婁, 가엽원(迦葉原)으로 도읍을 옮겨 동부여(東夫餘)라 함], 금와(金蛙, 하늘이 점지한 개구리 같은 어린이란 의미로 해부루의 수양아들이자 태자)를 거쳐 대소(帶素)에게로 이어진다. 『삼국사기』 권1 동부여조(東夫餘條)에 따르면, 이 나라는 왕망(王莽) 15년, 즉 기원후 22년[고구려 제3대 대무신왕(大武神王) 5년]에 망한 것으로 되어 있다. 그러나 부여는 346년 연왕(燕王) 모용 황에게 망했으며[그 중심지는 장춘 동단산 남성자(長春 東団山 南城子)로 추정됨], 실제로는 고구려에 투항했던 494년까지 지속되었다. 한편 동명왕[東明王, 주몽(朱蒙), 성은 고(高)]의 고구려 건국에는 대개 세 가지 설화가 전해지고 있는데 이들 설화는 다음과 같이 요약될 수 있다. 주몽은 북부여의 건국자인 천제의 아들 해모수와 용왕의 딸인 하백녀[河伯女, 유화(柳花)] 사이에서 나온 알에서 나왔는데[난생(卵生)], 그 해는 한(漢) 신작(神爵) 4년, 즉 기원전 58년이다. 따라서 그는 해모수의 아들인 해부루와는 이모형제간(異母兄弟間)이 된다. 금와의 태자인 대소와 사이가 좋지 않았던 주몽은 졸본주[卒本州, 졸본부여, 홀본골성(忽本骨城), 현재 오녀산성으로 추정됨]로 가 나라를 세웠는데, 이규보(李奎報)의 『동국이상국집』(東國李相國集) 동명왕편(東明王篇)에 의하면, 그 해는 한(漢) 원제(元帝) 12년, 즉 기원전 37년(최근 북한 학자들은 고구려의 건국연대를 기원전 277년으로 잡고, 그 이전 단계를 '구려'로 보고 있다)으로 당시 주몽의 나이는 21세였다. 주몽이 부여에 있을 때 예(禮)씨 부인으로부터 얻은 아들이 유리(瑠璃)인데, 주몽은 기원전 19년 자기 집 일곱 모난 소나무 기둥 아래[칠령칠곡(七嶺七谷)의 돌 위에 선 소나무 기둥]에서 부러진 칼을 찾아온 그에게 왕위를 물려주었다고 한다(기원전 19년~기원후 18년).

백제의 건국자는 주몽의 셋째 아들인 온조(溫祚, 기원전 18년~기원후 28년)인데, 아버지 주몽을 찾아 부여에서 내려온 왕자 유리(고구려의 제2대 왕)의 등장에 신분의 위협을 느낀 그는 한(漢) 성제(成帝) 홍가(鴻嘉) 3년(기원전 18년) 형 비류(沸流)와 함께 남하하여 하북위례성[河北慰禮城, 현 서울 중랑천(中浪川) 근처이며, 온조왕 14년(기원전 5년)에 옮긴 하남위례성(河南慰禮城)은 서울 송파구에 위치한 사적 제11호인 풍납토성(風納土城)으로 추정됨]에 도읍을 정하였다. 한편 그의 형 비류는 미추홀(彌鄒忽, 현 인천)에 정착하였다. 『삼국유사』는 이들 형제를 고구려의 건국자인 주몽[또는 추모왕(鄒牟王)]과 졸본부여왕의 둘째 딸 사이에서 태어난 아들로 전하고 있다. 그런데 같은 책 전기(典記)에 따르면, 온조는 동명왕의 셋째 아들이다. 그러나 『삼국사기』 백제본기 별전(권23)에 따르면 온조는 북부여의 두 번째 왕인 해부루의 서손(庶孫) 우태(優台)의 아들이다. 이는 그의 어머니인 소서노(召西奴)가 우태의 부인이었다가 나중에 주몽에게 개가했기 때문이라 생각된다.

일연(一然)의 『삼국유사』(충렬왕 7년, 1281년) 기이 제2 무왕조(武王條)에는 백제 제29대 법왕(法王)의 아들인 제30대 무왕[武王, 재위 600~641년, 일명 장(璋) 혹은 서동(薯童)]은 과부인 어머니가 서울 남쪽 남지(南池)에 사는 용(龍)과 통교(通交)해서 낳은 아들로 기록되어 있다. 이는 백제 왕실에서 처음으로 가계가 용과 연루된 예이다. 고려의 경우는 이승휴(李承休)의 『제왕운기』(충렬왕 13년, 1287년)에 기록된 작제건(作帝建) 설화가 있다. 이 설화에 따르면, 왕건(王建)의 할아버지 작제건은 아버지인 당(唐) 황제를 찾아 가다가 서해 용왕의 딸과 혼인해 융(隆)을 낳았는데, 융의 아들인 왕건이 고려 왕권을 창출했다. 설화에 따르면 성골장군(聖骨將軍)→송악군의 사찬(沙粲) 강충(康忠)→보육[寶育 : 양자동(養子洞)의 거사(居士), 원덕대왕(元德大王)]×보육의 형인 이제건(伊帝建)의 딸 덕주(德周)와 혼인→진의[辰義, 정화왕후(貞和王后)]×당황제[唐皇帝, 당충왕(唐忠王), 숙종(肅宗)]→작제건(作帝建)×서해용왕의 딸[용녀(龍女)]과 혼인→금성태수 융(隆)×한씨(韓氏) 부인→왕건(王建)으로 가계가 이어지며, 이에 따르면 왕건의 가계 역시 용과 관련된다.

조선왕실의 경우는 『용비어천가』(龍飛御天歌)[세종(世宗) 27년,

1445년]에 목조-익조-도조(또는 탁조)-환조-태조-태종 등 세종의 6대 할아버지를 육룡(六龍)으로 묘사하고 그들의 행적을 기록하였다. 왕조 초기 피로 얼룩진 개국 상황을 덕을 쌓아 하늘의 명을 받아 나라를 열었다는 식으로 합리화시킨 것으로 이해되는데, 조선 역시 그 가계를 용과 관련시키고 있다.

한편 학계에서 위서(僞書)로 보고 있는 『환단고기』(桓檀古記, 桂延壽 1911)에는 직접적으로 용과 관련되지는 않지만 신라의 건국에 대한 이야기가 수록되어 있다. 같은 책의 고구려국 본기(高句麗國本紀)에 따르면 신라의 시조 혁거세(赫居世)는 선도산(仙桃山) 성모(聖母)의 아들인데 부여제실(扶餘帝室)의 딸 파소(婆蘇)가 남편 없이 임신을 하여 남들의 의심을 받게 되자 눈수(嫩水)에서 동옥저(東沃沮)를 거쳐 배를 타고 진한(辰韓)의 내을촌(奈乙村)에 이르렀다. 그 곳에서 소벌도리(蘇伐都利)의 양육 하에 지내다가 13세에 이르러 서라벌에 도읍을 정하고 사로(斯盧)라는 나라를 세웠다. 이에 근거하여 혁거세를 도래신(渡來神)으로 보고 부여(夫餘)-동옥저(東沃沮)-형산강구(兄山江口)로 온 경로를 추정한 연구도 있었다. 이는 혁거세가 서술성모(西述聖母)가 낳은 아이라는 『삼국유사』 기록에 근거하여 파소(婆蘇) = 서술(西述)로 보고 혁거세가 출현할 때 나정(蘿井, 사적 245호), 옆에 있던 백마를 북방계의 기마민족(騎馬民族)과 연결시켜 주몽신화와 같은 계열로 보는 입장이라 하겠다(尹徹重 1996 : 251).

박혁거세는 유이민 세력과 토착세력 사이의 일정한 관계 속에서 국가를 형성하고 임금이 된 것으로 여겨진다(최광식 1997 : 16). 나정의 발굴 결과 철기시대 전기 말(기원전 1세기경)의 수원 고색동, 파주 탄현, 갈현리 등지의 점토대토기 유적에서 나오는 대각(台脚)에 굵은 두형(豆形)도 보이는 점토대토기 문화의 바탕 위에 신라가 건국했으며, 또 실제 그곳에는 박혁거세의 신당(神堂), 또는 서술성모의 신궁이 팔각(八角)형태의 건물로 지어져 있었음으로 신라의 개국연대가 기원전 57년이라는 것도 새로이 믿을 수 있게 되었다. 신화에 가려져 있는 신라 초기의 역사가 점차 역사적 사실로 받아들여지고 있다. 그러나 박혁거세의 부인이 된 알영(閼英)은 사량리(沙梁里) 알영정[閼英井, 사적 172호 오능(五陵) 내]에 나타난 계룡(鷄龍)의 옆구리에서 나온 동녀(童女)라 전해지고 있다. 비록 부인의 경우이기는 하지만, 신라 역시 용과 관련을 맺고 있음이 주목된다. 따라서 신화상으로 볼 때 신라도 고구려 및 백제와 같은 계통이라는 추정이 가능하지만, 이는 앞으로 학계의 논증을 필요로 한다.

한편 왕계(王系)와 직접적인 관련이 있다고 이야기할 수는 없지만, 1990년대 말 국보 제224호 경회루(慶會樓) 북쪽 하향정(荷香亭) 앞바닥의 준설작업에서 오조(五爪)의 동룡(銅龍)이 발견된 바 있다. 비늘과 뿔이 달린 것으로 미루어 이 용은 교룡(蛟龍) 또는 규룡(虬龍)이라 할 수 있다. 경회루전도(慶會樓全圖)에 의하면 정학순(丁學洵)이 1867년 경회루 중건 후 화재를 방지하기 위해 고종(高宗, 조선 제26대 왕, 1852~1919년)의 명을 받들어 구리로 만든 용 두 마리를 넣었다고 한다. 또 신라 제30대 문무대왕(文武大王, 661~681년 재위)의 호국원찰(護國願刹)로 추정되는 감은사(感恩寺) 동쪽 삼층석탑(三層石塔, 국보 제112호)에서 나온 사리기(舍利器)의 지붕 네 모서리에는 용 네 마리가 장식되어 있다(서쪽 삼층석탑에서 나온 사리함 일괄유물은 이미 보물 제366호로 지정되어 있었다). 이들은 죽어 동해의 용이 되어 왜구를 막겠다는 문무왕의 발원(發願)과 무관하지 않다. 전자는 조선조의 고종과 후자는 통일의 과업을 이룩한 문무왕 왕가(王家)와 연관되어 있다.

3. 부여 능산리 출토 백제금동대향로(百濟金銅大香爐)

1993년 12월 22일 부여 능산리(陵山里) 고분군(사적 제14호)과 나성 (羅城, 사적 제58호) 사이에서 확인된 공방 터라 추정되던 건물지에 서[현재 능사로 알려진 이 일대의 발굴에서 보희사(寶喜寺)·자기사 (子基寺)란 사찰 명칭이 적힌 목간(木簡)이 확인되기도 함] 백제시대 의 백제금동대향로[百濟金銅大香爐 : 처음에는 금동용봉봉래산향로 (金銅龍鳳鳳萊山香爐, 국보 287호)로 불렸으며, 일명 박산로(博山爐) 라고도 함]가 출토되어 세인의 주목을 끈 바 있다. 그리고 그 다음해 계속된 발굴에서는 당시의 다리 터와 함께 창왕(昌王) 13년명(年銘) 사리감(舍利龕)이 확인되기도 했는데, 이는 1971년 7월 국립박물관장 고(故) 김원용(金元龍) 교수에 의해 발굴된 공주 송산리(宋山里, 현 금 성동 : 고분군은 사적 제13호임) 소재 제25대 무령왕릉(武寧王陵, 송 산리 7호분) 이래 백제고고학 최대의 성과로 인식되고 있다.

전체 높이가 64cm에 이르는 이 향로는 크게 뚜껑과 몸체의 두 부분 으로 구분된다. 보다 구체적으로는 뚜껑 꼭대기의 봉황장식, 뚜껑, 몸체와 용으로 된 다리의 네 부분으로 나누어 볼 수 있다. 최상단 꼭 대기에 봉황이 장식되어 있고, 그 아래에서 봉황장식을 받치고 있는 뚜껑부에는 봉래·방장·영주의 삼신산형(三神山形)의 문양장식이 있다. 최상단에 피리, 비파, 소, 현금과 북을 연주하는 다섯 사람의 주 악상(奏樂像)이 있는데, 인물들은 모두 머리 우측으로 머리카락을 묶 어 내려뜨리고 앉아 있다. 그 밑으로 다섯 개의 산이 돌아가는데, 산 꼭대기에는 앉아 있거나 나는 새의 형상이 조각되어 있다. 뚜껑 밑의 몸체에는 연꽃 잎 문양이 삼중으로 위를 향해 있고, 그 연꽃 잎 가운 데에는 물고기, 용, 택견의 모습을 취하고 있는 어린 소년상이 양각

(陽刻)되어 있다. 그 제작연대는 표현된 여러 양식으로 미루어 보아 부여시대 또는 사비시대(538~660년)의 마지막인 7세기경으로 추정된다. 부여시대 백제의 왕으로는 성왕, 위덕왕, 혜왕, 법왕, 무왕, 의자왕의 여섯 명이 있었다. 그런데『삼국사기』백제본기 무왕(武王) 35년 기사, 즉 '… 春二月 王興寺(『三國遺事』에서는 彌勒寺로 봄)成 其寺 臨水 彩飾壯麗 王每乘舟入寺行香 …' 으로 미루어 보아 40년이 넘는 긴 재위기간 동안 많은 업적을 남겼던 무왕(武王, 600~641년) 35년, 서기 634년에 이 향로가 만들어졌을 것으로 생각된다. 그리고 이 향로가 매장된 장소가 보여주는 어수선한 정황은 나당연합군(羅唐聯合軍)에 의한 백제 멸망의 순간과 무관하지 않은 것으로 추측된다. 따라서 이 향로의 제작연대의 하한은 백제가 망하는 해인 서기 660년이 되겠다.

이제까지 하북성(河北城) 만성현(滿城縣) 능산(陵山)의 중산왕(中山王) 유승(劉勝)의 묘(전한)와 평양 석암리 9호 및 219호 등의 낙랑고분(樂浪古墳)에서 향로가 실물로 출토된 예가 있으며, 신안 앞바다에서는 14세기 원대(元代)의 청동제 박산향로가 확인된 바 있다. 이들은 향을 불살라 연기를 쐬어 냄새를 제거하거나 방충제 역할을 하는 훈로(燻爐)의 일종인데, 그중에서 뚜껑이 봉래산과 같은 산악형을 이룬 것을 박산로라 한다.

중국 전국시대(戰國時代) 말기에 출현한 박산로는 한대(漢代)에 가장 성행했으며, 이후 위진 남북조(魏晋南北朝), 당 그리고 원나라 때까지 계속 사용된 것으로 알려져 있다. 그런데 박산은 구체적인 지명이라기보다는 당시 황실이나 귀족사회에서 유행했던 도교사상의 중심이었던 신선사상에서 유래한 상상의 지명으로 여겨지는데, 이 향로에는 불교적인 색채도 보인다. 즉 향로가 향을 피우는 불구(佛具)

이며, 박산이 수미산(須彌山)을 지칭한다고 볼 때 그러하다. 이번에 발견된 향로의 몸체에 불교의 상징이라 할 수 있는 연화문[仰蓮覆瓣 蓮花文]이 새겨져 있다. 연꽃은 만물을 화생(化生)시키는 불교적인 생성관(生成觀)인 연화화생(蓮花化生)의 불교사상과 무관하지 않다(한국관광공사 1995 : 26 ; 국립청주박물관 1996). 이 향로에 장식된 문양을 통해 볼 때 백제사회에 도교와 불교사상이 깊이 침투해 있음을 알 수 있다. 기록에 의하면, 백제 15대 침류왕(枕流王) 원년(서기 384년) 진(晉)나라에서 온 호승(胡僧) 마라난타가 백제에 불교를 전래했다. 불사는 그 이듬해 한산(漢山)에서 이루어졌으며, 그 곳에 10여 명의 도승이 거주하고 있었다고 기록되어 있다. 그러나 도교에 관한 기록은 거의 없다. 최근 무령왕릉(武寧王陵)에서 발견된 매지권(買地券 : 죽어 땅속에 묻히기 전에 산주인 산신에게 땅을 사는 문권, 국보 제 163호)의 말미에 보이는 부종률령(不從律令 : 어떠한 율령에도 구속받지 않는다)이란 단어가 도교사상에서 기인한 묘지에 대해 신의 보호를 기원하는 주술적인 의미로 해석되기도 한다. 또 제13대 근초고왕이 서기 371년 고구려 고국원왕을 사살시키고 난 후 장수 막고해가 언급했던 '지족불욕(知足不辱) 지지불태(知止不殆)'라는 표현은 노자(老子)의 명여신(名與身)의 글을 그대로 인용한 것으로 당시 백제사회에 도교의 영향이 있었음이 확실하다. 이러한 견해를 수용한다면 도교가 이미 백제왕실에 전래되어 있었던 것으로 해석할 수 있겠다. 고구려 고분벽화에는 연개소문이 심취했던 도교의 신선사상의 표현이라 할 수 있는 사신도[四神圖 : 남주작(南朱雀), 북현무(北玄武), 좌청룡(左青龍), 우백호(右白虎)]가 빈번히 등장한다. 공주 송산리 6호와 부여 능산리 2호 고분 벽화에서 보이는 사신도, 부여 규암면 외리에서 발견된 반룡문전(蟠龍文塼), 봉황문전과 산수산경문전(山水山

景文塼)도 이러한 맥락에서 이해될 수 있다. 삼국 중 중국의 앞선 문물을 가장 빨리 받아들여 이를 백제화하고, 더 나아가서 일본에까지 전파시킨 백제의 문화감각으로 볼 때, 도교는 이미 상류층의 사상적 기조를 이루고 있었을 것이다.

불교와 도교의 사상이 한꺼번에 표현된 이 향로는 서왕모(西王母)가 중국 임금인 황제(黃帝)에게 바친 신물(神物)이었다는 전설과 함께 태자를 책봉할 때 봉정했던 왕통의 상징일 가능성도 이야기되고 있다. 이러한 기록은 중국의 『고금도서집성』(古今圖書集成) 권236의 고공전 노부(考工典 爐部)에서도 보인다. 여기에 표현된 용봉(龍鳳) 문양은 종교적인 것이라기보다는 오히려 왕을 상징하는 것으로 볼 수 있다. 또 연꽃 잎 가운데 새겨져 있는 문양이 아래에서부터 물고기, 용 그리고 마지막에는 택견의 자세를 취하고 있는 상투를 튼 어린 아이의 순서로 이루어져 있는 것 역시 왕 또는 왕권의 계승과 관계가 있는 것 같다. 아마도 그 어린아이는 왕세자를 표현한 것이라 짐작된다. 이제까지 백제인의 얼굴모습에 대한 자료는 별로 알려져 있지 않다. 기껏해야 양서 직공도(梁書 職貢圖)에 보이는 백제의 사신, 서산(瑞山) 마애삼존불(磨崖三尊佛, 국보 제84호)과 금동미륵보살 반가상(국보 제83호)과 부여 관북리(사적 428호) 승상(僧像) 등을 통해 백제인의 옛 모습을 추정해 볼 수 있는 정도이다. 따라서 이 향로에 나타난 어린아이의 형상은 그가 입고 있는 옷과 상투모습과 함께 앞으로 백제인의 모습 뿐만 아니라 그들의 복식까지도 알려줄 수 있는 중요한 자료가 될 것이다.

앞으로 전문가들의 견해가 나오겠지만, 몸체 아랫부분에 표현된 물고기, 용, 인간(왕세자)의 모습을 왕가의 전통 또는 태자로 이어지는 왕권계승을 상징하는 것으로 볼 수도 있다는 측면에서 새로운 가설이 나올 수도 있다. 즉, 이 향로는 왕실의 왕권계승과 왕실전통의 표현, 다시 말해 용으로 상징되는 백제왕조의 '탄생설화'에 관한 기록일 수도 있겠다(최몽룡 1998). 이러한 가설에 따른다면, 이 향로에 장식된 내용은 비록 글로 쓰인 것은 아니지만, 고구려의 건국자인 동명왕(東明王)에 대한 서사시인 이규보의 동명왕편이나 고려 태조 왕건의 서사시인 이승휴의 『제왕운기』 또는 조선건국신화인 『용비어천가』에 비견될 수 있는 백제의 건국을 노래한 서사시로 이해될 수도 있겠다.

단군신화의 후기적 형태라 볼 수 있는 주몽의 건국신화는 서기전 59년(전한 선제 5년) 다섯 마리의 용을 타고 온 동부여의 건국자 해모수와 그의 아들 해부루로부터 비롯된다. 주몽이 하백녀 유화와 천손 해모수 사이에서 나온 알에서 태어났다는 것이 그의 난생설화이다. 주몽이 동부여의 건국자인 해모수의 서자라면 주몽과 부루는 어머니가 다른 형제가 된다. 해모수와 하백녀 사이에서 나온 주몽은 해모수의 아들, 손자 그리고 증손자인 부루, 금와, 대소의 질투를 피해 졸본으로 가서 기원전 37년 고구려를 세웠고, 동부여에 있을 때 예씨 부인으로부터 얻은 아들인 유리에게 왕권을 세습했다. 그런데 주몽은 소서노(부루의 서자인 우태의 부인으로, 나중에 주몽에게 개가)에게서 온조와 비류 두 아들을 두었다. 주몽의 아들이자 고구려 제2대 왕인 유리를 피해 남하한 온조는 하북 · 하남위례성에 도읍을 정했는데, 이것이 백제의 건국이며, 그 연대는 서기전 18년이다.

백제의 건국자인 온조는 천손(天孫)인 해모수나 용왕의 딸인 유화(하백녀)와 같은 신화 속의 주인공을 배경으로 하여 등장했다기보다는 주몽, 소서노, 우태라는 복잡하고도 현실적인 관계 속에서 출현하였다. 더구나 유리왕(기원전 19년-기원후 18년)을 피해 남천하여 개국을 이루었으므로 백제는 부여나 고구려 왕실에 대한 열등감을 극복하고 백제왕통에 정통성을 부여하기 위하여 태자책봉으로 이어지는 왕권세습에 어느 왕실보다도 많은 신경을 썼으리라 짐작된다. 백제 제13대 근초고왕(近肖古王, 재위 346~375년)은 서기 371년 평양에 쳐들어가 고구려 제16대 고국원왕(故國原王, 재위 331~371년)을 사살했지만, 평양에 머물지 않고 한성으로 되돌아왔는데, 이는 고구려에 대한 백제왕실의 열등의식을 잘 나타내 주는 좋은 예이다. 따라서 신화보다는 사실에 바탕을 둔 용으로 상징되는 왕권을 계승하는 설화가 만들어지게 되었고, 그 내용이 이 향로에 구현된 것이 아닌가 여겨진다. 따라서 이 향로에 표현된 탄생설화 역시 어떤 특정인을 구체적으로 지목하기보다는 왕통의 계승을 의미하는 전통적인 백제왕실의 상징물로 구성되었으며, 이후 이 향로는 백제왕실의 신물이 되었다고 여겨진다. 그렇다면 향로의 뚜껑에 표현된 도교적인 요소는 백제왕실의 사상이나 정치적 이상향의 표현이라 볼 수도 있겠다.

최근 중국 용문석굴연구소(龍門石窟硏究所) 명예소장인 원위청(溫玉成)은 백제금동대향로가 백제왕실의 탄생설화와 관련이 있다는 입장을 밝히면서 그 향로를 백제금동천계금마산제조대향로(百濟金銅天鷄金馬山祭祖大香爐)라 바꾸어 부를 것을 주장하였는데(溫玉成 1996), 필자도 이에 공감한다. 능산리에서 발견된 이 향로가 기록에 전하지 않는 백제사와 그 문화적 공백을 상당부분 보완해 주리라 기대되는데, 이는 바로 이 향로가 지닌 값진 의미이다. 그러나 표면에 양각된 문양의 의미를 구체적으로 이해하기 위해서는 앞으로 보다 많은 시간과 노력이 필요하다.

4. 중국의 용문양(龍文樣)

중국 요령성(遼寧省) 심양(沈陽) 요령박물관(遼寧博物館)에는 용문양(龍文樣)이 장식된 유물들이 여러 점이 전시되어 있다. 요령성 사라향(沙羅鄉) 부신현(阜新縣) 사해(查海, 7600년 전), 내몽고(內蒙古) 오한기(敖漢旗) 흥륭와(興隆窪, 8000~7600년 전, 기원전 5520~4945년), 하남성(河南省) 복양현(濮陽縣) 서수파(西水波, 6500년 전), 내몽고 오한소산(敖漢小山) 신혜진(新惠鎭) 조보구(趙寶溝, 7400~6700년 전), 요령성 건평(建平) 능원현(凌源縣) 홍산(紅山) 우하량(牛河梁, 기원전 6500~5000년 전), 감숙성(甘肅省) 산서평(山西平) 묘저구(廟底溝, 5000년 전), 산서성(山西省) 양분(襄汾) 도사(陶寺, 4500년 전), 내몽고 오한기(敖漢旗) 대전자(大甸子, 4000년 전)와 하남성 언사현(偃師縣) 이리두(二里頭, 3500년 전, 기원전 1900~1500년) 등의 유적에서 표면에 용문양을 압인(押印)한 토기와 함께 저수룡(猪首龍)을 비롯한 옥매미·거북·자라·누에·옥결(玉玦)·머리상투장식(馬蹄形玉器) 등이 출토된 바 있다. 모두 요령 안산시(鞍山市) 수암옥(岫岩玉)으로 밝혀지고 있는 이들은 홍산문화(紅山文化) 시기에 이미 등장한 옥(玉)으로 상징되는 아마도 신권정치(神權政治)의 종교권력과 계급의 분화와도 밀접한 연관을 지닌다(중국 CCTV 4. 2005. 01. 31-02. 03 방영). 기원전 6000년기에 속하는 사해 유적의 경우 1986년 발굴된 토기표면에서 압인문(押印文)의 용문양이 확인되었는데, 이는 중국 최초의 용문양이다. 앙소(仰韶) 문화에 속하는 서수파 유적은 1987~1988년에 발굴되었다. 두향(頭向)이 남향인 45호 무덤의 경우 1.76m에 달하는 남성 피장자의 서쪽에는 호랑이[虎]를 동쪽에는 용의 형상을 조개껍질로 만들어 놓았다. 그 외에도 섬서(陝西) 보계(寶

鷄) 북수령(北首嶺) 유적(신석기시대) 출토의 흑회조룡도세경도병(黑繪鳥龍圖細頸陶瓶)에서도 용의 형상이 확인되었다. 한편 섬서성(陝西省) 고헌원황제교릉[古軒轅黃帝橋陵, 또는 황릉(黃陵)]은 교산용어(橋山龍馭)로, 『사기』(史記) 천관서(天官書)에는 '헌원(軒轅), 황룡체(黃龍體)' 등 용과의 관련을 명기해 놓고 있다. 홍륭와의 옥저룡에서 홍산의 C형옥(C形玉)·조룡(彫龍)에 이르는 구체적인 고고학 자료로서의 용문양에 관한 한 현재까지의 고고학적 자료는 중국이 가장 앞서는데, 그들은 이 주제를 왕과 관련시키고 있다(李西興 1994). 우리나라의 경우는 북부여의 해모수가 오룡거(五龍車)를 타고 내려와 나라를 세웠다는 기록에서 처음으로 용이 등장하는데, 그 연도가 기원전 59년임을 고려할 때 용이란 주제가 중국으로부터 왔다는 점에 있어서는 이견이 있을 수 없다.

5. 백제 시조신화의 특징

조지훈(趙芝薰)과 이동환(李東歡)을 비롯한 여러 관련 학자들이 지적한 대로 국조탄생설화(國祖誕生說話), 이주개국형(移住開國型), 난생설화, 개척국가(開拓國家), 중서자립국(衆庶子立國)과 이모형제(異母兄弟) 등의 요소들이 한국 고대신화에 공통적으로 등장한다(李東歡 1975 : 17-18). 용과 개국신화의 관점에서 볼 때 단군조선과 부여는 단절된 듯하지만 부여, 고구려 그리고 백제는 같은 맥 또는 한 핏줄을 이루면서 형성되었음을 알 수 있다. 북한은 이러한 역사적 맥락을 김일성-김정일 부자의 정치적 정통성을 확립하고 정당화시키는데 이용하고 있다. 그러나 백제의 건국자인 온조는 고구려의 경우에 보이는 천손(天孫)인 해모수, 용왕의 딸인 하백녀(유화) 등의 신화적인 요소 또는 알에서 태어난 주몽의 탄생과 같은 난생설화를 배제한 채 처음부터 주몽-소서노-우태라는 구체적이고 실존적인 인물들을 배경으로 등장하였다. 그런 연유로 백제에는 부여나 고구려다운 건국신화나 시조신화가 없는데, 이는 백제가 어버이 나라인 고구려에 항상 열등의식을 지녀온 이유가 될 수 있을 것이다. 이는 온조왕 원년의 동명왕묘(東明王廟) 건립 또는 백제 제13대 근초고왕이 371년 평양으로 쳐들어가 고구려 제16대 고국원왕을 사살하지만, 평양을 백제의 영토로 편입시키려는 노력을 기울이지 않고 한성으로 되돌아 왔던 점 등을 통해 이해될 수 있다. 다시 말해 백제 왕실은 고구려 왕실에 대한 열등감을 극복하려 노력하면서 한편으로는 왕실의 정통성을 부여하려고 애를 써왔다. 그 노력의 결과 전설적인 신화보다는 용이 왕을 상징하는 구체적인 역사적 사실에 바탕을 둔 왕권의 탄생설화가 만들어지게 된 것 같다. 중국과 한국에서 용은 물(비)이 절대적으로 필요한 농경사회를 상징하는 왕이다(李御寧 1976 : 192-193). 부여 능산리에서 발견된 백제금동봉대향로의 뚜껑과 몸체에 표현된 도교 및 불교적 문양과 용봉(또는 주작과 현무), 연화문 가운데 보이는 태자상(太子像)의 장식 등이 그러한 증거로 보인다. 후일 신화가 없어도 될 것 같은 고려나 조선에서도 『제왕운기』나 『용비어천가』를 편찬해 건국의 정신적, 이념적 틀을 꾸준히 보완했음은 역시 이러한 맥락에서 이해될 수 있겠다.

6. 후언

용문양은 중국에서 기원하였으며, 우리나라의 경우는 기원전 59년 북부여의 해모수가 나라를 열 때 다섯 마리의 용이 끄는 수레를 타고 내려왔다는 신화에 처음으로 용이라는 존재가 등장한다. 신라의 건국(기원전 57년) 이전에 혁거세의 부인이 된 알영을 낳은 계룡(鷄龍)에 대한 이야기가 등장한 시기는 해모수의 북부여 건국과 거의 비슷한 시기로 짐작된다. 따라서 이 시기를 즈음하여 용이란 존재가 중국으로부터 들어왔던 것으로 생각된다. 용 하나만을 놓고 보면 북부여-고구려-백제는 한 계통에서 갈라져 나온 것으로 추측된다. 그리고 신라의 박혁거세의 어머니인 사소[娑蘇, 또는 서술성모(西述聖母), 선도성모(仙桃聖母)]를 혁거세를 낳은 도래신(渡來神)으로 본다면, 그녀의 출자지(出自地)인 부여 또한 고구려와 백제와 같은 원향(原鄕)을 가진 셈이다. 부여 능산리 출토의 백제금동대향로는 백제왕실의 상징물로 이해되어야 하는데, 여기에는 물론 불교의 연화화생설(蓮花化生說)이나 도교의 사상이 반영되어 있다. 그러나 이 향로의 궁극적인 의미는 백제왕실의 상징물이며, 거기에 나타나는 용문양은 왕을 상징하는데, 이는 우리나라 전 시대에 걸쳐 통용된다. 앞으로 이러한 유물에 대한 연구는 고고학, 신화학 뿐만 아니라 민속학과 고대사와의 학제적 연구를 통해 이루어져야 할 것이다. 참고로 앞에서 언급된 경회루에서 발견된 동룡(銅龍)의 경우는 비록 직접적인 왕권의 실재는 확인되지 않았더라도 엄연한 한국의 문화현상의 하나로 지적되고 있다. 이는 단군신화의 우사(雨師)가 비를 주는 신, 또는 용을 의미했으며, 신라 제3대 왕 석탈해(昔脫解)는 용성국왕(龍城國王)의 아들이며, 또 신라 제49대 헌강왕대(憲康王代)의 관리로 알려진 처용(處容)이 동해용왕(東海龍王)의 아들로 이야기되는 점 역시 이런 측면에서 이해되어야 한다고 하는데(任東權 1998 : 7), 이는 용(龍)의 의미가 민속학적 입장에서도 고려되어야 함을 시사해준다.

9. 백제의 제사유적

　제사유적이란 고대부터 내려오는 신성시되거나 성역화된 장소를 지칭한다. 우리나라의 경우 거의 최근까지 제사유적이라고 부를 만한 유적이 학술적으로 발굴조사된 적은 거의 없었다. 단지 선사시대에 조성된 것들로 알려진 울주 반구대와 천전리(국보 제147호), 고령 양전동(보물 제605호), 홍해 칠포리, 포항 인비동, 영천 봉수리, 영주 가홍리, 여수 오림동과 남원 대곡리 등의 암각화 등이 제사유적일 가능성이 타진되어 왔다. 역사시대에 들어와서는 오늘날에도 지방에 많이 남아 있는 서낭당[城隍堂], 장승[長栍] 그리고 당산(堂山) 등이 제사유적에 해당한다고 알려져 왔다.

　제사유적이라 하면 국태민안(國泰民安)을 위해 국가의 신이나 조상을 제사하는 사직(社稷)이나 종묘(宗廟)의 기능은 물론 마을 주민의 무병과 안녕 또는 다산, 풍요나 풍어(豊漁)를 기원하는 기능도 함께 지니고 있다. 그리고 문헌에는 소도(蘇塗)에 대한 기록이 있는데, 소도는 철기시대 전기(기원전 400~기원전 1년) 이래 정치적 우두머리인 족장(族長)과 분리된 전문직 제사장이 다스리던 신성한 장소로 알려져 있으며, 이는 죄인의 피신처로 이용되기도 했다고 전한다.

공주 송산리 개로왕의 가묘(1988, 문화재연구소), 부안 변산반도의 죽막동(1992, 국립전주박물관), 부여 능산리의 건물지(1994, 국립부여박물관) 등의 우리나라 역사시대 유적들은 백제시대의 제사유적일 가능성이 있는 것들로 알려져 있다. 한편 제주시 용담동(1992, 제주대학교 박물관)에서 제사유적이 발굴된 바 있는데, 이는 통일신라시대 유적으로 추정되고 있다. 또 고구려시대 초기에 제사를 지내던 수신(燧神)이라고 하는 동굴유적이 확인된 바 있는데, 이는 『후한서』(後漢書)나 『삼국지』(三國志) 등의 문헌에 보이는 고구려왕이 10월 동맹(東盟)이라는 제사를 지냈던 국동대혈(國東大穴)로 알려져 있으며, 그 위치는 고구려의 옛 수도인 국내성[國內城, 지금의 집안(集安)] 동쪽이다. 또 고구려의 두 번째 도성이었던 국내성에서 약 0.5km 떨어진 곳에 위치한 평탄한 대지가 1958년 중국 길림성박물관에 의해 발굴된 바 있다. 발굴 결과에 따르면, 동대자(東臺子)로 불리는 이 유적은 사서에 의하면 고구려 중기(제19대 광개토왕 2년, 서기 392년)에 조성된 국사(國社)로서 사직과 종묘의 제사유적임이 밝혀졌다(方起東 1982).

충남 공주 송산리에서 조사된 방단계단형(方壇階段形) 무덤은 그 무덤의 형태가 서울 송파구 석촌동에서 조사된 계단식적석총의 구조와 흡사하여 한성시대 백제계 무덤으로 추측된다. 그런데 그 내부에서 무덤의 구조는 확인되지 않았다. 그래서 이 무덤은 서기 475년 고구려의 장수왕에 의해 한성백제(서기전 18년~서기 475년)가 함락되면서 당시 백제왕이었던 개로왕이 죽임을 당하였고, 그 후 개로왕의 아들인 문주왕이 공주로 천도한 후 아버지의 시체 없이 송산리에 축조한 개로왕의 가묘 또는 허묘로 보는 해석이 제기된 바 있는데(조유전 1991), 이에 따르면 개로왕을 위한 제사 터로 볼 수도 있다.

국립전주박물관은 지난 1992년 전북 부안 죽막동 수성동(전라북도 유형문화재 58호)에서 항해의 안전을 기원하던 삼국시대의 제사유적을 발굴조사한 바 있다(한영희·이규산·유병하 1992). 해안가의 절벽 위에 위치한 죽막동은 섬은 아니지만, 일본의 오끼노시마(沖島)의 노천유적과 거의 비슷한 조건을 갖추고 있으며, 유공원판(有孔圓板), 동경(銅鏡), 갑옷, 곡옥(曲玉), 철제 칼, 동물을 형상화한 토제품 등이 출토되어 오끼노시마에서 나온 유물상과 비슷하다. 오끼노시마 섬은 일본 규슈와 한반도의 현해탄 사이에 위치한 섬으로, 둘레는 약 4㎞에 이르고, 해발 243m의 산이 가운데 있는 비교적 험준하고 조그만 섬이다. 바다 한 가운데에 위치하고 지형까지 험하여 오늘날 이 섬에 거주하는 주민은 거의 없으나, 야요이(彌生)시대 이래로 고훈(古墳)시대, 나라(奈良)시대에 이르는 제사유적이 확인되어 학계의 주목을 받아 왔다. 수많은 제사유적들이 밀집해 있어서, 사람들은 일명 이 섬을 '바다의 정창원(正倉院)' 또는 '섬으로 된 정창원'이라고도 부르며, 이 섬은 일찍이 근대화 이전인 에도(江戶) 시대부터 알려져 있었고, 지역 주민들도 이들 유적들을 신앙화하고 성역화해 왔다고 한다. 그러나 본격적인 고고학 조사가 행해진 것은 1953년이며, 이후 연차적인 조사가 이루어져 현재까지 23개소의 유적이 발견 또는 조사되었다. 오끼노시마에서는 서기 4세기 후반부터 9세기까지 제사가 행해졌는데, 그 시기는 크게 4단계로 나뉜다. 그중 세 번째 단계는 바위의 그늘과 노천의 중간단계에 제단이 설치된 것으로, 거대한 바위의 끝자락에 유구가 위치한 예가 많다. 유물로는 굽은 옥[曲玉], 철제 무기, 토기, 활석제 제사용품 등이 있으며, 당삼채(唐三彩)를 비롯한 여러 중국제품으로 보이는 유물들이 출토되어, 당시 한반도 뿐 아니라 중국과도 활발한 교류를 행했음을 반증해 주는데, 그 시기는 서기 7세기에서 8세기경이다. 이 섬은 한국과의 관련성이 아주 높다고 알려져 있다[북구주(北九州) 시립역사박물관 1978]. 항해의 안전을 기원하던 제사 터인 오끼노시마를 옛부터 관장하는 곳이 구주의 무나카다(宗像)인데, 그곳에는 오늘날에도 교통안전(항해도 포함됨)을 기원하는 운전기사들이 처음 차를 사서 제사를 지내거나 부적을 받기 위해 줄을 서 기다리고 있다.

발굴자의 견해에 따르면, 노천 유적인 죽막동은 5세기를 전후한 시기에 조성되었는데, 일본에서 노천유적은 7세기에 이르러 등장한다. 일본 최고(最古)의 제사유적은 한반도와 가장 가까운 오끼노시마이며, 그 후 점차 내륙 쪽으로 퍼져나가는 양상을 보여주는데, 이는 당시 우리나라와 일본과의 교류가 밀접했음을 방증해 주는 것이며, 동시에 삼국에서 일본으로 건너간 많은 도래인(渡來人) 문제와 결부시켜 생각해 볼 문제이다. 일본의 제사유적에서 한반도 계통 유물이 출토되고, 고대인의 정신세계를 가장 정확하게 반영해 주는 제사유적의 양상이 한반도와 거의 유사하며, 또 한반도에서 가까운 곳에서 내륙으로 퍼져나가는 양상을 보여준다는 점은 앞으로 연구되어야 할 흥미로운 과제라 할 수 있다. 오끼노시마에서 출토된 한국계 유물 중 금동제용두(金銅製龍頭)는 경북 풍기와 강원도 양양 진전사지에서 출토된 것들과 그 형태가 거의 비슷하며, 갑옷을 모방한 활석제 모형 역시 죽막동에서 발견된 바 있다.

지난 1993년 금동용봉봉래산향로(金銅龍鳳蓬萊山香爐, 백제금동대향로, 국보 287호, 백제 무왕 35년, 서기 634년 제작)가 부여 능산리 건물지 발굴에서 출토되어 학계의 주목을 끓었는데(국립부여박물관 1994), 이 향로는 사비시대(538~660년) 백제의 멸망과 관련이 있어 향로와 건물지와의 관계는 매우 중요하다. 발굴결과의 검토에 따르면, 이 건물지는 바로 앞에 위치한 능산리 고분군(사적 제14호)과 관련이 있는 것으로 보인다. 즉, 이 건물은 능들을 수호하거나 제사를 지내던 곳, 또는 나라의 사직(社稷) 터일 가능성이 높다. 이 건물의 배치는 집안(輯安)현 국내성 외부에서 조사된 고국양왕대에 건립된 것으로 추정되는 동대자의 제사유적[社稷]의 건물배치와 유사하다. 백제의 출자가 고구려임은 이미 건국신화와 역사적 사실을 통해 널리 알려져 있으며, 또 고고학적 유물로도 입증이 되고 있다. 따라서 능산리 건물지가 고구려의 것과 유사함은 전혀 문제가 되지 않으며, 오히려 향로와 건물지의 중요성을 더욱더 부각시켜 준다.

아직 한반도에서 백제시대의 제사유적이라고 할 수 있는 유적은 공주 송산리, 부안 죽막동 그리고 부여 능산리 정도밖에 알려지지 않았다. 최근 경기도 하남시 덕풍골과 양평 신월리에서 청동기시대 중기(기원전 10~기원전 7세기)의 정령숭배(animism)의 종교 · 제사유적과 관계 유물이 세종대학교 박물관과 경기대학교 박물관에 의해 발굴조사됨으로써 이런 제사유적의 기원이 청동기시대 중기까지 소급됨도 알 수 있다.

그러나 앞으로 더욱 많은 유적이 발견되고, 이 분야의 연구가 진척된다면, 한국과 관련된 오끼노시마 제사유적의 중요성은 물론 국가의 종묘나 사직과 같은 중요한 정신적 의미가 담긴 종교 · 제사유적에 대한 재평가가 이루어질 수 있을 것으로 기대된다. 백제의 제사유적의 발굴은 기록이 매우 부족한 백제의 역사를 재조명하는데 커다란 기여를 할 수 있을 것이다.

10. 고고학에서 본 마한

한국 고고학에 있어 마한에 대한 고고학적 연구는 이제 시작이라고 해도 과언이 아닌데, 이는 약간의 단편적인 문헌자료 이외에는 고고학적 자료가 극히 적기 때문이다. 필자가 원광대학교 마한·백제 문화연구소 주최의 학술 심포지엄에서 「고고학상(考古學上)으로 본 마한연구(馬韓硏究)」(최몽룡 1994)라는 주제의 글을 발표할 때만 하더라도 한국고고학계에서 '마한(馬韓)'이란 용어는 그리 익숙한 표현이 아니었다. 그러나 최근 경기도, 충청남북도 및 전라남북도 지역에서 확인되고 있는 고고학적 유적 및 문화의 설명에 있어 지난 수십 년간 명확한 개념정의 없이 통용되어 오던 원삼국시대(原三國時代)란 용어가 '마한시대(馬韓時代)' 또는 '마한문화(馬韓文化)'란 용어로 대체되는 경향이 생겨나고 있는데, 이는 마한을 포함한 삼한 사회 및 문화에 대한 학계의 관심이 증폭되고, 또 이를 뒷받침할만한 고고학 자료가 많아졌음에 따른 것이다.

『삼국지』위서 동이전 및 『후한서』동이열전 한조(韓條)에 기록된 진한(辰韓) 노인에 관한 기사는 진나라(기원전 249~207년 : 기원전 211년 진시황이 통일)의 고역(苦役)을 피해 한나라에 왔고, 마한에서 동쪽 국경의 땅을 분할하여 주었다는 내용인데, 이 기록은 마한의 상한(上限)이 늦어도 기원전 3~2세기까지는 소급될 수 있음을 보여준다. 그리고 『삼국사기』 권 제1 신라본기 시조 혁거세 거서간(居西干) 38년(기원전 20년) 및 39년(기원전 19년)조에 보이는 마한왕(馬韓王) 혹은 서한왕(西韓王)의 기록과 『삼국사기』 백제본기 권 제23 시조 온조왕 13년조(기원전 6년)의 마한왕에게 사신을 보내 강역을 정했다는 기록 등은 마한이 늦어도 기원전 1세기경에는 왕을 중심으로 하는 국가체계를 갖추었던, 신라와 백제보다 앞서 형성되었던 국가였음을 알려 준다. 또 동이전(東夷傳)에는 진왕(辰王)이 통치했던 목지국[目支國, 월지국(月支國)으로도 쓸 수 있으나 본고에서는 목지국으로 통일함]은 마한을 구성하는 54국이 공립하여 세운 나라였다는 기록이 있다. 다시 말해 마한의 상한은 기원전 3-2세기까지 거슬러 올라 갈 수 있으며, 『삼국사기』의 기록은 마한이 기원전 1세기대에 신라 및 백제와 통교했음을 알려 주고 있으므로, 마한의 중심연대는 기원전 2~1세기경이었다고 상정할 수 있겠다. 마한의 하한연대에 대하여는 적지 않은 이견이 있지만, 최근 동신대학교 박물관이 발굴조사한 나주 금천면 신가리 당가의 토기 가마를(목포대학교 박물관·동신대학교 박물관 2001) 통해 볼 때 서기 5세기 말 또는 6세기 초경이 아니었나 생각된다.

따라서 마한의 존속 시기는 기원전 3~2세기경부터 서기 5세기 말-6세기 초까지 대략 700년 정도로 볼 수 있는데, 이 시간대는 한국고고학 편년상 철기시대 전기(기원전 400-기원전 1년), 철기시대 후기 또는 삼국시대 전기(서기 1~300년) 그리고 삼국시대 후기(서기 300~660년경)에 해당된다(최몽룡 1987, 1997, 2000, 2002 ; Choi and Rhee 2001). 즉 시기상으로 어느 정도 차이가 있기는 하지만, 마한의 존속 시기는 백제의 역사와 그 궤를 같이 한다고 할 수 있다. 백제가 강성해져 그 영역이 확대됨에 따라 마한의 영역은 축소되면서 그 중심지가 남쪽으로 이동되었던 것으로 해석할 수 있겠다. 참고로 한성시대 백제의 강역이 가장 넓었던 시기는 제13대 근초고왕대로 여겨진다. 최근 확인된 고고학 자료를 통해 볼 때 당시 한성백제의 실제 영역은 서쪽으로 강화도 교동 대룡리 및 인천 문학산 일대까지, 동쪽으로는 여주 하거리와 연양리, 진천 석장리 산수리(사적 제325호)와 삼룡리(사적 제344호)를 넘어 원주 법천리와 춘천 거두리와 홍천 하화계리까지 확대되었으며, 북쪽으로는 포천 자작리와 파주 주월리(백제 육계토성 내)와 탄현 갈현리(토광묘) 일대까지 그리고 남쪽으로는 평택 자미산성과 천안 성남 용원리에 중심을 둔 마한과 경계를 두는 정도에 이르게 되었던 것으로 해석된다.

앞으로 보다 많은 고고학 자료를 통해 검증되어야 하는 가설 수준이기는 하지만, 지금까지의 고고학 자료를 통해 시기에 따른 마한의 중심지를 추정해 볼 수 있다. 즉 한성시대 백제(기원전 18년~서기 475년) 시기의 마한 영역은 천안 성남 용원리, 청당동 및 평택·성환·직산을 포함하는 지역이었을 것으로 추정되며, 백제의 공주 천도 이후(서기 475~538년) 마한의 중심지는 익산 영등동, 신동리와 여산면 유성, 전주 송천동과 평화동, 군산 내흥동과 산월리 그리고 남원 세전리, 고창 정읍 신정동 일대로 이동되었다. 마지막으로 부여 천도 후(서기 538~660년)에는 나주 반남면 대안리, 신촌리와 덕산리(사적 제76·77·78호)와 보성 조성면 조성리(금평패총 포함)와 진도 고군면 오산리 일대가 마한의 중심지였던 것으로 추정된다. 다시 말해 그 중심 지역의 변천에 따라 마한은 천안-익산-나주의 세 시기로 구분하여 생각해 볼 수 있다. 『삼국사기』 온조왕 27년(서기 9년) 4

월 '마한의 두 성이 항복하자 그 곳의 백성들을 한산 북쪽으로 이주시켰으며, 마침내 마한이 멸망하였다[… 마한수멸(馬韓遂滅)]'라는 기사는 한성백제와 당시 천안을 중심으로 자리하고 있던 마한과의 영역다툼과정에서 일어난 사건을 기술한 것으로 볼 수 있겠다. 한편 근초고왕 24년(서기 369년) 마한의 고지를 진유(盡有)했다는 기사는 종래 고(故) 이병도(李丙燾)의 견해대로(1959 : 359-362) 나주 일대의 마한세력을 멸망시킨 것이 아니라 천안 일대, 다시 말해 마한 Ⅰ기의 중심지였던 천안(용원리, 청당동과 운전리를 중심) 일대의 마한세력을 공주(의당면 수촌리, 사적 460호), 서산(응암 부장리)과 익산지역과 같은 남쪽으로 몰아냈던 사건을 기술한 것으로 해석하는 것이 보다 합리적이다. 이후 진왕이 다스리던 마한의 목지국은 익산을 거쳐 최종적으로 나주 일대로 그 중심을 옮겨갔을 것이다. 따라서 종래의 입장, 즉 마한을 삼한시대 또는 삼국시대 전기에 존속했던 사회 정치체제의 하나로만 인식했던 단편적이고 지역적이었던 시각 또는 관점에서 탈피하여 마한사회를 전면적으로 재검토해야 할 시점에 다다른 것이다.

마한의 존재를 보여주는 고고학 자료로는 토실, 수혈 움집, 굴립주가 설치된 집자리, 토성 그리고 주구묘를 포함한 고분 등이 있으며, 또 승석문, 타날격자문, 조족문과 거치문 등은 마한의 특징적인 토기문양들이다. 승석문과 타날격자문은 마한뿐 아니라 백제지역에서도 채택되었던 토기문양으로 인식되는데, 이러한 문양이 시문된 토기는 기원전 108년 한사군 설치와 함께 유입된 중국계 회청색 경질도기 및 인문(印文)도기 등의 영향 하에 제작되었던 것으로 여겨진다. 이후 마한과 백제지역도 고온 소성이 가능한 가마를 수용하여 회청색 경질토기를 제작하게 되었다. 승석문 및 격자문이 시문된 연질 및 경질토기는 재래의 토착적인 경질무문토기와 한때 같이 사용되기도 했다. 그러나 한반도에서 중국제 경질도기를 모방하기 시작하면서 이들이 한반도 전역으로 확산되었는데, 그 시기는 서기 1~2세기경이었던 것으로 추정된다. 최근 기전문화재연구원에서 발굴조사한 용인 보정리 수지 빌라트지역(4지점) 남측 14호 저장공에서 이들이 함께 출토되었는데, 그 하한연대는 2~3세기경으로 보고되었다.

이들 중 가장 두드러진 마한의 고고학적 자료는 토실[土室 또는 토옥(土屋)]인데, 이는 마한인들의 집이 마치 무덤과 같으며 입구가 위쪽에 있다는 『후한서』 동이전 한전에 보이는 읍락잡거역무성곽작토실형여총개호재상(邑落雜居亦無城郭作土室形如塚開戶在上)이라는 기록과 『삼국지』 위지 동이전 한전의 거처작초옥토실형여총기호재상(居處作草屋土室形如塚其戶在上)이라는 기록과도 상통한다. 이러한 토실은 지금까지 20여 지점에서 확인되었는데, 종래에 수혈갱(竪穴坑) 또는 저장공으로 보고된 사례들을 포함하면 그 수는 훨씬 늘어날 것이다.

- 인천광역시 계양구 동양동
- 경기도 광주 남한산성(사적 57호) 내 행궁지 북담 옆 1구역 5차 발굴 (경기도 기념물 164호)
- 경기도 가평 대성리
- 경기도 기흥 구갈리
- 경기도 고양 멱절산성 내 토실
- 경기도 용인 구성 마북리
- 경기도 용인 기흥 영덕리(신갈-수지 도로구간 내)
- 경기도 용인 죽전 4지구

- 경기도 용인 보정리 수지빌라트 4지점
- 용인 구성읍 보정리(신갈-수지도로 확 · 포장공사 예정구간)
- 경기도 화성 상리
- 경기도 화성 동탄 감배산
- 경기도 화성 동탄 석우리 능리
- 경기도 화성 태안읍 반월리
- 경기도 시흥 논곡동
- 대전시 유성구 추목동 자운대
- 대전시 유성구 대정동
- 충청북도 충주 수룡리(서기 220~290년)
- 충청남도 공주 장선리(구 안영리, 사적 433호)
- 충청남도 공주 장원리
- 충청남도 공주 산의리
- 충청남도 아산 배방면 갈매리
- 충청남도 논산 원북리
- 충청남도 논산 마전리
- 전라북도 전주 송천동
- 전라북도 전주 평화동
- 전라북도 익산시 왕궁면 구덕리 사덕마을
- 전라북도 익산 여산면 여산리 유성
- 전라북도 익산 신동리
- 전라북도 군산시 내흥동
- 전라남도 여천 화장동

토실이 확인된 유적들은 경기도, 충청남북도 그리고 전라남북도 일대에 분포하는데, 이들 유적들은 앞서 언급한 마한의 세 시기 중 천안-익산의 두 시기에 속한다고 볼 수 있겠다. 토실은 단실(單室)과 두 개 이상을 장방형 수혈주거와 묶어 만든 두 형식으로 구분되는데, 전자의 예는 남한산성과 용인 죽전에서, 후자의 경우는 용인 보정리, 익산 사덕과 공주 장선리 등지에서 확인된 바 있다. 이는 토실들을 외형을 기준으로 형식분류할 수 있음을 의미하며, 이외에도 암반을 깎아 판 것과 군산 내흥동의 경우처럼 저습지에 조성된 것도 있어, 토실을 분류할 때에는 지역에 따른 환경에의 적응 및 기능도 고려해야 한다. 용인 보정리와 익산 여산리 유성의 경우에서는 불을 피웠던 흔적이 확인되었고, 가구시설이 발견되었음을 고려할 때 토실의 주된 기능은 실제 주거였을 것이다.

토실 이외의 마한의 고고학 자료로 고분이 있는데, 마한의 고분은 아직 그 기원 및 편년에 있어 상당한 이론이 있다. 마한 고분이 토광묘, 주구묘, 옹관묘의 순서로 편년된다는 점에 있어서는 별다른 이의가 없다. 즉, 토광묘는 천안시기에, 주구묘는 천안-익산-나주의 전 시기에 걸쳐, 그리고 옹관묘는 나주 시기에 주로 조성된 것으로 볼 수 있다. 흔히 낙랑고분은 토광묘, 귀틀묘, 전축분의 순으로 발생했던 것으로 인식되고 있는데, 청주 송절동 토광묘와 고창 봉덕리 만동 주구묘에서 이들이 낙랑의 초기무덤인 토광묘의 영향 하에서 조영되었을 것이라는 실마리가 확인되었다. 한편 이들이 분구묘의 영향 하에 조성된 것으로 보고 이를 중국 전국시대의 진(秦)나라(기원전 249~207년)와 연결시켜 보려는 견해도 있다. 영광 군동리의 주구묘의 경우는 흑색마연토기가 출토되어 주구묘의 상한연대가 적어도 철기시대 전기(기원전 400~1년) 중 기원전 1세기를 전후로 한 시기까지 올라간다는 보고도 있었다. 부여 석성면 증산리 십자거리 주구묘에서 출토된 철부(鐵斧)는 제주 용담동, 함안 도항 말산리 고분 및 제천 도화리 적석총 등지에서 출토된 것들과 연결되는 것으로 그 연대는 서기 1~2세기경까지 올라가는 것으로 보인다. 최근 발굴조사된 마한의 고분과 집자리 유적으로 다음과 같은 유적들이 있다.

- 인천광역시 계양구 동양동(주구묘)
- 인천광역시 서구 불로 4지구(요지)
- 경기도 화성 향남면 발안리
- 경기도 용인 구성면 마북리(주구묘, 환두대도)
- 경기도 화성 기안리(탄요)
- 충청남도 부여 석성 증산리 십자거리(철부)
- 충청남도 공주 하봉리
- 충청남도 공주 의당면 수촌리 고분(사적 460호)
- 충청남도 공주 탄천면 장원리
- 충청남도 천안 운전리
- 충청남도 천안 청당동
- 충청남도 서산 음암 부장리
- 충청남도 천안 두정동
- 충청남도 천안 성남 용원리
- 충청남도 보령 관창리
- 충청북도 청주 송절동(토광묘)
- 전라북도 고창 아산면 만동 봉덕리
- 전라북도 군산 대야면 산월리 옹관 (거치문)
- 전라북도 진도 고군면 오산리(집자리, 거치문)
- 전라남도 영암 미암면 선황리 대초 옹관

- 전라남도 영암 학산면 금계리 계천
- 전라남도 영광 군동리
- 전라남도 승주 대곡리
- 전라남도 승주 낙수리
- 전라남도 광양읍 용강리
- 전라남도 함평 만가촌(전라남도 기념물 55호)
- 전라남도 함평 중랑리
- 전라남도 함평 해보면 대창리 창서(인물도)
- 전라남도 장흥군 유치면 탐진댐 내 신풍리 마전, 덕풍리 덕산과 상방(주구묘)
- 전라남도 나주 금곡리 용호
- 전라남도 나주 복암리(사적 404호)

토기 표면에 시문된 조족문과 거치문은 토실과 토광묘, 주구묘, 옹관묘의 순으로 발전했던 고분 이외에 또 하나의 마한의 고고학적 특징이라 할 수 있는데, 이들 토기 문양의 분포는 마한 문화의 전통을 시사해 준다. 거치문은 나주 반남면 신촌리 고분 이외에 풍납동토성(사적 제11호), 전주 송천동 및 군산 대야면 산월리와 진도 고군면 오산리에서, 조족문은 청주 신봉동, 홍성 신금성, 평택 자미산성, 나주 반남면 덕산리 4호분과 신촌리 6호분, 설성산성(경기도 기념물 제76호) 등지에서 확인된 바 있다. 이뿐 아니라 청주 정북동 토성(사적 제415호)은 마한의 토성으로 여겨지며, 천안 장산리에서는 마한시대의 관개시설이, 진천 문백면 사양리와 화성 기안리에서는 탄요(炭窯)가, 나주 금천 신가리 당가와 오량동에서는 토기 가마가, 천안 청당동과 아산 배방면 갈매리에서는 마형대구(馬形帶鉤)가 확인되는 등 마한문화의 실체를 보여주는 새로운 자료들이 계속 보고되고 있다. 특히 함평 해보면 대창리 창서에서 발견된 마한시대의 인물도(人物圖)는 학계의 지대한 관심을 끌었는데, 그 얼굴 모습은 석굴암에서 보이는 10대 제자, 즉 인도인(유럽인, 코캐소이드인)의 모습과 유사하다. 이는 앞으로 당대의 해외 문화교류까지도 염두에 두어야 할 중요한 자료이다. 지금까지 언급한 마구, 관개시설, 옹관, 탄요, 가마와 토성 등 마한관계 기타 유적들은 다음과 같다.

- 인천광역시 중구 운서동(영종도)
- 경기도 가평 마장리
- 경기도 이천 설성산성(경기도 기념물 76호, 조족문토기)
- 충청남도 천안 청당동(마형대구)
- 아산 배방면 갈매리(마형대구 및 유리구슬거푸집)
- 충청남도 천안 봉명동
- 충청남도 천안 장산리 관개시설
- 충청남도 평택 자미산성(조족문토기)
- 충청남도 아산 영인면 구성리
- 충청남도 직산 사산성
- 충청북도 진천 문백면 사양리(탄요)
- 충청북도 청원군 부용면 부강리 남성골산성(서기 340~370, 470~490년)
- 충청북도 충주 정북동 토성(사적 415호 : 서기 130~260년)
- 전라북도 김제 벽골제(사적 111호, 서기 330년)
- 전라남도 무안 몽탄면 양장리(저습지)
- 전라남도 나주 금천면 신가리 당가(가마)

- 전라남도 나주 오량동(가마)
- 전라남도 보성군 조성면 조성리(토성)

앞으로 고고학 자료를 통해 검증되어야 할 가설이기는 하지만, 지금까지의 고고학 자료를 근거로 마한 문화의 성격을 논의하기 위해서는,

1) 사서에 등장하는 마한의 실체를 인정해야만 하는 시점에 이르렀다. 마한의 존속 기간, 즉 그 상한과 하한을 파악하고 자체 내에서 고고학 자료를 통한 구체적인 시기구분(편년)이 이루어져야 한다.

2) 역사상에 존재했던 마한 54국의 지역적 범위를 파악하고 그 자체 내에서 문화적 특성 및 차이를 파악해야 한다.

3) 필연적으로 마한의 정치체제 진화과정을 파악해야 한다. 현 시점에서 볼 때 마한 54국으로 표출된 크고 작은 여러 족장사회(族長社會, chiefdom society)로 시작된 마한은 백제가 그 영역을 확장하는 과정에서 그 영역이 축소 개편되었다. 그 과정에서 각각의 족장사회는 통상권(通商圈, Interaction Sphere)을 형성하면서 복합족장사회(complex chiefdoms)로 발전되었고, 마지막 단계에 이르러 목지국이라는 국가 체제(state)의 사회로 성장했던 것으로 여겨진다.

『삼국사기』에 보이는 신라 및 백제와의 관계기사를 고려했을 때, 늦어도 기원전 1세기경에는 마한이 국가사회로 성장했던 것으로 추정되는데, 물론 이 과정이 고고학적으로 밝혀져야 한다.

4) 마한의 시원(始原)은 한반도에서 기원전 1500년부터 토착사회를 이루던 지석묘사회가 해체되기 시작하는 철기시대 전기(기원전 400~1년)까지 올라가지만 선사 고고학의 입장보다는 시간적으로 삼국시대 전기(철기시대 후기 : 서기 1~300년)에 그 중심을 두고 역사

고고학적인 측면에서 연구되는 것이 보다 바람직하다. 이는 마한의 연구는 백제와의 역사적 관계 속에서 중심지의 변천 및 54국과의 관계 등을 항시 고려하며 진행되어야 하기 때문이다. 다시 말해 백제의 역사와 문화가 영역의 확장 및 도읍의 변천에 따라 한성-공주-부여의 세 시기로 구분되듯이 마한의 경우도 백제의 영향 하에 이루어진 중심지의 이동 및 변천에 따라 천안-익산-나주의 세 시기로 구분해 고려되어야 할 것이다.

이러한 부분에 대한 고려가 선행될 때 비로소 마한 연구의 올바른 방향이 설정될 수 있다. 한편 최근 상당량의 고고학 자료가 한꺼번에 쏟아져 나오게 되면서 양적 자료에 대한 질적 해석이 무엇보다도 시급하며, 최근 보고되고 있는 상당량의 마한관계 자료를 생각할 때 다시금 마한에 관한 고고학적 연구가 이제서야 시작되었음을 실감하게 된다.

11. 나주 반남면 고분군과 목지국

1. 머리말

나주 반남면 덕산리, 대안리, 신촌리 일대에는 각각 사적 제76·77·78호로 지정된 고분군이 존재한다. 이들 고분들은 해방 전 야쓰이 세이치(谷井濟一)와 아리미쯔 고이치(有光敎一)에 의해 일부 발굴된 바 있으며, 간략하게나마 그 결과도 보고된 바 있다(谷井濟一 1920 : 663 ; 有光敎一 1980). 고분군의 주체는 독무덤[甕棺墓]인데 이들은 나주 반남면 일대를 포함해서 다시면 복암리와 인근 영암군 시종면, 함평군 월야면 등지에 집중적으로 분포되어 있다(성낙준 1983 ; 이영문 1978). 이러한 독무덤의 군집현상은 아직까지 영산강 하류에서만 유일하게 확인되었는데, 이 지역의 독무덤들은 광산군 비아면 신창리의 철기시대 전기의 독무덤에서부터 그 전통이 이어져 내려온 것으로 생각되고 있다. 참고로 필자는 철기시대를 다음과 같이 시기구분하고자 한다(최몽룡 1996).

철기시대 전기 : 기원전 400~기원전 1년 : 종래의 초기 철기시대에 해

당

철기시대 후기/삼국시대 전기 : 서기 1~300년

삼국시대 후기 : 서기 300~660년

주로 삼국시대 전기(서기 1~300년) 말에서 후기(서기 300~660년)의 중반까지에 걸쳐 조성된 것으로 추정되는 반남면 일대의 고분들은 거대한 하나의 봉토 내에 여러 개의 옹관을 합장한 것들이다. 그 중 전방후원형의 경우(신촌리 6호, 덕산리 2호)는 그 외형과 옹관의 매장방법, 봉토주위를 돌아가는 도랑의 존재(덕산리 3호, 대안리 9호) 등에 있어 일본의 고분들과 유사해 일찍부터 주목을 받아왔다. 이들 고분들의 연대에 관해서는 학자들마다 이론이 많으나, 반남면 독무덤의 연대는 대략 5세기 후반을 전후한 시기로 알려져 있으며 (穴澤口禾光・馬目順一 1973 : 28), 이후 전방후원식 고분은 함평 월야 예덕리, 해남 북일면 장구봉, 영암 노포면 태간리와 광주 광산구 월계동과 명화동 등지에서도 발굴된 바 있다.

그런데 전북 남원군 송동면 세전리에서 조사된 철기시대 전기 집자리 출토 유물들과의 비교를 통해 볼 때, 이 고분들의 연대는 5세기 이전으로 소급될 가능성이 많다. 즉, 1985년 이후 전북대학교 박물관에 의해 3차례에 걸쳐 발굴된 세전리유적에서는 8기의 말각방형(抹角方形) 또는 장타원형의 수혈 움집이 발견되었다. 그런데 세전리유적에서 확인된 집자리에서는 종래의 전통적인 민무늬토기와 함께 와질토기 및 김해토기 계통의 적갈색 연질토기가 출토되었는데(전북대학교 박물관 1985 ; 윤덕향 1986 : 18), 그 중 환원소성으로 제작된 사질(砂質)의 회백색토기들은 나주 반남면 고분군에서 출토되는 옹관편들과 흡사하다. 철기시대 후기(서기 1~300년)에 해당하는 세전리 유적의 연대는 서기 2~3세기경이 될 것으로 보인다. 나주 반남면보다 시기적으로 앞서는 세전리 유적과의 상관관계를 통해 볼 때 반남면 소재 고분들의 연대도 종래 생각했던 것보다 1~2세기 정도 올라갈 가능성이 충분히 있다. 고분의 연대, 금동관 등과 같은 신분을 상징하는 부장품의 존재 그리고 대형고분의 집중적인 분포상 등을 고려해 볼 때 나주시 반남면 일대가 사서(史書)에 나타나는 마한의 마지막 근거지가 될 가능성이 충분히 있다.

2. 마한-목지국의 위치비정

마한 54국 중 마한인을 공립(共立)하여 세운 목지국의 위치비정에 대해 많은 논의가 있어 왔다. 『후한서』 동이전 한조에는 '마한최대공립 기종위진왕도목지국진왕삼한지지기제국왕선개시마한종인언(馬韓最大共立其種爲辰王都目支國盡王三韓之地其諸國王先皆是馬韓種人焉)'이라 하여 목지국의 존재가 나타나고 있다.

이처럼 목지국의 위치에 대해서는 여러 가지 설이 제기되고 있다. 이병도는 『동국여지승람』 직산현조(稷山縣條)에 보이는 '본위례성(本慰禮城) 백제온조왕(百濟溫祚王) 자졸본부여(自卒本扶餘) 남나개국(南奈開國) 건도간차(建都干此)'라는 기사, 즉 백제 온조왕이 직산 위례성에 도읍을 정했다는 기록에 근거하여 진국(辰國) 이래 목지국이 직산에 위치했다고 주장했다. 천관우(1979 : 28)는 인천의 고호(古號)가 미추홀(彌趨忽)인데 그 음이 목지와 같다고 보고 목지국을 인천에 비정하고 있다. 김정배(1985 : 125)는 예산지역에서 청동기의 출토 예가 많은 것에 주목하여, 종래의 익산설을 바꾸어 예산지역을 목지국의 중심지로 보고 있다. 한편 전남지방의 고인돌 유적을 종합적으로 정리한 이영문은 전남지방 고인돌의 밀집 분포권을 설정하고, 이를 천관우의 마한제소국 위치 비정지에 대비하여 마한사회가 고인돌과 일정한 상관관계가 있음을 주장한 바 있다(천관우 1979 ; 이영문 1993).

현재까지의 일반론을 따른다면 목지국의 처음 위치는 고(故) 이병도 교수의 설대로 충남 천원군 직산 일대로 추정된다. 이 일대에서는 후에 개축된 당시의 성이라고 추정한 바 있는 사산성(蛇山城)이 발굴되기도 하였으며, 최근 마한의 토성이라 생각되는 곳이 청주시 정북동(사적 415호)에서 발굴되었다. 발굴자들은 처음에는 사산성이 4세기대에 축조된 것으로 추정하였으나(성주탁·차용걸 1985), 나중에는 6세기 말에서 7세기 초에 조성된 것이라 확정지은 바 있다(성주탁·차용걸 1994). 이후 청주 정북동(사적 415호)에서 서기 40~220년(중심연대는 서기 130년)에 사용된 토성이 발굴되기도 했다(충북대학교 중원문화연구소 1999 : 62).

그런데 백제의 근초고왕이 기원후 369년(재위 24년)에 마한의 잔여세력을 복속시키고 전라도 남해안 일대에까지 그 세력권을 확장시켰다는 기록에 근거하여(이병도 1959 : 362), 마한의 초기 영역이 천원군 직산 일대 및 부근의 평택·성환 일대였다 하더라도 후대에 이르러 그 영역이 남쪽의 익산 일대로 옮겨졌을 것이라는 주장도 있다(이기백·이기동 1982 : 95, 138).

그러나 마한-목지국의 존속시기가 한국고고학의 시대구분에서 철기시대 후기, 즉 서력기원을 전후로 한 시기로부터 기원후 300년경까지에 해당되며, 그 하한이 근초고왕대까지 내려감을 고려해 볼 때, 앞에서 제시된 지역들에서 이에 부흥하는 고고학적 증거를 찾아보기는 어려운 실정이다. 그런데 나주 반남면 대안리, 덕산리, 신촌리 일대에는 시간적으로 이 시기에 근접하는 매우 설득력 있는 고고학적 증거가 있다. 즉, 이 일대에는 대형 독무덤들이 집중적으로 분포해 있는데, 분묘는 전통적인 형식 요소의 지속성이 매우 강하면서도 외부적인 자극에도 민감하게 반응하는 중요한 고고학적 자료이다.

나주 반남면 소재 신촌리 9호분에서는 강력한 지배집단의 존재를 시사해 주는 금동관이, 또 나주 복암리 3호분에서는 금동 신발이 출토된 바 있다. 그리고 한성시대 백제(기원전 18년~기원후 475년), 즉 시조 온조왕이 백제를 건국하여 문주왕(文周王)이 웅진으로 천도하기까지의 백제의 영역이 북으로 예성강, 동으로 춘천, 서로 인천, 남으로 제천·청주로 비정됨을 생각할 때, 목지국의 최종 위치는 종래 제기되어 오던 인천, 익산보다는 제천·청주 이남지역으로 비정되는 것이 보다 타당하다 하겠다(최몽룡·권오영 1985). 지난 1986년 충북 진천군 덕산면 산수리에서 발굴된 백제 초기의 토기 가마터는 이를 뒷받침해 주는 귀중한 자료이다(한남대학교 박물관 1987 : 13-15). 한편 1989년 이후 발굴되어온 진천군 덕산면 석장리 유적에서는 백제 초기 제철로 4기, 용해로 2기, 철부용범(鐵斧鎔范) 등이 확인되었는데 이들은 초기 백제의 철 생산과 그 전이과정을 밝히는데 중요한 자료이다. 그리고 천안 청당동과 아산 배방면 갈매리 출토의 마형대구를 비롯하여 포천 자작리, 파주 주월리와 가평 대성리에서 확인된 백제 초기 철(凸)자형 집자리, 여주 하거리 고분, 수원 봉담 마하리 고분, 천안 성남 용원리 집자리와 고분 등은 이 시기 백제의 영역을 알려주는 고고학 자료들이다(국립중앙박물관 1998, 1999 : 16 ; 김재열 외 1998 ; 신용철·강봉원 1999 ; 최몽룡 1999).

필자는 문헌자료와 마한지역에서 이루어진 고고학적 성과를 이용하여 전남 나주 반남면 일대를 목지국의 마지막 근거지로 비정하는 가설을 세운 바 있다(최몽룡 1986). 마한의 특징적인 문양으로 여겨지는 조족문은 그 고고학적 근거중의 하나이다. 조족문이 시문된 토기는 청주 신봉동(차용걸·조상기·오윤숙 1995 : 293-294), 홍성 신금성(성주탁 외 1990 ; 이강승·박순발·성정용 1994), 평택 안중면 덕우 1리 자미산성(경기도 박물관 1999 : 8), 충북 중원군 가금면 장천리·하구암리의 장미산성(차용걸·우종윤·조상기 1992 : 154), 나주 반남면 덕산리 4호분 및 신촌리 6호분 등에서 출토된 바 있는데, 이들은 마한의 목지국의 이동과 관련이 있는 것으로 여겨진다(최몽룡·이선복·안승모·박순발 1993 : 246-247). 그 이후 주구묘의 존재가 청주 송절동, 보령 관창리, 익산 영등동과 함평 장년리, 중랑리 등지에서도 확인되어 마한의 묘로 인정되고 있다.

이 가설은 서기 369년 근초고왕에 의해 마한의 잔여세력이 백제에 정치적 군사적으로 병합된 후에도 이 지역에 마한의 문화전통이 상당기간 동안 지속되었다는 전제하에서 이해될 수 있다.

3. 고고학적 측면에서 본 마한-목지국

고고학적인 측면에서 마한-목지국 문화의 성격을 살펴보기 위해서는 먼저 전남지방에서 조사된 마한관계 유적의 성격을 정리해 볼 필요가 있다. 전남지방에서 발견된 마한-목지국 관련 유적으로는 고인돌[支石墓]과 독무덤[甕棺墓]으로 대별되는 분묘유적과 생활유적인 집자리 유적이 있다(이영문 1993 ; 이영문·조근우 1996a, 1996b ; 성낙준 1983).

1980년대 중반 이전 몇몇 선사시대 집자리 유적이 전남지방에서 확인된 바 있으나(최몽룡 1978 ; 최성락 1986a, 1986b ; 이영문 1987)

마한시대에 해당하는 철기시대 후기의 집자리 유적이 조사된 예는 없었다. 그런데 1986-1989년에 걸쳐 이루어진 주암댐 수몰지구 발굴 조사에서 승주군 낙수리와 대곡리 도롱부락에서 대규모 집단취락 유적이 확인되었다. 이들 유적에서 조사된 철기시대 후기의 집자리들은 전남지방에서 최초로 발견된 마한의 집자리들로 마한사회를 이해하는데 많은 자료를 제공하였다. 여기서 철기시대 후기(기원후 1~300년)는 필자의 한국고고학의 시대구분안에 제시된 삼국시대 전기를 말하는데 이는 종래의 원삼국시대이다. 그런데 전남지방의 경우 아직까지 이 시기를 삼국 중의 어느 한 국가와 연관지을 수 있는 고고학적 증거가 확인된 바 없으나 목지국의 존재로 보아 삼국시대 전기나 철기시대 후기란 시대명칭을 사용하는 것이 보다 타당할 듯하다.

한편 분묘유적으로는 석관묘와 함께 우리나라 청동기시대의 대표적인 묘제로, 특히 전남지방에 2만여 기가 무리를 이루면서 집중적으로 분포하고 있는 고인돌과 청동기시대 후기부터 등장하기 시작하여 철기시대 전기가 되면 지배적인 묘제가 되어 백제시대까지 사용된 독무덤이 있다. 전남지방의 고인돌은 청동기시대 후기부터 철기시대 전기에 이르기까지 축조되었는데, 이들은 당시의 정치·사회상을 밝히는데 매우 귀중한 자료를 제공하고 있다. 고인돌(강원도 기념물 4호) 사회에는 전문장인이 존재했으며, 각 지역 간에는 기술의 전파 및 물품의 교역이 이루어졌다. 고인돌 사회에서 성역화된 묘역을 가진 조상숭배 단계에 이르르면 사회진화 단계상으로 갈등론(conflict theory)에서 이야기하는 계층사회(stratified society)인 복합족장사회(complex chiefdom society) 단계에 도달했다. 앞으로 고인돌의 공간적인 분포에 따른 세력권 또는 문화권이 설정되고, 전남지방 고인돌이 지니는 독자적인 성격이 구명(究明)되면, 차후 이 지방에 등장하는 사회의 성격을 파악하는데 커다란 도움이 될 것이다.

대형 독무덤이 집중적으로 분포하는 영산강 유역의 반남면 일대를 포함하는 나주지역은 전주와 함께 전라도라는 지명의 유래가 되었을 만큼 고대 한반도 남서부지방에서 정치·군사·경제·문화적으로 중추적인 역할을 담당해 왔다. 사서에 의하면 나주는 백제시대에는 발라군(發羅郡)으로, 통일신라 경덕왕(景德王) 때에는 금산(錦山)으로 불렸으며, 나주라는 현 지명이 처음 사용된 것은 고려시대에 이르러서이다(이홍직 1968 : 321). 통일신라시대의 나주는 전남지역의 주치소(州治所)인 무주에 예속된 하나의 군에 지나지 않았다. 그런데 고려가 지방제도를 정비하면서 나주에 12목(牧)의 하나를 설치하게 되면서 나주는 고려 및 조선조에 걸쳐 영산강 유역 정치·경제의 중심지가 되었다(민현구 1975 : 91). 그런데 통일신라 이전, 더 나아가 삼국시대에 이 지역이 백제의 영역으로 편입되기 이전의 상황에 관한 기록은 찾아보기 어려우며, 당시 나주 일대의 성격을 살펴볼 수 있는 자료로는 반남면 일대에 집중적으로 분포하는 고분군이 있을 뿐이다.

반남면 신촌리 9호분에서 출토된 금동관을 비롯한 여러 유물들을 통해 볼 때, 당시 이 지역에는 강력한 왕권을 중심으로 하는 정치체제가 존재할 수 있는 기반이 있었음을 알 수 있다. 물질적·문화적 기반은 반남면 일대를 포함하는 나주 지역에 마한 54국의 하나인 목지국을 비정하는 가설을 가능하게 한다. 그런데 학자마다 서로 견해가 달라 부미국(不彌國, 이병도 1976 : 265), 포미지국(布彌支國, 이기백·이기동 1982 : 138), 신미국(新彌國, 노중국 1990 : 90), 치리국(哆唎國, 田中俊明 1997 : 267) 등의 마한소국(馬韓小國)들이 이 일대에 존재했던 것으로 추정하고 있는데 현재로서는 이를 확인할 만한 자료가 부족하다. 비록 그 국명(國名)은 확실하지 않지만 나주지역, 특히 반남면 대안리 · 덕산리 · 신촌리 · 복암리(사적 404호)와 고흥 포두면 길두리 안동에 분포된 고분군들의 연대로 볼 때 백제 초기에 이미 국가단계의 정치체제가 이 일대에 존재했었음을 쉽게 알 수 있다.

반남면을 비롯한 영산강 유역 소재의 대형 독무덤들은 이 일대가 실질적으로 백제의 영향권 내로 편입되기 이전에 자리 잡고 있던 마한의 지배층들의 분묘들로 보인다. 철기시대 전기 이후 새로운 철기문화를 수용함으로써 농업생산력을 증대시키고 사회적인 발전을 이룩한 마한의 소국들은 그들의 통치 권력을 확대 · 팽창시키면서 소형 독무덤을 거대화시켰던 것이다. 제반 사항을 종합해 볼 때, 영산강 유역이 실질적으로 백제의 지배 하에 편입되는 시기는 기록에 보이는 것처럼 4세기 후반경인 근초고왕대(기원후 369년으로 추정)라기보다는 대안리 5호분과 같은 백제의 석실분이 이 지역에 뿌리를 내리는 6세기 이후로 보아야 할 것이다(최몽룡 · 이청규 · 노혁진 1979).

영산강 유역에 밀집 분포하는 대형 독무덤들의 피장자들은 마한 제소국의 지배층들이었을 것으로 추정된다. 특히 금동관이 출토된 신촌리 9호분의 피장자는 목지국 말기의 지배자 또는 목지국의 전통을 이은 지방 호족이었을 것으로 추정된다. 따라서 백제가 남천하게 됨에 따라 백제의 지배영역이 남쪽으로 팽창함으로써 그 세력이 축소된 목지국의 최종 근거지는 영산강 유역의 나주 반남면 일대로 비정될 수 있을 것이다. 이러한 추정은 지금까지 발견조사된 금동관들이 당시의 정치체제하에서 국가단계를 나타내는 최고 지도자 또는 왕의 상징물

(status symbol)로서 인정되는 것으로도 그 타당성을 인정받을 수 있다.

1996년 나주 복암리 3호분(사적 제404호) 석실 내부 옹관 4호에서 출토된 금동제 신발, 1997년 석실 7호에서 출토된 금판 관모 장식, 금동제 이식, 삼두 환두대도 등이 이를 뒷받침해준다. 그리고 1998년도 3월에 발굴된 5호와 16호 횡혈식 석실 2기에서는 은제관식(銀製冠飾)이 출토된 바 있다[여기에서 출토된 인골들은 석실 17호 널길(연도)에서 화장된 채로 발견된 32세 이상으로 추정되는 남복(男僕)의 경우를 제외하고는 모두 앙와신전장(仰臥申展葬)을 취하고 있었는데, 석실은 40세 이상 가족성원의 가족장(家族葬) 또는 추가장(追加葬)을 위해 조성된 것으로 여겨진다]. 이는 부여 하황리, 논산 육곡리 7호분, 남원 척문리, 나주 흥덕리와 부여 능산리 공설운동장 예정 부지 내에서 발굴된 36호 우측[인골 편은 남아 있지 않으나 좌측에 남아 있는 부인의 것으로 여겨지는 인골의 나이는 40세 이상으로 추정된다(최몽룡·김용민 1998)]에서 발견된 은제 관식에 이어 한반도에서 여섯 번째로 확인된 것이다. 피장자의 신분은 백제 16관등 중 6품인 나솔(奈率) 이상에 해당되는데, 이는 대안리 5호분의 백제식 석실분의 경우와 함께 피장자가 나주지역 백제의 행정체제 내로 편입되어 가는 과정을 보여주는 자료이다. 그리고 무엇보다도 중요한 것은 금동 신발인데 이는 신촌리 9호분, 공주 무령왕릉, 익산 입점리에 이어 백제지역에서 네 번째, 나주에서는 두 번째로 확인된 것이다(나주시·전남대학교 박물관 1997). 또 1998년 4월 나주 복암리 3호분 제8호 석곽 옹관에서는 주칠(朱漆)의 역만자문(逆卍字文)이 시문된 제8호 옹관 출토 개배(蓋杯)와 함께 일본 고분시대 말기에 보이는 규두대도(圭頭大刀)가 제5호 석실 연도 가까이의 현실(玄室) 벽에 기대어 놓은 채로 확인되었다. 출토 상황으로 보아 이 칼은 현실에 묻힌 피

장자의 것이라기보다는 장례 행사에 참석했던 피장자와 가까운 손님
이 마지막으로 끌러놓은 장송예물(葬送禮物)이었던 것으로 여겨진
다. 참고로 역만자문(逆卍字文)은 '파(巴)'로 읽어야 하며, 그 의미는
죽음[死]을 뜻한다고 한다(渡邊素舟 1971 : 78). 그렇다면 불교의 영향
하에 만들어졌다는 견해는 재고되어야 할 것이다. 또 귀두대도는 경
남 창녕 출토로 전하는 고구라[小倉] 컬렉션 4호와 한국 출토로 알려
진 동경국립박물관 소장 장도 두 점이 알려져 있어 일본제보다도 한
국제일 가능성이 높다(具滋奉 1994).

  복암리 3호분의 내부에서는 옹관묘, 수혈식 석곽, 횡혈식 석실, 횡
구식 석곽, 횡구식 석실과 석곽, 옹관 등 34기에 이르는 매장유구가
확인되었다. 이 고분은 3~7세기의 약 300~400여 년에 이르는 기간
에 걸쳐 한 집안의 가족묘지[世葬山]로 조성되었던 것으로 추정되는
데, 오늘날과 같은 분구는 마지막으로 5호 석실분을 쓰면서 각각의
무덤에 조성된 봉토가 합쳐져 자연스럽게 형성되었던 것 같다. 그 피
장자들은 과거 목지국의 지배층을 형성하는 토호들로 후일 이 지역
이 백제의 행정구역으로 편입되어 가는 과정에서 백제왕실이 하사한
벼슬을 받았으며, 자신들의 무덤에도 백제양식을 채택했던 것으로
여겨진다. 특히 규두대도를 통해 시사되는 일본과의 문화적 교류는
앞으로의 연구를 통해 밝혀야 할 것이다. 은제 관식의 연대를 6세기
후반에서 7세기 초로 볼 수 있다면 목지국의 잔여세력인 토착세력은
거의 백제 멸망 시까지 존속했던 것으로 보인다. 이러한 점들을 통해
볼 때 목지국을 맹주국으로 하는 마한 제소국은 고구려, 백제, 신라
삼국과 공시적으로 상호 대등한 수준의 관계를 맺어 왔다고 보는 것
이 타당할 것이다.

4. 맺음말

지금까지 마한 제소국(馬韓 諸小國)의 맹주국으로 알려진 목지국의 위치 비정에 대한 종래의 견해들을 살펴보고, 고고학적인 측면에서 나주 반남면 일대를 목지국의 최후 근거지로 비정하는 필자의 가설을 피력하였다. 그러나 이 문제는 남아 있는 문헌자료 및 고고학적 자료가 매우 영세하며, 더구나 부족한 문헌자료는 그 자료의 해석에 따라 전혀 다른 결론을 도출해 낼 수도 있는 상황이므로 현 시점에서 어떤 확정된 결론을 내리는 것은 매우 어려운 실정이다. 그러므로 여기서는 필자 나름대로의 연구를 통해 얻은 몇 가지 가설을 제시하는 것으로 맺음말을 대신하고자 한다.

첫째, 확실하지는 않지만 마한의 성립 시기는 늦어도 철기시대 전기(기원전 400년~기원전 1년) 중기경인 기원전 3~2세기까지 올라갈 수 있다. 그런데 천안·성환·직산의 초기 목지국이 있던 마한이 4세기 후반 백제에 의해 대규모로 공격 당한 후에도 538년 부여 천도 이후 백제가 반남면을 포함하는 나주 일대를 직접 통치할 때까지 이 일대에는 나름대로 독자적인 문화전통이 계승되어 왔다.

둘째, 마한 제소국의 맹주국이었던 목지국의 처음 위치는 천원군 직산 일대 및 부근의 천안(용원리 일대)·평택·성환 근처로 비정될 수도 있겠으나, 이후 백제의 세력이 확대됨에 따라 목지국은 익산이나 예산으로 점차 이동하여 마지막에는 나주 반남면 일대까지 쫓겨 내려왔을 가능성이 크다.

셋째, 마한-목지국은 고대의 삼국과 마찬가지로 칭왕(稱王)을 할 정도의 강력한 국가체제를 형성했다. 즉, 비록 시대가 떨어지는 자료이기는 하지만 신촌리 9호분에서 출토된 금동관 등의 유물을 통해 볼

때 이 일대에 왕에 버금가는 최고 권력자나 정치체제가 존재했음이
충분히 입증될 수 있다.

 마지막으로 반남면 일대는 5세기 후반경이 되면서 백제에 편입되
었으나, 이 지역의 대형 고분군들은 실질적으로는 백제와는 별개인
독자적인 마한-목지국의 전통을 유지해온 세력집단의 분묘로 추정된
다.

12. 마한·목지국 연구의 諸問題

1. 서언

문제에 대한 접근은 고고학과 고대사의 입장에서 볼 수 있다. 그러나 여기서는 고고학적인 면에 국한시켜 살펴보고자 한다. 전남지방의 문화적 특성으로는 고인돌과 독무덤을 들 수 있다. 고인돌의 경우는 청동기시대를 거쳐 철기시대까지 사용되었는데, 철기시대 중에서도 특히 전기(기원전 400~기원전 1년 : 종전의 초기 철기시대)에 집중적으로 분포되어 있다. 전남지방의 고인돌 수가 거의 2만여 기에 이르고 있는 것으로 보아(이영문 1993), 전남지방의 토착세력을 형성하고 있었다고 볼 수 있다. 그 후 철기시대 후기(서기 1~300년 : 삼국시대 전기)에 이르면 고인돌 사회로부터 독무덤을 채용한 마한사회가 발전하여 이 지역이 백제의 행정구역으로 편입될 때까지 지속되었다.

전남지역의 마한문화에 대한 고고학적 연구는 1917년 나주 반남면 일대의 독무덤 무리에 대한 조사로부터 시작되었다(谷井濟一 1920 ; 有光敎一 1980). 그러나 나주를 포함한 전라남도에는 고인돌과 독무덤이 밀집되어 분포하고 있음에도 불구하고 마한의 고고학적 문화에 대한 연구는 비교적 활성화되지 못했었다. 그 이유로는 여러가지를 들 수 있겠지만 무엇보다도 상대적인 연구 인력의 부족에서 비롯된 조사 활동의 부진과 그 동안 조사된 지역이 영산강 유역에 한정되어 있었기 때문이다.

그런데 최근에 고인돌과 독무덤 뿐만 아니라 광주 송암동, 영암 장천리 등의 청동기시대 집자리, 삼국시대 전기에 속하는 해남 군곡리 조개더미[貝塚] 등의 생활유적들이 발견되면서 전남지방의 고고학적 문화에 대한 다각적인 접근 및 노력이 본격적으로 시작되었다(최성락 1992). 특히 1986년부터 1989년까지 주암댐 수몰지구 문화유적 조사사업의 일환으로 실시된 보성강 유역에 대한 발굴에서는 청동기시대 및 삼국시대 전기의 대규모 취락지를 발견하였는데, 영산강 유역을 중심으로 진행되어 왔던 지역적인 한계에서 벗어나 통시적인 측면에서 뿐만 아니라 공시적인 측면에 있어서도 청동기시대에서 마한 사회로의 변천과 성격을 연구할 수 있는 좋은 자료를 제공하였다(최몽룡 · 김경택 1990). 한편 마한의 맹주국으로 널리 알려져 있는 목지국에 대해 필자는 그 마지막 근거지가 위에서 말한 나주 반남면 일대로 비정한 바 있는데(최몽룡 1991), 최근의 고고학적 조사로 그 증거가 보강되어 가는 듯이 보인다.

앞으로 이 지역에서 밝혀져야 할 과제를 든다면, 첫째 고인돌사회와 마한사회와의 관계, 둘째 마한사회의 기원과 존속 그리고 멸망시기, 셋째 마한의 위치, 넷째 마한의 실체와 문화, 다섯째 마한과 목지국과의 관계 등을 들 수 있다. 이러한 다섯 가지의 큰 문제들은 앞으로 고고학적인 자료를 기반으로 해결되어야 할 것이라고 생각된다. 이 글에서는 전남지방에 존재했던 고인돌문화와 마한시대에 해당하는 고고학적 문화를 비롯하여 마한과 목지국 연구에 이르기까지의 문제점들을 간략히 언급해 보고자 한다.

2. 고인돌 문화 : 청동기시대 및 철기시대 전기문화

마한이 존재한 시기는 대체로 기원 전후에서 백제의 제13대 근초 고왕대까지로 볼 수 있는데(최몽룡 1989 : 98-101), 이 시기는 고고학 에서 말하는 삼국시대 전기에 해당한다. 그러나 마한 이전에 축조되 었던 고인돌은 이 지역의 사회발달을 이해하는데 반드시 필요하므로 먼저 살펴보도록 하겠다.

고인돌에 대한 발굴은 기존에 영산강 유역을 중심으로 이루어져 오던 것에서 벗어나 최근 보성강 유역과 남해안 여수반도의 고인돌 들이 발굴되어 전남지역의 전역을 포괄할 수 있게 되었다. 보성강 유 역과 여수반도 고인돌에 대한 발굴 결과, 전남지역 내의 고인돌에도 지역적인 차이가 존재하고 있었음이 밝혀지고 있다. 즉, 보성강 유역 과 여천의 고인돌에서는 마제석검을 비롯한 다양한 석기류와 청동기 시대의 유물이 발견되고 있는데 반하여, 영산강 유역의 고인돌에서 는 이러한 유물들이 출토되지 않는다는 점으로 보아 이들 간에 어느 정도 문화적인 차이가 있었음을 추정할 수 있다. 특히 승주 우산리, 보성 덕치리, 여천 봉계동, 적량동, 평여동, 여수 오림동, 여천 화장동 고인돌에서는 비파형동검을 비롯한 청동기시대 유물이 집중적으로 출토되고 있어 주목된다.

고인돌의 연대와 축조는 그 안에서 나오는 청동검이 대부분 재가 공품이라는 점으로 보아 그 연대가 아무리 올라가도 기원전 6~5세 기 이전까지로는 올라갈 수 없을 것으로 생각된다. 이는 최근 발굴조사된 여수 화동리 안골 지석묘에서도 입증된다. 여기에서는 대부분 연대가 기원전 480년 이후가 된다. 또한 영산강 유역의 고인돌에서는 점토대토기를 비롯한 철기시대 전기의 유물들도 발견되고 있다는 점에서 고인돌의 축조는 철기시대 전기까지 지속되고, 이들을 토대로 한 토착사회가 다음의 마한시대에 곧바로 이어진다고 생각된다. 이러한 고인돌 사회는 토기를 공동 제작하는 기술이 존재했으며, 지역 간에 토기의 제작 및 교역을 담당했던 전문장인이 출현하여 지역 간의 문화전파 및 교역을 촉진하던 사회로 사회적 진화상으로 볼 때 계급사회인 족장사회(Chiefdom Society) 단계에 해당된다. 고인돌이 축조될 수 있었던 사회경제적 배경은 농경을 바탕으로 한 잉여생산에 있었던 것으로 보이며, 이러한 사회의 발전은 이후 마한의 각 소국들에서도 계속 발전되어 나갔을 것으로 추측된다.

　호남지방에서 발견된 철기시대 전기 유적으로는 화순 대곡리의 토광목곽묘(土壙木槨墓)와 함평 초포리의 적석석관묘(積石石棺墓)이거나 적석목관묘(積石木棺墓)일 가능성이 있는 분묘를 들 수 있다. 이들 돌널무덤[石棺墓]에서는 세형동검을 비롯한 철기시대 전기의 대표적인 유물들인 다양한 청동의기들이 출토되었다. 이 유적들은 주로 영산강 유역에 위치하고 있는데, 충청도지방에서 발견되는 청동기시대의 문화와 관련된 것으로 보이며, 이들 유적에서 발견되는 철기시대 전기의 청동의기들은 비파형동검이 발견된 보성강 유역 및 남해안지역에서는 거의 발견되고 있지 않다는 점으로 미루어 보아 두 지역 사이에 문화적 차이가 있었음을 짐작하게 해주고 있다.

　고인돌 사회에 들어온 토광묘와 세형동검을 사용하던 이주자들은 한동안 고인돌사회와 공존하다가 기원전 2세기 무렵부터 점차 토착사회로 흡수된 것으로 보인다. 이 시기 집자리 유적에는 광주 송암동, 영암 장천리, 전주 여의동, 승주 대곡리, 우산리, 화순 복교리 등이 있다. 최근 마산 진동리 고인돌 하부구조에서 토광이 나타나는 것도 이러한 맥락에서 이해될 수 있을 것이다.

이들 유적에서 발견되는 청동기시대의 집자리는 중앙에 타원형 작업공이 설치되어 있는 원형 집자리로, 송국리 유적에서 발견된 원형 집자리와 형태 및 구조 면에서 유사한 면을 보이고 있다. 그러나 이러한 형태적인 유사성에도 불구하고 이 유적들 간에는 많은 지역적인 차이가 보인다. 즉 장천리를 비롯해 호남지역의 서남부에 위치하고 있는 원형 집자리에서는 소위 송국리형토기라고 불리는 외반구연무문토기가 발견되고 있는 반면, 대곡리 유적에서는 청동기시대 중기 이래 사용되어온 공렬토기도 발견되고 있다. 이러한 원형 집자리 간의 차이는 보성강 유역과 호남지방 서남부 간의 청동기시대 문화적인 양상의 차이로 생각되며, 이는 두 지역 간의 문화형성 과정의 차이에서 비롯된 것으로 생각된다.

원형 집자리의 다음 단계로는 장방형 집자리가 대곡리 유적을 중심으로 확인되고 있다. 이들 장방형 집자리에서는 송국리 유적 및 호남지역의 다른 집자리 유적에서 발견되는 것과 유사한 외반구연무문토기가 발견되고 있는데, 원형 집자리에 후행하는 집자리라는 점에서 그 시기는 철기시대 전기에 해당되는 것으로 보인다. 보성강 유역 집자리에서 발견되는 집자리 평면형의 변화와 출토 유물의 차이는 앞에서 언급했던 고인돌과 돌널무덤 유적의 차이에서와 비슷한 양상을 보여 주는데, 이는 앞에서도 언급했듯이 호남지방 내의 문화전개 과정에 지역적인 차이가 존재했음을 보여준다.

3. 마한의 문화 : 철기시대 후기문화

마한에 해당하는 시기는 한국고고학에서 철기시대 후기(서기 1-300년 : 삼국시대 전기 또는 원삼국시대)에 해당하는 시기로 철기가 제작 사용되는 등 물질문화에 있어서 급격한 변화가 발생한 시기이다. 기록에 의하면 마한은 기원전 18년 백제의 성립 이전부터 독자적으로 신라와 교류해 왔음을 알 수 있다. 예컨대 기원전 20년과 19년의 『삼국사기』 혁거세조를 보면, 마한(또는 서한)왕이 죽자 이를 틈타 침공하자는 신하들의 진언에 '어려울 때 침공하는 것은 도리가 아니다' 하며 혁거세가 말리고 있다. 이처럼 마한은 칭왕을 할 정도의 세력을 가지고 있었던 것으로 보인다. 이 시기에 해당하는 유적으로는 해남 군곡리 조개더미 유적 그리고 보성강 유역의 대곡리, 낙수리, 남원 세전리 집자리가 대표적이다.

해남 군곡리 조개더미 유적에서는 점토대토기, 경질무문토기, 타날문토기, 손칼[刀子], 철부[鐵斧] 등 다양한 유물들이 층위를 이루고 발견되었는데, 철기시대 전기에서 철기시대 후기에 이르는 문화변천과정에 해당하는 마한시대의 생활을 이해하는데 중요한 유적이다.

보성강 유역에서는 이 시기의 집자리 100기 이상이 조사되었는데, 그 평면형은 대부분 장방형인데, 앞선 시기의 집자리에 비해 형태와 구조적인 측면에서 큰 차이를 보이지 않고 있다. 이들 집자리에서는 적갈색연질, 회백색연질, 회청색경질의 타날문토기가 출토되고 있어 군곡리 조개더미의 양상과 유사한 일면을 보여주고 있다. 그러나 경질무문토기가 출토되는 군곡리 조개더미와는 달리 이곳에서는 앞선 시기의 집자리에서 보이는 외반구연무문토기가 출토되고 있다는 점으로 보아 문화변천과정의 차이를 보여주고 있다. 군곡리 및 보성강 유역에서 발견된 집자리 유적들은 그동안 공백으로 남아 있던 마한 시대의 생활유적이라는 점에서 그 의의를 찾을 수 있으며, 앞으로 이 지역의 총체적인 문화 복원에도 중요한 자료가 되리라 생각된다.

다음으로 마한의 대표적인 유적인 독무덤은 철기시대 전기 말로 편년되는 신창리 유적에서 그 유래를 찾을 수 있는데, 소아용 무덤으로 시작되었으나 이 시기에 이르러서는 대형화되었다. 독무덤은 주로 영산강 유역에서 밀집된 분포를 보여준다. 이들 독무덤은 대부분이 한 봉토 안에 여러 기가 안치되어 있는 지상식으로, 분구의 형태는 원형, 방대형, 전방후원형 등이 있다. 대형 독무덤들에 대한 종합적인 연구에 의하면, 이들은 기원후 3세기 후반경에 등장하여 5세기 후반까지 지속한 것으로 보인다. 나주 반남면 일대와 영암 시종면, 함평 월야면 등지의 대형 독무덤들은 마한 제 소국 지배층의 분묘로 추정되고 있다. 이들 독무덤 중에서 금동관을 비롯해 금동제 신발, 환두대도 등 다양한 유물이 출토된 신촌리 9호분이 위치하는 나주 반남면 일대는 마한의 맹주국으로 여겨지는 목지국의 마지막 근거지로 비정할 수 있다. 지금까지 나타난 증거와 기록들을 종합해 본다면, 백제가 현 서울 송파구 일대에서부터 차츰 그 세력을 확장함에 따라 이웃한 마한은 점차 축소되었고, 마한의 중심지는 성환 또는 직산에서 익산, 마지막으로 나주 반남면 일대로 이동해 갔다고 볼 수 있다. 그러나 이와 다른 여러 가지 견해도 제시되고 있어서 이들 대형 독무덤들의 정확한 성격을 규명하기 위해서는 더욱 진전된 연구가 절실히 요구된다.

필자는 전남지방에서 늦은 시기까지 독무덤이 축조되고 백제계의 돌방무덤[石室墓]은 6세기에 들어서야 비로소 축조되는 것으로 보아 상당기간 백제와 관계없는 독자적인 세력이 존재해 있었던 것으로 보고 있다. 즉 백제 제13대 근초고왕(346~375년)에 의한 마한의 멸망 이후, 백제의 행정구역으로 완전히 편입되기 이전까지 마한-목지국의 전통을 유지하는 독자적인 집단이 토착세력으로 존재했었던 것으로 보인다(최몽룡 1991).

4. 목지국의 문제

목지국은 마한 54개 소국 중의 맹주국으로 목지국의 처음 위치는 충남 천원군 직산 또는 천안 용원리 일대로 추정된다. 그런데 백제의 근초고왕이 서기 369년(근초고왕 24년)에 마한의 잔여세력을 복속시키고 전라도 남해안 일대에까지 그 세력권을 확장시켰다는 것으로 보아(이병도 1959 : 362), 마한의 초기 영역이 천원군 직산 일대와 부근의 평택, 성환 일대였다 하더라도 그 이후에는 남쪽의 익산 일대로 옮겨졌을 것이라는 주장도 있다(이기백 · 이기동 1982 : 95, 138). 그러나 마한목지국의 존속시기가 한국고고학의 시기구분에서 서력기원을 전후한 시기로부터 서기 300년경까지에 해당되는 삼국시대 전기에 속하며, 그 하한이 근초고왕대에까지 내려간다는 것을 고려해 볼 때, 앞에서 제시된 지역들에서는 이에 상응하는 증거를 보여주는 고고학적 자료가 미약한 실정이다.

그런데 앞에서 언급한 대로 나주 반남면 대안리, 덕산리, 신촌리 일대에는 이 시기에 근접하는 매우 설득력 있는 고고학적인 증거가 있다. 이 일대에는 대형 독무덤들이 집중적으로 분포하고 있는데, 이들 분묘는 전통적인 형식요소의 지속성이 매우 강하면서 외부적인 자극에도 민감하게 반응하는 중요한 고고학적 자료이다. 이 일대에 집중적으로 분포하는 많은 고분군 중에서 신촌리 9호분에서는 강력한 지배집단의 존재를 시사해 주는 금동관이 출토된 바 있다. 그리고 시조 온조왕의 건국으로부터 문주왕의 웅진 천도까지에 이르기까지 백제의 한성시대(기원전 18~서기 475년) 영역이 북으로 예성강, 동으로 춘천, 서로 인천, 남으로 제천·청주로 비정됨을 생각할 때, 목지국의 최종 위치는 종래의 인천, 익산설보다는 제천·청주 이남지역에 존재했다고 보는 것이 설득력이 있다(최몽룡·권오영 1985). 필자는 문헌상의 자료와 지금까지 마한지역에서 이루어진 고고학적인 성과를 통해 목지국의 마지막 근거지로 전남 나주시 반남면 일대를 비정하는 가설을 세운 바 있다. 그러나 이 가설을 이해함에 있어 주의해야 할 사항은 서기 369년 근초고왕대에 마한의 잔여세력이 백제에 정치·군사적으로 병합당한 후에도 이 지역에서는 마한의 문화전통이 상당기간 동안 지속되었다는 사실이다(최몽룡 1991 : 19~21).

5. 마한의 멸망

이병도는 『일본서기』(日本書紀) 신공기(神功紀) 49년조의 기록으로 보아 369년에 마한이 백제에 의해 멸망되었다고 추론하고 이후 마한이 백제로 편입되었다는 입장을 피력했다(이병도 1976). 백제세력의 유입기인 기원후 4세기 이후에서 통일신라 이전까지를 포함하는 시기(주로 백제시대로, 역사적으로 본다면 서기 369년 근초고왕의 마한 잔여세력 토벌 이후의 시기에 해당되겠다)인 삼국시대 후기(300~660년)의 대표적인 유적으로는 유입되는 백제세력의 것으로 보이는 돌방무덤을 들 수 있다(최몽룡 1993 : 247-248). 돌방무덤은 최근 지표조사와 발굴을 통해 자료가 증가되는 추세에 있어 이들의 성격에 대한 연구도 관심의 대상이 되고 있다. 돌방무덤은 영산강 유역을 비롯한 나주 함평, 장성, 광주 등 전남 내륙지역과 해남, 장흥, 고흥(고흥 포두면 길두리 안동) 등 서남해안지역 그리고 도서지방에서 발견되고 있는데, 나주 대안리 5호분 등을 위시한 이들 돌방무덤들은 이 지역이 실질적으로 백제의 통치권 하에 편입되는 5세기 말 6세기 초부터 축조되기 시작하여 백제 말기까지 존속한 묘제로 생각된다. 그리고 최근 발굴된 나주 복암리 3호분의 경우 돌방(석실) 내에 독무덤의 존재로 보아 백제의 통치시대에도 마한·목지국의 토호로서의 독자적인 세력과 문화전통이 유지되고 있었음을 보여준다. 즉 마한이 정치·행정적으로는 백제에 편입되었으나 문화적으로는 아직까지 완전히 흡수되지 않았음을 나타내 준다.

또 최근 들어서 이 지역에서 주목받는 묘제로 장고분(전방후원형분)이 있다(岡內三眞 1996). 반남면 신촌리 6호와 덕산리 2호를 비롯한 함평 월야면 예덕리 신덕부락, 해남 북일면 장구봉, 영암 도포면 태간리 등지에서 전방후원분이 조사되었고, 최근에는 광주시에서 조성하고 있는 첨단기지공단부지인 광산구 월계동과 명화동에서도 조사되어 주목을 끈다. 이들 묘제는 근초고왕이 24년(서기 369년)에 마한의 잔여세력을 토벌하는 과정에서 백제의 요청에 의해 일본[倭]의 응원군이 와서 강진에서 만난 것이며, 또 이에 따른 왜와의 정식 통교가 이루어졌다는 역사적 기록(『일본서기』 신공 49년조)과도 무관하지 않을 것이다(최몽룡 1997 : 138).

6. 후언

이상으로 전남지역의 마한-목지국 관계의 고고학적 연구의 문제점에 대해서 살펴보았다. 건설로 인한 피해가 많지 않은 전남지방은 한국고고학 연구의 보고이다. 이 지역에서는 앞으로도 많은 가설을 수용하고 증명할 수 있는 자료들이 나올 것으로 기대된다.

　최근 새로운 문제로 대두된 전방후원(형)분의 축조와 기원, 전파에 대해서는 아직 결론을 제시할 수 있는 상황이 아니며, 일본과의 관계를 고려하면 더욱 그러하다. 왜냐하면, 우리나라 자체의 편년설정이 아직 이루어지지 않았기 때문이다. 이와 더불어 이곳에서 출토된 유물의 소속도 아직 확인되지 않았다. 해남 장구봉, 함평 등지에서 전방후원분이 발견되는 것으로 보아 마한 토착세력 안에서 자체 발생한 묘제 중의 하나일 가능성도 있다. 그러나 이의 확증에는 고고학적인 자료의 뒷받침이 필요하다.

　마한의 고고학적 문화는 고인돌, 독무덤 그리고 주거유적으로 대표될 수 있다. 마한의 고고학적 문화에 대한 연구는 최근에 발굴이 활발히 진행되고 있지만 아직 그 국가적 성격이나 문헌과의 적극적인 대입을 할 수 있을 만큼 자료가 충분하지는 않다. 마한의 고고학적 문화의 성격을 밝히는 작업은 이제부터 시작이라고 할 수 있는데, 다른 지역과 비교되는 독자적인 특징을 나타내고 있을 뿐만 아니라 자체 내에서도 지역적인 특징을 보이고 있어 흥미롭다. 지역문화의 변천과 성격에 대한 연구는 한국고대문화의 정확한 성격구명을 위해서도 시급히 활성화되어야 할 것으로 생각되며, 이의 대표적인 예의 하나가 마한-목지국에 대한 연구가 될 것이다.

13. 한성시대 백제 도성의 변천과 문제점

　백제(기원전 18년~서기 660년)의 역사는 한성시대(기원전 18년~서기 475년), 공주시대(서기 475~538년)와 부여시대(서기 538~660년)의 세 시기로 나누어진다. 그에 따라 각 시대의 문화 차이가 뚜렷이 나며 도성의 변천에도 영향을 미친다. 최근 고고학의 활발한 성과로 인해 백제시대의 도성의 변천을 추정해 볼 수 있게 되었다.

　그런데 이 분야의 연구가 가시적인 효과를 거두기 위해서는 본격적인 연구에 앞서 먼저 다음과 같은 네 가지 정도의 전제가 선행되어야 한다. 첫째 『삼국사기』 백제 초기 기록의 인정과 이를 위한 고고학적 증거의 확보, 둘째 마한과 백제의 독립적인 시대구분과 연구의 이분법(二分法)적 사고의 확립, 셋째 원삼국시대와 같은 애매모호한 시기 설정의 폐기 및 새로운 지역편년의 수립과 아울러 한국고대사, 특히 『삼국사기』 초기 기록의 긍정적 해석, 마지막으로 이 시기 유적 또는 성벽의 발굴에 있어 해당 유적이 속하는 한 시기 또는 시대에 편중되지 않은 고고학적 · 역사적 맥락을 고려한 유기적 해석 등이 선행되어야 한다. 이는 이전 시대에 축조된 성벽의 파괴, 개축, 보수 등을 고려해야 하기 때문이다.

『후한서』 동이전 한조에 보이는 마한의 특징적인 가옥인 토실 또는 토옥이 최근 기흥읍 구갈리, 공주 장선리(사적 433호), 충주 수룡리, 논산 원북리와 마전, 대전시 유성구 추목동 자운대, 경기도 화성군 상리 그리고 용인 죽전 4지구에서 확인되어 발굴조사된 바 있다. 특히 질량가속분석기를 이용한 방사성 탄소연대측정 결과 장선리의 중심연대가 서기 220~290년경으로 제시된 바 있는데, 이 유적에서는 마한과 백제 초기 주민들에 의해 공유되었다고 알려진 격자타날문(格子打捺文) 토기가 출토된 바 있다. 이뿐 아니라 1990년대 말 이후 천안 용원리, 공주 장원리 그리고 평택 자미산성 등 마한의 유구로 생각되는 토광묘, 주구묘, 조족문 토기, 판축되지 않은 토성 그리고 굴립주(掘立柱) 건물터 등이 확인 및 조사되고 있어 이들 고고학적 자료를 통한 마한의 영역 고찰이 필요한 시점에 이르렀다. 이러한 새로운 고고학 자료에 관한 연구가 진전된다면, 멀지 않은 장래에 한성시대 백제 이전부터 존재했던 마한과 마한의 땅을 할양 받아 성립한 한성시대 백제와의 문화적 차이를 구분지을 수 있는 보다 설득력있는 의견이 제시될 수 있을 것으로 기대된다.

사성 또는 평고성(坪古城)으로 알려진 서울 송파구 풍납동토성(사적 제11호)은 1997년 이후 문화재연구소와 한신대학교 박물관에 의해 발굴조사되고 있다. 아직 조사가 진행되고 있어 최종적인 결론을 내릴 단계는 아니지만, 풍납동토성은 몽촌토성(夢村土城, 사적 제297호)과 하남시 이성산성(二聖山城, 사적 제422호)보다 먼저 축조된 백제 초기의 도성의 하나로 밝혀지고 있다. 토성, 제사 터, 전(塼)과 개와(蓋瓦) 등의 고고학 자료를 통해 추정되는 지상가옥 형식의 궁궐터와 평면 육각형의 집자리 등으로 미루어 볼 때 풍납동토성은 기원전 18년 온조왕의 백제 건국시에 도성으로 축조되었을 가능성이 높은데, 이러한 연대관은 방사성탄소연대 측정결과와 경질무문토기(또는 풍납리식토기) 등의 존재를 통해 입증되고 있다.

한양대학교 조사단은 1986년 8월 하남시 이성산성에 대한 1차 발굴조사를 실시한 이래 2004년까지 11차 발굴조사를 진행해 왔으며, 향후 연차 발굴이 계속될 예정이다. 이성산성에 대한 8차 및 9차 발굴조사에서 백제, 고구려와 신라에 걸친 유구와 유물이 확인되어 이 유적이 백제 제13대 근초고왕대에 잠시 천도했던 한산(서기 371~391년)일 가능성이 높아졌다. 즉, 한성백제시대에 토성으로 축성되었던 성이 근초고왕대의 활발한 정복사업과 북쪽에 위치한 고구려의 영향 등으로 인해 종래 풍납동토성과 몽촌토성과 같은 토성에서 석성으로의 전환이 이루어졌을 가능성이 높아졌다. 그리고 2001년 발굴된 현문식의 동문지의 경우는 한성백제의 마지막 왕, 개로왕이 이곳에서 벌어진 전투에서 고구려군에게 포획되어 아차산성에서 처형되었을 가능성을 제시해 주기도 했는데, 이는 이성산성이 한성백제 최후의 격전지였을 가능성이 높음을 시사해 줌을 의미한다. 다시 말해 이성산성에서 백제 근초고왕대의 초축(서기 371년), 고구려 20대 장수왕에 의한 한성백제의 멸망(서기 475년), 신라 24대 진흥왕의 한강진출(서기 551/553년), 백제의 멸망(660년)과 통일신라의 등장(668년), 그리고 고려와 조선으로 이어지는 역사적 맥락을 이해할 수 있는 고고학적 단서가 확인되고 있는데, 이는 이성산성이 시대를 초월한 전략적 요충지였다는 의미이기도 하다.

한편 이웃한 천왕사지(天王寺址) 발굴조사에서는 백제시대의 개와(수막새)가 확인된 바 있는데, 이 절의 조성 연대가 백제 초기까지 올라갈 수 있을지에 대한 검증은 아직 이루어지지 않았다. 만약 이 절터가 백제 초기의 것이라는 검증이 이루어진다면, 백제 제15대 침류왕 1년(384년) 불교를 수용하고 그 다음 해인 385년 한산에 불사(佛事)를 일으켰다는 『삼국사기』 백제본기의 기록의 신빙성을 논의할 수 있는 중요한 자료가 될 것이다. 이러한 예는 지난 2001년 충북대학교 박물관에 의해 발굴조사된 청주 부용면 부강리 남산골 산성의 경우 고구려군에 의한 함락시기가 유적의 하한이 된다는 점에서도 찾아볼 수 있다. 남산골 산성은 사적 제415호로 지정된 청주 정북동 토성(서기 130~260년경 축조)의 경우처럼 아마도 마한시대에 초축되었다가 후일 백제의 성이 되었다가, 다시 서기 475년경 고구려군에 함락된 것으로 여겨진다. 포천 반월성(사적 제403호), 연천 호로고루성(瓠蘆古壘城, 사적 467호), 당포성(사적 468호), 은대리성(사적 469호)과 연기 운주성 등은 한성시대 백제의 영역에서 확인된 백제의 성들로 볼 수 있다. 이중 호로고루성, 당포성과 은대리성은 처음에는 백제시대의 판축으로 이루어진 토성이었으나 후에 고구려식 석성으로 대체되었음이 발굴결과 확인되었는데, 이는 백제 제13대 근초고왕의 북진정책과 관련이 있으며, 이들은 최근에 발굴 조사된 파주 탄현 갈현리, 군포 부곡, 하남시 덕풍동과 광암동, 인천 계양시 동양동의 백제 토광묘와 파주 주월리와 포천 자작리에서 확인된 백제시대 집자리의 존재를 통해서도 입증된다. 한성시대의 백제의 영역은 근초고왕 때가 가장 강성했는데, 현 행정구역상 여주 언양리와 하거리, 진천 석장리, 삼룡리(사적 제344호)와 산수리(사적 제325호)를 넘어 원주 법천리에 이르는 것으로 생각되고 있는데, 더 나아가 최근 강원문화재연구소가 발굴조사했던 춘천 거두리와 홍천 하화계리에까지 미치는 것으로 알려지고 있다. 또 충남 연기 운주산성의 경우 이제까지 통일신라시대의 성으로 추정되었으나, 발굴 결과 백제시대에 초축했던 석성이었음이 밝혀지고 있는데, 이는 백제시대의 석성으로 알려진 이성산성(사적 제422호)과 설봉산성(사적 제423호) 등과 비교된다.

사적 제5호로 지정된 부여 부소산성(扶蘇山城)은 대통명(大通銘, 서기 527~528년) 개와의 존재로 보아 백제 제26대 성왕이 528년부터 10년간 도시 계획을 수립한 후 538년 공주에서 부여로 옮긴 도성으로 알려져 있다. 이 산성은 지난 1980년 서록사(西麓寺) 또는 서복사(西腹寺)를 조사한 이래 20여 년 이상 발굴되고 있는데, 특히 1990년 이후로는 국립부여문화재연구소에서 직접 학술발굴조사를 실시하여 지속적으로 중요한 자료를 제시해 오고 있다. 지금까지의 조사 결과에 따르면, 부소산성은 660년 나당연합군에 의해 백제가 멸망한 이후로도 통일신라, 고려 그리고 조선시대에도 계속 이용되었는데, 후대에 와서는 그 규모가 백제시대에 초축된 것보다 상당히 축소되었다. 백제시대 남문지(1992~1994년 조사), 사비루(泗沘樓) 부근에서 북문지에 이르는 통일신라시대의 퇴뫼식 성벽의 석축과 연결부 그리고 수혈주거지 등의 유구(1992~2000년 조사), 남쪽의 통일신라시대의 문지(1995년 조사), 북문지 근처에서 확인된 수혈주거지와 취수장(2000~2001년 조사) 등은 특히 그 중요성이 대두된 바 있다. 백제시대에 축조된 성벽의 원형은 거의 모두 파괴되었으며, 현재 남아 있는 것은 통일신라시대 이후에 쌓은 것들이 대부분인 것으로 확인되었다. 부소산성에서 확인된 이러한 사항들은 연기 운주산성과 같은 백제시대에 초축된 성벽을 조사할 때 꼭 고려해야 할 것이다. 대전 월평동산성에서는 백제산성과 이보다 앞선 시기의 수혈구덩이는 물론 고구려 유물이 출토되어 주목되었는데, 향후 이들을 시대 순으로 구명할 수 있는 정밀 학술조사가 계획되어야 하며, 또 백제시대에 초축된 것으로 알려진 계족산성(鷄足山城, 1570±50 B.P., 서기 415년경

이후 또는 530년경 축조된 것으로 추정)의 경우 통일신라와의 역사적 맥락과 아울러 성벽축조의 선후관계가 밝혀져야 한다.

이 시기의 고고학 연구는 역사고고학의 범주에 속하기 때문에 발굴조사된 고고학 정보 뿐만 아니라 문헌정보의 파악에도 힘을 기울여야 한다. 그래야만 전체적인 맥락을 고려하며 유적을 제대로 해석해 나갈 수 있다고 하겠다.

14. 한성시대 백제와 풍납동토성

서울 송파구 소재 풍납동토성 발굴조사에서 제사유적이 확인되어 관련 분야 학자들 뿐만 아니라 세인들의 주목을 끈 바 있다. 이는 풍납동토성이 초기 백제사 연구에 있어 매우 중요한 유적일 뿐만 아니라 최근 우리나라도 선진국들의 경우처럼 문화재의 보존과 활용을 통한 문화 관광 산업의 육성에 상당한 관심을 갖기 시작했기 때문이기도 하다.

주지하다시피 풍납동토성은 사성 또는 평고성으로 알려진 토성유적으로 사적 제11호로 지정되어 있다. 과거 행정구역상 경기도 광주군에 속해 광주 풍납리토성(廣州 風納里土城)으로 지칭되었으며, 1963년 1월 21일 당시 성벽 둘레 약 3,470m(121,235㎡)에 국한하여 사적으로 지정된 바 있다. 즉, 성 내부는 사적으로 지정되지 않고 사유지로 남아 있었다. 현재 동벽 1,500m, 남벽 200m, 서북벽 250m 등 모두 2,250m 정도가 뚜렷이 남아 있는데, 성 내부에는 현대아산병원을 비롯해 중학교 하나와 초등학교 둘 등 크고 작은 대소 건물들이 꽉 들어차 있다. 풍납동토성의 중요성은 1925년 을축년(乙丑年) 대홍수시 서쪽 벽이 허물어지면서 삼국시대 전기의 청동제 초두(鐎斗 :

세 발로 세워 음식을 데우는 남비나 가마와 같은 용기) 두 점이 발견되면서 대두되었다. 그 이후 1965년 서울대학교 박물관에서 실시한 시굴조사에서 풍납리식 무문토기의 존재가 확인되면서 이 유적의 연대가 백제건국 초기(기원전 18년)까지 올라갈 가능성이 있음이 확인되었고, 1997년 2-4월 현대아파트 건립을 위한 문화재연구소의 발굴조사에서 다음과 같은 최소 4개의 문화층이 확인된 바 있다.

- 제 I 층 : 서력기원 전후 : 경질무문토기+삼중의 환호
- 제 II 층 : 서기 1~2세기 : 6각형 수혈 집자리+회청색연질토기+낙랑토기(서기 23년은 성벽축조 및 경질무문토기의 하한연대임)
- 제 III 층 : 서기 3~4세기 : 6각형 수혈 집자리+회청색경질토기
- 제 IV 층 : 서기 4세기 이후~475년 문주(文周)왕 공주 천도시까지 : 4각형, 방형 또는 장방형 수혈 집자리+회청색 경질토기

즉, 풍납동토성에서 한성시대(온조왕 원년, 기원전 18년~제22대 문주왕 원년, 서기 475년) 백제의 문화상이 고고학적으로 확인된 셈이다. 또 1997년 한양대학교의 아산병원부지 시굴조사 및 선문대의 토성 실측을 거쳐 1999년 이래 문화재연구소의 성벽 발굴과 한신대학교 박물관의 경당지구 발굴이 있었고, 연차 발굴조사를 진행 중이다.

1999년 문화재연구소에서 실시한 성벽 발굴조사에서는 높이 9m, 폭 40m의 거대한 성벽의 축조과정이 밝혀졌다. 즉, 성벽 내부에서 성벽 축조 이전 시기에 사용되었던 심발형토기(深鉢形土器: 높이가 입지름보다 깊은 바리)와 경질무문토기가 출토되어 풍납동토성의 역사와 발전과정을 말해 주었다. 성의 구조와 축조방법은 앞으로 조사와

연구가 진전됨에 따라 자세히 밝혀지겠지만, 지금까지 밝혀진 것만
으로도 백제 초기의 문화에 관한 여러 가지 중요한 새로운 사실들을
알려 주었는데, 기록으로 보아서는 서기 23년 성의 축조가 시작된 것
으로 볼 수 있으며, 성의 축조는 늦어도 서기 3세기 전후에는 이루어
진 것으로 알려졌다. 당시에 엄청난 인력을 동원하여 이와 같은 거대
한 규모의 성벽을 축조할 정도의 권력을 행사할 수 있었던 강력한
왕권이 이미 존재했음이 입증된 것이다.

한편 1999~2000년 한신대학교 박물관에서 실시한 경당지구 발굴
에서는 제사유적과 유구(遺溝: 제사 후 폐기된 도구와 음식을 버리는
구덩이로 추정됨)와 함께 개와와 건물의 바닥에 깔았던 전 그리고
'대부(大夫)', '정(井)' 등의 문자가 새겨진 토기가 출토되었다. 개와
와 전은 부근에 궁전과 같은 지상가옥이 있었음을 시사해준다. 제사
유적은 주 건물의 길이 13.5m, 폭 5.2m, 깊이 3m 규모의 '여(呂)'자
형 집으로 지상가옥이다. 제사유구(9호)에서는 대부(大夫), 정(井)자
가 새겨진 토기를 비롯해 다량의 토기편과 유리구슬편 등의 유물이
출토되었는데, 특히 말의 하악골(턱뼈) 7개체 분이 출토되어 주목을
끌었다. 제사유적은 조선시대 종묘와 사직에서 보이듯이 조상과 하
늘에 제사를 드리는 곳으로 왕권을 유지 과시하는데 필수적인 요소
이다. 지금까지 백제지역에서 확인된 제사유구로는 공주 송산리 개
로왕의 가묘(1988 문화재연구소), 공주 금성동 정지산(1996 국립공주
박물관), 부안 변산반도 죽막동(1992 국립전주박물관) 그리고 부여
능산리[1994 국립여박물관, 후일 창왕 13년 명(서기 567년)이 있는 사
리감이 출토] 건물지 등이 있다. 풍납동토성 내에서 확인된 제사유적
은 한성시대 백제 당시 국가가 주관이 되어 조상과 하늘에 제사를
지냈던 제사 터로 생각되는데, 이는 부여 능산리에서 확인된 건물터

가 사비(부여)시대 백제(서기 538~660)의 종묘에 해당하는 건물지로 국가적 차원에서 제사를 지내던 터로 이해되는 것과 같은 맥락에서 이해할 수 있다. 중국 길림성 박물관 조사단이 1958년 고구려 국내성 (집안) 동쪽에서 발굴조사한 동대자 유적 역시 이와 같은 성격의 유적이라 할 수 있다. 이 건물터는 고구려 광개토왕 2년(서기 392년)에 축조된 국사(國社)라는 종묘와 사직의 제사 터로 보고되었다. 건물지의 형태가 '여(呂)' 자형인 것은 이 건물의 연대가 상당히 올라갈 수도 있음을 시사해 준다. 즉, 중부지역 특히 강원도의 철기시대 전기 (기원전 300~1년, 기존의 초기 철기시대) 집자리의 평면형태는 장방형, 방형, '철(凸)' 자형 그리고 '여(呂)' 자형으로 변천됨이 고고학 자료를 통해 확인되었다. 그런데 이 제사 터의 평면형이 '여(呂)' 자형인 점은 이와 같은 맥락에서 이해되어도 무방할 것으로 생각된다. 제사유구에서 출토된 말머리뼈와 턱뼈는 제사 당시 희생물로 봉헌되었던 말의 흔적이라고 볼 수 있다. 고대사회에 있어 말의 순장은 중국의 상나라(기원전 1750~1100년 또는 기원전 1046년)의 마지막 수도인 은허(殷墟) 대사공촌(大司空村) 175호분, 산동성 임치 제경공(기원전 548~490) 순마갱(山東省 臨淄 齊景公 殉馬坑)과 임치 중국고차박물관 내 후리 춘추순마차(后李 春秋殉馬車)유적 등에서 보이는 바와 같이 마차와 함께 이루어지는 것이 일반적이다. 마차는 당시 최고 권위의 상징물(위세품)의 하나였기 때문에 왕이나 상류층의 무덤에 마차와 말이 함께 부장되는 것은 흔한 일이었다. 국가의 제사에는 소, 다음의 상류층(귀족)의 제사에는 양 그리고 그 밑 신분의 제사에는 돼지의 순으로 희생물을 삼았다. 따라서 국가적 차원의 제사의 희생물로 사용되는 소를 국가적 차원에서 사육했던 것이 상나라의 국가 성립 원동력의 하나였다는 가설이 제기된 바도 있다. 그런데 말의 경우도 말과 마차의 순장에서 알 수 있듯이 국가, 즉 왕이 주도하는 제사의 희생물일 가능성이 높다. 토성 내부의 경당지구에서 확인된 제사 터, 개와와 전이 사용되는 궁궐과 같은 건물터, 제사 희생물로서의 말뼈, 문자가 새겨진 토기편 등은 이 곳이 왕도(王都)였을 가능성이 높음을 시사해준다. 만약 그렇다면, 이 곳에서 확인된 제사 터는 『삼국사기』 백제본기 시조 온조왕편에 보이는 '원년(기원전 18년) 여름 5월에 동명왕의 사당을 세우다'와 '17년 여름 4월 사당을 세우고 왕의 어머니에게 제사지냈다'라는 기록과 관련이 있음을 추측할 수 있겠다. 물론 건물터는 후일 보수와 개축이 이루어져 처음의 모습 및 축조 연대와는 차이가 날 수 있으며, 이에 대하여는 후일 발굴자들에 의한 더 자세한 설명과 해석이 제시될 것이다.

온조는 유리와 비류를 이은 동명왕[朱蒙]의 셋째 아들이다. 그리고 어머니 소서노와 해부루의 서손인 우태(優台 또는 仇台)와의 사이에서 출생한 비류와는 형제간이며, 어머니 소서노가 주몽에게 개가를 하기 때문에 주몽은 비류와 온조의 의붓아버지가 된다. 주몽은 어떠한 형태로든 온조의 아버지가 되며 고구려는 백제의 어버이 나라이다. 따라서 온조가 즉위 첫 해에 아버지 동명왕(주몽)의 사당을 세웠음은 당연한 일일 수도 있으며, 이 제사 터가 동명왕과 어머니 소서노의 묘, 다시 말해 조상숭배의 터전인 종묘가 될 가능성이 높다. 결론적으로 풍납동토성은 외벽을 지닌 성곽, 국가의 상징이자 기념물인 제사 터 그리고 궁궐을 모두 갖춘 백제의 초기 역사를 구명하는데 꼭 필요한 유적인 것이다. 한성시대 백제의 도성이 시조 온조왕부터 문주왕대에 이르는 493년간 한 곳에 있었던 것은 아니다. 홍수, 고구려와의 전쟁 등으로 인해 여러 차례에 걸쳐 도성을 옮겼을 가능성이 높은데, 몽촌토성(사적 제297호), 이성산성(경기도 향토유적 제

1호) 그리고 춘궁리 일대가 한성백제의 도성이었을 가능성이 높다. 또 석촌동 고분군(사적 제243호), 방이동 고분군(사적 제270호)과 가락동 고분군 등 직경 10㎞ 이내에 소재한 고분군들은 이들 도성과 밀접한 관련을 지닌 왕릉과 관련된 유적일 가능성이 높다. 그런데 이들 고분군들은 송파구와 강동구 일대의 개발에 앞서 충분히 조사되지 못했다. 따라서 풍납동토성은 다른 유적에서 확인되지 못했던 백제 초기의 역사를 밝혀 줄 수 있는 귀중한 자료를 제공해 줄 수 있는 거의 유일한 곳이다. 오늘날 『삼국사기』 초기 기록의 신빙성 문제를 제시하는 일부 고대사학자들은 백제의 국가 기원이 온조왕대가 아닌 고이왕(古爾王 : 서기 234~286년)대, 즉 『삼국사기』 기록보다 2~300년 늦은 것으로 주장하고 있다. 고고학 자료만이 이러한 시각을 시정할 수 있는데, 풍납동토성이 그러한 자료를 제공해 줄 가능성이 높다. 최근 국립문화재연구소에 의한 발굴조사에서 나무판을 정사각형 우물 井자로 14단 쌓아올린 백제시대의 목조 우물이 풍납동 410번지 토성 동남쪽 성벽 바로 바깥에서 발견되었다. 그 연대도 가속기질량분석(AMS)에 의하면 서기 390±40년이다. 한성시대 백제멸망 이전이다. 앞으로 이런 중요한 자료는 계속 발견이 될 것이다. 풍납동토성의 발굴이 중요하고, 이 유적을 꼭 보존해야 하는 이유가 바로 여기에 있다고 해도 과언이 아니다.

문화민족임을 자처하는 우리의 문화전통에 대해 남다른 자긍심을 지녀왔다. 문화민족이라는 자긍심이 1990년대 말 우리에게 닥쳐왔던 IMF라는 경제대란을 커다란 무리없이 극복하는데 상당한 역할을 했다고 생각된다. 그러나 우리의 역사 인식에는 일제시대에 심어진 한국문화의 '반도성, 타율성, 정체성과 사대성'이라는 식민사관이 뿌리깊게 남아 있어 이를 극복하는데 상당한 시간이 소요되고 있다. 『삼국사기』초기 기록에 대한 불신도 그 중의 하나인데, 우리는 하루 빨리 이를 극복하여 긍정적인 역사관을 갖도록 노력해야 할 것이다. 이를 극복하기 위해서는 신화학, 고대사와 고고학 등 연관 분야 연구자들의 학제적 연구 풍토가 절실히 요구되는데, 이런 시점에서 백제 초기 역사의 실마리를 풀어줄 수 있을 것으로 기대되는 풍납동토성의 발굴이 이루어지고 있음은 매우 다행스러운 일이다. 또 이제는 유적의 보존에도 신경을 써야 할 시점에 이르렀다. 발굴조사를 실시해 기록만 남긴 상태에서 고층 건물을 짓도록 허가해 준다면 2000년 이상의 역사를 자랑하는 서울에는 후세들에게 보여줄 수 있는 유적이 남아 있지 않게 된다. 풍납동토성과 같은 유적을 보존해서 역사 관광자원으로 활용할 필요성이 대두된다. 즉, 조상 덕에 먹고 산다고 해고 과언이 아닌 이집트와 이태리의 예를 귀감으로 삼아야 할 것이다. 일본의 경우는 지역 주민과 사업가들이 합심하여 신석기시대, 즉 죠몽(繩文)시대 중후기(기원전 3000~1000년) 유적인 치바시(千葉市) 와카바꾸(若葉區) 사쿠라기죠(櫻木町) 가소리(加曾利) 패총(貝塚, 조개더미) 일대 134,5000㎡의 땅을 구입하여 유적을 현장 그대로 보존한 예가 있다. 더 나아가 1966년에는 유적지에 박물관을 지어 유물을 보존하고 자연환경과 일본의 선사시대를 교육하는 역사적 장소로 이용하고 있으며, 이를 훌륭한 관광자원으로도 활용하고 있다. 국가 사적으로도 지정된 이 유적은 일본 문화 및 유적 보존운동의 효시가 되기도 했다. 우리도 아직 늦지 않았다. 예산이 문제가 된다면, 지금부터 50년 또는 100년에 이르는 장기계획을 세워 조금씩이라도 땅을 매입하고, 발굴을 한 후 유적을 원형에 가깝게 보존한다면 일본의 가소리 패총에 못지않은 훌륭한 노천 역사박물관을 가질 수 있게 될 것이며, 이는 우리 민족문화의 자긍심을 배가시킬 수 있을 것이다.

15. 한성시대 백제와 마한

New Perspectives in the Korean Archaelogy and Ancient History : Emergence and Development of Hanseong Period Baekje and Mahan

Ⅰ. Bronze and Iron Age Cultures in Korea

Analysis and synthesis of archaeological data from the various sites excavated recently by several institutes nationwide provided a critical opportunity to reconsider archaeological cultures of Korean Bronze, Iron Ages and Former Three Kingdoms Period, and I have presented my own chronology and sub-periodization of Korean Bronze and Iron Ages with some suggestions, including a new perspective for future studies in this field.

Though it is still a hypothesis under consideration, the Korean Bronze Age(2000 BC~400 BC) can be divided into four phases based on distinctive pottery types as follows :

1. Initial Bronze Age(2000~1500 BC) : a pottery type in the transitional stage from Jeulmun comb pattern pottery to plain coarse pottery with band applique decoration on the rim, and plain coarse pottery with double rim or Jeulmun pottery decoration.

2. Early Bronze Age(1500~1000 BC) : double rimmed plain coarse pottery with short slant line design on the rim.

3. Middle Bronze Age(1000~600 BC) : pottery with a chain of hole-shaped decoration on the rim and pottery with dentate design on the rim.

4. Late Bronze Age(600~400 BC) : high temperature fired plain coarse pottery(700~850℃).

The Iron Age(400~1 BC) can be divided into two phases based on distinctive set of artifacts as follows as well :

1. Former Iron Age : pottery types such as high temperature fired plain coarse pottery and pottery with clay strip decoration on the rim(section : round), mould-made iron implements and bronze implements such as type Ⅰ Korean style dagger, dagger-axe, fine liner design mirror, ax, spear and chisel.

2. Later Iron Age : bronze implements such as type Ⅱ Korean

style dagger, horse equipments and chariots, forged iron implements and pottery with clay strip decoration on the rim(section : triangle).

On the other hand, cross-section shape of clay strip attached to pottery can be a criterion to divide the Iron Age into three phases. The shape of clay strip had been changed in the order of section with round, rectangular and triangular shapes and each shape of the cross-section represents a phase of Iron Age, respectively. All the three types of clay strip potteries in terms of the section on the rim of surface, usually accompanied by the Korean type bronze dagger, are buried in the earthen pit tomb, indicating the beginning of the Former Iron Age(BC 400) in Korean peninsula.

Korean academic circles have to fully accept a record illustrated in the Samguksagi(三國史記) as a historical fact that King Onjo, the first king of Baekje Kingdom, founded Baekje(百濟) in the territory of Mahan in 18 BC During the Later Iron Age, or Former Three Kingdoms Period, Baekje had been coexisted with Lolang(樂浪) and Mahan(馬韓) in the Korean Peninsula with close and active interrelations within an interaction sphere. Without full acceptance of the early records of the Samguksagi, it is impossible to obtain any productive scholarly outcome in the study of ancient Korea. For quite a long time period, Korean archaeological circles have used a concept and term of Proto-Three Kingdom Period. However, it is time to replace the inappropriate and illogical term and concept, the Proto-Three Kingdom Period with Later Iron Age or Former Three Kingdoms Period.

II. Hanseong Period Baekje and Mahan

The history of Baekje Kingdom, one of the Three kingdoms, is divided into three periods to the change of sociopolitical center, including its capital as follows : Hanseong Period(18 BC~AD 475), Ungjin Period(AD 475~538) and Sabi Period (AD 538~660). Though the Hanseong Period of Baekje Kingdom covers more than two thirds of the whole history of Baekje Kingdom(493 years), history and archaeological culture of the Hanseong Period is still unclear and even ambiguous comparing to the Ungjin and Sabi periods. Most of all, it is because of quite limited historical records and archaeological data available. In addition, negative attitude of the Korean academic circles to the early records of Samguksaki has been a critical obstacle to the study of early history of the Three Kingdoms, including the Hanseong Period of Baekje kingdom.

Authors, who have attempted to combine historical records and archaeological data in order to reconstruct the history and archaeological culture of the early Baekje, specifically the Hanseong Period, have held positive attitude to the early records of the Samguksaki as much as possible. They came to realize that comprehensive understanding of Mahan(馬韓) society, one of the Three Han(三韓) Society was more than essential in the study of Baekje. According to historical records and archaeological data,

Mahan Society represented by Mojiguk(目支國) ruled by King Jin(辰王) has been located in the middle and/or southwestern parts of the Korean peninsula from the 3rd century BC through the end of the 5th century or early 6th century AD Mahan already occupied central portion of the Korean Peninsula, including the Han River Valley when King Onjo first set up the capital of Baekje Kingdom at Wiryeseong(慰禮城) considered to be modern Han River Valley. From the beginning of the Baekje history, there had been quite close interrelationships between Baekje and Mahan, and the interrelationships had lasted for around 500 years. In other words, it is impossible to attempt to understand and study Hanseong period of Baekje, without considering the historical and archaeological identity of Mahan. According to the Samguksaki, Baekje moved its capital three times during the Hanseong Period(18 BC~AD 475) within the Han River Valley as follows: Wiryeseong at north of the Han River(河北慰禮城, 18~5 BC), Wiryeseong at south of the Han River(河南慰禮城, 5 BC~AD 371), Hansan(漢山, AD 371~391) and Hanseong(漢城, AD 391~475).

Before 1990s, archaeological data of the Hanseong Period was quite limited and archaeological culture of Mahan was not well defined. Only a few burial and fortress sites were reported to be archaeological remains of the early Baekje, and a few settlement and jar burial sites were assumed to be those of Mahan without clear definition of the Mahan Culture. Since 1990s, fortunately, a number of new archaeological sites of Hanseong Baekje and Mahan have been reported and investigated. Thanks to the new discoveries, there has been significant progress in the study of early Baekje and Mahan. In particular, a number of excavations of Pungnap-dong Fortress site(1996~2005), considered to be the Wiryeseong at south of the Han River, the second capital of the Hanseong Baekje, provided critical archaeological evidence in the study of Hanseong Period of Baekje. Since the end of the 1990s, a number of sites have been reported in Gyeonggi, Chungcheong and Jeolla provinces, as well. From these sites, archaeological features and artifacts representing distinctive cultural tradition of Mahan have been identified such as unstamped fortresses, pit houses cut into the rock, houses with lifted floor and potteries decorated with toothed wheel and bird's footprint designs. These cultural traditions reflected in the archaeological remains played a critical role to define and understand archaeological identity of the Mahan society. Moreover, archaeological data from these new sites reported in the middle and southwestern parts of the Korean Peninsula made it possible to postulate a hypothesis that the history of Mahan could be divided into three periods to the change of its sociopolitical center as follows : Cheonan(天安) Period, Iksan(益山) Period and Naju(羅州) Period. The change of Mahan's sociopolitical center is closely related to the sociopolitical expansion of the Hanseong Baekje.

1. 서언

서기 1392년 조선 개국 후 태조 3년(1394년) 수도를 한양으로 정하고 태종 5년(1405년) 개성에서 한양으로 천도한 이후 조선의 수도는 한성[1394년 한양부(漢陽府)에서 한성부(漢城府)로 고침]이었지만, 선사시대로부터 한성시대 백제(기원전 18년~서기 475년)에 이르기까지는 오늘날의 서초구, 강동구, 송파구와 하남시 일대인 한강변이 중심지였다. 현 행정구역상 서울에서 확인된 선사시대 유적으로는 중랑구 면목동의 구석기시대 유적, 사적 제267호인 강동구 암사동 신석기시대 유적, 강남구 역삼동과 서초구 반포동의 청동기시대 유적(주거지와 지석묘), 성동구 응봉의 철기시대 전기(기원전 400~기원전 1년 : 종래의 초기 철기시대) 유적 등을 들 수 있다. 한국고고학 및 역사학의 시대구분에 따르면 한국의 선사 및 역사시대는 구석기시대, 신석기시대, 청동기시대(기원전 2000~기원전 400년), 철기시대 전기(기원전 400~기원전 1년), 철기시대 후기(삼국시대 전기, 서기 1~300년), 삼국시대 후기, 통일신라시대, 고려시대, 조선시대로 구분된다.

1970년 말 경희대학교 고(故) 황용훈(黃龍渾) 교수에 의해 발견된 중랑구 면목동 구석기유적은 조사과정상 문제가 많아 아직까지 학계에서 인정받지 못하고 있다. 그러나 기원전 5000~4000년경 한강변에 형성된 강동구 암사동 유적과 오늘날의 하남시에 위치한 미사동 유적(사적 제269호)은 한반도의 신석기시대를 대표하는 유적들로 당시 인구밀도가 매우 높았던 문화의 중심지였다. 한반도의 신석기시대 토기는 원시무문토기(原始無文土器), 융기문토기(隆起文土器), 압인문토기(壓印文土器), 전면즐목문토기(全面櫛目文土器), 부분즐목문토기

(部分櫛目文土器), 이중구연토기(二重口緣土器) 단계의 순으로 발전해 온 것으로 알려져 있는데, 암사동 유적에서는 신석기시대의 전면즐 목문토기 단계로부터 백제시대까지 사람이 살았던 고고학적 증거가 뚜렷하게 확인되었다. 즉 원형에 가까운 말각방형의 수혈주거지와 더불어 그들의 생활도구 일체가 발견되어 당시의 생활상을 복원해 볼 수 있다.

숭실대학교 고(故) 임병태(林炳泰) 교수는 역삼동 청동기시대 중기 유적에서 공렬토기(孔列土器)가 출토된 방형주거지(方形住居址)를 조사했고, 이병도 박사는 반포동에서 지석묘를 조사한 바 있다. 그리고 일제시대에 요코야마(橫山將三郞)는 응봉을 비롯한 한강변의 여러 유적에서 철기시대 전기로 편년되는 단면원형(斷面原形)의 점토대토기(粘土帶土器)와 각종 석기류(현 국립중앙박물관 소장)를 발견하여 수집하였다. 이들 유적들을 통해 볼 때 서울에는 신석기시대 중기부터 인간의 거주가 시작되었는데, 당시의 중심지는 암사동, 역삼동, 반포동 등의 한강변이었으며, 신석기시대 주민들은 강에 의존한 생업 경제를 영위했었다.

이후 한국고고학 시대구분상 철기시대 전기(기원전 400~기원전 1년)의 서울은 마한의 지배하에 있었는데, 이는 기원전 18년 백제가 개국한 후 백제 시조 온조가 마한 왕에게 영토를 할양받았다는 역사 기록[온조 13년(기원전 6년)]을 통해서 확인된다. 백제는 제13대 근초고왕대에 이르러서는 천안에 중심을 두고 있던 마한을 압박하여 익산 일대로 내몰았다(서기 369년). 그 이후 서울은 서기 475년까지 한성시대 백제의 수도였고, 백제가 남쪽으로 천도한 475년 이후로는 고구려 또는 신라의 영역이었다. 백제는 시조 온조왕의 개국 이후 제31대 의자왕(義慈王) 20년(기원전 18년~서기 660년) 신라와 당나라의 연합군에 의해 멸망하기까지 678년이라는 오랜 기간 동안 신라, 고구려 뿐 아니라 일본 및 중국의 여러 나라와 정치·문화적으로 밀접한 관련을 맺으며 고유의 문화를 발전시켜 왔다. 백제의 역사는 그 도읍의 변천에 따라 크게 3시기로 구분해 볼 수 있다. 백제의 건국, 즉 기원전 18년부터 서기 475년까지 위례성[慰禮城, 한성시대(漢城時代), 온조왕 원년~개로왕 21년]에, 475년에서 538년까지는 공주[웅진시대(熊津時代), 문주왕 원년~성왕(聖王) 16년]에 그리고 마지막으로 538년부터 멸망하는 660년까지는 부여[扶餘, 사비시대(泗?時代), 성왕 16년~의자왕 20년]에 백제의 도읍이 있었다.

2. 백제

한성시대 백제의 주요유적으로는 사적 제11호 풍납동토성, 사적 제297호 몽촌토성, 사적 제243호 석촌동 고분군과 사적 제270호 방이동 고분군 등이 있다. 한성백제는 하북위례성, 하남위례성, 한산 그리고 한성으로의 세 번에 걸친 천도가 있었다. 즉 기원전 18년 시조 온조왕의 건국 이후 제21대 개로왕대에 고구려 제20대 장수왕에 의해 수도가 함락된 서기 475년까지 백제는 세 차례에 걸쳐 도읍을 옮겼다. 하북위례성은 기원전 18~5년(온조왕 14년, 중랑천 일대로 추정), 하남위례성은 기원전 5년~서기 371년(제13대 근초고왕 26년, 풍납동토성으로 추정), 한산은 서기 371~391년(제16대 진사왕 7년, 사적 제422호로 지정되어 있는 하남시 이성산성으로 추정) 그리고 한성은 서기 391~475년(문주왕 1년, 하남시 춘궁동 일대로 추정)까지 한성백제의 도성으로 사용되었다. 신라 초기의 경주 도성도 박혁거세 26년(BC 32년)에 지은 첫 궁궐인 금성(金城)에서 21대 소지왕(炤

知王 10년) 서기 488년 수리를 하고 大宮을 설치해 이사간 월성(月城, 사적 16호)에 이르기까지 金城-月城으로 변천된 것과 같은 맥락으로 볼 수 있다.

특히 하남위례성은 종래 몽촌토성[고원성(古垣城) 또는 이리성(二里城)으로 불려짐]으로 추정되어 왔으나 최근의 고고학적 성과를 고려할 때 풍납동토성(사성 또는 평고성)이 될 가능성이 높아졌다. 풍납동토성에서는 백제시대의 특징적인 주거 형태인 육각형 수혈주거지를 비롯해 제사 터, 궁궐에 사용되었을 것으로 짐작되는 개와와 전 그리고 '대부(大夫, 춘추전국시대에는 天子, 諸侯, 大夫 또는 公, 卿, 大夫, 士라는 벼슬이 있었으며 이도 이에 따른 것으로 여겨짐)' 등의 문자가 새겨진 명문토기(銘文土器)들이 많이 출토되었다. 그리고 한성시대 백제왕과 상류층의 분묘로는 고구려 양식으로 축조된 석촌동 백제 초기 적석총과 그 이후 백제의 분묘로 알려져 있는 방이동 석실분 등이 확인되었다. 풍납동토성과 몽촌토성 그리고 석촌동 적석총 등 초기 백제시대의 유적들이 모두 직경 10㎞ 이내에 소재하는 것을 고려할 때 한성시대 백제의 중심지는 오늘날의 송파구와 하남시 일대라고 할 수 있겠다.

3. 한성시대의 백제유적

1) 백제의 건국 신화

문헌 기록에 따르면 백제는 부여 또는 고구려로부터 이주한 정권으로 주위의 마한[마한왕(馬韓王) 또는 서한왕(西韓王)이 통치을 정복해 나가면서 조금씩 그 세력을 확장해 갔다. 한강변에서 확인된 산성과 고분들은 백제의 세력확장을 대변해 주는 고고학적 증거들이다. 백제의 건국자는 주몽의 셋째 아들인 온조(기원전 18년~서기 28년)인데, 온조는 친부(親父) 주몽을 찾아 부여에서 내려온 유리왕자(琉璃王子, 고구려 제2대 왕)의 등장에 신분의 위협을 느껴 한나라 성제(成帝) 홍가(鴻嘉) 3년(기원전 18년) 형 비류와 함께 남하하여 하북위례성[현 중랑천 근처로 추정되며, 온조왕 14년(기원전 5년)에 옮긴 하남위례성은 송파구에 위치한 풍납동토성으로 추정됨]에 도읍을 정했고, 형 비류는 미추홀에 정착했다. 『삼국유사』에는 온조·비류 형제가 고구려의 건국자인 주몽의 아들로 되어 있으나, 『삼국사기』 백제본기 별전 권 23에는 북부여의 제2대 왕인 해부루의 서손인 우태의 아들로 나와 있다. 이러한 기록의 불일치는 우태의 부인이었던 친모 소서노가 주몽에게 개가(改嫁)했기 때문이라 여겨진다.

　백제에는 사비시대 말기에 해당하는 제30대 무왕(600~641년 재위) 대에 보이는 용(龍) 신화를 제외하고는 고조선, 부여, 고구려, 신라 등과는 달리 고유의 건국설화가 없다. 즉, 백제의 건국자인 온조는 고구려의 시조 주몽의 경우에서 나타난 천손 해모수와 용왕(龍王)의 딸 하백녀 유화 등의 신화적인 요소 및 난생설화 등의 배경 없이, 주몽, 소서노, 우태 등 구체적인 실존인물들 사이에서 등장한다. 따라서 백제에는 부여나 고구려에서 보이는 신비한 건국신화나 시조신화가 없는데, 이는 백제가 어버이 나라인 고구려에 열등의식을 지닐 수밖에 없었던 이유가 될 수 있다. 온조왕 원년에 동명왕묘를 세운 것이나, 제13대 근초고왕이 371년 평양을 공격해 고구려 제16대 고국원왕을 살해하는 전과를 올리고도 평양을 백제의 영토로 편입시키지 않고, 한성으로 되돌아온 기록에서도 이러한 측면을 엿볼 수 있다. 백제의 왕실은 고구려 왕실에 대한 열등감을 해소하고 왕실의 정통성을 고양하려 노력했던 것으로 보인다. 그러한 노력의 일환으로 용이 왕을 상징하는 왕권의 탄생설화가 등장하게 된 것으로 이해된다. 부여 능산리에서 발견된 백제금동대향로의 뚜껑과 몸체에 표현된 도교와 불교적 문양, 용봉문[또는 주작(朱雀)과 현무문(玄武文)]과 연화문 사이에 새겨진 태자상(太子像) 장식 등이 그러한 증거로 이해된다. 백제금동대향로는『삼국사기』백제본기 무왕 35년조의 '왕흥사성기사임수(王興寺成其寺臨水) 채식장려(彩飾壯麗) 왕매승주입사행향(王每乘舟入寺行香)'이라는 기록과 작품양식으로 보아 백제 무왕 35년 서기 634년 제작된 것으로 추정되고 있다. 이 금동향로의 제작배경은 고려의『제왕운기』나 조선의『용비어천가』와 같은 맥락에서 이해할 수 있다.

2) 서울 · 경기도지역의 한성시대 백제 유적

  백제의 도읍이 493년간이나 한성지역에 있었지만, 한성시대 백제에 관한 연구는 공주나 부여에 비해 매우 부진하며, 최근 고고학적 유적의 조사 예가 늘어나고는 있으나, 한성시대 백제의 문화상을 밝히기에는 자료가 턱없이 부족하다. 현재까지 한성백제지역에서 확인된 유적으로는 몽촌토성, 이성산성, 풍납동토성 등의 성곽 유적과 석촌동, 방이동, 가락동 등의 분묘 유적이 있다. 최근 서울 · 경기지역에서 이루어진 백제 초기의 고고학적 연구 성과로는 풍납동토성(사적 제11호)의 발굴조사를 들 수 있다. 1964년에 서울대학교 박물관에서 실시한 풍납동토성 발굴조사에서 청동기시대 후기의 경질무문토기와 한나라(낙랑)의 영향을 받은 도기편 등이 다량으로 발견된 바 있으며, 1925년의 대홍수 때에는 청동초두가 발견된 바도 있었다. 국립문화재연구소는 1997년 실시한 발굴조사에서 백제 초기의 문화층을 확인했으며, 2002년 4월 한강변에 면하여 홍수에 유실된 것으로 추정했던 서벽을 새로이 확인하는 성과를 거두었다. 성벽에서는 생활유적에서 확인되어 온 기원전 1세기경의 경질무문토기가 출토되었다. 그런데 『삼국사기』에는 온조왕 13년(기원전 6년) 낙랑과 말갈을 의식해 한산 밑에 성책을 세우기 시작하고, 이듬해인 온조왕 14년(기원전 5년) 하북위례성에서 하남위례성으로 도읍을 옮겼으며, 그로부터 27년 후인 온조왕 41년(서기 23년) 15세 이상을 징발하여 성을 수축했다는 기록이 있다. 이러한 문헌기록과 출토 토기를 고려할 때, 풍납동토성이 처음 축조되기 시작한 것은 온조왕 13년(기원전 6년) 무렵이며, 풍납동토성이 도성으로서의 면모를 갖춘 것은 온조왕 41년(서기 23년) 이루어진 개축 이후라는 추정이 가능하다.

전술하였듯이 한성백제의 유적으로는 몽촌토성, 풍납동토성, 이성산성 등 성을 중심으로 하는 생활유적과 석촌동, 방이동, 가락동고분과 같은 분묘유적이 있으며, 이들은 대체로 서울시 송파구 일대의 직경 10㎞ 이내 지역에 소재하고 있다. 한성시대 백제의 수도가 과연 어디였는가에 대해서는 이견이 있지만, 필자는 『삼국사기』 초기 기록의 인정과 아울러 두 번째 도읍지였던 하남위례성으로 추정되는 풍납동토성을 중심으로 백제 건국세력이 자리를 잡았다고 생각하며, 아울러 이들 세력 집단이 석촌동, 가락동, 방이동 일대에 그들의 분묘를 축조했다고 보고 있다.

백제는 고구려로부터 이주한 정권으로 나름대로의 정통성(正統性)을 확보해 나가면서 온조왕 13년(기원전 6년) 이후 주위를 둘러싸고 있는 마한(마한왕 또는 서한왕이 통치)을 압박해 가며 조금씩 세력을 확장해 갔다. 백제의 세력확장은 산성이나 고분 등 고고학적 자료를 통해서 알 수 있다.

(1) 분묘유적(墳墓遺蹟)

① 적석총(積石塚)

한성백제의 대표적인 묘제(墓制)로는 적석총, 토광묘, 옹관묘 그리고 석실분을 들 수 있다. 적석총은 고구려 이주 세력의 분묘로 초기 백제의 지배세력이 사용했다. 적석총은 크게 기단식(基壇式) 적석총과 무기단식(無基壇式) 적석총으로 대별된다. 한강지역에서는 무기단식이 확인되지 않는데, 이는 백제의 지배세력이 기단식을 축조하는 시기에 한강 유역에 내려왔거나, 아니면 하천 근처에 축조되었던 무기단식 적석총들이 모두 홍수 등에 의해 쓸려 내려가 없어졌기 때문이라 여겨진다. 백제 고분 중 석촌동 3호분은 고구려 양식을 계승하였음이 뚜렷하나, 백제식의 형식적인 연도가 확인된 4호분의 경우는 후기 적석총이 석실봉토분으로 변한 것으로 보인다. 1호분의 남분(南墳)은 고구려식 적석총으로, 북분(北墳)은 백제식 적석총으로 축조되었지만, 4호분은 봉토(封土)를 쌓은 후 적석(積石)으로 보강을 한, 즉 봉토가 주이고 적석이 부가된 구조임이 확인되어 백제 적석총의 주체는 유력한 토착세력이었음을 알 수 있는데, 이는 백제식 적석총의 기원에 대해 시사하는 바 크다. 고구려의 영향을 받은 것이 분명한 적석총은 서울 뿐 아니라 남한강 및 북한강 유역에서도 여러 기가 발견된 바 있다. 즉, 남한강 상류의 평창군 여만리, 응암리, 제원군 양평리, 도화리와 북한강 상류의 화천군 간척리와 춘성군 천전리, 춘천 중도에서도 적석총이 보고된 바 있다. 또한 최근 국립문화재연구소가 주관한 비무장지대에 대한 고고학적 조사에서 경기도 연천군 삼곶리 적석총이 확인되었고, 군남리와 학곡리에서도 백제 초기 적석총이 보고되었다. 임진강변에서도 적석총이 확인되었다는 것은 백제 적석총이 북쪽에서 남하했다는 설을 재삼 확인시켜주는 것으로, 백제 적석총 연구에 시사하는 바가 크다.

또한 한강유역 각지에 퍼져있는 적석총의 분포 상황은 당시 백제의 영역이 『삼국사기』 온조왕 대(13년, 기원전 6년) 기록에서 보이는 바와 같이 동으로는 주양(走壤, 춘천), 남으로는 웅천(熊川, 안성천), 북으로는 패하(浿河, 예성강)에까지 이르렀음을 확인시켜준다. 이처럼 한강 유역에 분포하는 백제 초기의 적석총들은 백제 초기의 영역을 알려주는 고고학적 자료로 오히려 문헌 기록을 보완해 주고 있다.

② 토광묘(土壙墓)

토광묘는 한강 토착세력의 분묘로서 3세기 중엽부터 축조되기 시작한 것으로 보인다. 즙석봉토분(葺石封土墳)인 가락동 1, 2, 3호분과 석촌동 5호분은 토착 지배세력과의 융화를 보여주는 증거이며, 4세기 중엽으로 편년되는 몽촌토성 1, 2, 3, 4호분은 적석총 양식이 약간 가미된 토광묘로 생각된다. 즙석봉토분은 서기 475년 공주 천도 이후는 발견되고 있지 않아 한강유역에서 지배세력이 된 토착집단의 묘제임을 알 수 있다. 석실봉토분은 5세기 초에 등장하여 웅진시대까지 지속된 묘제로 여주 매룡리, 서울 가락동 3호분, 방이동 6호분과 춘성군 방동리 고분이 이에 속하며, ㄱ자형과 모자형이 있다. 옹관묘는 즙석봉토분 내부에서 확인되는데, 전형적인 합구식(合口式)이다. 이 시기의 묘제는 토광묘나 석곽묘와 같은 토착적인 묘제에 고구려식 적석총과 부장이 가능한 석실분이 결합되었으며, 기본적으로는 평지분묘였으나, 후에는 구릉에 묘를 쓰게 되면서 석실형태 역시 백제화되는 경향을 보인다.

토광묘는 매장양식에 따라 단일묘(單一墓)와 집단묘(集團墓)로 대별된다. 단일묘는 토광을 파고 그 내부에 시신을 그대로 안치하거나 목관(木棺)에 넣어 안치한 후에 봉분을 씌운 간단한 형식으로, 토광이나 목관의 한 쪽 끝에 단경호(短頸壺)나 발류(鉢類)의 토기와 도자, 검 등의 철기(鐵器)가 부장된다. 석촌동 3호분 동쪽에서 조사된 11기의 토광묘들이 이러한 유형에 속한다. 한강유역이 아닌 청주 신봉동이나 공주, 논산, 부여 등지에서도 이러한 유형의 토광묘가 발견된 바 있다. 집단묘는 각각의 묘광(墓壙)에 시신을 넣은 목관을 안치하고 각각에 작은 분구를 씌운 후에 다시 석회(石灰)를 섞은 점토나 즙석(葺石)을 덮어 거대한 봉분을 이룬 전체적으로는 일봉토하 다장분(一封土下 多葬墳)의 형태를 지니는데, 석촌동 5호분, 가락동 2호분 등이 이러한 예에 해당된다. 때때로 토광묘에 옹관이 배장(陪葬)되는 경우도 있다. 즉 토광묘의 좌우 혹은 어느 한 쪽에 옹관이 안치되는데, 그 옹관은 일상생활에 사용되던 것이다. 석촌동 파괴분, 3호분 동쪽의 고분군에서 확인된 토광묘들과 가락동 2호분이 이에 해당된다.

백제 초기의 토광묘들은 대부분 낮은 산의 경사면이나 평지에 입지하며, 그 배후에 광활한 농경지가 위치한다. 아직 부여, 공주 천도 이후에 조성된 토광묘에 대한 조사가 충분히 이루어지지 않아 지배층의 묘제가 석실분으로 대치된 이후의 토광묘의 입지는 밝혀지지 않았다. 토광묘 출토 유물은 부여와 공주 등지에서 지배층의 분묘로 축조되었다고 믿어지는 석실분이나 전축분(塼築墳) 출토 유물들에 비해 그 양과 질에 있어서 격이 떨어지지만, 대체로 유물부장의 원칙은 지켜지고 있다.

적석총과 토광묘를 축조한 집단은 각각 고구려계 이주민과 토착주민으로 해석되고 있다. 즉, 석촌동과 가락동 일대의 토광묘들은 그 축조양식, 유물의 배치, 출토 유물의 성격 등을 종합적으로 고려할 때 백제 초기의 선주민 집단의 분묘이며, 이들 토광묘의 피장자들은 주변의 적석총의 피장자들보다는 하위계층이었지만 옹관묘나 소형 석실분에 피장된 평민층보다는 상위의 지배계층이었을 것이다. 한편 적석총은 그 규모의 거대함을 고려할 때 권력의 최상층에 있었던 이들의 분묘로 축조되었을 것이다. 그런데 석촌동의 적석총은 단순히 고구려 양식을 모방했다기 보다는 나름대로 백제화된 흔적도 보이고 있어서 이주민들이 차츰 토착화되었음을 알 수 있다.

한성시대 백제를 대표하는 분묘유적으로 다음과 같은 유적들이 있다.

● 석촌동 고분군(사적 제243호)

석촌동에서는 적석총 7기와 토광묘, 옹관묘 등 모두 30여 기 이상의 한성시대 백제의 분묘가 확인되었다. 고구려의 영향을 받은 분묘인 적석총이 석촌동에 산재한다는 것은 한성시대 백제의 건국세력이 고구려와 문화적으로 매우 밀접한 관계에 있었음을 시사해 주는 고고학적 증거다. 석촌동 고분군에서는 3호분과 4호분과 같은 대형분 이외에도 평민이나 일반관리의 것으로 여겨지는 소형의 토광묘도 확인되었다. 그리고 서로 시기를 달리하면서 중첩되게 축조된 고분들도 확인되었는데, 이는 석촌동 일대에 오랜 기간 동안 다양한 계급·계층의 분묘가 축조되었음을 의미한다.

3호분은 석촌동에서 가장 거대한 고분으로 그 규모가 장변 45.5m, 단변 43.7m, 높이 4.5m에 이르는 방형 기단식 적석총이다. 계단은 3단까지 확인되었으며, 그 축조 시기는 3세기 중엽에서 4세기경으로 알려져 있다. 4호분은 한 변이 23~24m에 이르는 정방형 분묘로 축조연대는 3호분과 비슷한 것으로 보이나, 토광묘와 판축기법이 가미되는 등 순수한 고구려식과는 차이를 보인다.

한편 1987년에 조사된 1호분은 왕릉급(王陵級)의 대형 쌍분(雙墳)이다. 쌍분 축조의 전통(傳統)은 압록강 유역의 환인현(桓仁縣) 고력묘자(高力墓子) 고분군에 보이는 접합식 적석총과 연결되어 백제의 지배세력이 고구려와 밀접한 관련이 있다는 또 하나의 증거가 된다. 고분군은 대체로 서기 3세기 중후반경부터 5세기 말에 이르는 약 200여 년 동안 조성되었으며, 특히 서기 300~400년의 약 100년 동안에는 백제 지배세력에 의해 적석총 위주의 고분이 축조된 것으로 보인다. 그 이후 공주로 천도할 때까지 백제 지배세력은 적석총 대신 석실분을 방이동과 가락동 등지에 축조하였으며, 석촌동 일대에는 토광묘와 옹관묘 등의 소형 고분들이 축조되었다.

●방이동 고분군(사적 제270호)

방이동에는 구릉 상에 석실분이 축조되어 있는데, 잠실지구 유적발굴조사(1976~1977년)에서 확인된 6기의 고분 중 3기가 발굴되었다. 발굴된 고분들은 연도(무덤길)가 있는 석실분과 소형 석곽이 딸린 횡혈식(橫穴式) 석실분이었다. 5호분은 대략 4-5세기경에 축조되었고, 4호분과 6호분이 그보다 늦게 축조된 것으로 알려져 있다. 그러나 이들 고분의 정확한 축조시기는 아직 학계의 논쟁으로 남아 있다.

●가락동 고분군

가락동 유적에서는 1969년 2기의 토광묘(1호분과 2호분)가 확인되었다. 1호분의 분구는 이미 상당히 파괴되어 있었는데, 남아 있는 분구의 규모는 장변 14m, 높이 1.89m에 이른다. 지표면을 얕게 파서 토광을 만든 후에 목관을 안치한 간단한 구조로 밝혀졌다. 방형 봉분을 지닌 2호분의 각 변의 길이는 12~15m(기저부 기준)에 이른다. 2호분은 3기의 토광묘와 1기의 옹관묘가 하나의 봉분 내에 안치된 매우 특이한 구조를 보이며, 옹관 내부에서는 4세기경으로 편년되는 흑도(黑陶)가 출토되었다. 이와 같은 예가 최근 고양시 법곳동 멱절산 백제유적에서도 확인된 바 있다.

(2) 성지(城址)

● 몽촌토성(사적 제297호)

몽촌토성은 한강의 남쪽에 위치한 자연구릉을 이용하여 축조되었는데, 성의 규모는 남북 730m, 동서 540m, 성벽 길이 2,285m에 이른다. 성의 동북쪽에 위치한 외성을 포함하면 총면적은 약 93,000평에 달한다. 자연구릉 위에 축조된 까닭에 성의 형태는 타원형에 가까우며, 굴곡이 심한 편이다. 성벽에서 판축(版築)을 위한 목책시설(木柵施設)을 했던 흔적이 확인되었으며, 경주 월성의 경우처럼 성 주위에 해자(垓字)를 설치했다. 성문은 동, 남, 북 세 곳에서 확인되었는데, 성 내부의 도로망과 외부와의 연결을 위해 암문(暗門)에 해당하는 문이 더 있었을 것으로 추정된다.

기록에 따르면, 고려 후기에는 고원성이라 불리다가, 조선시대에 이르러 몽촌으로 불리기 시작한 이후 현재에 이르고 있다. 서진시대(서기 265~316년)의 회유전문도기편(灰釉錢文陶器片)의 출토는 몽촌토성이 3세기 후반경에 이미 축조되어 있었음을 알려주는 중요한 자료이며, 240±60년과 370±70년이라는 연대가 백제 문화층에서 나온 시료의 방사성 탄소연대 측정 결과로 나왔는데, 이 연대는 토성의 존속연대와 잘 부합된다. 그 외에도 일본 고대토기인 하니와(埴輪)의 조형으로 여겨지는 원통형토기(圓筒形土器)를 비롯해 저장혈(貯藏穴), 수혈주거지, 토광묘, 옹관묘 등이 확인되어 하남위례성의 면모를 여실히 밝혀주고 있다. 아직 성의 극히 일부만이 발굴조사되어 그 역사적, 고고학적 배경을 구체적으로 논의하기에는 어려움이 많은 실정이며, 차후 발굴조사를 통해 궁전(宮殿)을 포함한 보다 많은 고고학적 자료가 추가되기를 기대하고 있다.

● 풍납동토성(사적 제11호)

문헌에 등장하는 사성 또는 평고성으로 알려진 풍납동토성은 현행 정구역상 서울 송파구 풍납동에 위치하며 사적 제11호로 지정되어 있다. 풍납동토성은 1963년 1월 21일 성벽 둘레 약 3,470m (121,235㎡)에 국한하여 사적으로 지정되었고, 성의 내부는 사적으로 지정되지 않고 사유지로 남아 있다. 현재 성 내부에는 현대아산병원을 비롯하여 중학교와 초등학교 등 크고 작은 건물들로 꽉 들어차 있다. 현재 뚜렷하게 남아 있는 토성의 성벽은 동벽 1,500m, 남벽 200m, 서북벽 250m 등 모두 약 2,250m 정도에 이른다. 성의 전체 규모는 남북 2㎞, 동서 1㎞ 등 그 둘레가 4㎞에 이르는 것으로 알려져 있다. 일찍이 이병도 박사는 이 성을 기록에 보이는 백제시대의 사성으로 추정한 바 있으나, 방동인(方東仁)은 평고성으로 보는 등 학자들 사이에 상당한 이견이 있어 왔다.

풍납동토성은 1925년 을축년(乙丑年) 대홍수 때 서벽이 무너지면서 청동초두 2점이 발견되어 학계의 주목을 받은 바 있다. 1964년 서울대학교 박물관에서 실시한 시굴조사에서 풍납리식 무문토기가 확인되어 유적의 연대가 백제 건국 초기(기원전 18년)까지 올라갈 수 있음이 시사된 바 있다. 최근 경남 삼천포시 늑도 유적에서 풍납리식 또는 중도식 무문토기를 포함하는 경질무문토기가 진시황대(秦始皇代)에 제작된 반량전(半兩錢, 기원전 221년~기원전 118년 사용), 일본의 야요이(弥生) 토기, 낙랑토기 그리고 회청색경질토기와 함께 공반 출토되어 학계의 주목을 받은 바 있다. 이는 이들 토기들이 늦어도 기원전 1세기 이전에 제작되었음을 말해 주는 고고학적 증거다. 즉 풍납리식 무문토기의 상한연대는 종래의 학설대로 원삼국시대(서기 1~300년)가 아닌 철기시대 전기(종래의 초기 철기시대 : 기원전 400~기원전 1년) 말로 소급되며, 이는 문헌에 기록된 백제의 건국연대와도 일치한다.

1996년 한양대학교 박물관에 의해 현대아산병원부지에 대한 시굴조사가 실시되었고, 1996~1997년 선문대는 토성의 실측조사를 실시한 바 있다. 1997년 1월 현대아파트 건립에 따른 기초공사 중 백제토기가 다량으로 출토되었다는 신고가 접수됨에 따라 국립문화재연구소는 1997년 1월부터 4월에 걸쳐 공사가 진행되고 있던 성벽 내부에 대한 긴급발굴조사를 실시하였다. 이 발굴조사에서 적어도 4개의 문화층을 확인하여, 한성시대(온조왕 원년, 기원전 18년~제22대 문주왕 원년, 서기 475년) 백제의 문화상에 관한 귀중한 정보를 제공해 주었다.

1997년 초 이루어진 긴급발굴조사 이후 풍납동토성은 동년 11월까지 국립문화재연구소, 서울대학교, 한신대학교 등에 의해 발굴조사되었다. 1999년 이후 국립문화재연구소가 성벽, 한신대학교 박물관이 경당지구(敬堂地區)에 대한 발굴조사를 실시해 왔다. 그리고 국립문화재연구소는 2002년 4월 풍납 2동 298-14번지와 291-17 19번지에 대한 발굴조사에서 종래 홍수에 유실된 것으로 추정되어 왔던 서벽과 서문지[옹성(甕城)과 성문]를 확인했으며, 2003년 1월-3월 실시된 발굴에서는 삼표 레미콘 부지와 그 주변에서 서벽과 해자를 새로이 확인했다.

국립문화재연구소의 1999년 동벽 발굴에서는 높이 9m, 폭 40m에 이르는 거대한 성벽의 축조과정이 밝혀졌다. 성벽 내부에서 토성 축조 이전 시기의 주민들이 사용했던 심발형 토기와 경질무문토기가 출토되었는데 이들은 기원전 1세기 무렵(성벽축조는 서기 23년), 즉 풍납동토성 축조를 전후로 하는 시기의 문화상을 설명해 주는 자료들이며, 성벽에서 나온 시료를 통해 얻은 방사성 탄소연대도 이를 지지해준다. 성의 구조와 축조방법은 앞으로 자세히 밝혀지겠지만, 지금까지의 밝혀진 발굴조사 성과 역시 초기 백제문화의 연구에 귀중한 새로운 정보를 제공해 주었다.

『삼국사기』에는 온조왕이 재위 14년(기원전 5년) 도성을 옮겼으며 (하북위례성에서 하남위례성으로), 27년 후인 온조왕 41년, 즉 서기 23년에는 성벽을 새로이 쌓거나 대대적인 보완을 했다는 기록이 있다. 즉 백제는 건국 후 마한왕의 허락으로 땅을 할양받아 근근이 지내다가 국력이 강성해짐에 따라 온조왕 13년(기원전 4년)에 이르러 마한 또는 북쪽의 낙랑을 의식해 성벽을 대대적으로 쌓기 시작하고 이듬해 도읍을 옮겼고, 27년 후인 온조왕 41년, 즉 서기 23년에 이르러서 성벽을 새로이 쌓거나 대대적인 보완을 했다고 볼 수 있다. 이는 백제가 당시 이미 거대한 규모의 성벽을 축조할 수 있는 국력을 지니고 있었고, 또 백제에는 축성을 위해 많은 인력을 동원할 수 있는 강력한 왕권이 존재했음을 의미한다. 다만 종래에는 사적 제297호로 지정된 몽촌토성(고원성 또는 이리성)을 하남위례성으로 보아왔으나 풍납동토성의 발굴로 몽촌토성 보다 그 축조연대가 앞서는 풍납동토성이 하남위례성이었을 가능성이 높아졌다.

한편 1999년부터 2000년에 걸쳐 실시된 한신대학교 박물관의 경당지구 발굴에서는 제사유적과 유구(제사를 지낸 후 폐기된 도구와 음식을 버렸던 구덩이로 추정)가 확인되었고, 개와와 건물의 바닥에 까는 전 그리고 중국 춘추전국시대 기록에 天子, 諸侯, 公, 卿, 士와 함께 자주 보이는 '대부(大夫)'라는 직위의 문자를 비롯해 '정(井)' 등의 문자가 새겨진 토기가 출토되었다. 개와와 전은 부근에 궁전의 성격을 띤 지상가옥이 존재했었음을 시사해 준다. 제사유적은 주 건물의 길이가 13.5m, 폭이 5.2m 그리고 깊이 3m에 이르는 '여(呂)'자형 집으로 지상가옥이다. 제사유구인 9호 유구에서는 '대부(大夫)', '정(井)' 등의 문자가 새겨진 토기를 비롯해 전문(錢文) 토기를 포함하는 다량의 토기편과 유리·구슬편 등의 유물이 나왔는데, 특히 말의 하악골(下顎骨) 7개 체분이 출토되어 주목을 끌었다. 그 외에도 전(塼), 오수전(五銖錢), 중국 진(晉) 대의 청자류(青瓷類)와 가야 토기 등이 출토되어 당시 백제가 중국, 가야 등과 활발하게 문물을 교류했음을 짐작할 수 있다.

제사유적은 조선시대의 종묘(사적 제125호)나 사직(사적 제121호) 등과 비견되는, 즉 조상과 하늘에 제사를 올리는 곳으로 고대왕권의 유지에 필수적인 것이다. 백제지역에서 확인된 제사유구로는 공주 송산리 개로왕(蓋鹵王)의 가묘(假墓), 공주 금성동 정지산, 부안 변산반도 죽막동과 부여 능산리[후일 창왕 13년 명(서기 567년)이 있는 사리감이 출토, 그러나 국보 제287호로 지정된 백제금동대향로는 무왕 35년(서기 634년) 제작된 것으로 추정됨] 건물지 등이 있다.

풍납동토성 내의 제사유적은 한성시대 백제에서 국가가 주도했던 제사 터로 생각되는데, 이는 부여 능산리의 건물지가 사비시대 백제(서기 538~660년)의 종묘에 해당하는 건물지로 국가적 차원에서 제사를 지내던 장소로 이해되는 것과 같은 맥락으로 볼 수 있다. 이와 같은 성격의 유구는 중국 길림성 박물관이 1958년 고구려 국내성(國內城, 집안) 동쪽에서 발굴한 동대자 유적과 국동대혈(國東大穴)에서 확인된 바 있다. 이 건물지는 고구려 광개토왕 2년(서기 392년)에 축조된 국사라는 종묘와 사직의 제사 터로 보고되었다. 건물지의 형태가 '여(呂)'자인 것은 이 건물의 연대가 올라갈 수 있음을 시사해준다. 중부지역 특히 강원도의 철기시대 전기(기원전 400~기원전 1년, 초기 철기시대) 주거지의 평면형은 장방형, 방형, '철(凸)'자형 그리고 '여(呂)'자형의 순으로 발전해 나가는 것으로 알려져 있는데, 이 제사 터의 평면형이 '여(呂)'자형인 점은 이러한 맥락에서 이해할 수 있다. 제사유구에서 말의 머리뼈와 턱뼈가 출토되었는데, 말은 제사 의식에 희생물로 바쳐진 것으로 볼 수 있다. 중국 상왕조(商王朝, 기원전 1750~1100년)의 마지막 수도였던 은허에서 조사된 대사공촌(大司空村) 175호분 등에서 보이듯이 항상 말은 마차와 함께 순장된다. 당시 사회에서 최고의 권위를 상징하는 위세품(威勢品)의 하나인 마차가 왕이나 상류층의 분묘에 마차를 끌던 말과 함께 부장되는 것은 그리 드문 일이 아니다. 중국 산동성에서 1990년 제청(齊淸·齊南-淸州)고속도로 건설시 후리 제릉진(后李 齊陵鎭)에서 발굴된 임치 중국고차박물관(臨淄 中國古車博物館) 내 후리 춘추순마차(后李 春秋殉馬車) 유적과, 기원전 490년경에 만들어진 임치소재 제경공 순마갱(齊景公 殉馬坑)에서도 그 예를 쉽게 찾아볼 수 있다. 그리고 그 외에도 말뼈는 몽촌토성과 가평 대성리 제사유적에서도 발견된다.

국가 차원의 제사에는 소, 상위 귀족층의 제사에는 양(羊) 그리고 그 아래 신분의 제사에는 돼지가 제사의 희생물로 사용되었다. 이에 근거하여 희생물로 바쳐지는 소를 국가 차원에서 사육한 것이 상나라의 국가성립 원동력의 하나였다는 가설도 제시된 바 있다. 그런데 마차와 함께 무덤에 묻히는 말의 경우 역시 국가 차원의 제사, 즉 왕이 주도하는 제사의 희생물로 쓰였을 가능성이 높다. 경당지구에서 확인된 제사 터, 개와와 전이 사용되는 궁궐과 같은 건물지, 제사 희생물로서의 말뼈, 문자가 새겨진 토기편 등은 이 지역이 왕도였을 가능성이 상당히 높음을 시사해 주는 고고학적 증거라는 가설을 설정해 볼 수 있다. 이러한 가설의 설정이 가능하다면, 풍납동토성에서 확인된 제사 터는 『삼국사기』 백제본기에 보이는 시조 온조왕 원년(기원전 18년) 여름 5월에 동명왕의 사당(祠堂)을 세웠다는 기록과 동왕(同王) 17년 여름 4월에 사당을 세우고 왕의 어머니에게 제사를 올렸다는 기록과 관련이 있는 유구라는 추측을 가능하게 한다. 물론 풍납동토성에서 발굴을 통해 확인된 건물지는 후대에 보수 및 개축을 거친 것으로 건물이 처음 축조되었을 당시의 형태 및 축조연대와는 적지 않은 차이가 있을 수 있다.

백제의 시조 온조는 유리와 비류의 동생으로 고구려의 시조 동명왕(朱蒙)의 셋째 아들로 알려져 있다. 그런데 온조는 친모 소서노와 우태[또는 仇台 : 해부루의 서손(庶孫)]와의 사이에서 출생한 비류와는 친형제간이지만, 소서노가 주몽에게 개가했으므로 주몽은 비류와 온조의 계부(繼父)가 되며, 주몽이 온조의 친부는 아니지만, 고구려는 백제의 어버이 나라가 된다. 따라서 온조가 즉위한 해에 동명왕의 사당을 세웠다는 것은 충분히 있을 수 있는 일이며, 풍납동토성에서 확인된 제사 터가 계부 동명왕과 친모인 소서노의 묘, 다시 말해 조상숭배의 의식을 거행하던 종묘일 수 있다는 해석 역시 가능하다. 결론적으로 풍납동토성은 외벽의 성곽을 비롯해 국가의 상징적 기념물인 제사 터와 궁궐을 모두 갖춘 초기 백제의 역사를 구명하는데 매우 중요한 유적이라 할 수 있으며, 이는 종묘 내의 정전(正殿, 국보 제227호)과 영녕전(永寧殿, 보물 제821호)에 비견될 수 있다.

● 이성산성(사적 제422호)

이성산성은 경기도 하남시 춘궁동과 초일동에 걸쳐 있는 이성산 (二聖山, 해발 209m) 정상에 위치한 석성이다. 산성의 규모는 둘레 약 1.7km, 높이 6~7m 정도에 이르는데, 제4지점에서 성문지가 확인 되었다. 한양대학교 박물관은 1986년 이래 2002년까지 10차에 걸쳐 이성산성 발굴을 담당해 왔다. 1986년 1차 발굴에서 건물지 2동, 신 앙유구 4기, 저장혈 3기, 소형석곽묘 등의 유구가 확인되고 다량의 유물이 출토되었다. 산성의 축조연대를 추정할 수 있는 자료는 발견 되지 않았지만, 토기와 개와 등의 유물로 볼 때 한성시대 백제 후기 에 축조되었다가 삼국의 정치 및 군사적 상황에 따라 고구려와 신라 에 의해 점유되면서 수백 년 동안 개축되어 사용되어 오다가 통일신 라시대에 이르러 그 효용가치가 점차 상실되어 폐성된 것으로 여겨 진다. 이성산성은 백제의 제13대 근초고왕이 서기 371년(재위 26년) 고구려의 침략에 대비하여 일시적으로 천도를 단행했던 한산에 비정 될 수 있다는 점에서 특히 그 역사적 의미가 있다. 그리고 제사유구 [천단(天壇)]로 추정되는 12각형의 건물지가 산성에서 확인되었는데, 이와 유사한 건물지는 순천대학교 박물관이 1998년 조사한 순천시 성산리 검단산성(檢丹山城, 사적 제418호)에서도 확인된 바 있다. 검 단산성이 백제시대에 축조된 성임을 고려할 때 이러한 12각형의 제 사유구가 백제시대부터 축조되었음을 알 수 있다. 제8 · 9 · 10차 발 굴에서 백제시대의 유구와 유물이 확인되는 등 이성산성에서는 백 제, 고구려, 신라와 관련된 유구와 유물이 다량으로 확인되었는데, 이들은 이성산성이 백제 제13대 근초고왕이 서기 371년 정치적·군사적 목적으로 천도해 20여 년 동안 한성백제의 도성이었던 한산(서기 371~391년)일 개연성을 높여주는 고고학적 증거라 할 수 있다. 한성백제 초기부터 축조되어 사용되어 오던 토성이 근초고왕의 활발한 정복사업과 고구려의 영향으로 석성으로 전환되었다고 여겨지는데, 토성에서 석성으로의 전환이 이성산성에서 시작되었을 가능성이 높다. 한편 2001~2002년 실시된 현문식 동문지에 대한 발굴은 한성시대 백제의 마지막 왕이었던 제21대 개로왕(재위 : 서기 455~475년)이 이성산성에서 벌어진 고구려와의 전투에 패해 적군에게 잡혀 아차산성에서 처형되었을 가능성을 제시해 주었다. 즉, 이성산성이 한성백제의 최후 격전지였을 가능성이 높다고 하겠다. 결론적으로 이성산성은 백제 근초고왕대의 초축(서기 371년), 고구려 장수왕에 의한 한성백제의 쇠망(서기 475년), 신라 진흥왕의 한강 진출(서기 551/553년) 그리고 백제의 멸망과 통일신라시대의 개시(660/668년) 및 고려, 조선으로 이어지는 일련의 역사적 맥락을 이해하는데 매우 중요한 고고학적 단서들을 제공해 주었는데, 이는 이성산성이 처음 축조된 이래 시대 및 점유세력을 달리하면서 장기간 전략적 요충지의 역할을 수행해 왔음을 의미한다.

• 설성산성(雪城山城 경기도 기념물 제76호)

설성산성은 백제시대에 축조된 산성으로 알려져 있는데, 최근 이루어진 산성에 대한 2차 조사에서 이성산성 동문지 발굴에서 출토된 바 있는 격자문이 시문된 두께가 얇은 개와를 비롯해 기대(器臺)와 백제토기류(조족문 토기와 유사한 토기 포함)가 다량으로 출토되었다. 설성산성은 이성산성(서기 371~475년 사이에 축조되고 사용, 가속기질량분석 AMS는 370~410년이 나옴) 이후에 축조된 백제석성으로 설봉산성(사적 제423호), 망이산성과 죽주산성과 함께 한성시대 백제의 곡창지대인 이천평야를 보호하던 백제산성으로 알려져 있다. 산성에서 출토된 기대는 지금까지 몽촌토성과 풍납동토성 그리고 포천 자작리에서 조사된 6각형 백제 주거지 출토품에 이어 네 번째로 출토된 것으로 설성산성이 백제시대에 축성된 산성임을 입증해 주는 귀중한 고고학적 자료다. 기대는 제사용의 가장 중요한 용기의 하나인 시루[甑]와 함께 제사용으로 사용되었다고 생각되지만 민족지적 비교와 검토를 거친다면 넓은 한 쪽에 가죽을 대어 두드리던 타악기의 일종으로도 볼 여지도 있다. 한편 산성 조사에서 집수지(集水池)가 확인되었는데, 이러한 집수시설(集水施設)은 부여 관북리(사적 428호), 부여 부소산성(사적 제5호), 대전 월평동산성과 계족산성, 공주 공산성, 순천 검단산성(사적 418호), 여수 고락산성, 광양 마노산성 그리고 하남 이성산성에서도 발견된 바 있는 백제산성의 한 특징이다. 이 산성의 초축연대는 4세기 후반경으로 알려져 있다.

4. 기타 유적

하남시 춘궁동 일대라 함은 남한산에서 북으로는 한강을 향하고 동으로는 객산과 그 능선이 경계를 이루며, 서로는 금암산과 이성산의 능선이 국도와 만나는 지점 사이에 발달한 폭 2~3㎞, 길이 6㎞에 이르는 골짜기를 말한다. 이 지역은 행정구역상으로는 춘궁동과 상·하 사창동, 항동, 덕풍동, 교산동에 걸쳐 있다. 이 골짜기는 원래 고골이라 불리어 왔는데 부근의 대원사(大原寺)라 불리던 사지에서 고려 초기의 석탑[보물 제12호·13호, 춘궁동 5층 및 3층 석탑, 동국대의 발굴에 의해 동사지(棟寺址, 사적 제352호)로 확인됨] 2기도 있어 이 일대의 역사적 배경이 매우 중요함이 인식되어 왔다. 그런데 앞서 살펴본 이성산성은 일시적인 수비를 위한 방어용 성으로는 적합하나 도성으로서는 적합하지 않다. 이에 백제는 이성산성으로 천도한 지 20년 후인 서기 391년(진사왕 7년) 한성으로 다시 도읍을 옮기는데, 이 한성이 이성산성 아래에 위치한 춘궁동 일대로 추정되고 있으나, 아직 궁터를 포함해 이 설을 지지해 주는 고고학적 증거는 확인되지 않았다. 그러나 앞으로 이 일대에 대한 정밀 발굴조사가 이루어지면 그 실체가 드러날 것으로 기대된다.

하남시 미사동 유적은 1987년부터 1992년까지 3차례에 걸쳐 발굴 조사되었는데, 1992년 실시된 3차 발굴에서 밭유구가 확인되었다. 미사동 유적의 백제시대 문화층은 크게 상, 중, 하 세 층으로 구분되는데, 하층과 상층에서 밭유구가 확인되었다. 하층에서 확인된 밭유구의 규모는 남북 110m, 동서 50m에 이르며, 고랑과 이랑의 폭은 각각 70~80㎝ 정도로 일정하다. 주변에서 출토된 유물의 성격을 고려할 때 하층 밭 유구의 연대는 서기 4~5세기경으로 판단된다. 상층 밭 유구의 규모는 남북 160m, 동서 60m에 이르며, 6세기를 전후로 한 시기로 편년되었다. 미사동 밭 유구는 국내 최초로 확인된 것으로, 당시 백제인들의 생업경제(生業經濟)의 일면을 이해하는데 매우 중요한 자료이다. 2001년 세종대학교 박물관은 백제 초기의 '철(凸)'자형 주거지와 철제험(鐵製杴, 철제 가래)을 확인하기도 했다. 한편 2001년 문화재보호재단은 이웃한 천왕사지 발굴에서 백제 개와를 확인했다. 이 개와의 연대는 좀더 검토되어야 하는데, 이 개와의 연대가 백제 초기까지 올라갈 수 있다면, 서기 384년, 즉 제15대 침류왕(枕流王) 원년 동진(東晉)으로부터 불교를 받아들였고, 이듬해인 385

년 한산에 불사를 일으켰다는 역사적 사건과 결부하여 『삼국사기』 백제본기의 기록을 검토해 볼 수 있는 중요한 자료가 될 것이다. 또 충북대학교 박물관이 2001년 조사한 청원 부강리 남성골산성의 발굴 결과 고구려에 의한 성의 함락시기가 이 유적의 하한이 됨이 밝혀진 점도 이러한 역사적 맥락을 잘 보여준다. 이 남성골산성은 청주 정북동 토성(사적 제415호, 서기 130~260년경 축조)의 경우처럼 마한시대에 처음 축조되었으나, 후일 백제의 성이 되고, 서기 475년경 고구려군에 의해 함락된 것으로 여겨진다.

한성시대 백제의 영역에 소재한 백제 성으로는 포천 반월성(사적 제403호), 연천 호로고루성(경기도 기념물 제174호)과 연기 운주산성 등이 있다. 호로고루성은 발굴을 통해 백제시대에 판축을 이용해 쌓은 토성이었으나, 후대에 고구려식 석성으로 개축되었음이 밝혀졌다. 호로고루성은 백제 제13대 근초고왕의 북진정책과 관련이 있는 성이며, 이는 파주 주월리와 포천 자작리에서 확인된 백제시대 주거지의 존재를 통해서도 입증된다. 제13대 근초고왕대에 이르러 한성시대 백제의 영역이 가장 팽창했었는데, 당시 백제의 영역은 여주 연양리와 하거리, 진천 석장리, 삼룡리(사적 제344호)와 산수리(사적 제325호)를 넘어 원주 법천리 그리고 최근 강원문화재연구소가 발굴조사한 춘천 거두리와 홍천 하화계리에까지 이르렀던 것으로 알려지고 있다. 한편 충남 연기 운주산성은 통일신라시대의 성으로 알려져 왔으나 발굴 결과 백제시대에 초축된 석성으로 밝혀졌는데, 이 성은 백제시대 석성으로 잘 알려진 이성산성과 설봉산성 등과 서로 비교가 된다. 경기도박물관이 2002~2003년에 걸쳐 발굴조사한 파주 월롱산성과 고양시 법곳동 멱절산성 역시 백제성으로 알려져 있다. 전자에서는 마한시대의 토실과 함께 백제 토성 및 생활유구의 흔적이 확인되었고, 후자는 백제시대 토성에서 석성으로 변해가는 과도기의 산성유적이었다. 2003년 단국대학교 매장문화재연구소에서 조사한 연천 전곡읍 은대리 토성은 백제를 침략한 고구려군이 백제가 쌓은 토성의 일부를 깎아 내고 석성을 쌓은 것으로 서기 475년경의 역사적 맥락을 알려주는 중요한 유적이다.

5. 최근 새로이 발견된 유적들

전술한 유적 외에도 서울 근교에는 삼성동토성과 아차산성(사적 제234호) 등 삼국시대 유적들이 산재해 있다. 1996년 아차산성 보수 시 석성과 함께 보축시설(補築施設)이 새로이 확인되었는데, 석성은 삼국시대에 축성되고, 보축은 통일신라대에 이루어진 것으로 추정된다. 삼국시대에 산성 일대는 전략적으로 매우 중요한 지역이었으며, 신라는 삼국통일 이후에도 아차산성을 보축하여 전략적 요충지로 삼았다. 앞으로 한성시대 백제부터 통일신라시대에 이르는 역사적 맥락을 이 일대에서 찾는 노력이 필요하다. 다시 말해서 서울 송파구 일대는 백제의 한성시대에는 한 나라의 도읍이었고, 삼국시대 중기 이후에는 삼국의 한강 유역 확보를 위한 교두보였던 한성시대 백제의 연구에 있어 가장 중요한 지역이다.

이외에도 백제 초기(3~4세기경) '철(凸)'자형 주거지가 조사된 포천 자작리, 파주 주월리, 여주 하거리 고분, 여주 연양리 주거지, 화성 마하리 고분, 천안 용원리 주거지와 고분, 진천 석장리의 백제시대의 제철유구(製鐵遺構), 진천 삼룡리와 산수리 요지(窯址), 원주 법천리, 홍천 하화계리, 춘천 거두리와 우두동 그리고 최근 조사된 경기도 군포 부곡, 충남 당진 채운리, 하남시 덕풍동과 광암동, 인천 계양구 동

양동과 파주 탄현면 갈현리의 백제 토광묘 유적 등은 한성시대 백제
의 문화와 그 강역을 알려주는 고고학 자료들이다.

6. 마한과 백제와의 관계

『삼국지』위서 동이전 및 『후한서』동이열전 한조에는 진역(秦役)
을 피해 한나라에 왔는데 마한에서 동쪽 국경의 땅을 분할하여 주었
다는 내용의 기록이 있다. 이는 마한의 상한이 늦어도 기원전 3세기
까지는 소급될 수 있음을 말해 주는 기록이다. 그리고 『삼국사기』권
제1 신라본기 시조 혁거세 거서간 38년조(기원전 20년) 및 39년조(기
원전 19년)에는 마한왕 혹은 서한왕에 관한 기록과 『삼국사기』백제
본기 권 제23 시조 온조왕 13년조(기원전 6년)의 마한왕에게 사신을
보내 강역을 정했다는 기록은 마한이 늦어도 기원전 1세기경에는 왕
을 중심으로 하는 국가체계를 갖추었던, 즉 신라와 백제에 앞서 국가
단계에 다다른 사회였음을 알려준다. 또 동이전에는 진왕이 통치했
던 목지국(또는 월지국, 본고에서는 목지국으로 통일)은 마한 54국이
공립(共立)하여 세운 나라였다는 기록이 있다. 다시 말해서 이들 기
록들은 마한의 상한이 기원전 3세기까지 거슬러 올라갈 수 있으며,
마한이 기원전 1세기대에 신라 및 백제와 통교(通交)했음을 알려 주
고 있다. 마한의 하한에 대하여는 적지 않은 이견이 있지만, 최근 동
신대학교 박물관이 발굴조사한 나주 금천면 신가리 당가의 토기 가
마를 통해 볼 때 서기 5세기 말~6세기 초 무렵으로 생각된다. 그렇
다면 마한은 기원전 3세기경부터 서기 5세기 말~6세기 초까지 대략
700년 정도 존속했다고 볼 수 있는데, 이 기간은 한국고고학의 시대
구분에서 철기시대 전기(기원전 400~기원전 1년), 철기시대 후기 또

는 삼국시대 전기(서기 1~300년) 그리고 삼국시대 후기(서기 300~660/668년경)에 걸친다. 즉 어느 정도 차이가 있기는 하지만, 마한의 존속 시기는 백제의 역사와 그 궤적을 같이 한다고 볼 수 있다. 즉 백제가 강성해져 그 영역이 확대됨에 따라 마한의 영역은 축소되고 그 중심이 점점 남쪽으로 이동되었다는 해석이 가능하다. 보다 많은 고고학 자료를 통해 검증되어야 하는 가설 수준이기는 하지만, 현시점에서 이용 가능한 고고학 자료를 통해 마한의 중심지의 변화를 추정해 볼 수 있다.

한성백제(기원전 18년~서기 475년) 시기의 마한의 중심영역은 천안 용원리, 청당동 및 평택·성환·직산을 포함하는 지역이었을 것으로 추정되며, 백제의 공주 천도 이후(서기 475~538년) 마한의 중심지는 익산 영등동, 신동리와 여산리 유성, 전주 송천동과 평화동, 군산 내흥동과 산월리 그리고 남원 세전리, 고창 신정동 일대로 이동되었다. 그리고 부여 천도(서기 538~660년) 후에는 나주 반남면 대안리, 신촌리와 덕산리(사적 제76·77·78호)와 보성 조성면 조성리와 진도 오산리 일대가 마한의 중심지였던 것으로 추정된다. 즉, 중심지역의 변천에 따라 마한은 천안(마한 Ⅰ기), 익산(마한 Ⅱ기), 나주(마한 Ⅲ기)의 세 시기로 구분할 수 있다. 이는 종래의 입장, 즉 마한을 삼한시대 또는 삼국시대 전기에 존속했던 사회·정치체제로만 인식했던 단편적인 시각 또는 관점에서 탈피하여 마한의 성격을 전면적으로 재검토해야 할 시점에 이르렀음을 의미한다. 그리고 근초고왕이 재위 24년(서기 369년) 마한의 고지(故地)를 진유(盡有)했다는 기사는 종래 고(故) 이병도 교수의 견해대로 나주 일대의 마한세력을 멸망시킨 것이 아니라 천안 일대, 다시 말해 마한 Ⅰ기의 중심지였던 용원리, 청당동과 운전리를 중심으로 하는 천안 일대의 마한

세력을 남쪽으로 몰아냈던 사건을 기술한 것으로 해석하는 것이 보다 합리적이다. 이후 진왕이 다스리던 마한의 목지국은 익산을 거쳐 최종적으로 나주 일대로 그 중심을 옮겼다.

　마한을 고고학적으로 특징짓는 자료로는 토실, 수혈주거지, 굴립주 주거지, 토성과 주구묘를 포함한 고분 등이 알려져 있고, 승석문, 타날격자문, 조족문과 거치문 등은 마한토기에서 보이는 특징적인 문양들이다. 이중에서도 특히 토실은 마한인들의 가옥이 마치 분묘 같으며, 입구가 위쪽에 있다는 『후한서』 동이전 한전에 보이는 기사, '읍락잡거역무성곽작토실형여총개호재상(邑落雜居亦無城郭作土室形如塚開戶在上)' 및 『삼국지』 위지 동이전 한전 기사, '거처작초옥토실형여총기호재상(居處作草屋土室形如塚其戶在上)'과 부합되는 가장 주목을 요하는 고고학 자료다. 토실은 지금까지 20여 유적에서 확인되었는데, 종래 토실에 대한 인식이 없어 단순히 수혈갱 또는 저장공 등으로 보고된 수혈유구들을 포함하면 그 수는 훨씬 늘어날 것이다. 이제까지 확인된 마한의 토실유적은 다음과 같다.

- 경기도 고양시 법곳동 멱절산
- 경기도 광주 남한산성(사적 제57호) 내 행궁지 북담 옆 1구역 5차 발굴(경기도 기념물 164호)
- 경기도 가평군 대성리
- 경기도 기흥 구갈리
- 경기도 용인 기흥 영덕리(신갈-수지 도로구간)
- 경기도 용인 죽전 4지구
- 경기도 용인 보정리 수지 빌라트 4지점(기전문화재연구원)
- 경기도 용인 보정리(한국문화재보호재단)

- 경기도 화성 상리
- 경기도 화성 동탄 감배산
- 경기도 화성 동탄 석우리 능리
- 경기도 화성 태안읍 반월리
- 경기도 시흥 논곡동
- 충북 충주 수룡리
- 충남 공주 장선리(사적 제433호, 서기 220~290년)
- 충남 공주 장원리
- 충남 공주 산의리
- 대전시 유성구 추목동 자운대
- 대전시 유성구 대정동
- 충남 논산 원북리
- 충남 논산 마전리
- 전북 전주 송천동
- 전북 전주 평화동
- 전북 익산 왕궁면 구덕리 사덕마을
- 전북 익산 여산리 유성
- 전북 익산 신동리
- 전북 군산 내흥동
- 전북 군산 고봉리

　토실은 경기도, 충청남북도 그리고 전라남북도에서 확인되었는데, 토실이 확인된 유적들은 마한의 세 시기 중 천안시기와 익산시기, 즉 마한 Ⅰ, Ⅱ기에 속한다고 볼 수 있다. 토실은 그 외형을 기준으로 형식분류가 가능하다. 즉 단실 형식과 두 개 이상을 장방형 수혈주거와 묶어 만든 형식의 두 형식으로 구분되는데, 전자의 예는 남한산성과 용인 죽전에서 후자의 예는 용인 보정리와 공주 장선리에서 확인된 바 있다. 한편 암반을 깎고 축조된 것과 군산 내홍동의 예처럼 저습지에 축조된 것도 있어, 토실은 환경적 조건 및 기능도 고려해 분류되어야 한다. 그런데 용인 보정리와 익산 여산리 유성에서는 불을 피운 흔적이, 고양 멱절산에서는 주공이, 그리고 군산 내홍동에서는 가구시설이 확인된 점 등을 고려할 때 토실의 주된 기능은 실제 주거였을 것으로 판단된다.

한편 최근 장선리에서 출토된 시료를 가속기질량분석(AMS)을 이용해 연대 측정한 결과, 장선리 유적의 중심연대는 서기 220~290년, 즉 서기 3세기경으로 밝혀졌다. 장선리에서는 타날격자문도기(여기에서는 종래 습관적으로 사용해오던 '토기'라는 용어보다 '도기'라는 용어 사용이 더 올바르다)가 출토되었는데, 승석문 및 타날격자문 도기는 마한과 백제지역에서 같은 시기에 제작 및 사용된 토기로 인식되고 있다. 특히 타날문토기는 단사선문(短斜線文)이 시문된 회청색경질도기(최근 대표적인 예가 기원전 2~1세기경으로 알려진 사천시 늑도동에서 출토)와 함께 낙랑계 도기의 영향을 받은 마한의 특징적인 토기로 보이며, 최근 공주 장선리를 비롯해 용인 죽전 4지구, 군산 내홍동, 고양 법곶동 멱절산 토실에서 출토된 바 있다. 승석문과 타날격자문이 시문된 도기는 기원전 108년 한사군(漢四郡) 설치와 함께 한반도로 유입된 중국계 회청색경질토기 및 인문(印文) 도기 등의 영향으로 제작된 것으로 여겨진다. 이후 마한과 백제주민들도 고온소성(高溫燒成)이 가능한 가마[窯]를 수용하여 회청색경질도기를 제작하게 되었다. 승석문 및 격자문이 시문된 연질토기와 경질토기는 재래의 토착적인 경질무문토기와 같은 시기에 같이 사용되기도 했으나, 곧 한반도 지역에서 중국계 경질도기를 모방하기 시작하면서 한반도 전역으로 확산되었는데, 그 시기는 서기 1~2세기경으로 추정되고 있다. 최근 기전문화재연구원에서 발굴한 용인 보정리 수지 빌라트 지역(4지점) 남측 14호 저장공에서 이들이 함께 출토되기도 하였는데, 그 하한연대는 서기 2~3세기경으로 보고되었다. 그리고 경기도 가평 달전 2리와 대성리, 안성 공도 만정리, 원산 논북리, 화성 기안리, 가평 대성리, 양주 양수리 상석정, 전북 완주 갈동 반교와 경북 성주 예산리 등 위만조선과 낙랑과의 관계를 보여주는 유적들이 계속 확인되고 있어 이러한 생각이 가능하리라고 믿는다.

마한 고분의 기원 및 편년 문제에는 아직 적지 않은 논란이 있지만, 마한 고분이 토광묘, 주구묘, 옹관묘의 순으로 변천되었다는 점에 있어서는 별다른 이의가 없다. 즉 토광묘는 천안 시기(마한 Ⅰ기)에, 주구묘는 천안, 익산, 나주의 전 시기에 걸쳐, 그리고 옹관묘는 나주 시기(마한 Ⅲ기)에 주로 조성되었다고 볼 수 있다. 일반적으로 낙랑고분은 토광묘→목실분→전축분의 순으로 변천된 것으로 알려져 있는데, 청주 송절동 토광묘, 고창 봉덕리 만동, 용인 마북리 등에서 확인된 주구묘들은 낙랑 초기 분묘형식인 토광묘의 영향으로 조영되었을 것이라는 단서가 확인되고 있다. 그리고 용인 마북리, 서천 봉선리 그리고 고창 봉덕리 주구묘에서는 환두대도가 출토된 바 있는데, 이들이 분구묘의 영향을 받아 제작된 것으로 보고, 중국 전국시대 진나라(기원전 249~207년)와 연결시켜 보려는 견해도 있다. 흑색마연토기가 출토된 영광 군동리 주구묘의 경우를 근거로 주구묘의 상한이 늦어도 기원전 1세기 전후까지 올라갈 수 있다는 보고도 있었다. 한편 부여 석성면 증산리 십자거리 주구묘에서 출토된 철부(鐵斧)는 제주 용담동, 함안 말산리 고분, 가평 대성리와 제천 도화리 적석총 등의 출토품들과 연결되는 것으로 그 연대가 서기 1~2세기경까지 올라가는 것으로 보인다. 최근 한성시대 백제와 공존하던 천안기(Ⅰ기)의 마한의 무덤이 공주 의당면 수촌리(사적 460호)에서 발굴되었다. 이는 서기 475년 백제의 공주천도 이전의 마한토착 세력들의 것으로 이웃 수촌리 토성의 축조와 밀접한 관계가 있다. 마한의 고분 및 주거지가 확인된 유적으로 다음과 같은 유적들이 있다.

- 인천광역시 계양구 동양동(주구묘)
- 경기도 가평 대성리(철부)
- 경기 화성 향남면 발안리
- 경기 화성 기안리[탄요(炭窯)]
- 경기 용인시 구성면 마북리(주구묘, 환두대도)
- 충남 부여 석성 증산리 십자가(철부)
- 충남 공주 하봉리
- 충남 공주 탄천면 장원리
- 충남 공주 의당면 수촌리(사적 460호)
- 충남 천안 운전리
- 충남 천안 청당동
- 충남 천안 두정동
- 충남 천안 용원리
- 충남 보령 관창리
- 충남 서산 음암 부장리(주구묘)
- 충남 서천 봉선리(주구묘, 환두대도)
- 충남 서천 도삼리(주구묘)
- 충북 청주 송절동(토광묘)

- 전북 고창 봉덕리(주구묘, 환두대도)
- 전북 군산 산월리 옹관 (거치문)
- 전북 진도 오산리(주거지, 거치문)
- 전남 영암 선황리 대초(大草) 옹관
- 전남 영암 금계리 계천
- 전남 영광 군동리
- 전남 승주 대곡리
- 전남 승주 낙수리
- 전남 광양읍 용강리
- 전남 함평 만가촌(전남 기념물 제55호)
- 전남 함평 중랑리
- 전남 함평 대창리 창서(인물도)
- 전남 장흥 유치면 탐진댐 내 신풍리 마전, 덕풍리 덕산과 상방(주구묘)
- 전남 나주 금곡리 용호
- 전남 나주 복암리(사적 제404호)

토실과 고분 이외에 토기 표면에 시문된 조족문과 거치문은 또 하나의 마한의 고고학적 특징이라 할 수 있으며, 이들 문양의 분포를 통해 마한문화의 전통을 살펴볼 수 있다. 거치문은 나주 반남면 신촌리 고분, 풍납동토성, 화성 동탄 석우리 먹실, 화성 태안읍 반월리, 전주 송천동, 군산 산월리 그리고 진도 오산리 등에서 확인된 바 있으며, 조족문은 청주 신봉동, 홍성 신금성, 평택 자미산성, 나주 반남면 덕산리 4호분과 신촌리 6호분 그리고 설성산성 등지에서 확인되었다. 이뿐 아니라 청주 정북동 토성(사적 제415호), 공주 의당면 수촌리(사적 460호) 등은 마한시대에 축조된 토성으로 보이며, 천안 장산리에서는 마한시대의 관개시설(灌漑施設)이, 진천 사양리와 화성 기안리에서는 탄요(炭窯)가, 나주 금천 신가리와 오량동에서는 토기 가마가, 천안 청당동과 아산 배방면 갈매리에서는 마형대구가 확인되는 등 마한문화의 실체를 보여주는 새로운 자료들이 계속 보고되고 있다. 특히 함평 대창리 창서에서 발견된 마한시대의 인물도는 학계의 지대한 관심을 끈 바 있는데, 인물도의 얼굴 모습은 석굴암의 10대 제자(弟子), 즉 인도인(또는 유럽인, 코캐소이드인)의 얼굴 모습과 유사하다. 이 인물도는 앞으로 해외 문화교류까지도 염두에 두어야 할 중요한 자료다. 마구, 관개시설, 옹관, 탄요, 토기 가마와 토성 등 마한관계 기타 유적들로 다음과 같은 유적들이 확인되었다.

- 경기도 용인시 중구 운서동(영종도)
- 경기도 가평 마장리
- 경기도 이천 설성산성(경기도 기념물 제76호, 조족문토기)
- 경기도 광주시 장지동(조족문 · 거치문토기)
- 충남 천안 청당동(마형대구)
- 충남 아산 배방면 갈매리(마형대구)
- 충남 천안 봉명동
- 충남 천안 장산리 관개시설
- 충남 평택 자미산성(조족문토기)
- 충남 아산 영인면 구성리
- 충남 직산 사산성
- 충남 공주 의당면 수촌리 토성
- 충남 진천 문백면 사양리(탄요)

- 충남 청원군 부용면 부강리 남성골산성(서기 340~370, 470~490
  년)
- 충북 충주 정북동 토성(사적 제415호: 서기 130~260년)
- 전북 김제 벽골제(사적 제111호, 서기 330년)
- 전남 무안 몽탄면 양장리(저습지)
- 전남 금천면 신가리 당가(요지)
- 전남 나주 오량동(요지)
- 전남 순천 덕암동
- 전남 보성 조성면 조성리

최근 천안 용원리, 공주 장원리와 평택 자미산성 등지에서 마한의
잔재로 생각되는 토광묘, 주구묘, 조족문토기, 판축 없이 축조된 토성
과 굴립주 건물지 등이 확인·조사되었는데, 이들은 마한의 영역과
문화를 밝히는데 매우 중요한 자료들이다. 앞으로 한성시대 백제 이
전부터 존재했던 마한과 마한의 땅을 할양 받아 성립한 한성시대 백
제와의 문화적 차이를 뚜렷하게 구분할 수 있는 보다 설득력 있는
고고학 자료들이 확인될 것으로 기대된다.

7. 후언

고고학 자료를 통해 차후 검증되어야 할 가설이기는 하지만 한성
시대 백제의 연구를 위해서는 고고학 자료를 근간으로 하여 우선 마
한 문화의 구체적인 성격이 논의되어야 한다. 이를 위해,

1) 이제 사서에 등장하는 마한의 실체를 인정해야 할 시점에 이르

렸으며, 고고학 자료를 통해 마한의 존속 기간, 즉 그 상한과 하한을 구체적으로 파악하고, 마한의 시기구분 및 편년이 이루어져야 한다.

2) 사서에 등장하는 마한 54국의 지리적 위치 및 분포범위를 파악하고 마한 고유의 문화적 특징들을 구체적으로 파악해야 한다.

3) 필연적으로 마한의 정치체제 진화과정을 파악해야 할 필요가 있다. 현시점에서 볼 때 마한은 54국으로 표출된 크고 작은 여러 단순족장사회(simple chiefdom societies)로 시작되었다. 이후 각각의 단순족장사회는 통상권(Interaction Sphere)을 형성하고 조상숭배(ancestor worship)을 하면서 계층사회(stratified society)인 복합족장사회(complex chiefdom societies)로 발전되었으며, 마지막 단계에 이르러서는 목지국으로 표출되는 고대국가 단계(ancient state)로 성장했던 것으로 여겨진다. 『삼국사기』에 보이는 신라 및 백제와의 관계 기사를 고려했을 때, 마한은 늦어도 기원전 1세기경에는 국가사회로 성장했던 것으로 추정되는데, 이 과정을 고고학 자료를 통해 밝혀야 한다.

4) 마한의 시원은 철기시대 전기(기원전 400~기원전 1년)의 중간 시기까지 올라가지만 선사고고학의 입장보다는 삼국시대 전기(철기시대 후기 : 서기 1~300년)에 그 중심을 두고 역사고고학적 측면에서 연구하는 것이 보다 바람직하다. 왜냐하면, 마한 연구는 백제와의 역학관계상에서 이루어진 중심지의 변천 및 마한 54국을 구성하는 각 소국들 간의 역학관계 등을 항시 고려하여 진행되어야 하기 때문이다. 다시 말해 백제의 역사와 문화가 영역의 확장 및 도읍의 변천에 따라 한성-공주-부여의 세 시기로 구분되듯이, 마한의 역사와 문화 역시 백제와의 역학관계상에서 이루어진 중심지의 이동 및 변천에 따라 천안-익산-나주의 세 시기로 구분되어야 한다.

이러한 부분에 대한 고려가 선행될 때 비로소 마한 연구의 올바른 방향이 설정될 수 있다. 최근 유례없이 많은 마한과 관계된 고고학 자료가 보고되어 마한에 관한 고고학적 연구가 비로소 시작되었음을 실감하는데, 양적으로 풍부한 자료들을 질적으로 해석하는 작업이 무엇보다도 시급하다. 그런데 마한과 공시적(共時的)·통시적(通時的)으로 밀접한 관련을 맺고 있는 한성시대의 백제의 연구를 위해서는 다음과 같은 선결과제(先決課題)가 있다.

1) 『삼국사기』 백제 초기 기록을 긍정적으로 해석하려는 태도와 이를 지지하는 고고학 자료의 확보와 해석,

2) 마한과 백제의 역사와 문화를 각각 독립적으로 시대구분하고 연구하는 이분법적 사고의 확립,

3) 종래 학계에서 심각한 논의 없이 설정·채용해 왔던 원삼국시대와 같은 애매모호한 시대 개념의 과감한 폐기와 보다 합리적인 새로운 지역편년의 수립,

4) 그리고 유적, 유구, 유물의 연구에 있어 구체적인 논거 없이 제시되어온 기존의 피상적인 입장에 얽매임 없이 고고학적·역사적 맥락을 충분히 고려한 유연한 해석태도 등을 함양하려는 노력이 선행되어야만 한다.

우리의 역사관에는 아직도 일제시대부터 심어진 한국문화의 '반도성(半島性), 타율성(他律性), 정체성(停滯性)과 사대성(事大性)'으로 점철된 식민지사관이 뿌리 깊게 남아 있어 이를 극복하는데 상당한 시간과 노력이 소요되고 있다. 『삼국사기』 초기 기록에 대한 거의 무조건적인 불신 역시 그 폐해의 하나이다. 하루 빨리 이를 극복하여

긍정적인 역사관을 갖도록 노력해야 하는데, 이를 위해서는 신화학, 고대사와 고고학 등 제반 연관분야 학자들의 학제적 연구가 절실히 요구된다. 다행히 최근 풍납동토성을 비롯한 여러 한성시대 백제 유적이 발굴조사되고 있어 그 단서를 제공할 자료들이 많이 나올 것으로 기대되고 있다. 지속적으로 확인되고 있는 고고학 유적의 연구와 문헌사학적 연구들이 병행될 때, 이제 시작이라 할 수 있는 마한과 한성시대 백제와의 관계 그리고 위만조선과 낙랑이 마한과 한성시대 백제에 미친 영향 등 아직 해결되지 않은 많은 부분들이 밝혀질 것이다. 무엇보다도 역사고고학의 범주에서 접근하는 것이 보다 유리한 이 시기를 연구하는 고고학도들은 발굴 및 조사를 통해 제공된 고고학 자료 뿐 아니라 문헌정보의 파악에도 힘을 기울여 전체적인 역사적 맥락을 충분히 이해하면서 유적과 유물을 올바로 해석해 나가는 자세가 필요하다.

8~15장의 · 참 · 고 · 문 · 헌

강동석 · 이희인
    2002, 강화도 교동 대룡리 패총, 임진강 유역의 고대사회, 인하대
        제3회 학술회의 발표요지
강릉대학교 박물관
    2000, 발굴 유적 유물 도록
강원문화재연구소
    2001, 춘천 거두지구 문화재발굴조사 지도위원회 자료
    2002, 국도 44호선(구성포-어론간) 도로 확 · 포장공사구간 내 유

적시굴조사 지도위원회 자료

2002, 춘천시 신북읍 발산리 253번지 유구확인조사 지도위원회 자료

2003, 국도 44호선(구성포-어론간) 도로 확장구간 내 철정·역내리 유적

2003, 영월 팔괘 I.C. 문화재 시굴조사 지도위원회 자료

2003, 화천 생활체육공원 조성부지 내 용암리 유적

2004, 강릉 과학일반지방산업단지 문화유적 발굴조사

2004, 국군 원주병원 주둔지 사업예정지역 시굴조사

2004, 동해 송정지구 주택건설사업지구 내 문화유적 시굴조사 지도위원회 자료

2004, 천전리 유적

2004, 춘천 우두동 직업훈련원 진입도로 확장구간 내 유적발굴조사 지도위원회 자료 및 2005, 발굴조사 중간 지도위원회 자료

2005, 정선 아우라지 유적 -정선 아우라지 관광단지 조성부지 시굴조사 지도위원회의 자료-

2005, 국군 원주병원 문화재 발굴조사

2005, 춘천 천전리 유적 : 동면~신북간 도로 확장 및 포장공사구간 내 유적발굴조사 4차 지도위원회자료

2005, 고성 국도 7호선(남북연결도로) 공사구간 내 유적조사 지도위원회 자료

2005, 속초 대포동 롯데호텔 건립부지 내 유적 시굴조사 지도 위원회 자료

2005, 국도 38호선(연하-신동간) 도로 확포장 공사구간내 유적 발

굴조사 지도위원회 자료

2005, 강릉 입압동 671-3번지리 3필지 아파트 신축부지 내 유적
　　발굴조사 지도위원회 자료

2005, 춘천 율문리 생물 산업단지 조성사업 부지 유적

2005, 춘천 신매리 373-6번지 유적

2006, 홍천 철정리 유적 Ⅱ

2006, 춘천−동홍천간 고속도로 건설공사 문화유적

2006, 서울-춘천 고속도로 7공구 강촌 IC구간 내 유적 발굴조사

강인욱 · 천선행

2003,「러시아 연해주 세형동검 관계유적의 고찰」『한국상고사
　　학보』42

경기대학교 박물관

2004, 화성 동탄면 풍성주택 신미주아파트 건축부지 문화유적 발
　　굴조사 현장설명회 자료

2005, 수원 고색동 유적

2005, 양평 양세리 유적-양평군 개군면 마을회관 건립부지 문화
　　유적 발굴조사 지도위원회의 자료

2005, 중앙선(원주-덕소) 복선전철화구간 내 4-5지구 문화유적 발
　　굴조사 지도위원회 자료집

2005, 중앙선(덕소-원주) 복선전철화구간 내 4-2 · 3지구 문화유
　　적 발굴조사 지도위원회 자료집

경기도박물관

1999, 파주 주월리 유적

1999, 평택 관방유적 정밀지표조사 현장설명회자료

1999, 평택 관방유적(I) 지표조사보고서

2000, 평택 관방유적(I)

2001, 봉업사

2001, 포천 자작리 유적 긴급발굴조사-지도위원회 자료-

2002, 연천 학곡리 개수공사지역 내 학곡리 적석총 발굴조사

2003, 고양 멱절산 유적 발굴조사

2003, 월롱산성

2004, 안성 공도 택지개발사업부지 내 유적 발굴조사 1차 지도위
원회 자료(5 · 6지점)

2004, 안성 봉업사 3차 발굴조사 현장설명회 자료

2004, 평택 현곡지방산업단지 내 문화유적 발굴조사 3차 지도위
원회 자료집

2004, 포천 자작리 유적(II) 시굴조사보고서

경기문화재단

2003, 경기도의 성곽, 기전문화예술총서 13

경남문화재연구원

2003, 창원 외동 택지개발사업지구 내 발굴조사 지도위원회 자료

2004, 울산 연암동 유적발굴 지도위원회 자료, 대한문화재신문
제24호(2004년 11월 15일)

경남발전연구원 역사문화센터

2001, 김해 봉황동 시굴조사 지도위원회 자료

2003, 가야인 생활체험촌 조성부지 내 김해 봉황동 발굴조사 지
도위원회 자료집

2005, 마산 진동리 유적

경북문화재연구원

2001, 대구 상동 정화 우방 팔레스 건립부지 내 발굴조사 지도위

원회 및 현장설명회 자료

2002, 경주 신당동 희망촌 토사 절취구간 내 문화유적 시굴 지도
위원회 자료

2003, 대구-부산간 고속도로 건설구간(제4·5공구) 청도 송읍리
Ⅰ·Ⅲ 유적 발굴조사 지도위원회 자료

2003, 성주 예산리 유적 발굴조사

2003, 성주·백전·예산 토지구획정리 사업지구 내 성주 예산리
유적 발굴조사 지도위원회 및 현장설명회 자료

2003, 포항시 호동 쓰레기 매립장 건설부지 내 포항 호동 취락유
적 발굴조사 지도위원회 및 현장설명회 자료

2005, 구룡포-대포간 4차선 도로 확포장구간 내 발굴조사 지도위
원회 및 현장설명회 자료

2005, 삼정리 취락유적 지도위원회 및 현장설명자료

2005, 삼정리 Ⅱ, 강사리 유적 지도위원회 및 현장설명회

경상남도 남강 유적 발굴조사단

1998, 남강 선사 유적

경주대학교 박물관

2005, 대구시 달서구 대천동 413번지 일대 오르젠아파트 신축부
지 내 문화재 시굴조사 지도위원회

계명대학교 박물관

2004, 개교 50주년 신축박물관 개관 전시도록 계연수 편저(이면
수 역), 1986, 환단고기, 한뿌리

고려대학교 매장문화재연구소

2001, 대전 대정동 유적

2002, 논산 마전리 보고서

2003, 서천 도삼리 유적

공주대학교 박물관

1998, 백석동 유적

1999, 용원리 고분군 사진자료

2000, 용원리 고분군

2005, 해미 기지리 유적

광진구

1998, 아차산성 '96 보수구간 내 실측 및 수습발굴조사보고서

具滋奉

1994, 圭環頭大刀에 대한고찰, 배종무총장 퇴임기념 사학논총

국립공주박물관

1997, 공주시 의당면 수촌리 토성(土城)발굴조사 중간보고

국립문화재연구소

1994, 연천 삼곶리 백제적석총 발굴조사보고서

2001, 풍납토성 Ⅰ

2002, 고성문암리 선사유적 발굴조사 지도위원회의 자료

국립문화재연구소 유적조사연구실

1999, '98~'99 고성문암리 신석기 유적발굴조사 성과발표

2001, 나주 복암리 3호분(보도자료)

2001, 풍납토성 Ⅰ(보도자료)

2002, 올림픽미술관 및 조각공원 건립부지 발굴조사 현장지도회
      의 자료

2003, 풍납동 삼표산업사옥 신축부지 발굴조사 현장지도회의 자
      료

2003, 2003 풍납동 197번지 일대(구 미래마을 부지) 유적 발굴조

사현장지도회의 자료

2003, 연평 모이도 패총

국립문화재연구소 한성백제학술조사단

2004, 풍납동 재건축부지(410번지외) 발굴(시굴)조사 자문회의 자료

2004, 2004 풍납토성(사적 11호) 197번지 일대(구 미래마을 부지) 발굴조사 지도위원회 회의자료

국립부여문화재연구소

1997, 부소산성 발굴조사 중간보고 II (학술연구총서 14)

1999, 부소산성 발굴조사 중간보고 III (학술연구총서 23)

2000, 2000년도 부여 부소산성 발굴조사 현장설명회 자료

2000, 부소산성 발굴조사 중간보고 IV

2001, 2001년도 부여 부소산성 발굴조사 현장설명회 자료

2002, 부여 관북리 전 백제왕궁지 시 · 발굴조사 현장설명회 자료

국립부여박물관

1994, 부여 능산리 건물지 발굴조사지도위원회 자료

국립중앙박물관

1994, 암사동

1998, 여주 연양리 유적

1999, 백제

2002, 원주 법천리 유적 발굴조사보고서

2000, 원주 법천리 고분군 -2차 학술발굴조사-

1996, 백제금동향로와 창왕명 사리감, 특별전시회도록

국립청주박물관

1997, 철의 역사

군산대학교 박물관

  2002, 군산 산월리 유적

金烈圭

  1976, 『韓國의 神話』, 一朝閣

金貞培

  1985, 「目支國小攷」, 『千寬宇先生 還曆紀念 韓國史學論叢』, 正音文
    化社

金昌錫

  1997, 「한국고대 市의 原形과 그 성격 변화」, 『韓國史研究』 99 ·
    100

기전문화재연구원

  2001, 기흥 구갈(3)택지개발 예정지구 내 구갈리 유적 발굴조사
    설명회 자료

  2001, 기흥 구갈(3) 택지개발 예정지구 내 구갈리 유적 발굴조사

  2001, 화성 발안 택지개발지구 내 유적 발굴조사 개요

  2002, 안양시 관양동 선사유적 발굴조사 지도위원회 자료

  2002, 연천 학곡제 개수공사지역 내 학곡리 적석총 발굴조사

  2002, 용인 보정리 수지빌라트 신축공사부지 내 유적 시 · 발굴조
    사 4차 지도위원회 자료

  2003, 기전고고, 3

  2003, 서울 EMS테크센터부지내 유적 발굴조사 지도위원회 자료

  2003, 용인 보정리 수지빌라트 신축공사부지 내 유적시 · 발굴조
    사 5차 지도위원회 자료(4지점)

  2003, 하남 시가지우회도로 확 · 포장구간 유적 발굴조사보고서

  2003, 화성 발안리마을 유적 · 제철유적 발굴조사

2003, 화성 발안리마을 유적·기안리 제철유적발굴조사, 현장설
　　명회 자료

2004, 경춘선 복선전철 사업구간(제4공구) 내 대성리 유적 발굴조
　　사

2004, 안성 공도 택지개발사업부지 내 유적 발굴조사 1차 지도위
　　원회 자료(5·6 지점)

2004, 안성 공도 택지개발사업부지 내 유적 발굴조사 2차 지도위
　　원회 자료(1·3·5 지점)

2004, 안양 관양동 선사유적 발굴조사보고서

2004, 평택 현곡 지방산업단지 내 문화유적 발굴조사 3차 지도위
　　원회 자료집

2004, 화성 동탄지구 내 석우리 먹실 유적 발굴조사 Ⅱ

2004, 경춘선 복선전철 사업구간(제4공구) 내 대성리 유적 발굴
　　조사

2005, 화성 신영통 현대타운 2·3 단지 건설공사부지 문화재 발
　　굴조사 지도위원회자료

2005, 안성 공도 택지개발사업지구 내 유적 발굴조사 : 3차 지도
　　위원회 회의자료(3지점 선공사지역·4지점)

2005, 경춘선 복선전철 사업구간(제4공구) 내 대성리 발굴조사
　　제2차 지도위원회 자료

2005, 안성공도 택지개발사업지구 내 유적 발굴조사 4차 지도위
　　원회 자료(2지점)

2006, 성남~장호원 도로건설(2공구) 문화유적 시굴조사 지도위원
　　회 자료

김구군

2000,「호형 대구의 형식분류와 편년」,『경북대 고고인류학과 20 주년 기념논총』

김권구

2003,『청동기시대 영남지역의 생업과 사회』, 영남대 대학원 박 사학위 청구논문

김규상

1997,「파주 주월리 유적 발굴조사」,『'97 경기도박물관 발굴조사 개보』, 경기도박물관

김열규

1990,「신화」,『한국민족문화대백과사전』14, 한국정신문화연구 원

김재열외

1998,『화성 마하리 고분군』, 호암미술관

김태식

2001,『풍납토성』, 김영사

김호준

2002,「설성산성 발굴조사개요」,『한국성곽연구회 창립학술대회 발표요지』

남도문화재연구원

2005, 구례 공설운동장 건립부지 내 문화유적 발굴조사

2005, 전라선 성산-신풍간 철도개량구간(대법유물산포지) 내 문 화유적 발굴조사

2006, 순천 코아루 럭스 아파트 부지내 문화유적 발굴조사

盧重國

1990,「目支國에 대한 一考察」,『百濟論叢』2

단국대학교 매장문화재연구소

　1999, 이천 설봉산성 1차 발굴조사보고서

　2001, 안성 죽주산성 지표 및 발굴조사 완료 약보고서

　2001, 이천 설봉산성 2차 발굴조사보고서

　2001, 이천 설성산성 1차 발굴조사 지도위원회 자료

　2001, 포천 고모리산성 지표조사완료약보고서 및 보고서

　2001, 포천 반월산성 5차 발굴조사보고서

　2002, 이천 설성산성 2차 발굴조사 지도위원회 자료집

　2003, 연천 은대리성 지표 및 발굴조사 지도위원회 자료집

　2003, 이천 설봉산성 4차 발굴조사 지도위원회 자료집

　2003, 이천 설성산성 3차 발굴조사 지도위원회 자료집

　2004, 안성 죽주산성 남벽정비구간 발굴조사 지도위원회 자료집

　2004, 평택 서부 관방산성 시·발굴조사 지도위원회 자료집

　2005, 의당 ICD 진입로 개설공사구간 연장 발굴조사 1차 지도위
　　　원회 자료집

동양대학교 박물관

　2005, 국도 5호선 확장공사부지 내 안동 저전리 유적

　2000, 사천 늑도유적 3차 발굴조사 자료

목포대학교 박물관

　1995, 서해안고속도로(무안-목포)구간 문화유적 발굴조사 약보고

　1999, 나주지역 고대사회의 성격

　2000, 영산강 유역 고대사회의 새로운 조명

　2000, 자미산성

　2001, 탐진 다목적(가물막이)댐 수몰지역 내 문화유적 발굴조사
　　　개요

2002, 지방도 819호선 확·포장공사구간 내 문화유적

2002, 탐진 다목적댐 수몰지역 내 문화유적 발굴조사(2차) 지도
위원회 및 현장설명회 자료

목포대학교 박물관·동신대학교 박물관

2001, 금천-시계간 국가지원 지방도 사업구간 내 문화재 발굴조
사 지도위원회와 현장설명회 자료

2002, 나주 오량동 가마유적 지도위원회 회의 자료

목포대학교 박물관·호남문화재연구원·한국수자원공사

2000, 탐진 다목적댐 수몰지역 내 문화유적 발굴조사 지도위원회
및 현장설명회 자료

문산 김삼룡박사 고희기념 논총간행위원회

1994, 문산 김삼룡 박사 고희기념 마한·백제문화와 미륵사상

문화재관리국

1974, 팔당·소양댐 수몰지구 유적발굴 종합조사보고

関賢九

1975, 「羅州邑誌解題」, 『羅州邑誌』, 全南大學校 史學科, 光州

밀양대학교 박물관·동의대학교 박물관

2001, 울산 야음동 유적

方起東

1982, 「集安東臺子高勾麗建筑遺址的性質和年代」, 『東北考古與歷
史』 1982年 1期

방유리

2001, 『이천 설봉산성 출토 백제토기연구』, 단국대 사학과 석사
학위논문

백제문화개발연구원

　　　1994, 직산 사산성

백종오

　　　2002, 「임진강 유역 고구려 관방체계」, 『임진강 유역의 고대사
　　　　　회』, 인하대학교 박물관

백종오

　　　2003, 「고구려와 신라 기와 비교연구」, 『백산학보』 67

　　　2003, 「朝鮮半島臨津江流域的高句麗關防體系硏究」, 『東北亞歷史與
　　　　　考古信息』 總第40期

　　　2004, 「백제 한성기 산성의 현황과 특징」, 『백산학보』 69

　　　2004, 「임진강 유역 고구려 평기와 연구」, 『문화사학』 21

　　　2004, 「포천 성동리산성의 변천과정 검토」, 『선사와 고대』 20

백종오 · 김병희 · 신영문

　　　2004, 『한국성곽연구논저총람』, 서경

삼한역사연구회

　　　1997, 『삼한의 역사와 문화-마한편-』, 자유지성사, 서울

상명대학교 박물관

　　　2005, 파주 탄현면 갈현리 공장 신축예정부지 문화유적 시굴조사

서울대학교 박물관

　　　1975, 석촌동 적석총 발굴조사보고

　　　2000, 덕적군도의 고고학적 조사연구

　　　2000, 아차산 제4보루

　　　2000, 아차산성

　　　2002, 아차산 시루봉 보루

　　　2002, 용유도 유적

서울역사박물관

2002, 풍납토성

서울특별시

1988, 서울의 어제와 오늘

서정석

2000, 『백제성곽연구 -웅진 · 사비시대를 중심으로-』, 정신문화연
구원 박사학위 청구논문

석광준 · 김종현 · 김재용

2003, 『강안리 고연리 구룡강』, 백산자료원

선문대학교 역사학과 발굴조사단

2000, 강화 내가면 오상리 고인돌 무덤 발굴조사 현장설명회 자
료

성균관대학교 박물관

2000, 여수 화장동 유적 제2차 조사 현장설명회 사진자료

2003, 경기도 양평군 양수리 상석정마을 발굴조사 1차 지도위원
회 자료

2004, 경기도 양평군 양수리 상석정마을 발굴조사 3차 지도위원
회 자료

2004, 경기도 양평군 양수리 상석정마을 발굴조사 약보고서

成洛俊

1983, 「榮山江流域의 甕棺墓研究」, 『百濟文化』 15

成周鐸 外

1990, 『神衿城 南門址 및 周邊 貝殼層 精密調査』, 忠南大學校 博物
館, 大田

成周鐸 · 車勇杰

1985, 「稷山 蛇山城 發掘調査 中間報告書」, 『百濟研究』 16

1994, 『稷山 蛇山城』, 백제문화개발연구원

세종대학교 박물관

　2000, 평택 지제동 유적

　2001, 하남 미사동 선사유적 주변지역 시굴조사

　2002, 연천 고인돌조사 현장설명회 자료

　2002, 하남 망월동

　2003, 포천-영중간 도로 확장구간 내 유적(금주리 유적) 문화유적
　　　발굴조사 약보고

　2005, 하남 덕풍골 유적 -청동기시대의 집터 · 제의유적 및 고분
　　　조사-

　2006, 하남 덕풍골 유적

수원대학교 박물관

　2005, 화성 장안리 유적 -이화~상계간 도로 확 · 포장공사구간
　　　내 문화유적 발굴조사-

순천대학교 박물관

　2000, 여수 화장동 문화유적 2차 발굴조사

　2001, 광양 용강리 택지개발지구 2차 발굴조사회의자료

　2001, 보성 조성리토성 발굴조사 현장설명회 및 지도위원회 자료

　2002, 여천 화양경지정리지구 문화유적 발굴조사

　2004, 광양 마로산성 3차 발굴조사 현장설명회 자료

　2001, 여수고락산성 2차 발굴조사

　2002, 광양 마노산성 2차 발굴조사 지도위원회 및 현장설명회 자
　　　료

신라대학교 가야문화재연구소

　1998, 산청 소남리 유적 발굴조사 현장설명회 자료

신용철 · 강봉원

　1999, 여주 하거리 방미기골 고분

심재연 · 김권중 · 이지현

　2004, 「춘천 천전리 유적」, 『제28회 한국고고학 전국대회 발표요
　　지』

심정보

　2001, 「백제 석축산성의 축조기법과 성격에 대하여」, 『한국상고
　　사학보』 35호

안산시 · 한양대학교 박물관

　2004, 『안산 대부도 육곡고려고분 2차 발굴조사 현장설명회』

안재호

　2000, 『한국 농경사회의 성립』, 한국고고학보 43호

연세대학교 박물관

　2004, 『연당 쌍굴 : 사람, 동굴에 살다』, 연세대학교 박물관 특별
　　전 도록

　2004, 영월 연당리 피난굴(쌍굴) 유적 시굴조사 현장설명회 자료

연세대학교 원주박물관

　2004, 안창대교 가설공사부지 내 문화유적 시굴조사 지도위원회
　　자료

　2004, 춘천 삼천동 37-12 번지 주택건축부지 내 문화유적 시굴조
　　사 지도위원회 자료

　2005, 원주 태장 4지구 임대주택 건설부지 문화유적 발굴조사 2
　　차 지도위원회 자료

영남대학교 민족문화연구소

　2003, 대구 월성동 리오에셋아파트 건립부지 내 문화유적 발굴조

　　　사 지도위원회 및 현장설명회 자료집

영남문화재연구원

　　2001, 진천 코오롱아파트 신축부지 내 대구 진천동 유적 발굴조
　　　사

　　2002, 청도 진라리 유적 발굴조사 현장설명회 자료

울산문화재연구원

　　2003, 울주 반구대 암각화 진입도로부지 내 유적 시굴 · 발굴조사
　　　지도위원회 자료집

원광대학교 마한 · 백제문화연구소

　　2000, 익산 영등동 유적

　　2002, 익산 신동리 간이골프장시설부지 내 문화유적 발굴조사 약
　　　보고

　　2003, 정읍 신정동 첨단방사선 이용연구센터 건립부지 내 문화유
　　　적 발굴조사 현장설명회의 자료

육군사관학교 화랑대연구소 국방유적연구실

　　2003, 연천 당포성 지표 및 발굴조사 지도위원회 자료집

　　2003, 정선 애산리산성 지표조사보고서

　　2004, 파주 덕진산성 시굴조사 지도위원회 자료

　　2006, 연천군 초성-백의간 도로 확 · 포장공사구간 내 유적 발굴
　　　조사 약보고서

육군사관학교 화랑대연구소 · 경기도박물관

　　2006, 연천 당포성 2차 발굴조사 현장설명회 자료

윤덕향

　　1986, 「남원 세전리 유적지표수습 유물보고」, 『전라문화논집』 1
　　　집

尹撤重

   1996,『韓國의 始原神話』, 白山資料院.

李康承・朴淳發・成正鏞

   1994,『神衿城』, 忠南大學校 博物館, 大田

李基白・李基東

   1982,『韓國史講座』1 古代篇, 一朝閣, 서울

李東歡譯註

   1975,『삼국유사』上, 三中堂

이동희

   2005, 전남 동부지역 복합사회 형성과정의 고고학적 연구, 성균
      관대 대학원 박사학위 논문

이병도

   1956,『두계잡필』, 일조각

李丙燾

   1959,『韓國史』古代篇, 乙酉文化社, 서울

   1976,『韓國古代史硏究』, 博英社, 서울

이숙임

   2003,『강원지역 점토대토기 문화연구』, 한림대 대학원 문학석사
      학위논문

李御寧

   1976,『韓國人의 神話』瑞文文庫 021

李榮文

   1978,「榮山江下流地域의 古墳群」,『羅州大安里 5號 百濟石室墳 發
      掘調査報告書』, 羅州郡廳, 羅州

   1987,「昇州 九山里 遺蹟과 出土唯物」,『三佛 金元龍敎授 停年退任

紀念論叢』I(考古學篇), 一志社, 서울

2002,『全南地方 支石墓社會의 研究』, 학연문화사

李榮文 · 曺根佑

1996a,『全南의 支石墓』, 學研文化社, 서울

1996b,「全南의 支石墓」『全南의 古代墓制』, 全羅南道 · 木浦大學校
博物館

成洛俊

1983,「榮山江 流域의 甕棺墓研究」,『百濟文化』15

이종욱

2004, 건국신화, 휴머니스트

이훈

2001,「공주 장선리 유적발굴조사 개요」,『제44회 전국역사학대
회 발표요지』

이훈 · 강종원

2001,「공주 장선리 토실 유적에 대한 시론」,『한국상고사학보』
34호

이훈 · 양혜진

2004,「청양 학암리 유적」,『제28회 한국고고학 전국대회 발표요
지』

인천시립박물관

1994, 영종 · 용유지구 지표조사보고서

인하대학교 박물관

2000, 인천 문학경기장 내 청동기 유적 발굴조사 현장설명회 자
료

2001, 영종 운서토지구획 정리사업지구 내 문화유적 시굴조사

任東權

　1998, 「발언대」, 『중앙일보』, 1998년 2월 19일자 7면

전남대학교 박물관

　2001, 함평 예덕리 만가촌고분군 2차 발굴조사

　1997, 나주 마한문화의 형성과 발전

전남문화재연구원

　2003, 진도 고군지구 경지정리 사업구역 내 문화유적 시굴조사
　　　　지도위원회 회의 자료

　2004, 나주 복암리 고분전시관 건립부지 내 문화유적 발굴조사
　　　　지도위원회 회의 자료

　2004, 『진도 오산리 유적』 학술총서 14집

全北大博物館

　1985, 『細田里出土土器』, 全北大 博物館, 全州

全榮來

　1987, 「韓國 湖南地方の古墳文化」, 『九州 考古學』 61號

전주대학교 박물관

　2002, 구이-전주간 도로 확·포장공사구간 내 문화재발굴조사 현
　　　　장설명회 자료

전주대학교 박물관·전북대학교 박물관

　2002, 전주 송천동 토지구획정리사업지구 내 문화재발굴조사 현
　　　　장설명회 자료

제주대학교 박물관

　1999, 제주 삼양동 유적

제주문화예술재단 문화재연구소

　2001, 신제주-외도간 도로개설구간 내 외도동 시굴조사보고서

2003, 제주 국제공항확장부지 내 문화유적 발굴조사 -지도위원회
　　　및 현장설명회 자료-

趙由典

　　1991,「宋山里 方壇階段形 무덤에 대하여」,『武寧王陵의 연구현황
　　　과 제문제』(무령왕릉 20주년 기념학술회의 발표요지)

趙喜雄

　　1983,『韓國說話의 類型的 硏究』, 한국연구원

중앙문화재연구원

　　2001, 논산 성동지방 산업단지부지 내 논산 원북리 유적

　　2001, 논산 지방산업단지부지 내 논산 원북리 유적 발굴조사

　　2001, 진천 문백 전기 · 전자 농공단지 내 매장문화재 발굴조사

　　2002, 대전 테크노밸리 사업부지 내 문화재 발굴조사 지도위원회
　　　자료

　　2002, 중부내륙고속도로 충주지사 및 두담 고분군 시굴발굴조사
　　　지도위원회 자료

　　2003, 가오 주택지 개발사업지구 내 대전 가오동 유적 지도 · 자
　　　문위원회 자료

　　2003, 2004, 2005, 경주 나정

　　2005~2006, 군포 부곡택지개발지구부지 내 유적 시굴조사 지도
　　　위원회 자료

　　2004, 고속도로 40호선 안성음성간(제5공구) 건설공사 사업부지
　　　내 안성 반제리 유적 발굴조사 현장설명회 자료집

　　2004, 충주 장미산성 발굴조사 현장설명회 자료집

　　2005, 중앙선 덕소-원주간 복선전철 5-17지구 삼성리 유적 발굴
　　　조사 지도위원회자료

차용걸

　2003,「충청지역 고구려계 유물출토 유적에 대한 소고-남성골 유
　　　　적을 중심으로-」,『호운 최근묵교수정년 기념논총』

차용걸 · 우종윤 · 조상기

　1992,『중원 장미산성』, 충북대학교 박물관

車勇杰 · 趙詳紀 · 吳允淑

　1995,『淸州 新鳳洞 古墳群』, 忠北大學校 博物館

千寬宇

　1979,「馬韓 諸小國의 位置試論」,『東洋學』9

　1979,「目支國考」,『韓國史研究』

崔光植

　1997,「박혁거세 신화」,『한국사』7, 국사편찬위원회

崔夢龍

　1972,「한국 동과에 대하여」,『서울대 문리대학보』18권, 27호

　1975,「韓國 銅戈に ついて」,『朝鮮考古學年報』2

　1978,「光州 松岩洞 住居址 發掘調査報告」,『韓國考古學報』4

　1982,「全南地方 支石墓社會와 階級의 發生」,『韓國史研究』35

　1983,「한국고대국가의 형성에 대한 일고찰 -위만조선의 예-」,
　　　　『김철준교수 회갑기념 사학논총』

　1985,「고고분야」,『일본 對馬 · 壹岐島 종합학술조사보고서』, 서
　　　　울신문사

　1985,「고대국가성장과 무역 -위만조선의 예-」,『한국고대의 국가
　　　　와 사회』, 역사학회편

　1986,「고인돌과 독무덤」,『全南文化의 性格과 課題』, 第一回 全南
　　　　古文化 심포지움 발표요지

1987, 「한국고고학의 시대구분에 대한 약간의 제언」, 『최영희 교수 화갑기념 한국사학논총』

1987, 『한국고대사의 제문제』, 관악사

1988, 「반남면 고분군의 의의」, 『나주반남면 고분군』, 광주박물관 학술총서 13책

1989, 「歷史考古學 硏究의 方向 -우리나라에서 역사시대의 시작」, 『韓國上古史』, 韓國上古史學會, 서울

1989, 「삼국시대 전기의 전남지방문화」, 『성곡논총』 20집

1989, 「상고사의 서해 교섭사 연구」, 『국사관논총』 3집

1989, 「역사고고학연구의 방향」, 『한국상고사 연구현황과 과제』, 민음사

1990, 「전남지방 삼국시대 전기의 고고학연구현황」, 『한국고고학보』 24집

1990, 「초기 철기시대」, 『국사관논총』 16집(신숙정과 공저)

1991, 「마한목지국의 제문제」, 『백제사의 이해』(최몽룡 · 심정보 편), 학연문화사

1993, 「철기시대 : 최근 15년간의 연구성과」, 『한국사론』 23집, 국사편찬위원회

1993, 『한국 문화의 원류를 찾아서』, 학연문화사

1993, 「한국 철기시대의 시대구분」, 『국사관논총』 50, 국사편찬위원회

1994, 「고고학상으로 본 마한의 연구」, 『문산 김삼룡 박사 고희 기념논총 : 마한 · 백제문화와 미륵사상』(논총간행위원회 편), pp.91~98, 원광대학교 출판국, 익산

1994, 「최근 발견된 백제향로의 의의」, 『韓國上古史學報』 15

1996, 「한국의 철기시대」, 『東아시아의 鐵器文化 -도입기의 제양
　　상-』, 문화재연구소 국제학술대회 발표논문 제5집

1997, 「백제의 향로제사유적 및 신화」, 『도시 · 문명 · 국가』(최몽
　　룡 저), 서울대학교출판부, 서울

1997, 「북한의 단군릉 발굴과 그 문제점」, 『도시 · 문명 · 국가』
　　(최몽룡 저), 서울대학교출판부, 서울

1997, 「청동기 · 철기시대의 시기구분」, 『한국사 3-청동기와 철기
　　문화-』, 국사편찬위원회, 서울

1997, 『도시 · 문명 · 국가-고고학에의 접근-』, 서울대학교출판부

1997, 「청동기시대와 철기시대」, 『한국사』 3, 국사편찬위원회

1998, 『백제를 다시 본다』(편저), 주류성(2004 『百濟ぉもぅ一度考
　　える』 日譯, 周留城, 서울

1998, 『다시 보는 百濟史』, 周留城, 서울

1999, 「나주지역 고대문화의 성격 -반남면 고분군과 목지국-」,
　　『복암리고분군』

1999, 「서울 · 경기도의 백제유적」, 경기도박물관 제5기 박물관
　　대학강좌

1999, 「철기문화와 위만조선」, 고조선문화연구, 한국정신문화연
　　구원

1999, 「Origin and Diffusion of Korean Dolmens」, 『한국상고사학
　　보 30호

2000, 「21세기의 한국고고학」, 『한국사론』 30, 국사편찬위원회

2000, 「21世紀의 韓國考古學」, 『21世紀의 韓國史學』, 國史編纂委員
　　會

2000, 『흙과 인류』, 주류성, 서울

2002, 「21세기의 한국고고학의 새로운 조류와 전망」, 한국상고사
학회 27회 학술발표대회 기조강연

2002, 「考古學으로 본 文化系統 多元論的 立場」, 『韓國史』 1, 國史
編纂委員會

2002, 「고고학으로 본 문화계통」, 『한국사』 1, 국사편찬위원회

2002, 「百濟都城의 變遷과 硏究上의 問題點」, 第3回 文化財硏究 學
術大會 基調講演, 國立扶餘文化財硏究所

2002, 「선사문화와 국가형성」, 『고등학교 국사』(5·6·7 차), 교
육인적자원부

2002, 「풍납동토성의 발굴과 문화유적의 보존」, 『풍납토성』, 서울
역사박물관

2003, 「考古學으로 본 馬韓」, 『益山文化圈硏究의 成果와 課題』, 원
광대학교 마한·백제문화연구소 창립 30주년 기념 학술대
회 및 2004 『마한·백제문화』 16

2003, 「백제도성의 변천과 문제점」, 『서울역사박물관 연구논문
집』 창간호

2003, 「한성시대의 백제와 마한」, 『문화재』, 36호

2004, 「부천 고강동 유적 발굴조사를 통해 본 청동기시대, 철기시
대 전기와 후기의 새로운 연구방향」, 『선사와 고대의 의례
고고학』

2004, 「역사적 맥락에서 본 경기도 소재 고구려 유적 연구의 중
요성」, 고구려 유적 정비활용을 위한 학술워크샵

2004, 「朝鮮半島の文明化-鐵器文化와 衛滿朝鮮-」, 『日本 國立歷史
民俗博物館硏究報告』 119輯

2004, 「철기시대전기의 새로운 연구방향」, 『기전고고』 4

2004, 「통시적으로 본 경기도의 통상권」, 한국상고사학회 32회
　　학술발표대회기조강연

2005, 「동북아시아적 관점에서 본 한국청동기시대 연구의 신경
　　향」, 서울 경기 고고학회 춘계학술대회 기조강연

2004, 「한국문화의 계통」, 『동북아 청동기문화연구』, 주류성

최몽룡 · 권오영

1985, 「고고학적 자료를 통해본 백제 초기의 영역고찰 -도성 및
　　영역문제를 중심으로 본 한성시대 백제의 성장과정-」, 『천
　　관우 선생 환력기념 한국사학논총』

崔夢龍 · 金庚澤

1990, 「全南地方의 馬韓 · 百濟時代의 住居址研究」, 『韓國上古史學
　　報』 4호

최몽룡 · 김경택 · 홍형우

2004, 『동북아 청동기시대 문화 연구』, 주류성

최몽룡 외

1999, 『덕적군도의 고고학적 조사연구』, 서울대학교 박물관

최몽룡 · 김선우

2000, 『한국지석묘 연구이론과 방법 -계급사회의 발생-』, 주류성

최몽룡 · 김용민

1998, 「인골에 대한고찰」, 『능산리』

최몽룡 · 신숙정 · 이동영

1996, 고고학과 자연과학-토기편」, 서울대학교출판부

최몽룡 · 심정보

1991, 『백제사의 이해』, 학연문화사

최몽룡 · 유한일

    1987, 「심천포시 늑도 토기편의 과학적 분석」, 『삼불김원용교수 정년퇴임 기념논총 I (고고학편)』, 일지사

최몽룡 · 이선복 · 안승모 · 박순발

    1993, 『한강유역사』, 민음사, 서울

최몽룡 · 이청규 · 김범철 · 양동윤

    1999, 『경주 금장리 무문토기유적』, 서울대학교 박물관

崔夢龍 · 李淸圭 · 盧赫眞

    1979, 「羅州 潘南面 大安里 5號 百濟石室墳發掘調査」, 『文化財』 12

최몽룡 · 이헌종 · 강인욱

    2003, 『시베리아의 선사고고학』, 주류성

최몽룡 · 최성락

    1997, 『한국고대국가형성론』, 서울대학교출판부

최몽룡 · 최성락 · 신숙정

    1998, 『고고학연구방법론 -자연과학의 응용-』, 서울대학교출판부

崔盛洛

    1986a, 『靈岩 長川里 住居址 I』, 木浦大學博物館, 木浦

    1986b, 『靈岩 長川里 住居址 II』, 木浦大學博物館, 木浦

    1992, 『韓國 原三國文化의 研究-全南地方을 中心으로』, 학연문화사

    2001, 『고고학여정』, 주류성

    2002, 「삼국의 성립과 발전기의 영산강 유역」, 『한국상고사학보』 37호

    2002, 「전남지역 선사고고학의 연구성과」, 『고문화』 59집

최성락 · 김건수

    2002, 「철기시대 패총의 형성배경」, 『호남고고학보』 15집

최완규

1997, 『금강유역 백제고분의 연구』, 숭실대 대학원 박사학위논문

1999, 「익산지역의 최근 고고학적 성과」, 『마한·백제문화』 14호

충남대학교 박물관

1999, 대전 궁동유적 발굴조사

2001, 대전 장대지구 문화유적 발굴조사 지도위원회 회의자료

2001, 아산 테크노 콤플렉스 지방산업단지 조성부지 내 아산 명
 암리 유적

2000, 상록리조트 골프장 증설부지 내 천안 장산리 유적

2001, 연기 운주산성 발굴조사 개략보고서

충남역사문화원(구 충남발전연구원)

2002, 부여 백제역사재현단지 조성부지 내 문화유적 조사 발굴약
 보고

2002, 부여 증산리 유적 발굴조사 개요(부여 석성 십자거리 우회
 도로 개설예정부지 내 문화유적 발굴조사)

2003, 공주 의당농공단지 조성부지 내 발굴조사 : 공주 수촌리 유
 적

2003, 서천-공주간(6-2) 고속도로 건설구간 내 문화유적 발굴조사
 중간설명회

2003, 서천-공주간(6-2) 고속도로 건설구간 내 봉선리 유적』

2004, 금산 백령산성 문화유적 발굴조사 개략보고서

2004, 서산 음암 임대아파트 신축공사부지 내 서산 부장리 유적
 현장설명회 자료

2004, 아신시 배방면 갈매리아파트 신축공사부지 내 아산 갈매리
 유적 현장설명회 자료

2005, 공주 우성씨에스 장기공장신축부지 내 문화유적 발굴조사

개략보고서

2005, 계룡 포스코 The # 아파트 신축공사부지 내 문화유적 시굴
조사 현장설명회

2005, 서산 기지리 유적

2006, 당진 채운리 공동주택부지 내 문화유적 발굴조사 현장설명
회자료

2006, 아산 탕정 LCD단지 조성부지(2구역) 내 문화유적 시굴조사
현장설명회

충북대학교 박물관

2000, 박물관 안내

2001, 청원 I.C.~부용간 도로화장 및 포장공사구간 남산골산성
및 주변유적 발굴조사 현장설명회 자료

2002, 청원 I.C.~부용간 도로확장 및 포장공사구간 충북 청원 부
강리 남성골 유적

충북대학교 중원문화연구소

1999, 『청주 북정동 토성 I』

충청문화재연구원(구 충청매장문화재연구원)

1999, 공주 장원리 유적 현장설명회 자료

2000, 대전 월평산성

2001, 서천 남산성 발굴조사 약보고서

2002, 국도 32호선 서산-당진간 국도 확장 및 포장공사구간 내 문
화유적 발굴조사 1차 현장 설명회 자료

2002, 장흥-군산간 철도연결사업구간 내 군산 내흥동 현장설명회
자료

2002, 천안 운전리 유적

2002, 대전 자운대 군사시설공사 사업부지 내 자운동 · 추목동 유 적 발굴조사 현장설명회 자료

2002, 대전 자운대 군사시설공사사업지역 내 문화유적 현장설명 회 자료

2002, 장항-군산간 철도연결사업구간 내 군산 내흥동 유적

2002, 천안 운전리유적 현장설명회 자료

1999, 천안 용원리 유적

하문식 · 백종오 · 김병희

2003,「백제 한성기 모락산성에 관한 연구」『선사와 고대』18

한국관광공사

1995,『백제의 숨결 -일본문화의 원류를 찾아서-』

한국문화재보호재단

2000, 청주 송절동 유적

2000, 청주 용암 유적 (I · II)

2001, 하남 천왕사지 2차 시굴조사

2001, 하남 천왕사지 시굴조사 -지도위원회 자료-

2002, 시흥 목감중학교 시설사업 예정부지 문화유적 발굴조사 - 지도위원회 자료-

2002, 인천 검단 2지구 1 · 2구역 문화유적 시굴조사 -지도위원회 자료-

2002, 인천 원당지구 1 · 2구역 문화유적 발굴조사 -1차 지도위원 회 자료-

2002, 제천 신월 토지구획정리사업지구 내 문화유적발굴조사 지 도위원회 자료

2003, 울산권 확장 상수도(대곡댐)사업 평입부지 내 3차 발굴 및

4차 시굴조사 약보고서

　　2003, 인천 검단 2지구 2구역 문화유적 발굴조사 -지도위원회 자
　　　　료-

　　2003, 인천 불로지구 문화유적 시굴조사 -지도위원회 자료-」

　　2003, 인천 원당지구 4구역 문화유적 발굴조사 -4차 지도위원회
　　　　자료-

　　2004, 인천 동양택지개발사업지구(1지구) 문화유적 발굴조사 지
　　　　도위원회 자료

　　2004, 인천 원당지구 4구역 문화유적 발굴조사 -6차 지도위원회
　　　　자료-

　　2004/2006, 신갈-수지간 도로 확·포장공사 예정구간 문화유적
　　　　발굴조사 -3차 및 6차 지도위원회의 자료-

　　2004, 성남 판교지구 문화유적 시굴조사 -1차 시굴 2차 시굴 및 2
　　　　차 시굴 1차 지도위원회자료-

한국토지공사 토지박물관

　　2001, 연천 군남제 개수공사지역 문화재 시굴조사 -지도위원회
　　　　자료

　　2001, 연천 호로고루 -지도위원회 자료

　　2003, 연천 신답리고분

　　2001, 연천 호로고루 1차 발굴조사 약보고서

　　2002, 남한행궁 제5차 발굴조사 지도위원회 자료

　　2002, 용인 죽전지구 4지점 문화유적 발굴조사지도위원회 자료

韓南大學校 博物館

　　1987, 『鎭川 山水里 百濟土器 가마터 發掘調査 略報告』, 韓南大學校
　　　　博物館

한림대학교 박물관

2002, 경춘선 복선전철 제6공구 가평역사부지 문화유적 시굴조사

2002, 경춘선 복선전철 제6공구 가평역사부지 문화유적 시굴조사지도위원회 자료

2003, 경춘선 복선전철 제6공구 가평역사부지 내 문화유적 발굴조사 지도위원회 자료

2003, 동해고속도로 확장·신설구간(송림리) 문화유적 발굴조사보고서

2004, 경춘선 복선전철 제5공구 내 청평리 유적 문화재 시굴지도위원회 자료집

2005, 공조 문화마을 조성사업 문화재발굴조사 지도위원회 자료집

2005, 춘천 거두 2지구 택지개발사업 문화재 시굴조사 지도위원회 자료집

2005, 청평-현리 도로공사 중 매장문화재 발굴조사지구(C지구) 지도위원회 자료집

2005, 춘천 천전리 121-16번지 내 문화유적 발굴조사 지도위원회 자료집

한신대학교 박물관

1999, 경부고속철도 상리구간 문화유적 현장지도위원회 자료

2002, 화성 천천리 유적

2003, 한성기 백제의 물류시스템과 대외교섭

한양대학교 문화재연구소

2002, 부천 고강동 선사유적 제5차 발굴조사보고서

2004, 부천 고강동 선사유적 제6차 발굴조사 지도위원회 자료

한양대학교 박물관

1987, 이성산성 2차 발굴조사보고서

1987, 이성산성 발굴조사중간보고서

1991, 이성산성 3차 발굴조사보고서

1991, 이성산성 4차 발굴조사보고서

1996, 부천 고강동 선사유적 발굴조사보고서

1998, 당성 1차 발굴조사보고서

1998, 부천 고강동 선사유적 제2차 발굴조사보고서

1998, 이성산성 5차 발굴조사보고서

1999, 부천 고강동 선사유적 제3차 발굴조사보고서

1999, 이성산성 6차 발굴조사보고서

2000, 이성산성 7차 발굴조사보고서

2000, 이성산성 8차 발굴조사보고서

2000, 부천 고강동 선사유적 제4차 발굴조사보고서

2001, 단양 사지원리 태장이묘 발굴조사 지도위원회 자료집

2001, 당성 2차 발굴조사보고서

2001, 이성산성 제9차 발굴조사 현장설명회 자료

2001, 이성산성 제9차 발굴조사보고서

2002, 이성산성 제10차 발굴조사 현장설명회 자료

2003, 이성산성 10차 발굴조사보고서

2004, 안산 대부도 육곡 고려고분 2차 발굴조사 현장설명회

韓永熙 · 李揆山 · 俞炳夏

1992, 「扶安 竹幕洞 祭祀遺蹟 發掘調査 進展報告」, 『考古學誌』 4

호남문화재연구원

2001, 나주 공산 우회도로구간 내 문화유적 시굴발굴조사 현장설

명회 자료

2001, 아산~고창간 도로공사구간 내 만동유적 현장설명회 자료

2001, 해보~삼서간 도로 확·포장구간 내 문화유적 : 함평 대성
유적 현장설명회 자료

2002, 금마~연무대 도로 확·포장공사구간 내 문화유적 발굴조
사 현장설명회 자료

2003, 2005, 익산~장수간고속도로 건설구간 내 사덕유적 발굴조
사 - 3차 지도위원회 및 현장설명 자료

2003, 전주시 관내 국도대체 우회도로(이서~용정) 건설구간 내
완주갈동 유적 현장설명회 자료

2004, 광주 동림 2택지 개발사업지구 내 문화유적 발굴조사

2005, 무안-광주구간 내 문화유적 지도위원회 자료

洪美瑛·金起兌

2003,「韓國南楊州市好坪洞舊石器遺蹟掘調査槪要」,『黑耀石文化研
究』第2號

미·국·문·헌

Choi, M. L. and S. N. Rhee

2001, Korean Archaeology for the 21st Century : From
Prehistory to State Formation, Seoul Journal of Korean Studies
Vol.14, Seoul National University.

Rice, P.

1987, Pottery Analysis-A Source Book-, Chicago & London :

University of Chicago.

Sanders, W. and J. Marino

1970, New World Prehistory, Prentice-Hall, INC, Englewood Cliffs, New Jersey.

Timothy Earle ed.

1991, Chiefdoms: Power, Economy & Ideology Cambridge Univ. Press

Timothy Earle

1997, How Chiefs Come to Power, The Political Economy in Prehistory, Stanford Univ. Press.

일 · 본 · 문 · 헌

穴澤口禾光 · 馬目順一

1973,「羅州潘南面古墳群」,『古代學研究』70, 古代學

有光敎一

1940,「羅州潘南古墳の發掘調査」,『昭和13年度 古蹟調査報告』朝鮮總督府

有光敎一

1980,「羅州 潘南面 新村里 第九號墳 發掘調査記錄」,『朝鮮學報』94, pp. 119~166

岡內三眞 編

1996,『韓國の前方後圓形墳』, 雄山閣

北九州市立歷史博物館

1978,『海の正倉院 -宗像沖島の遺寶-韓國史研究-』

田中俊明

1997,「熊津時代 百濟의 領域再編과 王・侯制」,『百濟의 中央과 地
方』, 충남대 백제연구소, 대전

谷井濟一

1920,「京畿道 廣州, 高陽, 楊州, 忠淸南道 天安, 公州, 扶餘, 靑陽, 論
山, 全羅北道 益山及全羅南道羅州郡古墳調査略報告」,『大正六
年度(1917) 古墳調査報告』. 朝鮮總督府

中山淸隆

2002,「繩文文化と大陸系文物」,『繩文時代の渡來文化』, 雄山閣

藤尾愼一郎

2002,「朝鮮半島の突帶文土器」,『韓半島考古學論叢』, 東京

渡邊素舟

1971,『東洋文樣史』

중·국·문·헌 ◎◎◎◎◎◎◎◎◎◎◎◎◎◎◎◎◎◎

溫玉成

1996,「百濟의 金銅大香爐에 대한 새로운 해석」,『美術史論壇』, 4
號

遼寧美術出版社

1990,『遼寧重大文化史跡』

李西興主編

1994,『黃帝陵與龍文化』, 上海古籍出版社

16. 韓半島의 文明化

– 鐵器時代 前期文化와 衛滿朝鮮 –

국문요약

都市, 文明과 國家는 거의 동시에 발전하고 나타난다. 이들의 연구는 歐美학계에서 1960년대 이후 신고고학(New Archaeology)에서 Leslie White와 Julian Steward의 新進化論(neo-evolutionary approach ; a syste ms view of culture)과 체계이론(system theory)을 받아드림으로서 더욱더 발전하게 된다. 이들 연구의 주제는 農耕의 起源과 文明의 發生으로 대표된다. 이들은 관점은 生態學的인 接近에서 나타난 自然全體觀(holistic view)으로 物理的環境(physical environment), 生物相(biota ; fauna, flora)과 文化(culture)와의 相互 적응하는 생태체계(ecosystem)로 이루어진다. 文化는 환경에 적응해 나타난 結果이다. 이에서 量的 質的으로 變化하는 다음 段階, 즉 都市와 文字가 나타나면 文明인 것이다. 여기에 武力을 合法的으로 使用하고 中央集權體制가 갖추어져 있거나, 힘 · 武力(power), 경제(economy)와 이념(ideology)이 함께 나타나면 國家段階의 出現을 이야기한다. 따라서 都市, 文明과 國家는 거의 동시에 나타난다고 본다. 그중 文化가 環境에 대한 適應의 結果인 文明의 發生은 수메르(Sumer)로부터 잉카(Inca)에 이르기까지 時 · 空을 超越한다. 범위는 亞細亞에서 南美에

이르기까지 全世界的이며, 時間도 紀元前 3100년에서 西紀 1325년까지 約 4500년간의 時差가 있다.

　韓國의 경우 考古學編年上 鐵器時代前期(紀元前 400~기원전 1年 : 종래의 初期鐵器時代)에 文明化가 시작된다. 이는 衛滿朝鮮(紀元前 194-紀元前 108年)의 성립과 더불어 수도를 왕검성으로 정하고 문자는 漢字를 使用했을 可能性이 많다. 이는 衛滿朝鮮에 관한 記錄이 中國側 漢書와 史記에 구체적으로 나타나고, 이 당시 交易에 사용했던 國際的 貨幣인 燕나라의 明刀錢이 衛滿朝鮮의 領域에서 많이 나오기 때문이다. 이들을 통해 당시의 貿易路도 짐작해 볼 수 있다. 衛滿朝鮮은 衛滿 - ?(기록없는 아들) - 右渠 - 太子 長의 4대 87년간 지속했던 國家였으며, 마지막 右渠와 그의 아들인 太子 長이 漢武帝가 파견한 楊僕과 荀彘의 陸海軍 55,000명의 遠征軍에 대항하는 記事가 司馬遷의 史記 朝鮮傳에 구체적으로 나타나고 있다. 여기에서의 難攻不落의 都邑地 兼 王城이 현재 平壤근처인 王儉城으로 추정된다. 그래서 衛滿朝鮮은 漢書와 史記의 기록을 근거로해 都市와 文字를 갖추었으며, 武力을 合法的으로 사용하고 中央集權(官僚)體制가 확립된 완벽한 국가였다고 해도 과언은 아니다. 朝鮮相 路人과 韓陰, 大臣 成己, 將軍 王唊, 尼谿相 參과 裨王 長 등이 이에 해당되는 중앙관료들이다. 아울러 朝鮮相 路人과 그의 아들 最의 등장은 이 사회가 身分의 世襲이 이루진 것으로 볼 수 있다.

　衛滿은 燕나라 王 盧綰의 부하로 燕王이 漢나라에 叛해서 匈奴로 들어가자 머리에 상투를 틀고 오랑캐의 옷(朝鮮族의 머리와 옷)을 입고 (椎結蠻夷服) 浿水를 지나 옛 秦나라의 空地인 上下障에 머물고 있으면서 燕나라와 齊나라에서 망명한 자를 키운 후 箕子朝鮮의 마지막 왕인 準王을 내몰고 衛滿朝鮮을 세웠다. 三國志 東夷傳 韓條에는 衛滿은 이들 망명자들을 모아 왕노릇을 하고 王儉에 도읍을 정했다고 한다. 그후 漢 惠帝 때 遼東太守에 의해 外臣이 되고 衛滿이 箕子朝鮮의 마지막 왕인 準王으로부터 博士라는 職을 받고 朝鮮의 서쪽 邊方을 지키도록 委任을 받았으나 戰國의 亂을 避해 도망 오는 사람들을 모아 힘을 糾合한 후 오히려 準王을 몰아내고 나라를 세웠다고 전한다. 이것은 韓國歷史上 最初의 武力政變(쿠테타 ; coup d'e-tat)이었다. 그리고 衛滿朝鮮은 처음부터 武力을 기반으로 한 征服國家였다. 그는 힘을 이용해 濊나 弁辰의 朝貢路를 遮斷해 막대한 利益을 보았는데 오히려 이것이 漢武帝의 遠征軍을 불러오는 禍根이 되었다. 衛滿朝鮮이 征服國家임은 後漢書 東夷傳 濊傳 元朔 元年(紀元前 128년) "濊君 南閭가 右渠를 背叛하고 28萬名을 데리고 遼東으로 갔다"고 하는 것과 三國志 東夷傳 漢條에 "朝鮮相 歷谿卿이 右渠를 叛해서 2千餘戶의 백성을 데리고 辰國으로 망명했다"라는 記事들이 이를 立證한다.

韓國에 있어서 國家의 發生과 이에 따른 文明化過程에 대한 연구는 쉽지 않다. 왜냐하면 아직도 考古學과 古代史 研究 方向과 結果가 一致하지 못하고 있기 때문이다. 불행히도 해당지역에 대한 考古學的인 發掘이 이루어지지 못하고 있어 그 정확한 내용이 밝혀지지 못하고 있다. 그나마 다행인 것은 이웃 中國側의 文獻記錄에 의해 그 歷史的인 事實을 구체적으로 알 수 있다는 점이다. 그리고 최근 위만조선시대의 토기로 알려져 있는 평안남도 강서군 태성리 토광묘에서 나오는 화분형 토기가 경기도 가평군 가평읍 달전2리와 경기도 광주시 장지동에서 발견되고 있어 앞으로 위만조선의 고고학적 입증도 구체

화될 것이다. 이런 경우 衛滿朝鮮이 韓國에 있어서 最初의 國家成立
과 文明의 發生 研究에 있어서 重要한 示唆를 해준다. 衛滿朝鮮이 屬
하는 시기는 韓國考古學編年上 鐵器時代前期(기원전 400년~기원전 1
년)이다. 따라서 韓國에 있어서 國家와 文明의 시작은 考古學上 鐵器
時代前期에 일어난다. 이의 바탕은 武力과 戰爭에 의한 征服國家이다.
이때가 韓國에 있어서 歷史의 시작이며 아울러 歷史考古學研究의 始
發点이다. 그 당시의 考古學的 情況은 비록 中國側과의 力學關係에 의
한 文明化의 길로 들어 선 所謂 第二次的인 文明과 국가(a secondary
civilization & state)라고 말할 수 있겠다. 이는 紀元前 108年 漢武帝가
세운 漢四郡(기원전 108년~서기 313년) 중의 하나인 樂浪을 통해 中
國의 鐵器, 土壙墓, 漢字 그리고 後日 고구려 소수림왕 2년(서기 372
년)佛敎까지 流入되면서 더욱더 加速化되었다.

영문요약

Wiman state and Former Iron Age in Korean Ancient History

A city, civilization and state simultaneously appear in the world
history and their foundation lies in food-producing subsistence of
the Neolithic Revolution. New archaeology since 1960 defines
culture as the means of adaptation to environments, and
civilization is characterized by the presence of city and writing
system. A state may be defined as 'the legitimatized use of force
and centralization of power', or 'the centralized and specialized

institution of government with the background of the cohesion of power, economy and ideology' and 'end-product of multiplier effect'.

The beginning of the Former Iron Age (BC 400~BC 1) marks the civilization in the Korean Peninsula. The state of Wiman Choson(BC 194~BC 108) had established during this period. Historical documents from Shizi Ch'ao-hsienliezhuan(史記朝鮮列傳) indicate several factors characterizing civilization, such as, the use of Chinese writing system, the disrtibution of coinage(knife-money) and the presence of military in the Wiman Choson State.

Current state of research however demonstrate there is a gap between historical indications and archaeological evidence. None of the issues above mentioned is attested archaeologically except such a few evidences as earthen tombs(pit tomb) and associated artefacts excavated in Daesŏng, Kangsŏ and Daljŏn-ni, Kapyŏng and therefore, the state formation in the Korean peninsula is difficult to address substantively.

Political trends in neighboring China must have a great impact on the state formation in the Korean peninsula. Cultural and political relationship with China was strengthened when the emperor Wu ti(武帝) in Early Han dynasty had founded Lolang(Nangnang-gun, 樂浪郡) in BC 108. The introduction of Buddhism in later time period(officially since AD 372, the 2nd year of king Sosurim-wang of Koguryo) further promoted a profound relationship between China and Korean peninsula.

1. 서론

1) 고조선 연구의 문제점

고조선의 제문제에 대해서는 그 문헌과 고고학적인 자료가 영세한 데다가 그리 많은 연구가 진행되지 않은 탓에 아직까지 여러 이설들이 분분한 상태에 있어서 어떠한 결론적인 이야기를 할 수 있는 상황은 아니다. 여기에서는 필자의 논지를 전개하기에 앞서서 위만조선 뿐 아니라 고조선의 전반적인 연구에 있어서의 문제점을 제기하겠다. 본고에서 이 문제들을 모두 해결하려는 것은 아니며 이것들은 단지 앞으로의 연구를 기대하며 필자가 생각하던 바를 정리한 것이다.

첫째, 표1에서 보는 바와 같이 한국에서는 일반적으로 고조선을 단군, 기자, 위만조선의 3단계로 인식하고 있는데, 최근에 사용되고 있는 고조선이라는 용어와 이 세가지의 조선과 어떠한 관련이 있는 지부터 정리하는 것이 필요하다. 일례로 북한에서는 기자와 위만조선을 인정하지 않고 고조선이 청동기시대에 출현한 국가라고 언급하고 있으며, 그 존속시기를 기원전 1000년기 전반기의 청동기문화에서 시작하여 철기문화시기까지 계속 이어지는 것으로 보고, 이들의 표식적인 문화로 각각 미송리-강상시기(전기 : 기원전 8~7세기)와 세죽리-연화보유형(후기 : 기원전 3~2세기)으로 나눈 바 있다.[1] 그러나 이러한 편년은 미송리-강상시기와 세죽리연화보유형사이에 4세기 정도의 시간폭을 대표할만한 문화의 공백에 대한 해석이 뚜렷하지 않고, 하나의 정치체(고조선)가 일관되게 존재하였다고 보기에는 두 문화 사이에는 많은 문화차이가 있으므로, 최근에는 이러한 용어를 사용하지 않고 고조선의 고고학적인 문화를 고조선 전기문화의 형성(미송리-강상시기) → 고조선 전기문화의 발전 → 고조선 후기문화의 형성→고조선 후기문화의 발전(세죽리-연화보유형, 평양지역의 세형동검문화)로 보아서 이전연구의 단점을 보완하였다.[2] 그밖에 남한에서는 고조선에 단군조선과 기자조선을 포함하는 견해가 있는가 하면[3] 고조선에 단군조선만을 포함시키는 등[4] 여러 의견이 제출되고 있어서 그 용어의 사용에 혼란을 초래한다. 이러한 기본적인 개념을 확정시키는 것이 고조선연구에 필요할 것이다.

---

1) 이순진, 장주협, 1973 『고조선문제연구』.
   최택선, 이란우, 1977 『고조선문제에 관한 연구론문집』.
   사회과학원출판사, 1977 『조선고고학전서』.
2) 박진욱, 1988 『조선고고학전서 : 고대편』.
3) 김정배, 1985 「고조선의 재인식」 『한국고대의 국가기원과 형성』 김정배는 고조선을 단군조선과 기자조선(예맥조선)으로 나누어 보았다.
4) 이기백, 1988 「고조선의 국가형성」 『한국사시민강좌』 2.
   고조선에 단군조선만을 포함시키는 견해는 기자의 동래를 부인하고 기자조선이라고 되어있는 사서의 기록을 단군조선이래의 고유의 왕조가 지속되었다고 보는 것이다.

둘째, 고조선의 강역문제는 가장 이견이 많은 부분이라고 할 수 있다. 이 문제에 대해서 영성한 문헌자료만을 가지고 보는 것은 한계가 있으므로 고고학적인 자료를 적극적으로 해석하여야 할 필요성이 있다. 특히 적석총(돌무지무덤)과 석관묘(돌상자무덤), 미송리형토기, 비파형동검의 분포가 고조선과 깊은 관련이 있을 것으로 보인다. 하지만 일부의 주장대로 비파형동검과 같은 하나의 유물로만 고조선의 영역을 추정하는 경우는 문제점이 있는 것으로 보여진다. 문헌으로 나타나는 고조선의 정치적인 강역과 고고학상 나타나는 문화적인 범위는 반드시 동일할 수 없으므로 이러한 차이에 대한 고려를 하는 것이 필요하다. 뒤에서 상술할 고조선의 문화도 강역이 정확히 규정되지 않은 채 서술한 것이다. 강역에 관하여 학자간의 차이가 너무 커서 그 고조선이라는 국가의 문화적인 성격을 연구하는 데 어려움이 많다. 강역에 관해서 학자간에 어느 정도 합의가 이루어져야만 더욱 심도있는 고조선의 문화와 사회에 대한 연구가 진행될 수 있을 것이다.

셋째, 문헌에 나타나는 고조선은 단군조선-기자조선-위만조선의 정치적인 변화를 거친다. 이러한 변화와 아울러 고고학적인 문화도 청동기시대에서 철기시대로의 변화가 이루어진다. 이러한 문화의 변화와 단군조선-기자조선-위만조선의 변화와 어떠한 관련이 있는지에 대한 이해도 필요하다. 그러기 위해서 우선 문헌및 고고학상에 보이는 고조선과 『사기』 조선열전 등의 여러 문헌상에 등장하는 최초의 국가인 위만조선과의 관계를 문헌과 고고학자료를 통해서 해결하여야 할 것이다.

고고학적으로 볼 때 요령식동검의 사용이 끝날 무렵인 기원전 5~4세기 경에는 요동지방과 우리나라 서북지방에서는 철기가 도입되기

시작하고[5] 기원전 3~2세기부터는 명도전과 고도의 철제농기구가 나오는 세죽리-연화보유형의 문화와 세형동검문화가 발생한다. 비파형동검과 세형동검은 고고학상으로 청동기시대와 초기 철기시대로 나누어지는 구분이 되는 유물이 된다. 특히 세형동검의 경우 한반도에 국한되어 나타나며 요령지방과는 문화적으로 많은 차이를 보이는데, 이러한 변화는 당시 한반도에도 정치, 문화적으로 일정정도 변혁이 있었을지도 모른다는 가능성을 제시하고 있다. 이러한 고고학적인 문화의 변화와 문헌상에 보이는 정치적인 변화의 관계를 규명하는 것도 중요한 과제이다.

넷째, 한국민족의 형성과 관련된 고조선의 족속문제이다. 한국민족이 하나의 민족단위로 형성된 것은 요령지방이며, 문화적으로는 청동기문화라고 보는 것이 대체로 일반적인 학설이라고 할 수 있다.[6] 그런데 이러한 한국 측의 주장에 대해서 중국에서는 남산근, 하가점, 정가와자 유적 등에서 나온 인골의 분석을 토대로해서 요령지역에서 비파형동검을 사용한 민족은 요서지방은 동호족이고 요동지방은 동이족으로 이들의 체질적인 특징은 현재 중국민족과 비슷하다고 보고 있어서,[7] 서로의 견해가 상충되고 있다. 고고학적인 유물과 아울러 형질인류학적인 연구로 고조선과 요령지역의 형질적인 관련

---

5) 최성락, 1992 「철기문화를 통해서 본 고조선」 『국사관논총』 33, p.59.

6) 김정학, 1987 「고고학상으로 본 고조선」 『한국상고사의 제문제』, 한국정신문화연구원.

7) 韓康信, 1975 「瀋陽鄭家窪子的兩具青銅器時代人骨」 『考古學報』 75-1.
中國社會科學院 考古研究所 體質人類學組, 1975 「赤峰,寧城,夏家店上層文化 人骨研究」 『考古學報』 75-2.
중국의 기본적인 관점은 요동및 길림지역에는 여러 민족이 섞여 있으며,그 형질적인 특징이 화북지방의 중국인과 비슷하며 북방의 몽골로이드의 특징이 강하다고 보아서 조선과의 관계를 부정하고 있다.

성을 밝혀내는 것이 중요하다. 이와 관련하여 최근에 고조선주민의 형질적인 특징을 밝힌 연구도 있는데,[8] 앞으로 더많은 자료와 연구가 축적된다면 고조선의 족속문제와 민족의 기원이라는 측면에도 많은 시사점을 줄 것으로 생각된다. 따라서(고조선의 성립 = 청동기문화 = 민족의 성립)이라는 도식적인 이해이전에 보다 다각적인 연구가 뒷받침이 되어야 하겠다.

다섯째, 고조선의 사회발전단계에 대한 연구가 필요하다. 북한에서는 강상의 예를 들어서 고조선이 순장을 한 노예제국가로 보고 있다. 그러나 이에 대해서는 재고의 여지가 많으며,[9] 고조선의 중심지가 구체적으로 어디인지, 또 국가라고 정의했을 때 국가라는 용어에 많은 이견이 있는 바, 어떠한 실체의 국가인지를 밝혀야 할 것이다. 만약 고조선을 사회발전상 최후의 단계인 국가체계로 본다면 그 다음에 나타나는 위만조선이나 또 현재 논란이 많이 되고 있는 삼국시대의 개시연대의 신빙성문제도 구체적으로 논의되어야 할 것이다. 기존의 일반적인 견해로는 국가의 발전이 청동기의 사용과 그 시작을 같이 한다고 보아서 청동기 = 국가라는 도식을 적용시켰으나, 그러한 주장에 대해 최성락[10]은 국가발생의 근거를 보여주는 자료의 축적과 사회성격에 대한 연구 없이 그러한 주장은 곤란하다고 보고 고조선의 경우 청동기시대에서 철기시대로 가는 과정에서 본격적인 국가의 체계를 갖추었다고 보고 있어서, 국가발생에 대한 추상적인 생

---

8) 박선주, 1992 「고조선주민의 체질연구」 『국사관논총』 33집.
　그의 연구에 따르면 길림, 요녕, 하북성 및 한반도의 인골들은 공통적으로 고두(높은머리)라는 두개골의 특징이 일치하며, 현대한국인과의 형태상 큰 차이는 없다고 한다.
9) 권오영, 1993 「강상묘와 고조선사회」 『고고역사학지』 9.
10) 최성락, 1992 「철기문화를 통해서 본 고조선」 『국사관논총』 33.

각에 대해서 재고의 여지를 남겨준다.

2) 고조선의 강역

고조선 중심지와 그 강역에 대한 학설은 크게 대동강중심설, 요동 중심설, 이동설로 대별될 수 있다. 각 주장의 개괄은 다음과 같다.

A) 대동강중심설

이 설의 가장 강력한 근거가 되는 것은 『삼국유사』로 일연은 단군왕검이 평양성에 도읍하여 조선을 건국하였다는 '고기'의 기록을 인용하면서 평양성은 지금(일연이 생존했던 시기)의 西京이라는 주석을 달았다. 현재 우리나라에서 가장 오래된 기록에서부터 고조선의 중심이 한반도 안에 있었다는 인식을 하였음을 알 수 있다. 이러한 인식은 후에 역사에 대한 관심이 활발해지는 조선 후기에도 남인학자들을 중심으로 계속 이어지는데, 정약용[11]과 한치윤 등은 고조선의 중심이 압록강이북에 있었다고 하는 『遼史』의 기록을 비판하고 고조선의 중심은 평양에, 국경인 浿水는 압록강이라고 보았다. 이러한 주장들은 당시의 주변정세와도 관련이 있는 것으로 보여진다. 즉 『遼史』, 『滿洲源流考』 등에서 북방의 민족들이 모든 역사를 만주에 비정하여서 자신들의 역사로 만들려는 움직임에 대항하는 것으로 풀이된다.[12]

또한 이 설은 일제시대에 평양지역을 중심으로 일련의 낙랑유적이

---

11) 丁若用 『彊域考』券8 「浿水辯」.
12) 한영우, 1987 「조선시대 사서를 통해서 본 상고사의 이해」 『계간경향』 여름호.
13) 이병도, 1976 『한국고대사연구』, 박영사.

발견되면서 고조선은 평양에 있었다는 것이 정설화된다. 후에 이병도역시 고조선의 서쪽 경계인 浿水를 청천강으로 비정하는데,[13] 그의 방법은 주로 한서지리지와 언어학적인 증거만을 대상으로 한 것이라는 한계에도 불구하고 고조선의 강역에 대한 연구의 근간이 된다.

B) 요동중심설

'응제시주'의 權擥은 낙랑이 평양이 아닌 압록강 북쪽에 있다고 보았고, 기자가 건국한 지역을 요동, 요서로 비정하는 등 요동중심설을 본격적으로 제시하였다. 이러한 견해는 17, 8세기의 남인학자들에 의해서 제기되었고, 그것은 다시 북학파를 거쳐 20세기에 들어서 신채호, 최남선, 정인보 등의 민족주의 사학자에 의해서 계승되었다. 이들의 연구는 고조선이 건국한 이래 위만조선의 수도인 왕검성은 줄곧 요동지방에 있었다는 것으로, 주로 북한과 재야사학쪽에서 꾸준히 제기되고 있다.

요동중심설과 관련하여 북한의 설을 알아보겠다. 북한은 60년대에 활발한 토의를 거친후에 지금은 요동중심설로 굳혀졌으며, 여기서 커다란 변화는 없다. 당시 토론[14]에서 재평양설을 주장한 도유호는 청천강을 경계로 남북의 고고학적 문화가 서로 다르다는 것을 평양의 낙랑유적을 들어서 주장했다. 화분형토기, 세형동검, 세문경이 나오는 토광묘문화를 고조선의 것으로 보고 浿水를 청천강으로 보았다. 그러나 도의 설은 강력히 나오는 요동중심설에 비해서 문헌적으로 빈약했으며, 요동지역과 서북지방에서 발견되는 일련의 고조선계

---

14) 이하 이 토론회에 참가한 여러 사람들의 주장은 고고학연구소, 1963 『고조선에 관한 토론론문집』에 정리되어 있다.

유물로 별다른 빛을 보지 못했다. 이동설은 진개의 조선침략으로 중심지가 이동했을 것으로 보는 것으로 정찬영은 평양의 낙랑유적을 한사군의 것으로 인정하고 요하와 압록강사이를 『사기』 조선열전에 보이는 '秦古工地'로 보았다. 역시 이동설의 김석형은 위만조선과 기자조선의 교체가 시일을 두고 진행되었다고 보았다. 그 양립기는 BC 194~BC 180이며, 영토는 위만이 대릉하에서 요하까지 기자는 한반도 서북부라고 했다. 김석형의 주장은 단군조선→기자조선→위만조선→의 일반적인 발전도식을 부정하는 것으로 주목된다.

요령중심설은 진, 한초의 遼水는 현재의 欒河이며 浿水는 大凌河라는 입장이다. 림건상은 浿水의 위치를 水經의 '東入于海'와 山海經의 '朝鮮在列陽東 海北山南 列陽屬燕'라는 기록을 들어서 대릉하로 규정하였으며, 그의 설을 거의 대부분 수용한 리지린은 正史 뿐 아니라 野史와 후대의 지리서에 단편적으로 보이는 자료를 일관성있게 정리해서 주목을 받았다.

토론 후에 리지린의 설이 채택되어서 그의 주장이 『고조선연구』라는 책으로 집대성 된다. 70년대에도 리지린의 설이 계속 통용되어서 진개의 침략이전의 경계인 고조선시대의 요수는 오늘날의 난하이며 진개의 침략이후의 경계인 浿水는[15] 오늘날의 대릉하라고 보았다. 한편 중심지에 관해서는 한나라 침입시 수도인 왕검성의 근처에 있는 열수는 오늘의 요하라고 보아서 역시 요동에 있다고 보았다.

80년대에 들어서면서 커다란 차이는 없으나 서쪽 경계에 대해서

---

15) 조선전사 2권에는 위략의 기록에 패수로 경계를 삼았다고 하지만 실제 기록에서는 취(水臭)수라고 되어있다.

16) 권오영, 1991 「고조선사연구의 동향과 그 내용」 『북한의 고대사연구』.

약간의 차이가 보인다.[16] 강인숙은 연의 요동군을 갈석산과 산해관지역으로 보아서 난하이동에서 요하이서사이를 고조선의 지역으로 포함시킨데 반해서, 황기덕은 요서지방의 비파형단검문화를 발족과 맥족의 것으로 보았기때문에 국가로서의 고조선은 요동지방으로 위치한 것이 된다. 이에 박진욱은 위 두견해의 절충형으로 『조선고고학전서』에서 비파형단검시기의 요서지방을 맥족의 국가가 아닌 고조선의 지역으로 보고 있다.

최근에 남한에서도 북한의 견해와 비슷한 재요동설을 펼친 윤내현[17]은 고조선의 강역이 서쪽으로는 난하, 남쪽으로는 한반도 전역, 북쪽으로는 흑룡강 등지까지 펼쳐져 있다고 보았다. 그의 방법은 기본사서인 『史記』, 『漢書』 등의 정사이외에 『山海經』, 『淮南子』, 『呂氏春秋』 등 선진문헌을 비롯한 여러기록에 단편적으로 기록되어 있는 자료들과 후대의 『宋史』, 『晋書』와 같은 후대의 25사, 그리고 『自治通鑑』, 『滿洲源流考』 등의 여러 기록을 모아서 고조선의 강역을 재구성한 것이다. 그의 주장은 일면 북한의 설과 일맥상통하는 듯한 인상을 주나 사실상 많은 부분에서 차이를 보이고 있다. 서쪽경계에 대해서 북한의 경우 진개의 침략 이후 후퇴했다고 보는 바, 윤내현은 진개의 침략이후로도 계속 경계가 난하로 국경의 변동이 있지 않았다고 보았으며, 고조선의 국가적인 성격에 대해서도 중국의 은, 주시대의 봉건제도가 쓰여졌다고 보았다. 또한 북한은 기자조선의 존재자체를

---

17) 고조선의 강역및 사회성격에 대한 그의 대표적인 저서및 논문은 다음과 같다.

    윤내현, 1986 『한국고대사신론』.

    _____ , 1989 『한국고대사』

    _____ , 1992 「고조선시대의 패수」 『전통과 현실』 2, 고봉학술원.

    _____ , 1993 「고조선시대의 북변과 남변」 『한민족공동체』 창간호.

부정하는 반면에 윤내현은 기자조선과 위만조선이 고조선의 한 소국으로 존재했다고 보아서 단군조선-기자조선-위만조선의 일반적인 발전도식을 부정하고 병존했다는 입장을 취하고 있다.

C) 이동설

이 설은 고조선의 초기 중심지는 요동에 있었는데, 후기에는 대동강유역으로 바뀌었다는 견해로 요동중심설과 대동강중심설을 주장할 때 야기되는 문헌간의 모순점을 해결하려는 절충적 성격을 띤 것이다. 비교적 근래에 주목받기 시작한 견해이다. 이 견해는 이미 신채호와 김상기에 의해서 주장된 것인데, 김상기[18]는 「韓濊貊 移動攷」라는 논문에서 『詩經』 韓亦編의 韓侯를 동이족의 일파로 보고 그들이 중원대륙에서 요동으로 3차례에 걸쳐 이동한 것으로 보았다. 이후에 이동설을 본격적으로 제시한 천관우[19]는 종래에 부정되어 오던 기자조선을 동이족의 이동이라는 시각에서 재해석하여서 동이족의 일파

18) 김상기, 1948 「한예맥 이동고」 『사해』 창간호.
   (1974, 『동방사논총』에 재수록)
19) 천관우, 1974 「기자고」 『동방학지』 15.
   (1990, 『고조선사, 삼한사연구』에 재수록)
   이형구 역시 대릉하유역을 중심으로 발견되는 은,주의 방정을 통해서 기자조선의 원래 거주지는 이러한 청동기가 나오는 대릉하였다가 진개의 침략 이후 한반도 서북부로 후퇴했다고 보았다.(이형구, 1991 「대릉하유역의 은말주초 청동기문화와 기자 및 기자조선」 『한국상고사학보』 5, 한국상고사학회)
20) 김정학, 1987 전게서 이외에
   ＿＿＿, 1984 「문헌및 고고학적 고찰」 『한국사론』 14,국사편찬위원회.
   ＿＿＿, 1984 「고고학상으로 본 강역」 『정신문화연구』 84 여름호.
   등을 참고할 수 있다.
21) 임병태, 1991 「고고학상으로 본 예맥」 『한국고대사논총』, 한국고대사회연구소.

인 기자족이 은주교체기에 중국의 화북에서 대릉하, 남만주를 거쳐 대동강 유역까지 이동했다고 보았다. 한편 고고학적인 연구로 김정학[20]은 요서, 요동의 비파형동검문화에 주목하여서 대릉하유역의 조양지방의 문화가 요동지방보다 앞서는 것으로 이해해서 조양지방에서 정치적인 통합을 이룬 세력이 요동지방에 정착하여서 고조선왕국을 이룬 것으로 파악하고 있다. 임병태[21]도 김정학과 비슷한 견해로 예맥은 족명이고 조선은 국명이라고 보았으며, 이동경로는 왕검시대(요서 요양)→준의 조선(요동)→위만조선(평양)로 보았다.

이밖에 노태돈[22]은 고조선의 초기는 『관자』에 근거해서 요하를 경계로 요동지역에 있었으며, 고조선멸망즈음의 왕검성은 역도원의 『수경주』에 근거해서 평양에 있다고 보았다. 서영수[23]는 고조선의 초기에는 요동반도를 중심으로 서쪽으로 대릉하에서 동호와 만나고 남쪽으로 대동강을 경계로 진국과 이웃하고 북쪽과 동쪽은 예맥, 부여, 숙신, 진번, 임둔과 접했고, 연, 진, 한의 침략으로 인해서 연대에는 천산산맥일대로, 진대에는 압록강까지 후퇴했다가 한나라 때에 다시 요하이동의 浿水와 경계로 했다고 보았다.

이동설은 최근에 많은 학자들에 의해서 주장되는 설이다. 이것은 단편적이고 서로 모순되는 중국의 기록들을 비교적 설득력있게 설명하는 것이지만, 동시에 그러한 이동을 하였다면 나타날수 있는 고고학적인 문화의 변화나 중심지의 이동에 대한 연구가 뒷받침이 되지 않은채 논지의 상당부분을 시기를 달리하는 문헌에 보이는 지명의 고증에 의지하고 있다고 있다는 아쉬움이 있다. 또한 고고학적으로

---

22) 노태돈, 1990「고조선중심지의 변천에 대한 연구」『한국사론』23, 서울대 국사학과.

23) 서영수, 1988「고조선의 위치와 강역」『한국사시민강좌』, 일조각.

이질적인 문화가 나타나는 지역을 하나의 국가로 볼 수 있는지에 대한 상세한 검토가 없다는 것도 약점으로 지적될 수 있다.

3) 고조선과 위만조선의 관계

고조선과 위만조선의 관계를 다루기 위해서는 우선 고조선이라는 개념이 과연 어느 범위까지를 포함하지는 지에 대해 먼저 짚고 넘어갈 필요가 있다. 우선 기본사서에 나타난 인식을 보면 『사기』 조선열전에서는 조선을 위만조선만을 보고, 그 이전의 조선에 대해서는 언급이 없다. 반면에 『삼국유사』에서는 고조선과 위만조선은 다른 항목으로 묶여있으며, 단군신화에 기자조선도 언급이 되어있어서[24] 고조선은 단군조선과 기자조선을 포함시킴을 알수있다. 근래에는 고조선이라는 범주안에 단군, 기자, 위만조선을 포괄하는 견해가 있는가 하면, 고조선을 단군조선만으로 한정하는 견해, 고조선은 단군조선과 기자조선만으로 한정시켜야한다는 주장들이 분분하다. (본 논문 (1) 고조선 문제의 연구점 참조) 이 문제는 고조선의 사회구성및 단군, 기자, 위만조선간의 계승관계와 관련된 것으로 본고에서 어떤 확실한 결론을 내릴 성질은 아니다. 하지만 본고에서는 학계에서 널리 통용되는 고조선을 단군, 기자, 위만조선을 모두 포함한 것으로 보는 견해를 따르고자한다. 즉, 3조선이 서로 계승관계가 있어서 교체시에도 고조선이라는 큰 테두리는 변화가 없었다고 보는 것이다.

마지막으로 본고에서는 국가발생에 관련하여 위만조선에 한정하여서 국가적인 실체로 다루었는데, 그 이유는 위만조선만이 史記, 漢書 등에 등장하는 국가적인 실체를 지닌 최초의 국가로 보여지기 때

---

24) 이 기록에서는 단군이 기자에 왕권을 이양하고 장당경으로 옮겨 살았다고 한다.

문이다. 본고에서는 위만조선만을 국한시켜서 국가발생의 문제를 다루었지만, 위만조선이 최초의 국가라는 뜻은 아니다. 앞으로 고고학적인 발굴및 연구가 진행됨에 따라 위만조선 이전시기에 국가발생이 일어났음이 밝혀질 가능성도 충분히 있다.

4) 단군릉의 발굴
- 북한의 고조선인식에 대한 변천

  최근에 북한에서 고조선에 대한 인식이 크게 변화한 것으로 보인다. 그것은 1993년 10월 개천절을 겨냥하여서 평양근처에 위치한 단군릉의 발굴을 통해서이다. 북한의 사회과학원이 평양 근교 강동(江東)군 강동읍의 서북쪽 대박산(大朴山) 기슭에서 단군릉(檀君陵)을 발굴하고 조선중앙방송과 조선통신을 통해 무덤구조, 청동제 관(冠)과 단군뼈라고 주장하는 인골(人骨)을 공개하였다. 그러나 발표전문을 통해 볼때 발굴 그 자체에 관한 기사와 수습된 유물에 관한 기사는 신빙성이 있다. 그러나 이를 단군에 관계되는 것으로 해석하는 데에는 납득할 수 없는 부분이 있다. 첫째 연대문제를 들 수 있다. 단군조선은 기원전 2333년(唐高 즉위 50년 경인년)에서 1122년(기원전 12세기), 기자(箕子)조선은 기원전 1122년(周武王 기묘년)에서 기원전 194년까지이고 마지막의 위만(衛滿)조선은 기원전 194년에서 한무제에 의해서 한4군(漢四郡)이 설치되는 기원전 108년까지 존속했다. 최근 북한에서는 단군, 기자, 위만 조선이란 말대신에 고조선(古朝鮮)이란 말로 대치하고 이 시기가 유물사관에 의해서 "노예제 사회"에 속한다고 보고 있다. 그러나 단군이 만약에 실재했던 인물이라면 이 이름은 우리나라 신석기시대에 곰이나 호랑이를 토템으로 삼던 부족을 통합했던 부족장의 범칭으로 사용됐다고 추측된다. 그리고 실제 연대도 한국고고학 편년에 대입시켜 보면 신석기시대 중기(기원전 3천 년에서 2천 년) 말에서 후기(기원전 2천 년에서 1천 년)에 속하고 있다. 두 번째로 지리적 문제를 들 수 있다. 단군을 포함한 고조선은 북한에서 노예제 또는 청동기시대로 고인돌, 비파형 동검(요녕식 동검), 거친무늬거울과 미송리형 단지와 같은 표식적인 유적과 유물로 대표된다. 그래서 이러한 유물이 출토되는 지역을 보아 이제까지 이지린, 강인숙, 박진욱과 같은 북한 학자들은 요동지방이 예(濊)족이 중심이 되는 고조선의 영역일 가능성이 가장 높고, 요서지방의 경우 맥(貊)족이 중심이 되는 고구려와 부여의 기원지일 것으로 주장해 왔다. 그렇다면 이 요동지역은 오늘날 행정구역상 요녕성과 길림성을 포함하는 일대가 되며 특히 고조선의 중심지는 개평(蓋平)과 해성(海城)사이(옛 번한현), 양평(襄平, 진한대 만리장성의 끝), 농안과 장춘을 포함하는 지역이 될 가능성이 많은 것이다. 여기서 북한학자들의 주장대로 하면 고조선과 고구려는 그 출자와 지역이 다르기 때문에 단군릉이 평양근교에 위치하고 있다는 것은 이해할 수 없다. 다시 말해 고구려의 경우 동명왕이 국조신이기 때문에 단군릉이 그곳에 위치한다는 것은 여러 가지 모순이 많다. 물론 단군릉은 후세사람에 의해 고조선지역인 요녕성으로 부터한 천장(遷葬)되었을 가능성도 있다. 그러나 그 경우는 단군이 실재했다고 볼때만 가능하다. 세 번째로 단군릉에서 발굴된 인골의 연대 적용의 문제가 있다. 단군릉의 축조 연대를 출토 인골의 연대 분석으로 5011년(1993년을 기준으로 볼 때 서기전 3018년임)이란 연대가 나왔는데, 이는 단군의 건국 연대인 서기전 2333년 보다 685년이 앞선다. 이점 또한 이해하기 곤란하다. 그리고 출토 인골에 대한 연대측정방법으로서 전자 스핀 공명법(electron spin resonance)이 이용되고 있다.이 연대측정방법에 대해서 가장 잘 알고 있다는 북한의 김교경(조선고고연구, 1987 2월호)에 의하면 종유석, 석영, 뼈 등의 시료가 연대추정이 가능하다고 한다. 그러나 이 방법의 원 발견자인 야마구치(山口)대학의 이케야 모도지(池谷元伺)에 의하면 이론적으로 자료가 최적의 상태로 보존이 되었을 때에는 하한 100~1000년 전의 연대까지도 측정할 수 있으나, 실제로 사용되는 경우는 대부분 수십~수백만 년 이전의 유물에 대해서 가능하고 연대가 떨어질수록 불확실하다고 한다. 우리나라의 경우 이 연대측정법을 사용하여 연대가 나온 예로 충청북도 단양 금굴의 69만 년 전과, 북한지역인 평안남도 상원 검은모루 유적의 약 60만 년 전의 연대를 들 수 있다. 그래서 차라리 단군릉의 경우에는 상한 5만 년 정도 이내의 연대를 가장 정확히 낼 수 있는 방사성탄소연대(radio carbon dating)나, 출토유물과 유구에 대한 상대 연대(형식학적 편년) 측정이 바람직하다고 여겨진다. 네 번째로 인골이 출토한 유구 문제가 있다. 북한 사회과학원 단군릉 발굴 보고문에 의하면, 이 무덤의 형식은 평행삼각고임 천정에 안길(연도)이 중심에 위치했으며, 무덤칸은 외칸 형식의 돌칸흙무덤(石室封土墳)으로 규모는 동서 273㎝, 남북 276㎝, 높이 160㎝라고 한다. 북한의 편년에 따른다면 이러한 형식의 무덤은 서기 6, 7세기에 지배적인 무덤형식임을 알 수 있다.(궁성희,「삼국시기 돌칸흙무덤과 그 공통성에 관한 연구」『고고민속논문집』11, 1988.) 따라서 무덤 자체의 구조는 고구려식으로서 실재인물로서의 단군이 묻혔다고 주장되는 단군릉과는 거리가 멀다고 할 수 있다. 단군릉을 비롯한 고조선시기의 무덤이라고 한다면 아무리 연대가 떨어져도 요녕성의 정가와자(鄭佳窪子)의 토광묘나 강상(江上)과 누상(樓上)에서 발견된 적석총 또는 만주및 한반도에

광범위하게 분포된 고인돌 등을 들 수 있겠다. 따라서 무덤 자체의 형식으로 보아서는 이 단군릉이 고구려하대의 무덤이지 그보다 연대가 훨씬 올라가는 단군의 무덤이라고 하기에는 무리가 따른다. 다섯 번째로 출토 유물의 문제를 들 수 있다. 고구려의 석실봉토분 내에서 도금된 금동관편이 나왔다고 한다. 이 유물은 무덤의 구조와 마찬가지로 연대가 떨어지는 역사시대(고구려)의 것이다. 관(冠)은 일반적으로 왕이나 그에 버금가는 계층의 사람이 쓸 수가 있다고 믿어지는 바, 이 무덤의 주인공 역시 당시의 지배자나 상류층에 속했던 사람으로 볼 수 있다. 단군릉이 위치한다고 하는 평양시 강동군은 후기 기자조선의 영역과 부합되는데, 기록에 의하면 현재 알려져 있는 마지막 2대왕은 각각 否王, 準王으로 당시에 왕이라는 칭호를 사용한 것으로 보아 이 단군릉을 이들의 무덤으로도 추정해 볼 수 있겠다. 그러나 부왕과 준왕의 재세 연대는 적어도 서기전 2, 3세기경으로 이 무덤이 만들어진 연대(서기 6~7세기)와는 적어도 8, 9백 년 이상의 차이가 난다. 따라서 여기 묻힌 인골의 주인공은 기자조선 또는 단군조선시대의 인물과는 거리가 멀다 하겠다. 보도에 따르면 인골 그 자체는 두개골을 제외한 골반, 대퇴골, 경골, 비골, 상완골, 요골, 척골, 쇄골과 경추 등이 그대로 있어 해부학상 성별이나 연령을 추정하는 데 자료의 부족함이 없다. 그래서 이에 따른 해부학상의 상세한 보고나 견해도 아울러 요구된다. 여섯번째로 단군의 실존여부 문제를 들 수 있다. 단군이 실재했는지는 현재로서 알 수 없고, 단군 그 자체는 단지 몽고 침입이 잦았던 고려말이나 일제 침입이 있었던 조선 말 (羅喆〈1864~1916〉의 대종교 출현) 민족의 구원자겸 구심점으로 三韓一統的인 민족의 상징적인 역할을 했던 것으로 보여진다. 이런 점을 고려할 때 이 단군릉은 주인공의 존재를 잃어버린 고구려의 무덤이 후대에 단군릉으로 변조된 것으로 볼 수 있겠다. 기록에 따르면 최근 발굴된 단군릉에 관한 기록은 서기 1530년에 완성된 「신증동국여지승람」이 처음인 것으로 알려져 있다. 그후 이 릉은 1936년 단군릉수축기성회에서 수축공사를 마쳐 오늘날의 모습으로 이어져 내려온 모양이다.

이와 같은 단군릉의 발굴에 대한 북한 측의 견해는 학문적이라기보다는 그들의 정통성확보를 위한 정치적인 면을 더 보이고 있다. 다시말해 북한은 평안남도에서 발굴된 구석기시대 유적인 검은모루봉의 주인공을 비롯해 역포사람(고인)과 만달사람(신인)과 같은 화석인류를 조상으로 하여 그 혈통을 이어왔을 것으로 주장하는 단군을 원시조로 삼아, 그 이후에도 고조선-고구려-고려-조선의 맥을 이어온 정통성을 주장하고 있는 것이다.

이에 따라서 개최된 학술발표회에서 북한은 기존의 고조선의 재요녕설을 부정하고 재평양설을 주장하기에 이른 것이다. 즉 평양이 우리나라 문화의 중심지였다는 것을 강조하기 위해서 나온 것으로 생각된다. 단군릉 발굴이후 북한의 고조선에 대한 인식은 상당히 바뀔 것으로 보인다.

2. 본론

1) 위만조선의 연구사

위만조선에 대한 연구는 크게 위만조선의 출자, 국가발전단계, 사회성격, 중국과의 관계, 고조선 및 기자조선과의 관계 등을 중심으로 이루어지고 있다.

위만조선에 대한 연구는 일본인에 의해서 처음 시작되었다. 일본

학자들의 일관적인 주장은 위만은 중국인이며, 위만조선은 중국에 의한 식민정권이라는 데에 있다. 일본측의 견해 중 대표적인 것으로 三上次男의 연구[25]를 들수 있다. 그 역시 위만조선을 중국의 식민정권으로 보았으나 크게 두 가지에서 주목을 받는다. 첫째는 평양지역에 분포하는 지석묘를 들어서 당시 토착민이 위만조선사회에서 공존했다는 주장을 한 것이고, 둘째는 기록에 나타나는 이름으로 보아서 중국인과 토착민의 연합정권이라는 것이다. 첫번째 주장은 지금의 고고학적 지식으로는 통용되지 않으나 고고학적인 유적을 기록과 연결시켜보려 한 점에서, 두 번째 주장은 위만조선의 사회적 성격을 규명하려는 구체적인 노력으로 평가된다. 하여튼 三上의 연구는 위만조선의 지배계급 내에는 상당한 토착세력이 존재했음을 주장한 것이다. 위만조선의 통치계급이 이주민과 토착민이 섞여 있다는 주장은 현재까지도 널리 인정되며 위만조선의 국가적 성격을 규정하는데 중요한 근거가 된다.

다음으로 현재까지 위만조선과 관계해서 가장 논란이 되었던 부분인 위만조선의 국적에 관하여 살펴보자. 이병도[26]는 위만이 중국이라는 견해에서 탈피, 조선인이라고 보았다. 그 근거로 위만이 상투를 틀고 蠻夷의 옷을 입었다는 점, 준왕이 신임하고 국경의 수비를 맡길 수 있었던 점, 왕이 된 후에 국호를 조선으로 유지한 점, 관리의 명칭인 상이라는 관직은 중국에서 사용되지 않는 점, 사기를 주석한 應劭가 위만조선을 戎狄視 한 것 등을 들었다. 그의 주장은 현재 학계에

---

25) 三上次男, 1966 「古代の西北朝鮮と衛氏朝鮮國の政治,社會的 性格」『古代東北アジア史研究』.

26) 이병도, 1976 「위씨조선흥망고」『한국고대사연구』.

27) 김한규, 1980 「위만조선관계 중국측사료에 대한 재검토」『부산여대논문집』 8.

서 널리 인정되고 있으며, 본고에서도 그의 견해를 따르고 있다. 한편 근래에 이에 반대하는 견해도 제기되고 있는데, 김한규[27]는 위만이 한 상투는 동이 뿐 아니라 남월에서도 보이며, 남월의 경우 중국인 이주민 집단에 의해 건국되었어도 남월이라는 국호가 유지된 점을 들었고, 위만이 정권을 유지할 수 있었던 것은 그가 중국적인 본성을 버리고 토착민에 동화되는 정책을 취했기 때문이라고 보았다.

위만의 출자에 대한 논란은 소략한 기록으로 볼 때 이러한 논란은 쉽게 해결될 수는 없을 것이다. 그러나 위만 개인의 출자에 대한 이러한 관심은 일제시대의 식민사관에 대한 과민반응으로 위만조선의 국적이 논란이 된 인상을 지울 수 없다. 즉, 일제 때에 우리나라 국가의 발생의 시작이 위만으로 대표되는 중국인의 식민정권이라고 보았고, 그러한 식민사관에 대한 대응으로 위만조선의 출자에 대한 새로운 연구의 필요성이 있었던 것으로 보여진다. 하지만 이러한 연구가 연이라는 나라 자체가 북방의 여러 민족이 혼재한 순수한 중국인의 나라가 아니라는 점을 간과한 채, 민족 = 국가라는 현재의 개념을 별다른 검토 없이 고대에 대입시켜서 보았다는 점도 지적할 수 있다. 하여튼 김한규의 연구 이후에 위만조선의 국적에 대한 별다른 고찰은 없으나, 대체로 위만 개인은 연나라계로, 그러나 지배계급의 문화나 전체적인 국가의 성격은 조선의 문화가 주류를 이루었던 것으로 파악을 한다.[28]

다음으로 문제가 되는 것이 위만조선과 고조선, 기자조선과의 관계이다. 물론 이 책에서는 이병도, 김두진을 비롯한 학계의 정설인 고

---

28) 이종욱, 1993 『고조선사연구』, pp.212~215.
　　권오중, 1992 『낙랑군연구-중국 고대군변에 대한 사례적 검토』, pp.19~26.

조선-기자조선-위만조선의 순으로 일원적으로 발전했다고 보는 견해를 따르고 있다. 그런데 이와는 반대로 고조선과 동시기에 공존했다고 보는 견해도 있다. 이 견해들은 주로 재요동설을 주장하는 학자들에 의한 것으로 평양에 분포해 있는 중국계의 고고학적 유적들을 해석하기 위해서 위만조선-고조선(기자조선) 공존설을 취하는 것이다. 북한에서 행해진 1960년대 초 고조선에 관한 토론에서 김석형은 위만조선은 요동지역에, 기자조선은 한반도서북부에 공존하였고, 양립시기는 BC 194~180 이라고 본 바있다.[29] 윤내현은 기자조선과 위만조선이 고조선을 계승한 것이 아니라 고조선의 변방의 소국에 불과하다고 본 것이다. 즉 조선이라는 지명은 고대에 일종의 보통명사로 여러 뜻으로 쓰였는 바, 위만조선과 기자조선은 『한서』 지리지에 보이는 "낙랑군 조선현"의 좁은 지역에 위치했다고 보았다. 이러한 주장의 배경에는 중국의 상주시대의 국가구조인 제후국형태를 고조선도 가졌다는 것을 전제한 것으로, 위만조선이 고조선의 한 제후국으로 존재했다고 보는 것이다. 그러나 고조선의 경우, 봉건제인지를 규명할 만큼 자료가 중국처럼 풍부하지 않으며, 사회성격에 대한 연구도 미진한 상태이며, 고고학적인 자료로도 아직까지는 이러한 주장을 뒷받침하기는 어렵다.

이외에도 일연의 『삼국유사』에서는 단군신화에 단군과 기자가 같이 포함되어 있는 반면에 위만조선은 다른 항목으로 설정되어 있어서 단군-기자-위만의 관계에 대한 검토가 필요할 것으로 보인다.[30]

---

29) 고고학연구소, 1963 전게서 중 김석형의 토론부분.
30) 삼국유사에는 위만이 아닌 만조선으로 기록되어 있다. 위라는 뜻이 주변,변경이라는 뜻이므로 이름에 성을 반드시 붙이는 중국인이 위라는 성을 임의로 붙였을 가능성도 배제할 수 없다.

위만조선의 국가적 성격에 대한 연구를 보면는, 김정배는 국가적인 성격에 대해서 정복국가로 규정했는데, 그 요인으로 준왕에게서 받은 봉지백리에 많은 이주민들이 모이자 그 압력을 해소하기 위해서 주위의 여러 나라를 침략하게 되었다고 보았다. 그리고 Morton Fried 의 국가분류에 따라서 2차 국가의 성격을 지닌다고 보았다.[31] 필자 역시 위만조선을 정복국가로 규정을 하고, 플래너리의 이론을 이용해서 국가의 단계에 있음을 논증하였고, 그러한 국가발전의 주요 원동력으로 무역이 있었다고 보았다.[32] 이러한 서구의 이론의 도입이외에 기존의 역사학계에서 이기동은 철기의 도입으로 기원전 4세기경에 성읍국가에서 연맹왕국으로 발전했다고 보았다.[33]

위만조선에 대한 고고학적 연구로는 일제시대의 연구를 정리한 것으로 매원말치, 등전양책의 『조선고문화종감』을 들 수 있다. 이 책은 총 4권으로 되어 있는데, 그중에서 첫번째 권이 [낙랑전기]라는 항목으로 되어서 낙랑이전의 금속기문화 도입을 다루고 있다. 낙랑이전의 금속문화는 기본적으로 전국시대 혼란기에 사람들이 이주해서 전파된 것으로 스키타이와 같은 북방계의 요소도 보인다고 보았다. 세

---

31) 프리드가 설정한 개념인 1차 국가(Pristine State)와 2차 국가(Secondary State)의 차이점을 보면, 1차 국가의 경우 주위에 국가단계로 진입한 사회의 영향 없이 독자적으로 국가단계로 발전한 것이고, 2차 국가는 주위의 국가단계의 사회의 영향에 의해서 국가로 발전한 것을 말한다. 그런데 위만조선에 영향을 준 1차국가에 대해서는 약간의 이견이 있는데, 김정배의 경우는 예맥조선(본고에서 말하는 기자조선)에 해당한다고 보았고 (김정배, 1985), 이에 반하여 이종욱은 고조선 역시 2차 국가로 보아서 우리나라의 국가발생에 중국이 관련하였음을 시사하고 있다(이종욱, 1993).

32) 최몽룡, 1983 「한국고대국가형성에 대한 일고찰」 『김철준박사회갑기념논총』.

_____ , 1985 「고대국가성장과 무역-위만조선의 예」 『한국고대의 국가와 사회』, 역사학회.

33) 이기백, 이기동, 1982 『한국사강좌(I) 고대편』 pp.57~58.

형동검, 동모, 구리스형 동모, 다뉴세문경, 동탁 등이 함께 나온 일괄 유물을 樂浪前期의 유력한 유물로 보았다. 이러한 것들이 중국의 것과는 다른 것을 인정하나 큰 줄기는 역시 중국의 영향에서 발생한 것으로 간주했다. 그외에 명도전, 포전 등의 발견을 戰國時代에 중국인이 이동한 증거로 소개하고 있다. 물론 일제시대의 식민사관의 모습을 크게 벗어나는 것은 아니지만, 낙랑 이전으로 금속기문화의 상한을 소급시키고, 그것을 기자조선에서 위만조선(전국의 유이민)의 변천과 관련시킨 것은 낙랑 이전의 금속기문화에 대한 인식의 발전이라고 하겠다.[34]

이후 북한에서 태성리를 비롯한 서북한지방에서 여러 토광묘가 발견되고, 이들 중 일부가 낙랑보다 시기가 올라간다는 사실이 밝혀지면서 위만조선을 낙랑군 이전에 전국시대의 영향으로 발생했다고 보여지는 토광묘와 연결시키려는 노력이 나타난다. 전주농[35]은 묘제상의 특징보다는 특정한 청동유물(세형동검, 세형동모, 세문경, 수레부속, 화분형단지)을 지적하여서 그것이 낙랑 이전의 준왕조로 대표되는 고조선문화와 연결시켰다. 또한 전촌황일도 이러한 특정 유물을 토광묘중 일부는 내는 목곽묘의 전통이 위만조선 이래 중국에서 건너온 문화가 요동지방과 한반도 서북지방에 펼쳐져 있는 것으로 보았다.[36] 또한 토광묘의 문화와 함께 철기의 도입에 관한 연구도 진행되어서 철기가 도입된 연대가 위만조선을 상회하는 기원전 5~4세기

---

34) 梅原末治, 藤全亮策, 『朝鮮古文化綜鑑 - 樂浪前期』 p.8 .
35) 전주농, 1960 「고조선의 문화에 관하여」 『문화유산』 60-2.
36) 田村晃一, 1966 「いわめる土壙墓について-台城里土壙墓群の討を中心として」 『考古學雜誌』 50-3.

(남한 측 주장), 또는 기원전 7~8세기(북한 측)로 주장되면서[37] 위만조선의 성립과 함께 철기가 들어왔다는 종래의 주장이 바뀌어서 전국시대에 이미 우리나라에서 철기가 발달된 것으로 인식하게 되었고, 위만조선과 함께 발전된 철기무기, 농기구가 들어온 것으로 인식하게 되었다. 한편 남한에서도 이러한 고고학적 성과에 따라 김정배[38]가 위만조선의 시기에 토광묘와 같은 철기가 사용되었으나, 이것은 중국에서 도입된 것이 아니라 기존의 문화적인 토대 속에서 나온 것이므로 위만조선의 문화는 토착문화와 이질적인 것은 아니라고 보았다.

이상에서 보는 바와 같이 위만조선의 고고학적 문화에 대한 연구는 처음에는 북방적인 요소가 가미된 중국의 철기문화가 들어오면서 성립되었다고 보는 견해가 주류를 이루었고, 후에는 토광묘 및 발전된 철제도구를 사용하는 문화로 간주하게 된다.

다음으로 위만조선과 중국과의 관계에 대한 연구를 살펴보자. 『사기』에는 한나라와 위만이 외신관계를 수립하였고, 그 조건으로 한은 위만에게 병위재물을 제공하고, 위만은 주위의 다른 나라가 한나라와 통교하는 것을 막지 않겠다는 약속을 한다. 『사기』에 고조선이나 기자조선은 기록이 없는 반면, 위만조선만이 독자적인 열전으로 기록된 것은 이러한 외신관계를 맺음으로서 사마천이 위만조선을 중국

---

37) 황기덕, 1963 「두만강유역 철기시대의 개시에 관하여」 『고고민속』 63-4.
　　이병선, 1967 「압록강유역의 철기시대의 시작」 『고고민속』 67-1.
38) 김정배, 1973 「위만조선과 철기문화의 개시 문제」 『한국민족문화의 기원』.
39) 사마천, 『사기』 권70 「태사공자서」
　　"…滿…葆 塞爲外臣作朝鮮列傳五十五"(만이 요새를 수리하고 외신이 되니 조선열전을 지었다.)라는 구절에서 알 수 있다.

의 천하질서에 포함된 것으로 인식한 때문인 것으로 보인다.[39] 이와 같이 위만조선의 성립은 단지 우리나라의 역사로서의 연구 뿐 아니라 제국이 성립되기 시작하는 진-한대의 중국의 변방에 대한 정책의 일례로서 중국사적인 관점에서의 연구가 나오게 된다. 위만조선과 한나라와의 관계에 대해서 荊木計男[40]은 『사기』 조선열전에 효혜, 고후 시기에 위만조선이 외신이 되었다는 기록을 분석하여서 외신으로 책봉된 데에는 한의 요동군의 역할이 컸다고 보았으며, 요동군과 한 제국과의 관계를 고찰하면서 아울러 위만조선의 책봉시기를 효제3년 봄에서 4년(BC 191) 燕王劉建이 來朝하는 시기라고 보았다. 김한규[41]는 위만이 중국과 맺은 약을 통해서 중국은 위만과 같은 이민족 정권을 중국의 세계질서 안으로 끌어들였으며 그 안에서 위만은 안정적인 지위를 부여받았다고 보았다. 역시 중국사의 관점에서 낙랑군을 고찰한 권오중[42]은 위만조선의 지도부를 중국의 제국적 질서에 반발한 任俠集團으로 보고, 이들의 반중국적인 성향이 중국과의 외신 관계를 단절하고 전쟁까지 일으키게 되는 원인이라고 보았다.

2) 고고학상으로 본 위만조선

위만조선은 고고학상에서 볼 때 초기 철기시대에 해당하는 시기로서 철제무기의 사용이 일반화되었으며, 차마구가 존재하는 등 전쟁 도구도 발달이 되었던 것으로 보여진다. 또한 상당히 보편화된 철제 농기구는 당시 농업생산력을 제고시켰을 것으로 생각되며, 중국의

40) 荊木計男, 1985 「衛滿朝鮮王冊封について」 『朝鮮學報』 115.
41) 김한규, 1982 『고대중국적세계질서』, 일조각.
42) 권오중, 1991 전게서.

화폐가 대량으로 발달한 점은 그러한 발달된 생산력에 기반하여 주변지역과 교역이 활발했던 증거로 보여진다. 철기의 제작은 철기 그 자체로 중요할 뿐 아니라 철광의 발견과 확보, 채광 등과 무기의 제작등을 위해서 직업의 전문화가 이루어졌을 것으로 생각된다. 따라서 여기에서는 위만조선 고고학적 연구를 서북지방과 요동지방의 철기문화의 발전과 관련하여 살펴보겠다.

그러나 위만조선기에 철기가 도입된 것은 아니었다고 보여진다. 우리나라에 처음으로 철기의 도입된 시기에 관하여 북한에서는 기원전 5~4세기에 이미 철기가 도입되었다고 하고, 남한에서도 대체로 위만조선 이전에 철기가 도입했을 것으로 보고 있다. 하여튼 위만조선 이전에 철기가 도입되었다는 것에는 이견이 없다. 그러나 철기가 본격적으로 사용되고, 국가발전의 원동력이 되는 구실을 하는 것은 위만조선대로 보여진다. 왜냐하면 위만조선 이전시기의 문화에서 철기가 차지하는 비중은 별로 많지 않아서 사회에 큰 영향을 끼치지 않은 것으로 보이기 때문이다. 반면에 위만조선의 기원전 2~3세기 문화에서는 철제농기구와 병기가 제작되는 등 철기문화가 사회의 전반적인 발전및 생산력의 증가를 발생시키는 상태이기 때문이다.

고조선의 철기도입에 관련하여 빼놓을 수 없는 것은 연나라 철기의 도입이다. 이와 관련하여 이남규의 연구에 따르면[43] 연나라는 전국시대 만기부터 선진적인 철기문화를 보유하고 있었고, 그 문화는 크게 2단계로 주변지역에 전파되었다고 보았다. 1단계는 소왕대 연의 전성기에 행해진 것으로 진개의 동호, 조선공략이 계기가 되었고, 2단계는 진의 건국후 연의 유이민이 이주한 것이 계기가 되었다고

---

43) 이남규, 1992 「연국철기고」『제35회 전국역사학대회 발표요지』, 한국과학사학회.

보았다. 즉 연나라에서는 4세기대에 중국에서 가장 선진적인 제철기술을 가졌고, 그러한 기술이 우리나라에 전파된 것이 세죽리-연화보유형의 기원이 되었다는 것이다. 그리고 길림지역은 연나라와는 직접적인 관련이 없이 독자적인 철기문화의 형성이 이루어졌다고 보았다. 위에서 말하는 2단계의 철기문화의 전파가 위만조선이 영위한 철기문화와 관련이 있을 것으로 보인다.

위만조선의 고고학적인 연구를 살펴보기 위해서는 가장 먼저 그 강역을 알아야함에도 불구하고 정확히 알 수 없으며, 더구나 중심지가 정확히 밝혀지지 않은 상태에서 무엇이 위만조선의 유물, 유적이다라고 정확히 말하기는 힘들다. 따라서 본 고에서는 기원전 2~3세기의 서북지방과 요동지방의 유적을 중심으로 이 지역의 철기등장과 세형동검문화의 전개 등을 살펴보겠다.

이와 관련하여 제기될 수 있는 문제는 고고학적인 문화에서 나타나는 지역성과 위만조선의 정치적인 강역을 어떻게 대입하여야 하는가의 문제이다. 즉 위만조선 및 후기고조선(진개의 침략 이후)의 강역으로 생각되는 지역은 학자간에 이견이 있으나 대체로 요하이동-평양지역 또는 압록강-평양지역[44]에 이르는 지역으로 보고 있다. 이 지역의 문화는 크게 두가지로 나뉜다. 즉 요하이동-청천강까지는 세죽리-연화보유형의 문화가, 평양지역은 세형동검문화가 발달했다. 세죽리-연화보유형에서는 철제농기구 및 병기가 많이 제작되고, 명도전이 대량으로 발견되며 무엇보다도 세형동검이 출토되지 않는다. 이 지역에서도 바로 전시기인 기원전 4~5세기에서는 윤가촌 등 이 지역에서도 세형동검 1식(박진욱의 분류에 따름, 남한에서는 변형비

---

44) 노태돈, 1991 전게서.

파형동검이라고도 함)이 보이는 점을 감안한다면 중국의 영향이 상당히 많아지게 되었음을 알 수 있다. 반면에 평양지역은 세형동검이 발달되어서 전형적인(남한에서 일반적으로 보이는) 세형동검이 제작되고 토광묘가 발달한다. 그러나 세죽리-연화보와는 달리 명도전이 발견되지 않으며, 철기시대에 진입했음에도 불구하고 여전히 부장품에서는 청동장식이나 세형동검, 차마구등 청동기가 주류를 이룬다. 이 지역에서 철기가 주류를 차지하게 되는 시기는 낙랑군 설치이후가 된다.

　이러한 고고학적인 문화에서 보이는 차이에 주목하여서 청천강 이북지역만을 고조선의 강역으로 보거나[45], 평양지역의 세형동검문화만을 고조선의 것으로 인정하는 견해[46]가 나온다. 이것은 기본적으로 두 이질적인 문화가 하나의 정치적 집단을 이루기 어렵다는 전제하에 나온 견해이다. 물론 이러한 생각은 고고학적인 자료를 통한 역사적 기록에 나타나는 실체에 대한 구체적인 접근을 한다는 점에서 상당한 설득력이 있다고 보여진다. 하지만 고고학적인 문화가 곧바로 정치적인 영역으로 연결되지 않는다는 점을 주의하여야 한다. 즉, 동일한 문화를 영위하는 지역내에서도 서로 다른 정치권력이 존재할 수 있으며, 문화적인 성격이 차이가 나는 지역들끼리 하나의 정치적인 공동체로 묶일 수 있는 가능성도 있을 수 있다. 문헌에서 보이는 정치적인 강역의 문제를 해결하기 위해 고고학적 자료에서 보이는

---

45) 윤내현, 1986 『한국고대사신론』.

　윤내현은 그 후에 그의 견해를 수정해서 한반도 전역을 고조선의 강역으로 보아서, 그 남쪽경계를 한반도 남해안에 이른다고 보았다(윤내현, 1989 『한국고대사』 삼광출판사).

46) 이청규, 1993 「청동기문화를 통해 본 고조선」 『국사관논총』 42집.

　이종욱, 1993 전게서.

문화를 정치적인 실체로 간주하고, 그것을 다시 문헌의 기록과 조화를 시키는 작업은 신중하게 진행되어야 한다. 본고에서는 위만조선의 고고학적 문화를 세죽리-연화보유형이나 평양의 세형동검문화중 어느 하나만으로 보지 않고 그 둘을 모두 위만조선의 문화로 보고자 한다. 그 이유는 크게 세 가지로 설명할 수 있다.

첫 번째로는 문헌상의 증거를 들 수 있다. 위만조선의 국가적인 성격자체가 이주민집단과 토착집단으로 이루어 진 것으로, 그 내부에서도 토착적인 문화와 이주민적인 문화가 공존할 가능성이 있다. 또한 왕검성의 위치로 알려진 평양지역에서는 세형동검문화가 영위된 것은 토착적인 문화의 것이 계속 유지된 것이고, 준왕이 위만으로 하여금 지키게 한 서변지역은 중국의 선진적인 철기가 많이 쓰이는 이질적인 문화를 영위한 것으로 생각할 수도 있다.

또한 고조선은 연나라와 국경을 접하고 있다는 것은 여러 기록에서 공통적으로 보이는 것이다. 그런데 세죽리연화보의 문화는 연나라와는 너무나 이질적이다. 물론 고고학적인 문화가 반드시 문헌의 정치적인 실체와 일치하는 것은 아니지만 청천강 이북지역이 연나라의 지역이라고 보기는 어렵다. 그것은 또한 당시 중국 내의 연의세력을 보아서도 알 수 있다. 연은 조와 연합하여 제를 침공하는 소제 때를 제외하고는 특별히 주도권을 잡지 못 할정도로 미약하였다. 그런데 그들의 강역이 압록강이상으로 펼쳐졌다면 연은 戰國의 七雄 중에 가장 넓은 지역을 차지하였다는 이야기가 된다. 연의 국력이 과연 그러한 능력이 있는지 많은 의심이 간다.

두 번째로 고고학적으로 보아서 세죽리-연화보지역은 계속적으로 토착문화의 발전상에 있어 왔다는 점을 들 수 있다. 또한 최근에 한반도 남부지방에서 이 지역과의 관련성을 보이는 유적이 나오고 있어서 한반도와 밀접한 관련성을 보이고 있다는 점도 들 수 있다. 실제로 부여 합송리, 장수 남양리와 당진 소소리 등지에서 세죽리-연화보유형에서 사용된 주조 철부가 발견된 바 있다.[47]

그러나 세죽리-연화보유형 모두를 위만조선의 문화와 연결시킬 수는 없을 것이다. 단지 세죽리-연화보문화의 일부를 위만조선에 포함시키려는 것이다. 단지 "문헌상에 보이는 위만조선이라는 실체와 비교적 접근한 고고학적 문화를 지닌 집단"이라고 잠정적으로 규정지어 볼 수 있겠다.

A) 세죽리-연화보유형

- 주거유적
(1) 세죽리[48]

세죽리유적은 신석기시대, 청동기시대, 철기시대에 이르는 여러시기의 문화층이 있는 유적이다. 여기에서는 이제까지 5기의 주거지가 조사되었는데, 그중 2개 집자리에서는 구들이 사용된 지상가옥으로 들어났다. 이 유적에서는 많은 철기와 청동기가 출토되었고, 특히 제30호 집자리에서는 명도전이 발견되었다. 발견된 철기로는 호미, 괭이, 낫, 도끼, 비수 등이 있고, 청동기는 동촉, 검파두 등이 있고, 토기로는 회색의 타날문토기가 발견되었다.

---

47) 지건길, 1990 「장수 남양리 출토 청동기, 철기 일괄유물」 『고고학지』 2.
　　이건무, 1990 「부여 합송리유적 출토 일괄유물」 『고고학지』 2.
　　＿＿＿ , 1991 「당진 소소리유적 출토 일괄유물」 『고고학지』 3.
48) 김정문, 1964 「세죽리 유적발굴 중간보고-1」 『고고민속』 64-2.
　　김영우, 1964 「세죽리 유적발굴 중간보고-2」 『고고민속』 64-4.

(2) 연화보[49]

연화보에서는 약 278m의 유적이 발굴되어서 돌담과 노지2개, 재구
덩이 등이 들어났다. 이상의 유구에 대해서는 실측도나 사진이 없어
서 정확하게 어떠한 용도였는지는 알기 어렵다. 철기는 호미, 괭이,
낫, 반달칼, 도끼, 송곳 등이 발견되었고, 청동기는 활촉이 나왔다. 한
편 화폐로는 반량전이 나왔으며, 토기는 회색, 활석이 섞인 승석문토
기가 나왔다.

(3) 윤가촌[50]

윤가촌상층(기원전 3~2세기)에서 무덤과 함께 움 2개를 발굴하였
다. 움의 직경은 1, 6m이며 유물은 대부분 기와와 회색승석문토기조
각이다.

이밖에 정식발굴이 아니라 지표조사되거나 파괴후 수습한 조사된
유적을 보면 당산리 유적에서 불에 탄 집자리가 일부 확인되었고, 대
니와, 양초장 유적 등에서 명도전과 함께 생활유적의 흔적이 발견되
었다.[51] 일제 때 동아고고학회에 의해서 조사된[52] 고려채 및 목양성지
에서도 이 시기의 유적이 발견되었으나, 층위관계가 제대로 정해지
지 않은채 여러 시기의 유물이 같이 보고되어서 정확한 문화상은 알
기 어렵다.

---

49) 王增新, 1964「遼寧撫順市蓮花堡遺址發掘簡報」『考古』64-6.
50) 조중고고발굴대, 1966「윤가촌」『중국동북지역발굴보고』.
51) 이순진, 장주협, 1973 전게서.
52) 東亞考古學會, 1929『豹子窩』.

- 분묘유적

이 시기의 무덤으로는 토광묘(움무덤), 패묘(조개무덤), 옹관묘(독무덤)이 있다.

(1) 움무덤

대표적인 유적으로 윤가촌 남하유적의 무덤을 들수 있다.[53] 여기에서는 10, 11, 15, 17호 무덤의 경우 장방형으로 묘광바닥에는 나무가 썩은 흔적이 남아 있으며, 일부 나무곽의 바닥에는 잔자갈이나 흙을 채웠다. 여기에서 나오는 토기의 조합 및 형태가 유사한 것이 대구 팔달동의 청동기시대 후기의 토광묘에서 보이고 있어서 남부지역과의 관련성을 암시한다.[54]

(2) 조개무덤(패총)

조개무덤은 요동지방에서만 발견되는 것으로 일본의 동아고고학회에 의해서 목양성지, 윤가촌, 류가당 등에서 발견되었다. 이 조개무덤들은 장방형의 광을 파고 그 안에 광벽과 일정한 사이를 두고 나무판자로 곽을 만들어 시체를 안치한 것이다.

(3) 독무덤

정가와자와 윤가촌의 것이 대표적이다. 정가와자[55]에서는 독무덤 1기를 발굴했는데, 3개의 단지를 맞물려 놓은 것이다. 토기들은 굵은

---

53) 조중고고발굴대, 1966 전게서.

54) 윤용진, 1990 「한국초기철기문화에 관한 연구-대구지방에서의 초기철기문화」 『한국사학』 11.

55) 조중고고발굴대, 1966 전게서.

승석문의 갈색그릇과 가는 승석문의 회갈색단지로 이루어져있다. 윤가촌의 경우도 2개 내지는 3개로 이루어져있다.

이밖에 명도전이 나온 유적은 뒤의 위만조선 무역장에 설명해 놓았다.

이 시기의 철기유물은 크게 농구와 무기로 나눌 수 있다. 농구로는 호미, 괭이, 삽, 낫, 반달칼, 철부, 손칼, 송곳 등이 나왔으며, 무기로는 창, 단검, 비수, 과, 활촉 등이 나왔다. 청동기는 철기에 비해 그 양이 훨씬 적으며, 대부분 무기류에 속하는 것으로, 동촉, 노기, 검파두, 동모 등이 있다. 토기는 크게 4종류로 나눌 수 있다.[56] 첫 번째로 태토가 곱고 회색이 기본인 유형, 두 번째로 모래가 섞이고 승석문이 시문되었으며 돌림판을 쓴 흔적이 있는 유형, 세 번째로 태토에 활석이 섞인 유형, 그리고 네 번째로 전시기의 무문토기 전통이 유지되는 모래를 섞고 돌림판을 쓰지않고 만든 토기의 유형이 있다. 이밖에 석기는 보고 된 것이 그리 많지 않은데, 연화보에서 반월형석도편이 발견되었고 그밖에 석부, 전석, 용범 등의 발견예가 있다.

B) 기원전 3~2세기의 서북한지방

기원전 3~2세기의 평양지역은 요동-서북지방과는 달리 세형동검문화가 지속되며 청동과, 비수, 수레부속 등이 출현하는 특징을 보인다. 이 시기의 유적으로 주거유적은 토성이 있는데, 현재까지 어을동토성, 운성리토성, 청산리토성 등이 알려져 있어서 위만조선 및 낙랑군의 지방행정구역을 보여준다. 무덤으로는 움무덤과 나무곽무덤이

---

56) 이 분류는 이순진, 장주협, 1973 『고조선문제연구』에 따른다.

압도적 다수를 차지하여서 석관묘나 적석총이 다수를 차지하는 전시기와 차이를 보여준다. 이 토광묘유적들은 흔히 낙랑군의 토광묘와 혼동하기 쉬우나, 세형동검, 수레부속 등의 유물은 낙랑군 이전부터 존속했던 것을 보여준다.

이러한 평양지역의 토광묘문화는 낙랑군설치 이후에도 계속적으로 지속된다. 따라서 토광묘 유적 중에서 낙랑의 것과 위만조선의 것을 어떻게 분리할 것인가가 큰 문제가 된다. 이와 관련하여 토광묘의 연대관에 대해서 살펴볼 필요가 있다. 북한에서는 이 지역의 토광묘의 변천을 크게 움무덤-나무곽무덤-부부합장된 나무곽무덤-귀틀무덤으로 보고 있다.[57] 대체로 무덤의 부장품이나 묘제에서 커다란 차이를 보이는 것은 나무곽무덤과 귀틀무덤인데, 두 묘제의 교체시기는 위만조선-낙랑의 교체시기가 아니라 기원전 1세 중엽 또는 기원전후라는 것이 학계의 공통된 견해이다. 즉 나무곽무덤-귀틀무덤의 변화상을 위만조선과 낙랑의 교체시기로 보기는 어렵다. 다음으로 움무덤과 나무곽무덤의 변천을 보면 북한의 견해를 따르면 나무곽무덤은 기원전 2세기 중엽에 시작되었다고 본다.[58] 북한의 편년관을 전적으로 신봉한다면 위만조선기에서도 나무곽무덤이 쓰여졌다고 볼 수 있다. 그러나 이에 대해서는 남한에서는 의도적으로 위만조선의 존재

---

57) 남한의 견해를 보면 김원룡은 土壙墓--土壙木槨墓--木槨墓(낙랑시대 고분군)로 보았고, 임병태는 土壙木棺墓(움무덤)--土壙木槨墓(나무곽무덤)--大形木槨墓(木室墳,귀틀무덤)이며 木槨墓와 木室墳의 차이는 단장과 합장에 따른 구조적인 차이라고 보았다. 이밖에 신용민은 木槨墓를 토광묘라는 개념에 종속해서 파악할 것이 아니라 새로운 신묘제의 등장으로 파악할 것을 주장했다.

58) 사회과학출판사, 1977 『고조선문제연구론문집』, pp.112.
이순진, 1983 「우리나라 서북지방의 나무곽무덤에 대한 연구」 『고고민속론문집』 8.

를 부정하기 위해서 움무덤-나무곽무덤-귀틀무덤이 자체적으로 발전한다고 보기 위한 편년이므로 인정할 수 없다는 견해도 제출되고 있어서[59] 논란이 되고 있다.

북한에서 낙랑조선 이전 시기에 쓰여진 나무곽무덤으로 생각되는 대표적인 유적으로는 태성리 유적이 있다. 태성리의 경우 나무곽무덤 내지는 움무덤과 같은 용어가 사용되기 이전에 발굴된 것으로 토광묘라는 이름으로 발굴이 되었기 때문에 유물상을 통해서 나무곽무덤 여부를 가릴 수 있다. 전촌황일은 태성리에 대해서 나무곽무덤의 일반적인 특징인 화분형단지-배부른단지의 유형이 보이는 8, 9, 10, 11, 15, 16호분 등은 비낙랑계의 유물로 위만조선기의 것이라고 보았고,[60] 아울러 위만조선의 묘제 역시 낙랑시기에 남겨진 것과 비슷한 중국의 이주민이 남긴 장방형의 단장목곽묘일 것으로 보았다.[61] 그런

---

59) 최병현, 1990 『신라고분연구』, pp.564~565.

　　최근 한림대학교 박물관에서 발굴한 경기도 가평 달전2리 토광목곽묘에서는 위만조선시대 사용한 화분형 토기와 함께 세형동검, 한식과(戈), 한나라 도기들이 출토하고 있어 주목받고 있다.(2004, 경춘선 복선전철 제6공구 가평역사부지 내 문화유적 발굴조사 지도위원회 자료) 그리고 경기문화재단 부설 기전문화재연구원의 경기도 광주시 장지동 유적의 시굴조사(2006, 성남~장호원 도로건설공사 2공구 문화유적 시굴조사 지도위원회 자료)에서도 위만조선 시기의 화분형 토기가 발견되어 위만조선의 연구범위가 더 넓어지고 앞으로 위만조선의 실체가 고고학자료로서 입증이 될 것이다.

60) 田村晃一, 1966 「いわから土壙墓 について-台城里土壙墓群の再檢討を中心として」『考古學雜誌』 50-3, 1965.

61) 田村晃一, 1980 「樂浪地域の 木槨墓」『三上次男頌壽記念論集』.

62) 서곡정, 1966 「朝鮮に土壙墓と初期金屬器について」『考古學研究』 13-2.

　　서곡정은 서북지방 토광묘에서 보이는 유물상을 전국시대의 영향이 보이는 A, 한나라의 영향이 보이는 B로 나누었는 데, 한나라의 영향이 미치는 낙랑설치 이후에도 A식이 함께 공존했다고 보았다.

가 하면 태성리를 낙랑설치 이후로 보는 견해도 제기되고 있어서[62] 논란이 되고 있다.

표1. 움무덤의 편년표

1기	고산리,정봉리,천곡리	세형동검,놋비수,세문경	BC 5~4세기
2기	솔뫼골,반천리,석산리	전형적인 세형동검,세형동모, 과철부	BC 3~2세기

이상의 논란을 정리한다면 과연 낙랑군이전 즉 위만조선시기에 나무곽무덤이 존재했겠는가의 문제로 압축된다. 이 문제는 단지 묘제만으로는 고찰할 수 없는 문제이고, 유물을 통해서도 고찰을 해야할 문제다. 고조선의 재래의 전통이 남아 있는 대표적인 유물로는 세형동검을 들 수 있다. 세형동검은 전시기인 비파형동검의 문화를 이어받은 것으로 알려지는 고조선세력의 대표적인 유물이다. 물론 세형동검은 낙랑군설치 이후에도 일부 무덤에 쓰여지긴 했지만 퇴화된 형식으로 유물의 부장칸에 부장된 것이다.[63] 따라서 본고에서는 기원전 3~2세기의 문화를 세형동검문화로 설명하겠다. 여기에서 말하는 세형동검문화는 전형적인 세형동검이 부장되는 움무덤 2기와 이순진의 나무곽무덤 1기를 포함하는 것이다.

BC 3-2세기의 움무덤과 나무곽무덤 1기와의 관계를 보면 철기의 수가 증가했으며 움무덤 2부류에서는 거의 보이지 않던[64] 수레부속이 증가하며, 나무곽무덤 1기에서는 전시기에 보이던 세형동모가 보

---

63) 대표적인 예로 귀틀무덤인 정백동 2호무덤을 들 수 있다.

64) 1956년 정오동에서 발견된 움무덤에서는 삿갓형동기 및 전형적인 세형동검이 나온 예가 있으며, 북청군 하세동리에서 발견된 움무덤에서도 수레부속인 놋방울이 발견된 예가 있다(사회과학출판사, 1974 고고학자료집 4).

표2. 움무덤의 편년표

나무곽무덤1기	전형적인 세형동검 철부, 마구,수레구,화분형단지, 배부른단지	부덕리,정백동96호, 갈현리 태성리9호	BC 2C 中~末
2기	쇠단검,쇠장검,철부, 마구,수레구,화분형단지, 배부른단지	정백동1,92호,토성동4호, 복사리2호,태성리8호 운성리3호	BC 2세기말 ~1C 中
3기	쇠장검,고리달린쇠칼, 철제농구,약간의 마구, 수레구화분형,배부른단지, 회색단지,백색단지	운성리6호,운성리4호	1C 中~1C 末

이지 않는다는 특징이 있다. 이와 관련하여 세형동검문화에 대해서
박진욱은 4기의 문화로 보았다.[65] 그의 분류를 보면 1단계는 세문경,
과가 출토되나 수레부속은 나오지 않으며, 솔뫼골, 반천리, 석산리 등
이 있다. 2단계는 마구와 수레부속 출토하며, 세문경과 과는 보이지
않게 되며 동대원 허산, 천주리, 당촌무덤 등이 있다. 3단계에는 청동
기와 철기가 비슷한 비율로 발견되고 4단계부터는 철기가 다수를 차
지하게 된다. 이 분류에서 기원전 3~2세기의 위만조선및 그 관련문
화는 1, 2단계이며, 3, 4단계는 나무곽무덤의 사용이 본격화되는 시
기, 즉 낙랑군설치이후의 문화단계로 보여진다.

이 시기의 세형동검은 前時期의 세형동검(남한에서는 변형비파형
동검이라고 하기도 함)의 두가지 형식이 계속 발전해서 윤가촌 12호,
고산리계통과 이도하자, 단동지구출토의 형태로 나뉜다.

65) 박진욱, 1988『조선고고학전서』.
　이 시기에 관한 유물상은 박진욱의 주장을 참고한 것이다.

표3. 세형동검의 형식분류(박진욱, 조선고고학전서 1988에서)

1식 : 초기세형동검을 통칭

2식 : 윤가촌12호, 고산리계통 중기세형동검, 비파형단검의 특징을 계승

3식 : 이도하자, 단동지구계통

4식 : 후기세형동검, 검몸의 너비가 오히려 넓어짐, 운성리9호, 허산유적으로
　　　의례적 성격이 강함

세형동모는 길이가 짧고 너비가 넓은 1식, 길이가 넓고 너비가 좁은 2식이 선후관계를 보인다. 이밖에 청동거울은 조문경, 세문경으로 나누어지는데, 조문경에서 세문경으로 변했다. 이 시기의 특징적인 유물이라 할 수있는 마구와 수레부속은 주로 뒷시기에 많이 출토된다. 이밖의 청동유물로 검파두, 검집, 청동과 등이 발견되었다.

철기는 주로 무기, 마구, 수레부속류가 주류를 이룬다. 토기는 주거유적의 경우는 발견 예가 없어서 알기 어려우나 토광묘에서는 화분형단지와 배부른단지가 세트를 이루어서 발견된다.

이들 유적의 편년의 근거는 상한의 경우 서북지방 출토인 을형, 병형의 명도전 연대가 기원전 3세기이고 하한이 기원전 2세기 말인 점은 나무곽무덤의 변천에 따른 것으로 단장에서 부부합장으로 바뀌는 시기로 고조선의 멸망과 시기를 같이한다고 볼 수 있다.

문제가 되는 것은 북한에서는 위만조선을 인정하지 않는데에 있다. 즉 고조선은 멸망시기까지 요하유역에 중심지가 있었던 것으로 주장하는데, 그에 따르면 청천강 이남지역의 세형동검 및 명도전의

---

66) 이순진, 장주협, 1973 『고조선문제연구』에서는 평양지역의 문화를 마한의 문화로 간주
　　하였지만, 곧 발간된 『고조선문제연구론문집』(1977)에서는 이러한 견해가 수정되어서
　　고조선의 일파가 세운 일소국으로 바뀐 이래 지금까지 이 설이 통용된다.

분포에 대한 해석의 문제가 생긴다. 이의 해결방안으로 북한은 청천강 이남지역은 상대적인 독자성을 지닌 고조선의 소국의 영역으로 해석하고, 낙랑유적 역시 위만에게 망한 고조선의 일족이 만든 것으로 본다.[66] 이 점은 현재로서는 받아들이기 어려운 부분이다.

2) 위만조선의 국가형성

위만조선은 『史記』 조선전과 『한서』 조선전 등의 중국문헌에 보여지는 우리나라 가장 이른 고대국가로 서기전 194년부터 108년까지 존속하였다. 중국 측의 기록에 의거하면 연왕(춘추시대의 연국이 아니라 한의 제후국중 하나임) 노관이 흉노로 망명하자 그 밑의 부장으로 있었던 것으로 추측되는 위만이 무리 1,000여 명을 모아서 동쪽으로 패수를 건너 상하장이라는 곳에 정착한다. 당시의 고조선의 왕이었던 준왕은 위만을 신임하여 그에게 변방을 시키게 했으며, 위만은 차츰 진번조선, 연, 제의 유민들을 모아서 결국 준왕을 몰아내고 왕검성에 도읍을 정하였다(서기전 194년). 왕권을 잡은 후에 위만은 중국으로부터 외신의 직함을 받고, 그의 댓가로 한나라로부터 병위재물을 받았으며 고조선 주위의 다른 나라가 한나라와 직접 통교하는 것을 막지 않겠다고 약속을 하였다. 지금까지의 연구는 위만의 출자나 위만조선의 대중국관계 등에 치중되었으며, 그 국가적인 실체에 대해서는 그리 많은 연구가 진행되지 않았다. 여기에서는 미국에서 활발히 논의되고 있는 국가발생에 대한 연구를 참고하여서 위만이 어떤 국가형태를 지니고 있는지 알아보고자 한다.

우리나라의 국가발생에 대한 이론은 표2에서 보는 바와 같이 다양하다. 필자가 시도하고자 하는 것은 어떠한 나라가 우리나라 고대국가의 기원이 되는지를 알아내는 것이 아니라 국가의 개념과 형성에 대한 K.Flannery의 이론을 소개하고 그것을 『史記』 조선열전과 『한서』 조선전에 나타나는 위만조선에 대한 사료를 분석한 결과를 여기에 적용시켜서 위만조선이 국가로서 불리어질 수 있는지를 검토해 보고자 한다. 즉 여기에서는 위만조선의 기록과 국가발생 이론의 비교를 통하여 우리나라에서 국가의 개념이 어떻게 적용될 수 있는지를 살펴보려는 것이다.

물론 위만조선이 우리나라의 최초 국가라는 뜻은 아니고 단지 이 시대가 초기 철기시대에 속하며, 문헌상으로 확실한 국가체계를 갖추어 나타나기 때문이다. 우리나라 고대국가의 기원에 대한 문제를 위해서는 앞으로 고고학적인 연구와 자료의 검토가 이루어져야 할 것이다.

A) 국가형성에 관한 연구

미국고고학은 1950년대 이래로 도시, 문명, 국가라는 3주제에 대한 지속적인 관심을 보이고 있다.[67] 국가발생에 대한 이론들은 각 학자마다 상이하여서 여기에서 그것들을 일일이 정리할 수는 없다. 그러나 대체로 큰 흐름을 살펴본다면 공식화된 국가의 기관이 처음에 어떻게 발전되었으며, 그러한 기관이 사회의 조직화 내지는 사회구조상에서 어떠한 역할을 하였는가로 압축될 수 있다. 이것을 다시 정리하면 갈등론과 통합론으로 나눌 수 있다.[68]

---

67) 최몽룡, 1981 「도시, 문명, 국가 - 미국 고고학연구의 일동향」 『역사학보』 92.
68) 국가발생의 제이론에 관해서 아래의 책들을 참고할 수 있다.
　　최몽룡, 1990 『고고학에의 접근』, 신서원.
　　J.Haas, 최몽룡역, 1982 『원시국가의 진화』(The Evolution of Prehistoric State)
　　김광억, 1988 「국가형성에 관한 인류학 이론과 모형」 『한국사시민강좌』 2.

갈등론은 정치집단간의 경쟁과 투쟁으로부터 중앙집권적 정부가 형성된다는 이론이다. 이 설의 기원은 19세기 사상가들의 사회계약설에서 비롯된다. 사회계약설은 갈등론 뿐 아니라 통합론에도 일정 정도 영향을 미쳤다. 대표적인 학자로 맑스와 엥겔스, 고든 차일드를 비롯하여 최근 Morton Fried 등을 들 수 있다.

통합론은 이는 국가의 통합적인 기능과 국가 구성원의 동의와 지지 곧 결속의 중요성이 국가를 이루는 원동력이 되었다고 보는 견해다. 대표적인 학자로 엘만 서비스가 있다. 그의 4단계 발전이론의 많은 부분이 비판을 받기도 하지만, 세계의 다양한 지역에서 국가의 발전단계를 설명하는데 가장 일반적으로 적용되고 받아들여지는 이론이다. 현재 두 입장을 대표한다고 볼 수 있는 서비스와 프리드의 견해간의 가장 큰 차이는 계급과 국가 중 어느 것이 선행하여서 발전하였는 가이다. 통합론(서비스)의 경우 계급의 분화가 국가형성과 더불어 진행되는 것으로 보는 반면에 갈등론(프리드)는 계층화가 국가가 이루어 지기전에 이미 발생하고 국가는 그러한 계층화의 토대하에서 발생되었다 보았다.

그런데 위에서 소개한 두 이론의 문제점들이 드러나고 어느 한쪽의 이론만으로는 국가의 기원에 대해서 만족하게 설명하기는 어렵다는 것이 밝혀지자, 두 견해를 통합해서 보려는 입장들이 나타난다. 그러한 입장들은 세계 각지역의 환경과 특색에 따라 다양한 방법과 과정으로 국가의 발생이 이루어지므로 국가형성을 한가지 국가의 형성이 어느 하나의 사실이나 현상에 근거해서 일어나는 것으로 찾기에는 너무 복잡하므로 국가형성을 이루는 것으로 보여지는 여러 요소들이 상호작용한 결과가 하나의 체계로 나타날 때에 그러한 체계를 국가로 보는 것이다.

그러한 주장의 예로 Salzman은 관개시설과 생태적 환경의 특성및 집단간의 갈등을 연결하였고,[69] 멕시코계곡에서 관개의 필요성에 기인해서 멕시코의 국가발생은 물의 사용과 권력이 국가의 요인이라고 보았다. Haas는 올멕문명을 중심으로 연구해서 전통적인 국가의 구성요소이외에 정치권력이라는 새로운 요소를 국가의 조건으로 추가한다.[70]

　　국가의 정의로는 마샬 사하린스[71]는 무력의 합법적인 사용과 힘의 중앙집권화라는 두가지로 들고 있으며, 켄트 플래너리[72]는 일반적인 국가의 정의이외에 고대국가에서 나타날 수 있는 몇 가지 공통된 특징으로 법률, 도시, 직업의 분화, 징병제도, 세금징수, 왕권, 사회신분의 계층화를 들고 있다. 이외에도 이 방면의 고고학적인 연구는 세계의 7대문명인 슈메르(BC 3100~2900), 상(BC 1750~1100), 마야(Classic Maya AD 300~700), 아즈텍(AD 1325~1521), 잉카(AD 1476~1534), 이집트(BC 3000년경)에서 나타나는 고고학적인 자료에 의거하여 국가의 개념 및 정의를 살펴보고자 노력하고 있다. 이러한 국가의 개념에 대한 파악은 도시와 문명의 발생 문제와 더불어 매우 복잡한 양상을 띠고 있고, 이는 1950년대 이후 최근까지 지속되고 있는 고고학상의 중요한 연구주제이다.

　　우리나라의 국가형성에 관한 연구를 보자. 전통적인 역사학계의 견

---

69) Sanders & Price는 Sanders & Price Mesoamerica : The Evolution of a Civilization, New York, Random, 1968.

70) Haas, 1982 전게서.

71) Marshall Sahilns, Tribesmen, Prentice Hall, 1968 p.5.

72) K.Flannery, 'The Cultural Evolution of Civilization, Annual Review of Ecology and Systematics, 1976, pp.96~118.

해에 따르면 신라의 내물왕(359~401), 백제의 고이왕(234~286), 고구려의 태조왕(53~146) 때를 중국의 율령이나 법식을 받아들여 중앙집권적인 체제를 강화하여 고대국가체제를 갖추었다 하여 한국 고대국가의 시작으로 보는데 반하여,[73] 고고학쪽에서는 이와는 달리 풍납리토성에서 발굴된 고고학적인 자료가 김부식의 『삼국史記』에 나오는 삼국의 건국연대인 신라(기원전 57년), 고구려(기원전 37년), 백제(기원전 18년) 등과 부합되는 점을 들어서 삼국의 개시기가 기원전 1세기경까지 올라갈 수도 있다는 견해가 있다.[74] 그밖의 제견해들은 표2에서 나오는 바와 같다.

B) K.Flannery의 이론

일찌기 엘만서비스는 사회의 진화발전이 군집(Band)→부족(Tribe)→족장(Chiefdom)→국가(Primitive Nation)의 순서로 진행된다고 보았다.[75] 특히 중남미지역의 고고학적인 자료를 이용해서 엘만서비스의 이론이 샌더스, 프리스, 마리노 등에 의해서 폭넓게 응용되어지고 있으며,[76] 이 설들은 미국 고고학계에서도 상당히 영향력 있는 학설로 받아들여지고 있다. 그런데, 이 플래너리의 이론은 엘만서비스의 이론에 기초하여서 그 단점보완, 한단계 더 발전시킨 이론이라고 볼 수 있다. 즉, 4단계의 사회진화설을 체계이론과 결부시켜서 도시 문

---

73) 이병도, 1959 『한국사 - 고대편』 pp.339~350.
   이기백, 1976 『한국사신론』.
74) 김원룡, 1968 「삼국시대 개시기에 관한 일고찰」 『동아문화』 7.
75) E.R.Service Primitive Social Organization, New York, 1962 ; Origin of State and Civilization, New York, 1975.
76) Sanders & Price 1968 전게서
   Sanders & Marino New World Prehistory, 1970

명 그리고 국가의 발달을 생태계에 대한 인간의 적응의 결과로 본 것이다. 다시 말하면 고고학적인 자료를 생태학적인 견지에서 해석을 한 것이다. 생태계에서 문화란 자연환경, 생물계와 마찬가지로 하나의 체계이며 그 요소도 여러 가지 관계 있는 사회, 기술, 장거리 무역 등의 아체계로 이루어진다. 이 이론에 따르면 문화는 자연환경에 적응을 하며 상호 밀접한 관련을 맺어 나타난 결과인 것이다. 국가자체도 생태계 중 한 체계인 문화와 마찬가지로 이런 체계이론에 입각하여 국가의 발생을 설명하기도 한다.[77]

군집과 부족사회는 평등사회(egalitarian society)이며 위의 족장과 국가는 계급사회(hierachical society)이다. 각각이 특징과 제도상의 특징은 표에 설명되어 있다. 그런데, 서비스의 이론에서는 족장과 국가간의 차이가 분명히 들어나지 않을 수 있다는 것이 문제가 될 수 있다. 계급사회인 족장과 국가의 차이점은 족장사회가 혈연을 기반으로 하고 있는 데 반하여, 국가는 혈연을 기반으로 하고 있지 않다는 점이다. 플래너리는 국가를 형성하는 데 있어서 필수적 요인인 [중요한 원동력](Prime mover)의 요소로서 인구의 증가, 전쟁, 관개농업, 무역, 공생관계, 사회제약, 협조와 경쟁 그리고 종교와 예술형식이 갖는 내적인 힘을 들고 있다. 이러한 요소들이 각각 표3에서 보는 바와 같이 아체계를 이루어 좀더 큰 상부체계인 생태계를 형성하는 것이다. 즉 원동력의 제요소는 문화나 국가형성에 대한 아체계를 이루는 복합적인 요인인 것이다. 좀더 복잡하게 이야기하여 본다면, 국가라는 체제는 일반적인(또는 보편적인) 과정과 구조에 의해 이루어지는데 여기에는 일반적인(보편적인) 여러가지 원칙이 더 부과되고

---

77) K.Flannery 전게서

있다. 즉 국가의 체계는 일반적인 과정(기술, 상업, 계급과 같은 전문화와 지배계급의 성장 등의 중앙집권화)과 일정구조(mechanism, 제도의 역할, 군사 지도자의 성장과 같은 승진, 중앙집권화가 이루어지는 획일화 과정)의 상호유기체적인 밀접한 관계로 형성되어 있다. 이러한 체계이론에 입각한 방법으로 국가의 형성과 기원에 대한 연구가 진행되고 있다.[78]

C) 위만조선의 국가형성

위만과 위만조선에 관한 기록은 사마천의 『史記』 조선열전과 반고의 『한서』 조선전에 나타나는데 그 기록을 살펴보면 이들에서 무역, 제조, 계급체제, 인구증가, 군사력, 행정중심, 직업의 전문화 등 앞서 언급한 켄트 플래너리의 국가형성에 필요한 중요한 요인들이 나타나고 있음을 알 수 있다.

(1) 위만조선의 성립과 발전

위만조선(위민-이름을 알 수 없는 아들-우거-태자 장의 4대 87년간 : 기원전 194~기원전 108)은 처음에는 중국으로부터 건너온 이주민들을 기반으로 고조선의 서쪽에 웅거한다. 아마도 이들은 중국의 천하질서에 반하는 군사집단이었을 가능성 크며,[79] 따라서 그들은 고조선의 서쪽에서 중국의 세력이 넘어오는 것을 막으며 자치권을 인정받고 성장을 하게 된다. 아마도 이들의 발전은 무역을 중심으로 하는

---

78) 이러한 연구는 플래너리 이외에 칼롭스키와 사블로프의 연구도 있다.

  Lamberg-Karlovsky & Sabloff Ancient Civilization, 1979 pp.332~332.

79) 권오중, 1992 전게서.

이윤의 획득이었을 것이다.(무역의 역할에 대해서는 뒤에서 상술한다.) 준으로 부터 왕위를 빼앗은 후에 위만왕조는 계속적으로 주위의 여러 나라를 정복하여 영토를 확장하는 한편 무역을 통해서 이익을 챙겼을 것으로 보인다.

우거왕 대에 한나라의 침략을 받게된 원인은 『사기』 조선열전의 기록에 의하면 주위의 예나 변진이 한나라와 직접 교통하는 것을 막고 중간에서 무역을 담당하여 이익을 취했기 때문에 그에 따른 예, 진번 조선 및 한나라의 반발에 따른 것이라고 보여진다. 이것은 위만조선이 지리상으로 한나라와 예, 진번 등의 나라의 중간에 위치하고 있어서 군사력을 바탕으로 무역로에 대한 통제를 했던 것으로 풀이할 수 있다. 결국 이러한 중간이익에 대한 과욕이 한무제의 원정군을 불러들이는 결과를 초래하여 끝내는 한나라와의 전쟁으로 발전되었던 것이다.

(2) 위만조선의 국가적 성격

위만조선은 이름이 전하지 않는 그의 아들을 거쳐 손자인 우거왕 때에 한나라의 침공을 받고 망하게 된다(기원전 108년). 즉 위만조선은 4대 87년간 존속했으며, 왕권이 세습될 정도로 탄탄한 국가의 기반을 갖추고 있었던 것으로 보여진다. 왕권세습의 증거는 태자를 파견하려고 한 점으로, 위만조선이 탄탄한 국가의 기반을 가지고 있었던 것은 위만이 한나라와 대치해 2년간이나 저항하였던 사실로도 알 수 있다.

위만조선이 정복국가 였음은 크게 3가지 부분에서 알 수 있다. 첫째로 군사력의 바탕이 되는 철제무기의 존재, 두 번째로 기록에 보이는 주위의 나라에 대한 정복, 세 번째로 위만을 비롯한 이주민집단의 성격을 들 수 있다.

첫째로 위만조선은 철제농기구와 무기를 사용했음이 고고학적인 유물로 증명되고 있다. 또한 중국으로 부터 선지적인 철기를 도입한 것으로 추측되는데 이것은 한이 위만을 외신으로 삼으면서 병위재물을 주었다는 기록에서 짐작할 수 있다. 이러한 강력한 무기의 존재는 위만조선이 주위나라를 정복하는 바탕이 되었음을 짐작케한다. 또 기원전 4~3세기에 고조선과 인접한 연의 철제기술이 중원지역보다 우수했다는 사실은[80] 그 기술을 습득한 고조선이 우수한 철기문화를 영위했을 가능성을 제시해주는 것이다. 두 번째로 『사기』 조선열전에는 위만조선이 주변의 진번조선 및 여러 지역과 고조선의 수도 왕검성까지 공격하는 등 주위의 지역에 대한 정복기록이 보이는 데, 이것은 바로 위만조선이 그들의 국가적인 발전을 주위지역의 정복을 통해서 이루는 정복국가임을 보여주는 것이다.[81] 셋째로 위만으로 대표되는 이주민집단의 성격에서도 정복국가적인 특성이 보인다. 이들은 당시 중국에서 황제의 일원적인 통치를 거부하고 자치적인 군사와 세력을 지닌 일종의 任俠集團이라고 하는 주장이 있는데,[82] 이것은 상당히 설득력이 있는 것으로 보여진다. 준왕이 위만이 들어오자 그들에게 서쪽경계의 방어를 맡긴 것도 이러한 그들의 성격과 관련이 있는 것으로 보여진다. 즉, 위만을 위시한 고조선에 넘어온 이주민들은 원래 군사적인 집단이었을 가능성이 크다.

이밖에 위만조선이 군사력을 바탕으로 국가발전이 이루고, 정복국

---

80) 이남규, 1992 「연국의 철기」 『제35회 전국역사학대회 발표요지』.

81) 『鹽鐵論』 券7 備胡編에 "朝鮮踰徼劫燕之東地"라는 기록이 있는데, 여기에서는 특별히 그 시기를 지정하지 않고 있는 것으로 보아서 어느 특정시기의 침략이라기보다 계속적인 국경분쟁이라고 가정할 수 있다.

가로 발전했다는 것은 여러 사실을 통해 짐작할 수 있다. 예컨대 초기의 위만조선의 성장과정이 上下障에 도읍을 정하고 주위의 여러 부족을 통합한 것으로도 충분히 짐작할 수 있다. 그리고 정복국가였기 때문에 처음부터 호전적인 성격을 띄었을 것으로 여겨지는데, 조공로의 차단도 이러한 호전성에서 기인한 것으로 보여진다. 그밖에 장군 왕협의 존재, 조선군에 의한 요동동부도위 섭하의 피살, 우거왕의 태자 장을 말 5천여 필, 군사 1만여 명을 식량과 함께 보내려 한 점, 왕검성에 대한 한나라의 공격에도 불구하고 직접적인 멸망의 원인은 내분이라는 점등은 당시 위만조선의 군사력이 결코 무시할 수 없을 정도로 강성했음을 보여주는 것이다. 이외에 위만이 고조선의 서쪽에 거주했던 좁은 지역(약 100여 리)에 많은 이주민이 거주하게 되면서 인구의 압력에 의해서 정복활동을 통해 국가의 기반이 이루어졌다는 견해도[83] 설득력이 있는 것이다.

위만조선의 일련의 정복활동은 그 내부에서도 기존의 지배층과 많은 알력을 일으킨 것으로 여겨진다. 그것은 『후한서』 동이전 예조에 '원삭1년(기원전 128년) 예군남여가 우거를 반하고 28만 명을 데리고 요동으로 갔다.' 나 『삼국지』 위서 동이전 한조에 '조선상 역계경이 우거에 반하여 2,000여 호의 백성을 데리고 진국으로 망명하였다.' 라고 하는 기사를 통해서 알 수 있다.

이상에서 위만조선의 국가적인 성격을 알아보았다. 다음으로 당시 주변지역의 여러 집단은 어떤 사회구조를 지녔는지를 알아볼 필요가 있다. 『사기』에는 위만조선 주변에 진국(또는 중국)이 있었으며, 『한

---

82) 권오중, 1992 전게서.
83) 김정배, 1977 「위만조선의 국가적 성격」 『사총』 21, 22합집.

서』와 『삼국지』 등에는 예, 옥저, 변진 등이 보인다. 이들은 국가발전 단계상 족장사회(Chiefdom)인 것으로 보여지는데, 그것은 당시의 조공무역의 물품을 통해서 알 수 있다. 당시의 예와 변진에서 나오는 산물을 보면 예에서는 과하마, 반어, 문표 등이고 변진에서는 우마, 조, 철 등으로 예, 변진에서는 이들을 한에 조공하였고 그 대신 중국으로부터 인책과 관복 등을 받았던 것으로 보여진다. 예, 변진 등이 한나라에 수출한 것들은 대부분 생활에 소용이 되는 물품인데에 반해서 한나라에서 들여오는 것은 실제 생활에서는 큰 도움이 되지 않는 것이며, 일종의 사치품이라고 할 수 있다. 이것은 E.Service의 정치진화론적인 관점에서 볼 때, 군장사회의 단계에서 보이는 특징인 상징적인 의복과 장신구등으로 권력을 과시하는 현상이 나타난다고 하는 것과 일치하는 것으로 위만조선 당시에 위만조선을 제외한 주변의 예와 변진은 아직도 족장사회(chiefdom)의 단계에 있었음을 보여주는 것이다.

(3) 위만조선의 사회구조

기록에 등장하는 위만조선의 인물로는 위만과 우거를 비롯하여 비왕장, 조선상 노인, 한음, 대신 성기, 장군 왕협, 니계상 삼 등을 들 수 있다. 이들은 위만조선의 행정 및 군사를 담당한 고위각료들로 보인다. 이밖에 조선상 노인의 아들 최라는 사람도 나타나는 것으로 보아서 상류층 내에서도 신분의 세습이 이루어진 것으로 보여진다. 이는 위만조선에서 적어도 상류층과 평민으로 구분되는 세습이 되는 신분층이 존재했다는 것을 말해준다.

사회구조와 관련하여 당시의 인구를 알아보겠다. 당시의 인구는 기록을 보면, 역계경과 함께 망명한 2천 호, 예군 남려의 28만 명 등

적어도 서너 개이상의 부족으로 이루어진 국가라는 것을 알 수 있다. 또한 기원전 108년에 한무제에 의해서 한사군이 설치된 이후의 상태를 기록한『한서』지리지에 나타나는 요동, 현도, 낙랑의 인구는 표를 통해서도 잘 알 수 있다. 물론 이것은 위만이 멸망한 후로 상당수의 중국의 이민이 있는 등 여러 변동이 있었겠지만, 위만조선의 인구치를 추측하는 데에 도움을 줄 수 있을 것이다. 후한서의 경우는 표에서 보는 바와 같이 현도군의 경우 호구당 27.1명으로 불합리한 측면이 보이며, 세 군의 전체인구수의 합계만 이미 180만 명이나 된다는 점도 의문이 되는 부분이다. 하지만 이러한 인구통계의 난맥상은 현도군과 같은 변방의 지역에 대한 정보가 소략한 탓일 가능성이 크며, 위만조선의 경우는 비교적 일찌기 중국과의 교류가 있어왔기 때문에 위만조선지역에 대한 인구의 수에 대해서는 비교적 정확하다고 볼 수 있다. 위만조선의 지역은 낙랑군의 지역과 일치할 것으로 보인다. 따라서 낙랑군의 인구수와 위만조선의 인구수는 대차가 없을 것으로 보여진다.『한서』지리지에서는 낙랑군이 25현 62,812호로 406,64명이 있다고 하고,『후한서』에서는 18성 61, 492호 257,050명이 있었다고 한다. 이러한 증거를 종합하면 위만조선 당시의 인구는 25-30만명 정도 될 것으로 보여진다. 요동, 현도군 등은 아마도 아마도 위만조선 주위의 여러 소국을 포괄한 것으로 보여진다. 그것은 위에서 언급한 예군 남려의 망명으로도 알 수 있다. 그런데 예군 남려의 예에서도 28만 명이 망명했다는 납득하기 어려운 인구수가 나와있다.[84] 그것은 다시 말하면 이들 지역은 한나라와 직접적인 교류가 많지않

---

84) 위에서 살펴본 바와 같이 예와 그밖의 소국은 족장사회단계로 짐작되는 데, 족장사회에서 이렇게 많은 인구를 거느릴수 있다고 보기는 어렵다.

기 때문에 기록이나 수치가 과장될 수 있기 때문일 것이다. 하여튼 낙랑군만의 인구를 위만조선의 경우와 대비시켜 본다면, 물론 추측에 불과한 것으로 그대로 믿기는 어렵다 하더래도 상당히 많은 인구가 존재했음은 확실하며, 그들을 통제하기 위한 복잡한 사회조직이 이루어졌을 것은 충분히 짐작할 수 있는 바이다. 이들 기록에 나타나는 지도자들 밑에는 각각 800~3,000명 정도의 부족이 있었으며 그 밑으로는 요즈음의 가장 기본단위인 리나 읍과 같은 군집(band)의 단위로 이루어진다. 각각의 군집은 40~70명 정도의 주민들로 이루어지는 것으로 생각된다.[85]

이러한 많은 인구를 지닌 사회를 통제하기 위해서는 어떠한 수단이 필요했을까? 그것은 크게 두 가지로 나누어 살펴볼 수 있다. 첫번째로 법의 존재이고, 두 번째로는 강력한 군사력의 존재이다.

이와 같은 30만이 정도되는 인구를 가진 고조선 사회는 매우 복잡하였을 것이며, 법의 존재는 이러한 사회조직의 일단면을 보여주는 유력한 증거가 된다. 『한서』지리지에 따르면 고조선에는 기자가 만든 팔조금법이 있었는데, 이것이 후에 한나라의 영향이 미치면서 풍속이 어지러워져 80여 조의 법령이 제정되었다고 한다. 한편 『후한서』동이전 예조에서도 비슷한 기록이 보인다. 이러한 기록들로 비추어 볼 때 위만조선에 들어서면서 사회가 복잡해지고 중국과의 관계도 빈번해지면서 여러 가지 법이 제정되었을 것으로 보인다. 처음에 제정되었다는 팔조금법은 이병도의 주장대로 만민법(jus gentium)이었을 것이 확실하나, 위만조선의 국가적 형성단계에 와서 사회가

---

85) 이러한 최소 단위(자연부락)는 공귀리의 발굴결과에서도 보인다.(사회과학원연구소, 1977 『조선고고학개요』, p.116)

복잡해지고 여러 법령이 제정되었을 것으로 보여진다. 또한 늘어난 법은 8조법금처럼 공동체에서 자연적으로 지켜지는 만민법이 아니라.복잡한 사회에 따른 여러 가지 인위적인 규정들로 이루어졌을 것으로 보여진다. 따라서 이러한 법률을 통제하기 위해서 군사력과 경찰력이 합법적으로 사용이 되는 것이 필요하다. 이러한 법의 강제적 집행을 위한 군사력은 앞에서 살펴본 바와 같이 충분히 갖추었으리라 보여진다.

이상에서 위만조선의 제측면을 살펴보았다. 그러면 이상에서 나타난 위만조선의 제특징을 언급하고, 그들을 플래너리의 이론과 대입해보겠다.

결론적으로 위만조선이라는 국가는 단일 요소가 아닌, 복합적인 여러 요소의 결과로서 형성된 것으로 보인다. 즉 장거리 무역을 통하여 부를 축적하였으며, 인구증가와 인구증가로 인한 내부적인 모순은 곧 토지확장과 확보, 무력에 의한 인근 부족의 정복으로 이어진 것으로 보여진다. 또한 그러한 정복은 막강한 군사력을 뒷받침으로 한것이며, 특히 그러한 바탕이 된 것은 철제무기의 사용인 것으로 보여진다. 철제무기의 사용은 철제무기를 만들기 위한 전문인의 필요와 원료확보를 위한 광산의 개발과 운반 및 제련의 전문직을 필요로 하는 것이다. 또한 위만조선의 지역에서 발견되는 차마구는 이들이 군사력으로 말을 이용했음을 나타낸다. 말을 키우고 먹이는 데 필요한 마장과 조련사의 확보와 같은 부수적인 필요성이 있다. 아울러 군사를 두기 위해서는 다수의 군사를 먹이기 위한 잉여식량의 확보와 이를 위한 집약적 농경, 철제 농기구의 사용, 오늘날의 품앗이와 같은 농업협동체계의 활용등이 필요한 것으로 여겨진다(고고학적으로 아직 증명되지는 않았지만 관개시설의 설치도 예상할 수 있다). 또한 위와 같은 국가의 발달로 증가하게 된 인구는 사회를 복잡하게 했으며, 그에 따른 율령의 증가와 군사력으로 통제함이 필요했을 것이다. 또한 무역이 활발해지면서 조공로 및 무역로의 통제 및 이에 부수된 중간 이익의 획득과 이를 운영하는 행정관료의 역할, 마차의 사용과 이에 따른 신분의 상징을 생각할 수 있다. 또한 군사력을 유지하기 위한 징병및 징수가 있었을 것이며, 하부구조체제를 이루는 현과 같은 행정체계 및 특산물의 진상 등 이러한 여러 요인들이 체계이론에서처럼 서로 관련을 맺어 위만조선의 국가형성이라는 결과를 낳은 것으로 보여진다.

국가형성을 위한 중요한 원동력의 요소로는 캔트 플래너리의 모델을 언급한 바, 그중 중요하다고 생각되는 요소로 인구증가, 전쟁, 토지의 확장, 전문직의 발생, 신분계층의 분화, 행정관료의 존재, 징세 및 징병등을 들 수 있는데 이러한 모든 요소를 위만조선 관계기사 및 그에 상응하는 고고학적인 자료에서도 짐작할 수 있는 것이다. 특히 [국가의 정의]에 부합될 수 있는 [직업적인 계급]을 가진 [중앙관료정부]와 [무력의 합법적인 사용]의 필요, 충분조건을 갖춘 위만조선은 초기에 주위의 유이민집단을 정복해 나아가 정복국가로 시작을 하였으며, 왕권을 세습하면서 더욱 완벽한 국가체제를 갖추었으리라 보여진다.

이러한 결론을 내리기 전에 언급해야 할 부분이 있다. 그것은 위만조선 당시에 널리 사용되었으리라 믿어지는 문자와 언어, 그리고 위만조선을 대표할 예술양식 등이 결여된 점이다. 당시에 과연 우리의 고유한 말과 글이 있었는지는 아직 의문이며, 중국의 한문이 도입되었을 가능성도 있다. 그것은 비록 남부지방이지만 의창 다호리에서 발견된 붓의 존재로 가능성이 충분히 있다고 보여진다.

3) 위만조선의 무역

윗 장에서 살펴본 바와 같이 국가를 형성하기 위해서는 많은 제요소들이 복합적으로 작용해서 이루어진다. 그런데 그러한 제요소 중에서 특히 위만조선의 무역이 국가형성에 중요한 작용을 했다고 보여진다. 따라서 여기에서는 무역에 국가및 문명형성에 차지하는 비중에 대한 연구를 알아보고 그러한 무역에 관한 이론을 위만조선의 경우와 비교하여 보겠다.

교역에 대하여 Karl Polanyi[86]는 reciprocity → redistribution → exchange로 나누고 최후의 시장관계를 통한 교역이 이루어지는 경우에만 그 집단이 국가에 이르렀다는 증거가 된다고 보았다. 그의 주장에 의하면 세 번째 교역단계는 교역이 가격을 형성하는 시장(price-making market)에서 일어나게 되며, 부족사회가 호혜성, 고대사회단계가 재분배경제이고 국가와 문명에 나타나는 제도가 교역단계라고 보았다. 폴라니의 주장에 따르면 이러한 교역의 단계를 설정하는 것은 무역의 증거와 화폐의 사용등에 대한 연구를 통한 고대국가의 형성을 추정하는데 매우 중요한 역할을 한다고 한다.

이 장에서는 고대국가성장과 관련된 무역에 관한 여러 가지 설을 살펴보고, 이러한 설이 위만조선 시대 또는 고고학상으로 보면 초기철기시대(북한에서는 서북지방의 기원전 3~2세기 고고학적 문화를 세죽리-연화보유형으로 설정하였다.)의 조공과 무역에 관련된 고고

---

86) Karl Polanyi, 1971 The Economy as Instituted Process Trade and Market in the Early Empires pp. 243~270.

학적인 유물을 검토하여, 이 시기에 무역이 한반도 고대국가 성장에 얼마 만큼의 영향을 미쳤는가를 검토하고 한다.

A) 무역에 관한 이론

무역이란 넓은 의미로 한 지역에서 다른 지역으로 대행인에 의해 통제된 자원이나 상품의 상호이동을 말한다.[87] 이러한 무역은 크게 3가지로 나뉜다. 그것은 1) 직접접촉에 의한 무역(direct contact trade) 2)교역(exchange) 3) 중심지무역(central place trade) 등이다. 또한 Colin Renfrew[88]는 이를 무역과 공간적인 의미에서 좀더 세분화시켜서 10가지 방법으로도 나누어 보았다.

위만조선의 소략한 자료로서 렌프류의 세분된 방법에 대입한다는 것은 어려우므로, 렌프류의 복잡하고 정교한 도식보다는 램버그-칼롭스키의 도식을 이용해서 위만조선의 무역관계를 설명해 보겠다.

램버그-칼롭스키에 의해서 주장된 첫번째 무역형태는 직접접촉에 의한 무역으로 교역을 위해 두개의 다른 장소간에 직접 얼굴을 대하면서 접촉하는 것을 말한다. 이때의 상품은 누구에 의한 직접적인 도움이나 직접적인 연결 없이 A장소(여기에서 말하는 장소는 고고학적인 유적을 의미한다.)에서 B장소로 교역된다. 이것은 A지점의 사람들에게 보편적이고 표준화된 가치를 지닌 특수한 자원의 획득을 위해 B지점에 세웠던 무역식민지를 의미할 수 있다. 다시 말하면 두 지역이 하나의 통치체제에 의해서 조직되고 운영되는 경우가 많다. 예

---

87) Lamberg-Karlovsky, C.C., 1974 Trade Mechanism in Indus-Mesopotamian Interrlations The Rise and Fall of Civilization, ed by Lamberg-Karlonsky & Jeremy A.Sabloff.

88) Colin Renfrew,1975 Trade as Action at a Distance Ancient and Civilization ed by Jeremy Sabloff & Lamberg-Karlovsky, pp.3~59.

컨대 청동기를 제작하기 위해서 청동광산과 그것을 소비하는 중심지 간의 자원교환이 이루어지는 것을 말한다.

두 번째의 교역은 상품이 퍼져나감에 있어 어떤 뚜렷한 조직에 의해서 운영되는 것이 아니며, 특수한 자원에 대한 보편적이고 표준화된 가치가 결여되어 있다는 것이 앞에서 말한 직접접촉에 의한 무역과 다르다. 이때의 상품들은 특별한 계획이나 목적 없이 이 장소에서 저 장소로 옮겨진다. 따라서 A라는 장소에서 출발한 자원이 B라는 장소에 도착한다는 것은 상품이 이 장소에서 저 장소로 임의적으로 교역되는 것을 의미한다. 그러므로 서로 떨어져 있는 두 지역에서 비슷한 유물이 나온 경우에 상품이 교역에 의해 혹은 문화양식의 전파나 도구제작의 기능성으로 우연의 일치로 비슷한 물건이 만들어진 것인지 밝혀지게 어렵게 된다. 따라서 이러한 교역은 그들사이에 큰 통치체제가 존재하지 않거나, 또는 그러한 통치체제와는 별개로 진행되는 교역이라고 할 수 있다.

세 번째의 중심지무역은 상품이나 자원이 필연적으로 몇몇의 중계지역에서 생산되었거나 나타났을 때 명백하게 보이게 된다. 장소 C는 A와 B장소의 영향권에서 벗어나 A와 B장소에서 원하는 생산수단과 자원을 임의로 통제하게 된다. 이때 중계지역으로서의 장소C는 다른 중계지역에서 생산된 물품을 중계하거나, 자신들의 물품 혹은 자원들도 수출하기도 한다. 동시에 주의해야 할 것은 이러한 형태는 동시에 첫 번째의 직접접촉에 의한 무역의 형태가 나타날 수 있다는 것이다. 다시 말하면 C라는 지역과 A또는 B지역사이로 범위를 축소시켜본다면 직접접촉에 의한 무역의 형태가 나타날 수 있다는 것이다. 즉 A-B-C는 중심지무역의 형태이지만 각각 A-C와 B-C는 직접접촉에 의한 무역일 수 있다는 것이다. 이러한 점은 고고학자가 중계지역에 설치한 무역식민지에서 A혹은 B장소 출신사람들의 체질적인 증거가 있는지, 혹은 A혹은 B장소의 고고학적인 증거가 무역의 결과로 C장소에 보이고 있는지를 밝힌다면 분명해질 것이다. 이 중심지 무역이론은 교역과 관련하여 최근에 많은 주목을 받고 있는 이론이다.

이러한 중심지무역이론의 이론적 배경과 관련하여 중심지이론(central place theory)을 살펴볼 필요가 있다.[89] 중심지이론은 1930년대에 독일의 지리학자인 Walter Christaller에 의해서 현대 남부독일의 도시구조를 밝히기 위해서 만들어진 것으로 상품이나 용역을 주변의 지역에 제공하는 장소들의 공간적 조직에 관한 이론이다. 이 이론은 어떠한 산, 강, 또는 자원의 편중 등의 제반환경의 요소가 각 지역간에 차이가 없다고 가정했을 때 같은 크기의 도시나 마을은 서로 똑같은 거리를 사이에 둔다고 본다. 그래서 한 집단의 주위에는 그보다 소규모집단이 정육각형의 형태로 배열해 있으며, 또 같은 크기의 집단은 더 큰 집단(중심지)을 중심으로 육각형을 이루고 배열한다는 것이다.

물론 이 이론은 많은 단점을 내포하고 있다. 첫째로 실제로 모든 제반환경이 동등할 것이라는 가정은 거의 불가능에 가까운 것이며, 각 환경요소가 복잡하게 결합하여 다양하게 나타난다(이와 반면에 다각형이론(thiessen polygon)은 개개의 유적을 기준으로 지역을 나

---

89) 중심지이론에 관하여 다음의 글들을 참조했다.

Sara Champion, 1980 Dictionary of Terms and Techniques in Archaeology, pp. 20~22 ; Ian Hodder and Clive Orton 1976 Spatial in Archaeology, Cambridge, pp. 60~64 ; K.C.Chang, 1976 Settlement Patterns in Archaeology, pp. 4~5.

눈 것이다. 이 이론은 환경이 동등할 것이라는 가정대신에 각 유적은 동등하다는 전제로 크기의 차이는 감안하지 않고 분석을 한다. 계급이 분화되지 않은 사회의 분석에 용이하다). 둘째로 사회의 주거관계는 매우 복잡해서 같은 중심지라도 수준차가 상당히 나는 경우가 있다(이러한 단점을 극복하기 위해서 Xtent모델이 사용된다. Xtent모델의 특징은 대형인 도시가 서로 근접해있다면 같은 크기의 다른 도시보다 작은 지역을 포괄한다고 보는 것이다).

이 이론이 보여주는 지형, 인구, 수송비의 획일성에 대한 가정은 실제 도시를 조사하는데에 한계를 내포한 것이어서 현재 그리 많이 쓰이고 있다고는 볼 수 없으나, 이론 자체는 주거유형에 많은 영향력을 발휘할 수 있다. 또한 다른 체제의 중심지들 사이에 상이한 조직의 크기차이는 상호관계는 여러 가지 방법으로 조작될 수 있다. 그래서 이 이론은 주거유형을 연구하거나 무역관계에서 중심지무역을 설명하는 데에 많이 이용된다. 즉 중심지는 경제적, 종교적 또는 행정적인 서비스 이외에 각 지역간의 물자교역을 함으로써 지역집단에 대한 중심지역으로의 역할을 수행하는 것이다.

이상에서 설명한 중심지이론에 입각한 중심지무역이론을 위만조선의 경우에 적용시킨다면 그림과 같이 적용될 것이다.

마지막으로 무역에 관한 이론을 실제 문명에 대입하여 적용한 예를 살펴보겠다. 램버그-칼롭스키는 자신인 발굴한 Tepe Yahya유적을 중심지역을 슈메르와 인더스문명이 교역했으며, 이러한 교역은 하라파문명의 원인이 되었다고 보아서 슈메르-엘람-메소포타미아의

---

90) Lamberg-Karlovsky & Martha Lamberg-Karlovsky, 1979 An Early City in Iran Hunter, Farmers and Civilization ed.by C.C.Lamberg-Karlovsky, pp.208~217.

교역관계를 밝혔다.[90] 또한 렌프류[91]는 에게문명이 야금술의 발전과 그의 무역으로 BC 2500년경에 성립되었다는 것을 밝혔다. 그의 주장은 다시 말하면 그림과 같이 야금술의 발달→무역→요새화→도시로 발전이 되었다는 것이다. 이러한 예들은 문명및 국가의 발전에서의 무역의 발전을 강조한 것이다. 그러면 다음장에서는 무역이 위만조선에서 어떻게 행해졌으며, 그 영향은 어떠했는지를 구체적으로 살펴보겠다.

B) 위만조선과 무역

위에서 언급한 '중심지무역' 이론에 입각하여 위만조선의 무역관계를 살펴보자. 그러기 위해서는 단편적인 기록과 함께 고고학적인 유물의 분석을 통해서 무역관계를 나타낼수 있는 유물을 중심으로 살펴보겠다.

위만조선이전에도 교역의 증거는 단편적으로 보이고 있다. 그 대표적인 예로 『管子』경중갑편과 『國語』에 나온 石砮歌를 들 수 있다. 『관자』에서는 관자가 제나라 제상인 환공에게 주변지역의 주요 특산물인 7개의 보배를 언급하는 가운데 발조선의 문피를 들고 있다.[92] 그것은 조선의 물품이 교역을 통해서 중국에 수입되었음을 나타낸다. 또한 고조선은 아니지만 『국어』 5권 魯語下에는 공자가 고대의 숙신이 서주 왕실에 진상한 석노에 대해서 이야기 하고 있다. 이것도 일종의 물자교역의 증거로 볼 수 있다. 이러한 증거들로 보아서 위만

---

91) Colin Renfrew, Trade and Culture in European Prehistory, Current Anthropology Vol 10, No. 2~3, p. 159.

92) 揆道편 : "桓公問管子日 吾聞海內玉幣有七莢.....發朝鮮之文皮"

　　輕重甲편 "桓公日 四夷不服...發朝鮮不朝....一豹之皮,然後八千里之發朝鮮 可得而朝

조선 시대이전에도 중국과의 교역은 있었던 것으로 보여진다. 그러나 중심지무역과 같은 본격적인 무역중심지의 역할은 위만조선시대에 본격화시작된 것으로 보여진다.

위만조선은 『史記』 조선열전에서 보는 바와 같이 한의 외신이 되고 한으로부터 선진문물을 받아들였으며, 그리고 한과 한반도의 예, 진국, 중국등의 사이에서 무역을 통제하였다는 기록이 있는 것으로 보아서 중심지무역의 형태를 보여주며, 이러한 무역의 중심지로서의 역할을 통해서 위만조선은 발전을 할 수 있었던 것으로 보여진다. 위만조선이 무역을 통해서 국가의 발전을 이루었다는 것은 크게 3가지 증거로 알 수 있다. 첫째로 중국과의 조공관계, 두 번째로 변한에서 산출되는 철의 교역과 세 번째로 명도전의 존재를 들 수 있다.

(1) 조공무역

전해종이 만든 표에서는[93] 중국과 우리나라의 조공무역에서 오고 가는 품목이 나와있다. 이 표에서 보는 바와 같이 삼국시대에는 우리나라에서 果下馬, 馬, 고(木苦)矢, 石弩, 金, 銀, 珂, 貢女, 布, 海物 등을 보냈으며, 반대로 중국으로부터 받는 물품은 穢王之印 등의 印綬, 朝服衣책, 腰弩, 玉匣 등이다. 이러한 목록은 우리가 실제 생활에서 이용되는 물품을 조공한 반면에 얻은 것은 인수, 의책 등 실제 생활보다는 신분의 상징에 필요한 것들임을 나타낸다.

『三國志』 東夷傳 韓條에 보면 "…諸韓國臣智, 加賜邑君印綬, 其次與邑長, 其俗好衣책(巾責), 下戶지(言旨)郡朝謁, 皆假衣책, 自服印綬衣책, 千有餘人"이라는 기사가 보인다. 물론 이것은 위만조선이 아니라 더 늦

---

93) 전해종, 1979 「고대중국인의 한국관」 『진단학보』 46,47합집.

은 서기 3세기경의 기록으로서 중국 측에서 한의 여러 신지들에게 읍군의 인수를 주고, 읍장에게도 각각 인수를 내렸으며, 우리 측에서도 의책을 좋아해 그러한 물품을 받으려는 사람이 1천여 명이 되었다는 기사는 당시 우리나라에서는 중국의 선진문화를 얻으려 하는 욕구가 많았음을 보여준다. 또 우리 측에서 얻고자하는 물품들은 당시에 신분의 상징을 나타내는 것으로, 이러한 신분상징은 족장단계에서 나타날 수 있는 뚜렷한 양상 중의 하나이다.[94] 이러한 증거의 하나로서 평양지역에서 인장이 출토된 대표적인 예로 부조예군묘[95]와 부조장 고상현묘[96] 그리고 위만조선시대보다는 훨씬 후에 만들어져 한반도에 유입되었으나 무역-조공관계의 상황을 잘 나타내 주는 증거품인 晋率善穢伯長 銅印[97] 등을 들 수 있다.

　이러한 신분을 상징하는 물품이외에도 선진적인 철기문화가 도입되었을 가능성도 있다. 이종욱[98]은 병위재물을 들어서 이러한 조공무역은 위만조선이 강력한 군사력을 가지는 토대가 되었고, 그러한 강력한 군사력을 가지게 된 위만조선은 곧 조공관계를 이행하지 않았다고 보았다. 조선을 통하여 당시에 기승을 부리던 흉노를 배후에서 견제하려는 목적으로 조선에 선진적인 철기무기를 전해주었다는 가설도 성립할 수 있으며, 『사기』 조선열전에서도 한나라와 위만이

94) 최몽룡, 1981「전남지방지석묘사회와 계급의 발생」『한국사연구』35.
95) 백련행, 1962「부조예군의 도장에 대하여」『문화유산』62-4, p.61.
　　이순진, 1964「부조예군 무덤에 대하여」『고고민속』64-4.
　　이순진, 1983「우리나라 서북지방 나무곽무덤에 대하여」『고고민속론문집』8, p.117.
96) 사회과학원 고고학연구소, 1977『조선고고학개요』, p.166.
97) 매원말치, 1967「진솔선예백장 동인」『고고미술』8권 1호, pp.263~264.
98) 이종욱, 1993 전게서.

관계를 맺음에 있어서 한나라와 주변의 여러 지역과 직접 통교하는 것을 위만조선이 막지않을 것을 약속하였는데, 위만조선이 그런 선진적인 철기를 바탕으로 한 군사력으로 주변지역으로 확장하는 것을 경계하는 것으로 해석할 수 있다.

(2) 철

다음으로 조공무역 이외에 무역대상물로 철을 들 수 있다.

『後漢書』 東夷傳 韓條에 보면, "…國出鐵, 穢倭馬韓 並從市之, 凡諸貿易皆以鐵爲貨"라는 기록이 있고 『三國志』 東夷傳 弁辰條에는 "…國出鐵, 韓穢倭皆從取之 諸市買皆用鐵, 如中國用錢 又以供給二郡…"이라는 기록이 있다. 이것은 당시 변진에 철이 많이 생산되어서 예, 마한, 왜가 모두 사갔으며, 철이 화폐로도 이용되었다는 것을 보여준다. 이러한 물품들이 二郡(즉 낙랑군, 대방군)으로 수출되었다는 기록이 보이는 것은 낙랑군설치 바로 전시기인 위만조선과도 교역이 있었을 가능성을 보여주는 것으로, 위만조선이 중국과 한사이의 중심지무역을 할 때 위만조선과 한의 주요 교역물이 철이었을 것으로 생각된다. 이러한 철의 교역은 단지 한과의 중개무역 뿐 아니라 일부는 위만조선의 자체 철기생산의 원료로서도 사용되었을 것이다. 한반도 남부지역에서 보이는 마산 성산 패총 출토의 오수전,[99] 제주도 산지항출토 오수전,[100] 김해 회현리출토의 왕망전, 해남 군곡리의 왕망전, 의창 다호리출토의 오수전 등의 중국화폐는 이러한 교역과정에서 얻어진 것

---

99) 최몽룡, 1976 「서남구패총발굴조사보고」 『마산시성산외동 성산패총발굴조사보고』, 문화재관리국, p.172.

100) 梅原末治・藤田亮策, 1948 『조선고문화종감-낙랑전기』 1.

으로 보여진다.[101] 그런데 한반도 남부지역은 모두 해안지역에 위치한다는 것에 주목할 필요가 있다. 위만조선과 남부지방 사이에는 주로 해로를 통한 교역이 이루어졌음을 알 수 있다.

(3) 명도전

위의 두 증거 외에도 위만조선을 포함하여 초기 철기시대의 장거리무역을 대표하는 대표적인 물건으로는 명도전을 들 수 있다.

만주지방과 한반도에서 명도전이 출토된 유적은 표와 같다. 이 출토상황은 대부분 성지나 주거지와 같은 생활유적에서 단지나 나무상자에 담겨서 담장옆이나 외딴 곳의 구덩이에 묻힌 경우가 대부분이다. 발견된 유적들은 대부분 일제시대에 수습된 것으로, 해방 후에는 세죽리, 노남리 등에서 발견되었고, 중국에서도 근래에 많이 발견되고 있다. 요령지방에서도 여대, 영구, 안산, 심양, 요양, 무순, 조양, 금주등지에서 발견되었으며, 근래에는 단동지구에서도 많이 발견된다.[102] 그런데 명도전유적은 대부분 지상에 표식이 없이 지하에 묻혀있기 때문에 특별한 유구의 특징을 알아내기는 힘들다.

명도전은 주로 춘추-전국시대의 연에서 만들어진 화폐로 화폐의 종류상 도폐에 속하며 그 기원은 첨수도에서 찾을수 있다.[103] 첨수도는 명도전과 그 형태상 비슷한 것으로 첨수도의 끝부분이 둔해지고, 표면에 '明' 자가 새겨지면서 명도전으로 바뀌어지는 것이다. 명도전의 형식은 아래의 표와 같이 나눌 수 있다.

---

101) 남한의 주요한 중국화폐 출토의 예에 대해서는 지건길,1990 「남해안지방 한대화폐」 『창산김정기박사회갑기념논총』을 참조할 수 있다.
102) 허옥림, 1980, 전게서.
103) 彭信成, 1956 『中國貨幣史』, pp.44~45.

齊 明刀錢 ― 甲形 (일명 博山刀라고도 함)
燕 明刀錢 ― 등이 둥글게 됨(乙形) : 조기, 첨수도에서 기원해서 많이 유사, 새겨진
　　　　　　　글자에 따라서 다시 2가지로 세분
　　　　　　　1) 明자가 옆으로 기울어지고 늘어짐
　　　　　　　　　배면에 干支와 숫자, 土, 上, 工, 七 등
　　　　　　　2) 明자가 정돈되고 背面에 左,右자가 새겨짐
　　　　　　　　등이 각이 짐(丙形) : 후기, 배면에 左, 右자 이외에 行, 外, # 등이
　　　　　　　　새겨짐 明자도 간략화

　요동지방에서 발견되는 명도전은 을형과 병형으로 연나라의 것만
이 출토됨을 알 수 있다. 그리고 명도전이 주로 제작된 시기는 기원
전 3세기말으로 연의 소왕 때를 중심으로한 주위와의 전쟁이 활발해
지는 시기로, 중국 내에서는 조와 동맹하여서 제와 전쟁을 하고 또
동북지역으로는 진개가 동호와 조선을 침략하는데, 아마도 고조선지
역에 명도전이 도입된 것은 이 진개의 침략과 그 때를 같이 하는 것
으로 보여진다.

　명도전은 전국시대 말부터 진대에 걸쳐 북중국에서 사용된 것으로
요동지방과 한반도의 청천강, 대동강, 압록강의 상류지방과 오지의
산간지방 즉 한반도의 서북부에 걸쳐서 발견되고 있다. 이것은 중국
과 만주및 한반도와 상업적인 빈번한 왕래를 뚜렷이 보여주고 있는
것이다.[105]

---

104) 陸鐵卿, 1959「一種常見的古代貨幣」『文物』59-1.
105) 필자는 옛글에서 『조선전사』 2에 실린 명도전의 분포도와 당시까지의 명도전 출토일
　　람표를 통해서 교역로를 난(水欒)平 → 遼陽,撫順 → 渭原,江界 → 平壤이 되는 것으로
　　추정한 바 있으나, 계속 명도전의 출토지가 많아지므로 반드시 위의 루트만 아니라
　　다른 경로를 통해서도 무역이 행해진 것으로 견해를 일부 수정한다.

위만조선시대의 고고학적인 문화인 세죽리-연화보유형의 여러 유
적에서는 명도전 이외에도 일화전, 명화전, 포전, 반량전 등 여러 화
폐가 나온다. 그 중 일화전은 세죽리-연화보류형(연대는 기원전 3~2
세기)의 분포범위에서만 나오고 있어서 북한에서는 고조선 고유의
화폐로 보기도 한다.[106] 이 일화전은 가운데에 네모난 구멍이 뚫린 둥
근 돈으로 한면에 '一貨'라는 글자를 새겼다. 크기는 직경이 1.8~2
㎝에 불과한 작은 돈이다. 출토예는 만주의 고려채 목양성지와 자강
도 자성군 서해리에서 출토되어서 명도전과 마찬가지로 주위의 지역
과 교역에 쓰여진 화폐로 짐작해 볼 수 있다. 북한의 주장처럼 고조
선의 고유화폐인지는 실물이 정확히 제시되지 않고, 출토예가 그리
많지 않으며, 하북성 난하유역에서도 출토예가 있어서[107] 아직 불분
명하다.

이밖에 포전은 연및 제에서 쓰인 화폐인데 그 형태는 명도전과는
다른 것이다. 반량전은 진나라의 통일 이후에 사용된 것으로 중국 전
지역에서 비교적 고루 사용되었다.

위에서 보는 바와 같이 다수의 화폐출토지 및 문헌의 기록으로 볼
때 고조선에서는 화폐가 사용되었음은 확실하다. 고조선의 팔조법금
중에 '남의 물건을 도적질한 자는 그 물건주인의 노예가 되어야 한
다. 속죄하려면 50만 량을 내야한다' 라는 기록이 있는데, 이것 또한
이 당시에 고조선에서도 화폐제도가 널리 이용되었음을 나타내는 것

---

106) 사회과학원 고고학연구소, 1977 전게서, p.157.
107) 정덕곤, 1979 『중국고고학대계』 3, p.286.
　　북한에서는 난하유역의 출토에 대해서 그 출토예가 하나밖에 없음으로 고조선과의
　　교역관계 중에 일부가 흘러들어간 것으로 간주한다(이순진, 장주협, 1973 전게서,
　　p.60).

이다. 또한 앞에서 서술한 명도전 발견유적은 대부분 화폐가 무더기로 단지속에 넣어져 외딴 곳에 나온다든지, 적석내, 나무상자 등에 보관된 점으로 보아서 부장용이나 신분의 상징 또는 다른 용도로 사용된 것이 아니라 재화의 저축이나 퇴장용으로 사용되었다고 볼 수 있으며, 한편으로는 이것이 중국과의 교역과정에서 획득된 것이라고 쉽게 짐작할 수 있다. 가장 출토례가 많은 화폐가 연의 화폐인 명도전이라는 것은 위만조선 이전에도 고조선이 연과 교역을 활발히 했었을 가능성을 제시한다. 그것은 한편으로는 위만이 연왕 노관과 관계있음을 암시해주는 『史記』의 기록과도 상통하는 것이다. 한편 명도전을 위만조선의 교역증거로 채택하는 필자의 주장에 대해서 명도전은 기원전 3세기이전의 전국시대화폐라고 주장하고, 위만조선대의 것이 아니고 그 전시대인 연의 진개가 침략한 때나 준왕이 교역한 증거라고 주장하는 견해도 있다.[108] 또한 명도전이 출토된 지역을 고조선의 바깥지역으로 이해하기도 한다.[109] 물론 明刀錢이 연대에 주로 제작되었음은 의심할 수 없다. 그리고 그것이 전파된 것도 위만조선이전에 이루어진 것으로 보인다. 구체적으로 진개의 침략을 전후해서 遼東과 한반도 서북부지역에 전해졌을 것으로 생각된다. 그러나 이 명도전이 새로운 왕권의 교체와 동시에 모든 화폐의 사용이 바뀌었다고 보기는 어렵다. 다시 말하면 고조선과의 무역은 옛날 연

---

108) 서영수, 1988 전게서.

윤무병, 1974 「명도전」 『한국사1-고대편』, 국사편찬위원회, pp.326~330.

109) 이종욱, 1993 전게서, p.174.

이청규, 1993 「청동기를 통해서 본 고조선」 『국사관논총』 42, pp.24~25.

이들의 견해는 명도전이 연의 화폐이므로 명도전출토유적은 연의 세력에 포함되어 있는 주민들의 것으로 간주한다.

나라지역, 즉 요동군과 행해졌으며, 위만시기만 해도 한나라의 왕권은 그리 강하지 않아서 지방에 까지 중앙에서 통제를 못했다고 보여진다. 그것은 한고조의 죽마고우였던 노관이 흉노에 망명한 점, 위만조선과의 외신관계및 기타 관계를 요동군 동부도위에 일임했다는 점 등을 통해서 짐작할 수 있으며, 위만과 요동군이 자체적으로 교역을 활발히 가졌음을 짐작케 하는 것이다. 이러한 자체적인 교역관계에서 군이 명도전이 한대에 쓰여지지 않았다고 볼 수는 없는 것이다. 또한 고고학적으로 보아도 노남리의 집자리에서 오수전 1점과 함께 명도전편 2점이 나온 예, 목양성, 비자애 등지에서 반양전, 오수전 등의 한대화폐와 함께 명도전이 나온 것은 명도전이 전국시대에서 위만조선기까지의 교역수단으로 사용되었다는 것을 뒷받침해 준다.

또한 명도전이 나온 지역을 무조건 고조선 바깥의 영역으로 볼 수는 없다. 그것은 중국내륙에서의 명도전의 출토지역을 보아서도 알수 있다. 명도전은 제의 영역인 산동반도와 河間의 易州에까지 발견되고 있다. 연과 제는 상호 대립관계인 동시에 꾸준한 교류가 있었기 때문에 명도전이 제의 영역에서 발견된 것이지, 산동반도나 하간지역이 연의 영역이기 때문에 발견된 것은 아니기 때문이다. 또한 명도전이 출토되는 세죽리-연화보유형의 문화가 요하이서지역의 연나라나 한나라의 문화와 상당히 다른 이상, 명도전출토지를 고조선의 영역이 아닌 것으로 보는 것은 문제가 있다고 보여진다.[110]

---

110) 이러한 주장에 대해서 연, 한과 고조선사이에 다른 세력이 있지 않았을까하는 의견이 나올 수 있다.그러나 둘이 경계를 접하고 있다는 것은 기록에 보이는 바이며, 어떠한 중간세력의 증거도 없다.또한 한나라의 공격은 육군과 수군이 합동으로 하여 전개되는데, 그것은 두 나라사이에 어떠한 세력이 있었다면 육군의 공격이 가능하지 못했을 것을 감안해도 알 수 있다.

표 명도전출토일람표(한반도 및 요동지역)

번호	출토지	수량	출토상황	공반유물	출전
1	자강도 자성군 서해리, 청상리	2,000여매	황철나무 껍질로 싸임	일화전650, 반량전 3매	문화유산, 1958-5
2	자강도 전천군 전천읍	2,700여매	항아리 안에 들어있음		문화유산, 1957-1;1958-1
3	자강도 전천군 운송리	5,000여매	나무썩은 흔적		고조선문제연구, 1973
4	자강도 전천군 길다동	4,000여매	바닥에 나무 흔적		등전양책, 조선 고고학연구, 1948
5	자강도 전천군 중암리	약 250매	적석안에서 발견		전게서
6	자강도 위원군 용연리	약 400매	적석안에서 발견	청동기2, 철기2점	전게서, 조선 고문화종감
7	자강도 회천군 청상리	약 50매	적석안에서 발견		문화유산, 58-5
8	평안북도 동창군 리천리	약 50매	도로공사중 발견		등전양책, 조선 고고학연구,1948
9	평안북도 구장군 도관리	未詳(한상자 분량)	적석내에서 발견		전게서
10	평안북도 철산구 보산리, 등갑, 가도일대	수백매			조선원시 유적지명표
11	평안남도 녕원군 온양리	수맥매	채토중 발견	포전 23매	등전양책, 전게서
12	평안남도 덕천군 청송로 동자구	4,280매		일화전91, 포전 299, 철부3, 철편3	고조선문제연구 1973(조선역사 박물관에 소장)
13	요녕성 무순시	40kg	단지 2개에 들어있음		我國古代貨 幣的起源和發展, 1959
14	영성자 국가구	약 300매	단지안에		등전양책,전게서

번호	출토지	수량	출토상황	공반유물	출전
15	영구 대석교 반룡산	다수	공사중 출토		전게서
16	遼寧 大石橋 盤龍山	1매	진지공사중 출토	석침,골편,토기 등	전게서
17	豹子窩 高麗寨	10매	동아고고학회의 조사중 발견	포전,반량전, 금전,나무창, 동촉,토기, 골각기 등	전게서
18	旅順 牧羊城	3매	丁字形의 索溝 에서 발견	반량전,동촉, 철부,철재,석기	전게서
19	普蘭 店管內 大領屯城址	20매	대령둔성지의 시굴조사중 발견	동촉,대구,철부, 철창 외 철제구	전게서
20	열하 난평현 승덕동	1,700매	진지공사중 발견	승석문토기, 철부	전게서
21	적봉	1매			전게서
22	와가점,능본성, 개평,봉천등	4매	출토지미상		전게서
23	무순 연화보		주거유적	철제농구	고고,64-2
24	전 평양,전남 강진 영변 도추면	소량 출토	미상		등전양책, 전게서
25	난평현 張家溝	200斤	2개의 단지안에		동주신, 고고학보56-1
26	朝陽 松樹嘴子 殘片				동주신,전게서
27	遼寧 寬甸縣	200여편	구덩이안에 철제농기구와 함께 발견	철부,철제반월도 등의 철제농구	許玉林,1980 文物資料叢刊3.
28	遼寧 錦西縣 邵集屯	690매	채토중 발견된 항아리 안		1982, 고고학집간2
29	평북 영변 신현면 도광동	30매	소형석실		최몽룡,1985

번호	출토지	수량	출토상황	공반유물	출전
30	평북 영변군 세죽리1	7매	지표채집		
31	평북 영변군 세죽리2	2,000여매	철기시대 3층의 문화층	30호집자리 옆에 상자에 넣어져서 보관된 것으로 보임	김정우, 고고민속 1965-3
32	遼寧 桓仁縣 大甸子	1매	銅刀1,管玉		桓仁大甸子 發現青銅短 劍墓,〈遼寧文物〉 81-1,
33	吉林 輯安縣 歷年	대부분 파편이고 완형은 2점	채토중 발견된 항아리 안에서 발견	포전(안양포, 평월포),반량전, 오수전,화천등 (한대의 것은 수량이 적음)	吉林輯安歷 年出土的古代 錢幣, 〈고고〉64-2.
34	旅順口區 三澗鎭蔣家村	'언(偃-人)' 자가 새겨진 명도전 400여매(4형식)	채소구덩이를 파다가 지표하 50cm에서 발견		「大連市 三處 戰國貨幣고장」 『考古90-2』
35	瓦房店市交 流島鄕風鳴島	'언' 자 명도전, 포전, 원전 등 총 2415매 (명도전은120)	산비탈에서 발견, 2개의 석판이 불규칙하게 있는 밑에서 각 종류가 섞여나옴		상동
36	길림성 집안현 태왕릉 부근	명도전(언도폐)가 주류,포전 일부, 한대화폐 일부	단지 1개에 담겨 있음		『집안현문물지』 247p
37	요녕 금주시 대니와	약 200매	단지마다 담겨 있음	하문화층에서 발견되어서 여러 철기,도기, 석기등이 보임	

번호	출토지	수량	출토상황	공반유물	출전
38	遼陽 下麥窩	명도1매,포전약 400여매(襄平布, 安陽,平陽포등) 원전(일화전?) 400여매	구연부가 발견된 것으로 보아 단지에 담긴 듯		考古80-1 「遼陽出土的 戰國貨幣」
39	遼陽 沙岺房 1(渾河內, 고근좌안)	명도 200여매 (몸이 좁은 磐折刀, 넓은 弧折刀 등)	신석기시대 토기와 석기편이 공반		전게서
40	遼陽市 西北의 北園	명도 12목 (磐折刀)	단지에 담겨 있음		전게서
41	遼陽城 西黃泥窪 頭台子	명도92 (반절도 83목)		平地時 發見	전게서
42	遼陽 柳條寨 大新庄村의 앞의 모래해안	명도,포전,원전 등 명도전이 다수	단지에 담겨 있는 듯		전게서
43	여순 후목성역 누상3호묘	명도전 3매	1호묘와 섞이고 출토위치도 불분명	적석총	「旅順區域后牧 城驛戰國墓清 理」「考古60-8」
44	적봉 지주산 전국-한시대	명도전 3매, 일화전 1매, 반량전 3매		고장10여개, 군사유적,명도와 반량의 공반은 불분명	「赤峰蜘蛛山 遺址的發掘」 『考古學報』 79-2

C) 위만조선과 기타지역에의 영향

중국과의 빈번한 교역은 일정정도 위만조선 사회 내에서도 변화를 일으켰을 것으로 추정된다. 즉 위만조선은 당국에서 직접 무역을 통제하기 위한 기관을 설치했을 것이며, 이러한 교역을 뒷받침 하기위한 전문적인 상인집단의 등장도 짐작할 수 있다. 그에 따른 산업과 전문직의 발생도 기대할 수 있겠다.

이밖에도 교역은 한반도와 일본에까지 영향을 미쳤던 것으로 보인다. 한반도 남부지방에서는 앞에서 언급한 화폐외에도 무역의 증거라고 짐작되는 유물이 출토되었는데, 다호리의 성운문경,[111] 부산시 조도패총에서 발견된 낙랑제 유리옥의 목걸이, 고성패총에서 발견된 樂浪鏡片[112]와 사천 늑도의 낙랑도기와 半兩錢 등이 그 예이다.

그리고 일본의 고분시대에는 중국의 경이 대량으로 수입되었고, 그것을 모방한 일본에서 제작된 방제경도 나타나는데,[113] 아마도 그와 비슷한 경우로 중국에서 수입된 철제농기구, 무기 등과 같은 선진문물은 우리나라의 기술발달에 크게 공헌했을 것으로 보인다. 그리고 한무제 침공시에도 한의 수, 륙양군을 모두 패퇴시켰던 것으로 볼 때 그러한 철기제작기술이 상당한 수준에 올라 있었던 것으로 보인다.

이상에서 살펴본 바와 같이 무역은 다른 지역의 고대국가의 발전과 마찬가지로 위만조선의 성장과 발전에 큰 역할을 했던 것으로 보여진다. 명도전의 출토로 보아 위만조선 이전부터 중국과의 무역이 있었을 가능성을 상정할 수 있으며, 그것은 위에서 말한 진개의 침략으로 대표되는 연의 동방진출과 시기를 같이 할 것으로 보인다. 그러나 위만조선이전의 무역에 대해서는 별다른 기록이 없어 상세한 고찰을 하기 힘들며, 현재까지의 기록이나 고고학적인 유물을 감안한다면 국가의 발전에 중요한 역할을 하는 중심지무역과 같은 본격적

---

111) 이건무 외, 1991 「의창 다호리 발굴진전보고(I)」 『고고학지』 1집, p.16.

112) 김원룡, 1981 『한국미의 탐구』, p.107.

113) Aikens & Higuchi, 1982 Kofun Period Prehistory of Japan.

인 무역관계는 위만조선대에 시작되었다고 보는 것이 합당할 것이다.

3. 결론

필자는 위에서 위만조선에 대한 고고학적인 성과, 위만조선의 국가형성과정, 무역관계들을 통해서 위만조선에 대한 다각적인 접근을 시도해보았다. 필자가 위에서 주장한 것을 종합해보면 아래와 같다.

우리나라에서 가장 오래된 고대국가를 현재의 정설은 고조선으로 잡고 있으나, 고조선은 그 자체가 정확히 어느 시대를 가리키는지 편년이나 강역, 중심지 등이 애매모호해서 상세한 고찰을 하기에 어려움이 있다. 그래서 필자는 기원전 198~기원전 108년에 존재했던 위만조선을 문헌상으로 나타나는 우리 나라 최초의 고대국가라고 생각해 본다. 위만조선은 BC 194~BC 108년 사이에 존재하였으며, 고고학적인 편년으로는 세형동검관계 유물, 유적으로 대표된다. 또 묘제로는 돌무덤(석관묘), 움무덤(토광묘), 독무덤(옹관묘) 등이 보인다. 그러나 BC 400~BC 1년의 시대는 철기시대로 한반도의 남부지방은 아직도 지석묘를 중심으로 하는 족장단계에 머무르고 있었던 것으로 보여진다.

그러나 고대국가의 기원은 앞으로 고고학적인 자료의 증가에 따라 더욱 소급될 수 있다. 사회조직, 직업적인 행정관료, 조직화된 군사력, 신분의 계층화, 행정 중심지로서의 왕검성의 존재, 왕권의 세습화, 전문적인 직업인의 존재 등으로 보아서 위만조선이 국가체제를 유지하고 있었던 것으로 보인다.

또한 국가형성에 중요한 역할을 차지하는 무역의 경우를 보면 위만조선 이전의 고조선에서도 교역이 있었으며, 변진과 마한, 왜, 예 등은 철을 중심으로 교역이 행해졌던 것으로 보여진다. 위만조선의 경우 한반도 북쪽의 지리적인 요충지에 자리잡음으로 해서, 그 지리적인 이점을 최대한으로 이용한 '중심지무역'으로 이익을 얻고, 이 것이 국가를 성립시키고 성장하는데 중요한 요인이 되었을 것이다.

주위의 예나 삼한 등이 중국으로부터 들여오는 물건은 주로 인수나 의책등 자신들의 신분상징에 필요한 물품이었고, 이는 국가단계의 전시기인 족장사회에서 보이는 특징이다. 반대로 중국 측에서는 철, 비단, 짐승의 가죽 등 실용적인 특산물을 필요로 했다. 이러한 관계를 위만조선이 가운데에서 방해하고 한무제의 침략의 동기가 된다. 위만조선과 중국과의 관계를 구체적으로 나타내는 고고학적인 유물로 화폐를 들 수 있다. 특히 가장 많이 발견되는 명도전의 출토지로 보아 교역로는 난평-요양-무순-위원, 강계-평양이 될 것으로 보인다.

17. 고고학과 고대사

　수많은 학자들이 고고학과 역사학의 학문적 관계에 대해 언급해 왔는데, 그 중 대표적인 고고학자로 그라함 클라크(Grahame Clark)나 고든 차일드(Gordon Childe) 등이 있다. 고고학과 역사학을 여러 기준으로 구분 및 구별할 수 있지만, 가장 중요한 기준은 연구대상 시기의 문자 기록의 유무이다. 즉 고고학은 기록이 존재하는 역사시대를 다루는 역사학과는 달리 문자가 없는 시대, 즉 선사시대를 연구 대상으로 하며, 이 때문에 선사시대를 연구하는 선사고고학을 선사학이라고 부르기도 한다.

　문자의 발명은 세계 4대 문명 또는 7대 문명 중 하나인 메소포타미아의 수메르(Sumer) 문명에서부터 이루어졌는데 그 연대는 늦어도 기원전 3100년경이다. 문자는 이집트, 인더스, 상(商) 등의 초기 문명에서도 등장하지만, 마야 문명(서기 300~800년), 아즈텍(서기 1325~1521년)이나 잉카 문명(서기 1438~1532년)의 경우에는 숫자가 적힌 비문과 결승문자(結繩文字)가 발달된 문자체계를 대신했다. 문자만을 기준으로 한다면 지구상에 존재하는 거의 대부분의 문화들은 선사시대에 속하게 된다. 그리스 문명이 유입되기 이전의 유럽지역도 선사시대의 범주에서 벗어나지 못했으며 최근까지 존재했던 오스트레일리아의 타스마니아(Tasmania) 문화나 북극의 에스키모 문화 역시 문자기록이 없는 선사시대에 속하게 된다.

　역사학은 기록에 의거하여 인간의 경험을 연구한다. 반면에 고고학은 선사시대이건 현대사회이건 간에 지표조사, 발굴, 유물의 기술, 유물의 분석 등 여러 과학적 기법에 의거해 인류문화와 기술을 연구하는 학문으로 클라크는 고고학을 '과거를 후원하기 위한 수단으로서 유물을 체계적으로 연구하는 학문'이라 정의한 바 있다. 그런데 오늘날 고고학의 학문적 경향을 보면 크게 두 가지 흐름으로 구분해 볼 수 있다. 그 중 하나는 1960년대까지 지속되었으며, 오늘날에도 과학적인 보조 수단에 의해 좀 더 발전된 양상을 보여주는 학문적 흐름으로 주로 유적·유물의 형식분류와 그에 따른 편년에 입각해 문화사를 복원하는 전통적인 고고학(old 혹은 traditional archaeology ; culture history)이고, 또 하나는 1960년대 이후 1980년대까지를 풍미했던 신고고학(new archaeology/processual archaeology ; culture process)이다. 신고고학은 가설을 세워 이를 검증해 나가는 연역적인 방법론을 채택한 학문적 흐름으로, 이를 위해 컴퓨터를 포함한 여러 가지 자연과학적 방법을 이용하며, 더 나아가 문화과정의 설명을 위해 진화론적인 관점에 바탕을 둔 생태학과 체계이론(general system theory)까지 도입하고 있다. 한편 전통적인 고고학은 형식분류와 편년의 설정과 함께 역사의 흐름과 맥락을 중요시하면서 모든 자료를 기술 및 분류하고 이를 거쳐 귀납적인 결론을 이끌어내고 있다. 그러나 최근 이 두 가지 즉, 연역적인 신고고학과 귀납적인 구(전통)고고학은 서로의 장단점을 보완해 가는 경향이 눈에 띈다. 그리고 1980년대 이후 영국을 중심으로 탈과정주의 또는 후기과정 고고학(post-processual archaeology)이라는 새로운 흐름이 등장하여 상징주의 (symbolism), 의식주의(ritualism), 여성고고학, 환경고고학, 제3세계 고고학 등의 새로운 연구에서 그 중요성을 인정받고 있다.

그러면 오늘날 한국고고학의 연구경향은 어떠한가? 우리는 한국에서 고고학이 자라온 환경을 무시할 수 없는데, 아직 대부분의 현역 고고학 연구자들은 미국식 인류학적 배경보다는 자료의 분석 및 정리를 중시하는 형식분류(typology)와 편년(chronology)에 기반을 두고 있다. 따라서 한국고고학 연구의 주된 흐름은 아직도 1940~50년대의 주류인 형식분류와 편년에 중점을 두고 있다.

한국사에서 고고학과 역사학의 결합은 단군조선시대부터 논의될 수도 있겠지만 『삼국유사』, 『제왕운기』, 『조선왕조실록지리지』(朝鮮王朝實錄地理志) 등에 실린 단군조선관계 기사들은 신화의 차원에 머물러 실제로 역사학과 고고학에서 활용될 수는 없는 실정이다. 『삼국유사』 기이편 고조선조(古朝鮮條)에 인용된 위서에 따르면, 단군조선이 아사달(阿斯達)에서 건국한 것은 당고(唐古, 堯)와 동 시기이다. 그리고 같은 책의 고기는 당고가 즉위한 지 50년째인 해가 경인년(庚寅年, 실제로는 정사년)이라 하고 있어 실제 단군조선이 존재했었다면 그 존속 기간은 기원전 2333년부터 은(殷)의 기자(箕子)가 무왕(武王) 때 조선으로 온 해인 기원전 1122년[주나라 무왕(武王) 원년 을묘년]까지가 된다(그러나 董作賓의 견해에 따르면 무왕 11년 즉 기원전 1111년). 따라서 단군조선이 실제로 존재하여 고고학과 결부된다면, 그 시간대는 한국고고학의 시대구분상 신석기시대 중기 말 또는 후기에 해당된다.

그러나 단군조선시기에 역사학과 고고학이 결합되기에는 실질적으로 상당한 무리가 있다. 그런데 1990년대 중반 북한 사회과학원은 평양 근교 강동군 강동읍 서북쪽에 위치한 대박산 기슭에서 소위 단군릉을 발굴하고 조선중앙방송과 조선통신을 통해 그 무덤의 구조, 금동관 파편과 단군 뼈라고 주장된 인골을 공개한 바 있으며, 이에 근거하여 중국 집안 소재 광개토왕릉과 유사한 거대한 규모로 단군릉을 복원하는 등 거국적인 사업을 시행한 바 있다. 그 주요 내용을 살펴보면, 고조선의 중심지는 평양 강동군 대박산 단군릉을 중심으로 하는 평양 일대이며, 평양 근처에서 확인된 검은모루봉인(원인), 역포인과 덕천인(고인), 승리산인(신인), 만달인(중석기인), 신석기인(조선 옛 유형인) 등 일련의 고인류의 존재를 통해 볼 때 평양에서는 옛부터 인류의 조상들이 지속적으로 살아왔음을 알 수 있다고 한다. 또 고조선의 문화는 지석묘(고인돌)와 비파형동검(요령식 또는 만주식동검)으로 대표되는데, 고인돌과 비파형동검의 연대를 고려할 때 고조선의 시작은 기원전 30세기까지 거슬러 올라간다고 한다. 기존의 주장대로 대동강 문명의 소산인 고조선 사회를 노예제 사회(국가)로 인식하며, 평남 성천군 용산리(5069 B.P., 기원전 3019년)의 순장묘 등이 이를 입증하는 고고학적 증거라 제시되었다. 북한 학계의 이러한 주장은 일관성 있는 논지의 전개로 일견 합리적으로 보이기도 하지만, 다음과 같은 문제점들을 지니고 있다.

첫째, 연대문제를 들 수 있다. 즉, 기원전 2333년부터 기원전 194년까지 존속했다고 주장되는 단군 및 기자 조선의 실존 여부를 파악하는데 어려움이 있으며, 만약 실존했다 하더라도 그 존속 연대를 한국고고학 편년에 대입시켜보면 신석기시대 중기(기원전 4000~기원전 3000년) 말에서 후기(기원전 3000~기원전 2000년)에 해당된다. 둘째로 지리적인 문제를 들 수 있는데, 고조선의 대표적인 유물로 제시된 고인돌과 비파형동검은 오늘날의 요령성과 길림성 일대를 중심으로 분포하고 있어 평양이 고조선의 중심지일 가능성은 거의 없다. 셋째로는 소위 단군릉에서 출토되었다는 인골의 연대 문제를 들 수 있다. 기원전 3018년이란 연대가 출토 인골의 연대로 제시되었는데, 이는 단군의 건국 연대인 기원전 2333년보다 685년이나 앞서며, 연대측정에 이용된 전자상자공명법(electron spin resonance)은 수십만 년 내지는 수백만 년된 유물의 연대를 측정하는데 사용하는 방법으로 알려져 있어 이 경우에는 적당하지 않은 연대측정방법으로 알려져 있다. 넷째로는 인골이 출토된 유구의 문제이다. 중심부에 연도가 설치된 평행삼각고임 천정의 돌칸흙무덤[石室封土墳]에서 인골이 출토되었다고 하는데, 북한 학계에서 주장하는 단군조선 시대의 주된 묘제는 적석총과 고인돌이다. 즉, 무덤 자체의 형식으로 보아 소위 단군릉이라 주장된 유구는 고구려 후대의 무덤으로 그보다 훨씬 연대가 올라가는 단군의 무덤이라고 할 수 없다. 다섯째로 유구 내부에서 출토되었다고 하는 도금된 금동관편 역시 무덤과 마찬가지로 고구려 유물일 가능성이 크다. 따라서 이 유구에서 출토된 인골의 주인공은 기자조선 또는 단군조선시대의 인물이라기보다는 고구려의 유력인사나 상류층 귀족이였을 가능성이 높다 하겠다. 여섯째는 단군이 한국사에 처음 등장한 시점과 관련된 문제이다. 현 시점에서 단군의 실존 여부를 확인할 수 있는 방법은 없지만, 현 우리학계는 단군이란 존재는 실존 인물이라기보다는 몽고의 침입이 잦았던 고려 말이나 일제의 침략이 있었던 조선말 민족의 구원자 겸 구심점으로 상징적인 역할로 대두되었던 가상의 인물로 인식하고 있다.

　이런 문제점들을 고려해 볼 때 북한 학계가 주장하는 소위 단군릉은 피장자를 알 수 없는 한 고구려 무덤이 단군릉으로 변조된 것으로 밖에 볼 수 없으며, 단군릉을 주장하는 북한 학계의 입장은 학문적인 것이라기보다는 정통성 확보를 위한 정치적인 입장으로 이해할 수밖에 없다.

한국사에서 역사학과 고고학의 결합은 『사기』 조선열전(朝鮮列傳)과 『한서』 조선전(朝鮮傳)에 보이는 우리나라 최초의 고대국가인 위만조선(기원전 194~기원전 108년)을 그 시작으로 볼 수 있다. 위만조선은 한국고고학 시대구분상 철기시대 전기(종래의 초기 철기시대, 기원전 400~기원전 1년)에 실존했던 사회로 당대의 문화 내용이 어느 정도 알려지고 있다. 이후 삼한시대까지는 문헌의 보조를 필요로 하는 원사시대라 할 수 있는데, 원사시대란 해당 지역에는 아직 문자의 사용이 이루어지지 않았지만 주변 지역에서는 이미 문자가 보편적으로 사용되어 그 영향을 받았던 부차적인 선사시대라 정의된다. 따라서 원사시대의 연구는 고고학 뿐 아니라 역사학 또는 문헌학 등에 의해 보조될 수 있으므로 이 시기는 고고학과 고대사학이 결부될 수 있는 과도기적인 시기라고 할 수 있다. 우리나라의 경우는 철기와 토기 제작기술의 발달로 특징지어지는 삼국시대 전기(삼한시대, 서기 1~300년)가 원사시대에 해당된다. 이 시대는 『삼국지』 위지 동이전 등의 문헌 기록과 화천(貨泉)·동경(銅鏡) 등의 고고학 자료로 대변된다. 『삼국사기』에 따르면 이 시기에 고구려(기원전 37년), 백제(기원전 18년)와 신라(기원전 57년)의 국가성립이 이루어졌다. 철기시대 전기와 삼국시대 전기는 고고학 뿐만 아니라 고대사에서 다루어지는데, 우리는 아직 이 시기에 대해 모르는 측면이 많고, 문헌기록과 고고학 자료를 일치시키기 위해서는 보다 많은 연구가 필요하다. 그런데 최근 고고학과 고대사학계에서는 가능하면 신뢰할 수 있는 문헌 기록을 통해 고대사를 새로이 해석하려는 경향이 대두되고 있으며, 그 일환으로 문헌기록에 의거하여 국가의 기원 및 체제사회내용 등을 파악하려 노력하고 있다.

1993년 12월 부여 능산리 고분군과 나성 사이의 공방 터[바로 옆에 있는 능산리 고분군의 원찰(願刹)격인 종묘로 여기서 백제 제27대 위덕왕(威德王)인 창왕 13년 명(서기 567년)이 있는 사리감이 발견된 바 있음]로 추정되는 건물터에서 백제시대의 금동대향로[국보 287호, 溫玉成은 백제금동대계금마산제조대향로(百濟金銅天鷄金馬山祭祖大香爐)라고 부름]가 출토되었다. 이곳에서는 보희사(寶喜寺) 및 자기사(子基寺)란 명칭이 나온 죽간문(竹簡文)이 나와 원래의 이름이 보희사 또는 자기사라는 절일 가능성도 있다. 이 향로는 기록에 전하지 않은 백제사 및 문화의 공백을 상당 부분 채워줄 만한 것으로 세인들의 주목을 끌었다. 특히 몸체의 아랫부분에 표현된 물고기-용-인간(왕세자)의 모습은 왕가의 전통이나 태자에게 이어지는 왕권의 계승을 상징하는 것으로 해석된다. 다시 말해 이 향로는 왕가의 왕권계승과 왕실 전통의 표현, 즉 용으로 상징된 백제왕조의 '탄생설화'를 기록한 것으로 추정된다. 따라서 이 향로는 비록 글로 씌어진 것은 아니지만, 고구려의 건국자인 동명왕에 관한 서사시인 이규보의 『동명왕편』, 고려 태조 왕건의 서사시인 이승휴의 『제왕운기』 그리고 조선건국신화인 『용비어천가』 등과 그 궤를 같이 한다 할 수 있다.

단군신화의 후기적 형태인 주몽의 건국신화는 기원전 59년 다섯 마리의 용을 타고 온 동부여의 건국자인 해모수와 그의 아들인 부루로부터 시작된다. 주몽이 하백녀 유화와 천손 해모수 사이에서 알로 태어난다는 것이 주몽의 난생설화이다. 주몽이 동부여의 건국자인 해모수의 서자라면 주몽과 부루는 어머니가 다른 형제가 된다. 해모수와 하백녀 사이에서 나온 주몽은 해모수의 아들, 손자와 증손자인 부루-금와 대소들로부터의 시기와 질투를 피해 졸본으로 가 고구려를 세운다. 그 연대가 기원전 37년이다.

그런데 그는 동부여에 있을 때 예씨(禮氏) 부인으로부터 얻은 아들인 유리에게 왕권을 세습한다. 주몽은 또 해부루의 서손인 우태(또는 구태)의 부인이었다가 나중에 주몽에게 재가한 소서노로부터 온조와 비류 두 아들을 둔다. 주몽의 아들이자 고구려의 제2대 왕인 유리를 피해 온조는 남하해 하북·하남위례성에 도읍을 정하고 백제를 세웠는데 이는 기원전 18년의 일이며, 이것이 백제의 건국설화이다. 즉, 백제의 건국자인 온조는 천손인 해모수나 용왕의 딸인 유화같은 신화 속의 주인공으로부터 태어나지 않고, 주몽-소서노-우태라는 복잡하고도 현실적인 관계 속에서 출생하였으며, 배다른 형 유리를 피해 남천해 개국을 하였다. 따라서 백제가 부여와 고구려의 왕실에 대한 열등감을 극복하고, 백제 왕실에 정통성을 부여하기 위해 태자 책봉으로 이어지는 왕권 세습에 어느 왕실보다도 많은 신경을 썼으리라는 추리에는 별다른 무리가 없다. 백제 왕실과 고구려 왕실과의 미묘한 관계는 백제 제13대 근초고왕이 서기 371년 평양을 공격하여 고구려 제16대 고국원왕을 사살하는 전과를 올리지만, 평양을 취하지 않고 한성으로 되돌아왔다는 기록에도 잘 드러나는데, 이는 고구려에 대해 백제 왕실이 태생적으로 가질 수밖에 없었던 열등의식의 표출인 것이다. 이러한 상황에서 신화보다는 사실에 바탕을 둔 용으로 상징되는 왕권 계승 설화가 제29대 무왕대(600~641년)에 처음 만들어지게 되었고 그 설화가 금동향로(무왕 35년 서기 634년 제작)에 구현된 것으로 생각된다. 향로에 표현된 탄생설화는 어느 특정 인물을 구체적으로 지목한 것이라기보다는 왕통을 계승하는 백제왕실의 전통을 상징한 것이며, 이후 이 향로는 왕실의 신물이 되었다고 해석할 수 있겠다. 이러한 해석이 가능하다면, 이 향로의 뚜껑에 표현된 도교적인 요소는 백제왕실의 사상이나 정치적 이상향의 표현일 수도 있겠다.

선사시대는 연구방법론상 역사시대와 독립되고, 문자사용에 의해 단절된 것처럼 보이지만 실제로는 시·공에 걸친 인류문화의 점진적 진보라는 커다란 흐름 속에 포함된다. 따라서 고고학 자료의 해석은 역사상의 유용성 또는 역사적 의미를 지녀야 한다. 최근 연구 경향에서 보이는 가장 합리적이고 바람직한 측면은 인류학적 모델의 설정과 이에 따른 고고학 자료의 해석 그리고 역사와 문화사적 흐름에의 대입 등으로 요약할 수 있다. 비록 연구 대상, 이론과 방법론, 학문적 배경 등에 있어 적지 않은 차이가 있지만, 커다란 역사적 흐름에 부응하고 그에 따른 의미를 부여할 수 있을 때 비로소 고고학은 그 자체로서도 의미를 지니고, 역사 서술에도 기여하게 될 것이다.

18. 시베리아[1] 청동기 · 초기 철기시대 문화와 한국문화의 기원

시베리아지역과 한국문화의 관련성에 대한 최초의 언급은 藤田亮策이 빗살무늬의 기원에 대해서 언급하면서부터 이다.[2] 이후 김정배는 카라숙의 석관묘, 아화나시에보에서 따가르에 걸치는 시기의 토기유사성에 주목하기도 하였다.[3] 북한도 1950년대에는 우리나라 청

---

1) 엄밀히 말한다면 '시베리아'라는 지역은 챌랴야빈스크시를 기점으로 서쪽으로 우랄산 맥, 동쪽으로는 바이칼연안지역을 포괄한다. 그리고 '극동지역'은 바이칼 이동쪽에서 태평양에 맞닿는 지역을 포괄한다. 따라서 본고에서는 시베리아와 극동지역을 나누어서 살펴보겠다. 시베리아의 황인종(Mongoloid)에는 고아시아족(Palaeoasiatic people, Palaeosiberian)과 퉁구스(Tungus, Neoasiatic people)족이 있다. 고아시아족에는 축치, 꼬략, 캄차달, 유카기르, 이텔만, 켓트, 길랴끄(니비크)가, 퉁구스에는 골디(혁철), 에벤키, 에벤, 라무트, 부리야트, 우에지, 사모예드 등이 있다. 그리고 시베리아와 만주(요녕성, 길림성과 흑룡강성)에서는 역사적으로,가) 숙신-읍루-물길-말갈-여진-만주-청, 나) 흉노-동호-오환-선비-걸안-(타쉬티크-돌궐-위굴)-몽고-원, 다) 예 : 고조선, 맥 : 부여-고구려-백제/신라로 이어진다.

2) 藤田亮策, 1930 「櫛目文土器의 分布에 就いて」『靑丘學叢』 2號.

3) 金貞培, 1973 「第3章 韓國의 靑銅器文化」『韓國民族文化의 起源』, 고려대학교 출판부.

4) 그러한 상황은 공귀리, 지탑리등의 발굴보고서와 도유호의 저작(도유호, 1960 『조선원시고고학』)에서 잘 알 수 있으나, 이후 도유호가 학계의 전면에서 사라지게 되면서 그러한 관련성에 대하여 더이상 논의되지 않게 되었다.

동기시대를 시베리아와 관련성을 주장하였으나,[4] 60년대에 들어서면서 독자적인 발전을 주장하면서 더 이상 논의되고 있지 않는다. 이와 같이 시베리아지역은 한국문화의 기원과 관련하여 학계의 많은 주목을 받고 있다. 하지만 그러한 관심에 비해서 정치적인 상황, 자료의 제약, 언어상의 문제로 인해서 시베리아지역과 한국의 관련성을 구체적으로 다루지 못하고 英譯된 일부 자료를 단편적으로 이용하여 피상적으로 논의되는 수준이었다.

그런데 최근 정치적인 상황의 변화와 함께 러시아 학자들과 자유롭게 고고학적인 지식을 교환할 수 있게 되었으며 상호협조하에 공동으로 심도있는 연구를 시도할 수 있게 되었다. 시베리아와 극동지역은 현 러시아의 우랄산맥 근처에 위치한 췌랴야빈스크를 경계로 그 이동 지역에 위치하고 있다. 이곳에는 오브, 예니세이, 레나와 아무르 등 4대강이 흐르고 있다. 이 강들의 많은 지류상에 우리의 문화와 관련된 유적들이 많이 보인다. 이 강들에 위치한 유적들에 대해서 국내에서도 최근 활발히 소개되고 있다.[5]

시베리아의 청동기시대 및 초기 철기시대는 각 지역마다 다양하게 분포하지만, 특히 한국과 관련하여 주목되는 지역은 예니세이강 상류의 미누신스크 분지를 비롯하여 서시베리아와 우코크지역을 중심으로 한 알타이 전역이다. 이 지방은 다시 각 지역별로, 시기별로 다

---

5) 최몽룡, 1993 『한국문화의 원류를 찾아서』-고고기행- 學研文化社

데.아.아브두신저 정석배역 1993 『蘇聯考古學槪說』 學研文化社 考古學叢書 7

崔夢龍 · 李憲宗 編著 1994 『러시아의 고고학』 學研文化社 考古學叢書 8

6) 서시베리아 오브강지역을 중심으로 청동기시대의 지역별, 시기별 문화상은 (최몽룡편 저 『러시아의 고고학』)과 한국상고사학보 17~20호에 실린 V.I.Molodin의 일련의 논문을 참조할 수 있다.

양한 문화기가 있다.[6] 현재까지 발굴자료가 증가함에 따라서 새로운
문화기가 설정되기도 하고, 기존에 나뉘어진 문화를 하나로 묶기도
하는 등, 이 지역의 문화를 일목요연하게 묶어보기는 어렵다. 그 문
화기 중 우리의 관심을 끄는 것은 시베리아 청동기시대의 기원을 밝
힐 수 있는 아파나시에보 문화기(기원전 3000~기원전 2000년), 청동
기시대 전기의 안드로노보기(기원전 1500~기원전 1000년) (페도로
보기 : 기원전 1600~기원전 1300년), 청동기시대 후기에 해당하는 카
라숙기, 초기 철기시대에 해당하는 스키타이문화의 한 갈래인 파지
리크문화기(기원전 700(?)~기원전 200년) 및 타가르의 문화기 등이
다. 이들 문화가 분포하는 남시베리아는 한국과 지역적으로 상당히
떨어져 있으며, 두 지역 사이의 고고학적 유적이 많지 않은 탓에 전
반적인 유물조합상에 따른 비교분석은 아직 이루어지기 어렵다. 따
라서 여기에서는 여러 가지 문화적 요소의 관련성에 대해서 살펴보
겠다.

시베리아의 청동기문화에 앞선 가장 주목되는 것은 이 지역에서
일반적으로 발견되는 즐문토기문화이다. 이 토기는 핀란드에서부터
스웨덴, 북부독일, 서북러시아의 카렐리아, 흑해 북안의 오카와 볼가
강 상류까지에 걸쳐 광범위한 분포를 보여 후지다 료사꾸(藤田亮策)
와 같은 일인 학자들은 일찍이 우리 것을 북유럽에 연결시키고자 하

---

7) 아무르강 하류의 사카치 알리안 가샤지구아무르강 사카치알리안 의 가샤지구에서는
오시포프카문화의 세석기와 융기문토기가 나오는데 그 연대는 11000~12000년전으로 극
동아시아지역에서 가장연대가 올라간다.(V. Medvedev, 1994,「ガシャ遺跡とロシア地區
東部における土器出現の問題について」(小野昭・鈴木俊成編,『環日本海地域の土器出
現の樣相』, 雄山閣, pp.9-20).이와 유사한 유적으로는 기원전 8,000년경의 제주도 한경면
고산리가 이에 속한다. 앞으로 환태평양/극동지구의 토기의 기원문제가 쟁점이 될 것
이다.

는 시도를 해왔다. 그리고 이러한 토기는 주로 북위 55도선을 잇는 환북극(環北極)지역의 신석기시대 유적에서 많이 보이고, 최근 레나 강 지류인 알단강 상류인 벨카친스크(기원전 4020년)와 바이칼호 동쪽 흑룡강 상류의 쉴카 동굴에서도 발견되고 있다. 또 카자흐의 잠푸르, 시베리아,[7] 오브강 상류인 고르노 알타이의 우코크지역 등에서도 발견된다. 이들 토기에는 한반도의 즐문토기에서 보이는 문양의 대부분의 요소가 보이며, 태토 또한 아주 유사하다. 우리의 토기가 북유럽에서 출발해 시베리아를 거쳐왔다는 종래의 견해를 언뜻 수용하기에는 좀더 신중을 기하는 것이 좋을 듯하다. 왜냐하면 우리의 지역과 가장 가까운 요녕성과 길림성을 포함하는 만주 지역과 북경시를 포함하는 하북성 지역에서 나오는 즐문토기의 연대가 시베리아에서 나오는 토기들과 비슷하거나 좀더 올라가기 때문이다. 중국의 대표적인 유적으로는 중국 요녕성 신락(新樂, 기원전 4500년), 금주시 성내 제2 유치원 근처(기원전 3500년, 금주박물관 소장), 하북성 무안현 자산(磁山, 7300년 전, 기원전 5300년)과 천서현 서채(西寨, 6500년 전, 기원전 4550년, 이상 하북성 박물관 소장)을 들 수 있다. 이는 아무르강 하구에는 수추섬의 신석기 문화 중 말르이쉐보기는 함경북도 웅기 굴포리 서포항 2~3기와 같은 것으로 알려져 한국문화의 기원이 생각보다 복잡하고 다원론적인 것을 말해주고 있기 때문이다.[8]

또한 우리나라에서는 청동기시대가 되면서 무문토기가 쓰여지는 데 반해서 시베리아지역은 청동기시대, 나아가서 역사시대에 이르러서도 계속 즐문토기의 전통을 유지하고 있다는 점도 생각해야 할 것이다. 따라서 단순히 전체적인 기형, 문양의 특징만으로 관련성을 논

---

8) 교육부, 2002 『국사』 고등학교 국사교과서 p.19

하기 이전에 자연과학적인 분석을 시도해 보는 것도 바람직하다.

시베리아지역에 자주 나타나는 석관묘란 묘제로 보아 우리의 청동기시대의 기원을 카라수크(기원전 1000~기원전 700년)와 타가르(기원전 700~서기 100년)기와 연관시키려는 시도가 있으나, 석관묘는 우리나라뿐 아니라 중국 동북지방, 오르도스 등 상당히 광범위한 지역에서 비슷한 형태로 존재한다. 또한 우리나라 및 중국 동북지방의 석관묘에서 나오는 비파형동검 및 조문경은 시베리아지역에서는 발견되지 않는다. 타가르문화에서 보이는 청동거울을 보면 거울의 배면에 꼭지가 하나인 단유이며 무늬도 다르다. 청동단검도 비파형의 형식을 가진 것은 발견된 바 없으며 검파부분의 장식도 다르다. 그런데, 우리나라 철기시대전기(기원전 400~1년)에 쓰인 세형동검 중에는 손잡이에 새 두 마리가 있는 형태의 것이 있다(이를 안테나식 동검, 촉각식동검 이라고도 한다.) 그러한 손잡이 형태는 남시베리아의 스키타이에서 흔히 보이는 것이다. 안테나식동검은 한반도 뿐 아니라 길림지역의 세형화된 동검에서도 보이는 것으로, 이를 중심으로 시베리아에서의 구체적인 전파의 증거를 찾을 수 있다.

서·남부시베리아의 초기 철기시대를 대표하는 스키타이문화와 한국과의 관련성은 쿠르간, 즉 봉분이 있는 적석목곽분으로 대표된다. 이것은 스키타이문화의 대표적인 무덤으로 파지리크, 베렐, 울란드릭, 우스티드, 시베, 투에크타, 바샤다르, 카란다를 비롯해 우코크분지에서 모두 수 천기 이상 발견되었다. 스키타이인들은 초기인 기원전 9~7세기부터 초원에 거주해 왔는데, 기원전 2세기경이 되면 흑해 북안에 왕국을 세울 정도로 강성해진다.

쿠르간은 앞에서 본 바와 같이 땅을 파고 안에 나무로 무덤방을 만들고 시체와 부장품들을 안치한 후에 위에는 돌로 둘레를 쌓고(護石)

흙으로 커다란 봉분을 만들었다. 그것은 신라의 수혈식적석목곽분과 거의 일치하는 것이다. 단지 쿠르간의 경우 기원전 6~기원전 4세기이고 신라의 것은 서기 4~6세기의 것으로 연대적인 차이가 많이 나며, 또 중앙아시아와 우리나라 남부지방 사이의 중간지역에서 연결고리로 볼 수 있는 비슷한 유적이 나오지 않았다는 한계가 있으나, 그 관련성은 충분히 짐작할 수 있다. 또한 쿠르간에서 발견되는 銅鍑은 중앙아시아의 유목민족이 많이 사용한 것으로 음식을 조리할 때 쓰인 것으로 보인다. 이 동복은 스키타이 뿐 아니라 중국의 북부초원지대에서도 보이며, 특히 길림지역의 榆樹 老河深(일부 학자들은 부여의 문화라고도 본다.) 유적에서도 발견된 바가 있다. 그런데 이것과 아주 유사한 형태의 동복이 최근에 경상남도 김해의 가야시대 고분인 대성동유적에서 발견되었다. 이 발견은 우리나라에서도 북방계 유목문화의 요소가 일정정도 흡수되었음을 보여준다. 물론 이 유물은 스키타이 뿐 아니라 북중국에서도 발견되는 점으로 미루어보아 북중국을 거쳐서 한국에 들어왔을 가능성도 있다. 그러나 스키타이 문화는 기원전 9~7세기에 발생한 것으로 신라의 적석목곽분과는 적어도 수백 년 이상의 차이가 난다. 따라서 스키타이와 한국의 지리적, 시간적인 차이를 메꾸어 줄 수 있는 유물이 없는 한, 섣불리 문화의 전파를 논하기는 어렵다.

이상에서 살펴본 바와 같이 시베리아에는 한국의 청동기문화 또는 그 이후 시기의 유물, 유적과 유사성이 상당히 많이 존재함을 알 수 있다. 그러나 이것을 단순히 우리의 기원문제와 직접적으로 연관시키는 것은 바람직하지 않다. 이것은 초기철기시대에서도 마찬가지일 것이다. 그러므로 이러한 부분적인 문화적 요소의 상사성을 어떻게 이해할 것인가 하는 것은 보다 체계적인 이론적인 바탕을 가지고 러시아측의 자료를 충분히 검토한 후에야 밝혀 질 수 있을 것이다. 앞으로 우리 청동기문화의 기원을 남부시베리아에 기원을 두려던 그동안의 시도는 전면적으로 재검토를 해야 할 것이다.

다음으로 극동지역을 살펴보겠다. 아무르지역은 타 지역에 비해 상대적으로 유적,유물이 적은 탓에 청동기시대라고 뚜렷히 구분할 만한 유적이 발견된 예는 아직 없고, 부분적으로 청동기유물이 발견되었다. 청동기 유물은 안로강 하구, 스테파니하 골짜기, 칸돈, 사르골지역 등에서 발견되었다. 이들 지역에서는 청동기와 함께 원저토기와 청동기를 모방한 마제석기가 공반된다. 아무르강 하류의 에보론 호수를 비롯한 그 주변에서 청동기를 포함한 일련의 유적들이 발견되었는데 특히 칸돈유적의 신석기 유적 주변에서 청동기들이 처음 발견되었다. 오클라드니코프와 데레비안코는 이 유적들을 묶어 에보론문화기로 부르고 있다.[9]

초기철기시대는 우릴기(기원전 20세기 후반~기원전 10세기 초반)와 폴체기(기원전 5세기)로 대표된다.[10]

연해주지역, 특히 그 이 동쪽에는 시니가이기(하린스코이 근처, 시니가이유적, 키로브스코에 I유적), 마르가리토브카기(페름스키 II유적, 시니 스칼르이유적,마략-리바로프유적, 키예브카유적 등), 리도브카기(블라가다트노예 II유적, 리도브카 I유적, 쿠르글라야 달리나유적, 루드노예강 둔덕에 있는 유적군) 등이 있다. 연해주지역의 초기철기시대의 문화기로는 얀코브카기(중국에서는 錫桀米, Sidemi문화

9) Arxeologia SSSR, 1987,
　『Bronze Period of Forest Region in USSR』, Moskva. pp.357.(露文)
10) A.P.Derevianko, 1973, 『Early Iron Age in Priamurie』, Novosibirsk(露文)
　A.P.Derevianko, 1976, 『Priamurie -B.C.1st Millenium』, Novosibirsk(露文)

라고도 함, 3000~2500년 전), 크로우노브카기(2500~1800년 전, 북옥
저, 團結문화), 폴체기(기원전 7~기원전 4세기, 읍루), 라즈돌리기(기
원전후) 등이 대표한다. 극동의 연해주에서의 마르가리토프카문화기
에서는 다양한 석재 용범과 청동무기가 발견되었다. 평저의 심발형,
단지형 호형토기들이 주를 이루며 빗살문, 점열문 등의 문양이 있다.
이 문화기에서는 신석기시대의 전통을 이은 양면잔손질을 한 석촉이
출토되었다. 시니가이문화기도 역시 평저의 단지형, 발형, 심발형의
토기가 주를 이루며, 이들 토기상에 삼각문, 뇌문, 점열솔잎문 등의
문양이 시문되어있다. 그밖에 방추차, 부정형의 반월형석도 등도 이
문화기의 대표적인 유물이다. 리도브카문화기에서는 반월형 석도,
방추차, 돌괭이, 손잡이가 있는 석도, 청동기를 본뜬 석창을 비롯하여
단지형, 장경호의 토기가 대표적이다. [11]

---

11) Arxeologia SSSR, 1987, op.cit.pp.353-355.
12) 여기에 대해서는 최근 많은 글들이 나와 있다.
　　이은창, 1971 「고령양전동암각화조사보고」『고고미술』 112: pp.24-40
　　최몽룡, 1973 「원시채석문제에 관한 일소고」『고고미술』 119: pp.18-21
　　김원용, 1983 「에술과 신앙」『한국사론』 13 306-333
　　문명대, 1984 「대곡리 암벽조각」『반구대』 동국대학교
　　황용훈, 1987 『동북아시아의 암각화』 민음사
　　정동찬, 1988 「울주 대곡리 선사바위그림의 연구」『손보기박사정년기념 고고인류학논
　　총』 329-434
　　장명수, 1992 「영주 가흥동 암각화와 방패문암각화의 성격고찰」『택와허선도선생정년
　　기념 한국사학논총』
　　송화섭, 1992 「남원대곡리 기하문 암각화에 대하여」『백산학보』 42 pp.95-134
　　임세권, 1994 『한국 선사시대 암각화의 성격』 단국대 박사학위논문
　　송화섭, 1994 「선사시대 암각화에 나타난 석검 · 석촉의 양식과 상징」『한국고고학보』
　　31: 45-74
　　경주문화재연구소, 1994 『경주서악지역지표조사보고서』 학술연구총서 7
　　한국역사민속학회, 1995 『한국 암각화의 세계』

이들은 한반도의 동북지방의 유물들과 많은 연관성을 가지고 있다. 극동지역 및 서시베리아의 암각화도 최근에 남한에서 암각화의 발견이 많아지면서 그 관련성이 주목된다. 시베리아, 극동의 대표적인 암각화로는 예니세이강의 상류인 순두기와 우코크의 베르텍과 아무르강의 사카치알리안 등을 들 수 있다. 이에 상응하는 우리 나라의 대표적인 유적으로는 울주군 두동면 천전리에 있는 암각화(국보 147호)를 들 수 있다. 그 외에 울주 반구대(국보 285호), 여수 오림동, 고령 양전동(보물 605호), 함안 도항리, 영일 인비동, 칠포리, 남해 양하리, 상주리, 벽연리, 영주 가흥리, 남원 대곡리 등을 들 수 있다.[12]

울주 천전리의 경우 人頭(무당의 얼굴)를 비롯해 동심원문, 뇌문, 능형문(그물문)과 쪼아파기(탁각, pecking technique)로 된 사슴 등의 동물이 보인다. 이들은 예니세이강 상류의 순두기, 고르노알타이 우코크지역의 베르텍과 아무르강의 사카치알리안에서 보인다. 고대인들은 이들을 사냥에 대한 염원, 어로의 풍요와 다산 등 여러 가지를 희구하는 매체로 사용했으리라 생각된다. 아무르강의 사카치알리안에서 보이는 동심원문은 "아무르의 나선문"(Amur spiral)으로 태양과 위대한 뱀 무두르(mudur)의 숭배와 관련 있으며 뱀의 숭배는 또한 지그재그문에 반영된다. 하늘의 뱀과 그의 자손들이 지상에 내려올 때 수직상의 지그재그(번개)로 표현된다. 이 두 가지 문양은 선의 이념(idea of good)과 행복의 꿈(dream of happiness)을 구현하며 석기시대인의 염원을 반영한다. 그리고 그물문(Amur net pattern)은 곰이 살해되기 전 의식과정중에 묶인 끈이나 사슬을 묘사하며, 이것은 최근의 아무르의 예술에도 사용되고 있다.[13]

---

13) Alexei Okladnikov 1981 『Art of Amur』 Harry N.Abrams, INC., Pb. Newyork 92

이들의 연대는 대개 기원전 4~3000년경으로 현재 그곳에 살고 있는 나나이(Nanai)족의 조상이 만든 것으로 여겨진다. 이 지역에서는 서기 300년에 靺鞨, 서기 700~900년에 肅愼, 서기 900~1200년에는 女眞이 교대로 점거하다가 서기 1400년 이후부터 현재까지 나나이족이 살고 있다. 그렇다면 여진-말갈-숙신-읍루로 거슬러 올라가는 역사상의 종족도 고려해 볼 수 있다.

또한 연해주지역에는 얀코브카기(페스찬느이유적, 말라야 파투웨치카유적 등), 크로우노브카기(크로우노브카유적, 알레니A, 페트로브섬유적, 세미파트노이유유적 등), 라즈돌리기 등의 문화기들이 있다. 위에서 열거한 초기철기시대의 유적들은 서로 문화적인 상관관계를 가지고 있다. 또한 이 유적들의 주거양식 및 다양한 유물군은 비슷한 시기의 한반도 선사시대 문화상과 유사한 것들이 많아, 앞으로 활발한 연구가 기대된다. 이들 극동지역의 초기 철기시대의 여러 유적과 한반도의 연관관계를 밝힌 논문이 발표되었다.[14] 데레비안코는 아무르지역에 형성된 우릴기와 폴체기의 골각기, 석기, 방추차, 철부 등을 근거로 會寧 五洞유적 및 羅津 草島유적과의 관련성을 밝혔다. 실제로 폴체-우릴문화는 우리나라 동북지역과 지리적으로도 인접해 있어서 비슷한 문화를 영위할 수 있었던 것으로 보인다. 단, 우리나라에서는 초기 청동기시대에 해당하는 시기를 러시아에서는 초기 철기시대로 규정하고 있어서 이와 같은 시대구분의 문제에도 양국간의 토론 및 연구가 심화되어야 할 것이다.

시베리아와 극동의 수많은 유적들을 이 짧은 글에 모두 설명할 수

---

14) E.I.Derevianko, 1994. 「Culturial Ties in the Past and the Development cultures in the Far Eastern Area」, 『韓國上古史學報』 第16號

는 없다. 또한 개략적으로나마 정리한 유적들의 문화적 성격도 모두 검토할 수 없었다. 하지만 현재까지의 연구를 검토해볼 때 생각보다 많은 요소에 공통점이 있음을 알 수 있다. 앞으로 더 심도 있는 연구가 진행된다면 더더욱 많은 요소가 발견될 것임은 자명하다. 그럼에도 불구하고 한국문화는 시베리아로부터 단순히 단선적으로 전파되어 온 것이 아니며 문화공동체적 구조 속에서 이동과 역이동을 통한 상호 문화적 교류가 활발하였다고 보여진다. 극동지역을 중심으로 전시대에 걸쳐 교류가 있었을 것으로 보이지만 구석기 · 신석기 · 역사시대에 보다 활발한 교류가 있었을 가능성이 높다. 그러나 문화적인 교류를 확인하는데 있어서 그동안 양측이 제시한 시대구분과 연대에 현격한 차이가 있다는 문제가 있다. 이 문제를 해결하는 데에는 무엇보다 양측의 연대차에 대한 검토 및 정리가 우선적으로 있어야 할 것이며, 그러한 연구를 위해서는 우선 양 지역의 자료를 양측의 학자들이 공동으로 검토해야 한다. 지금까지의 자료를 통하여 대체적으로 문화적 교류경로를 정리하여 본다면 1) 바이칼-중국 동북지방(혹은 동부몽고-중국동북지방)-한반도 서북지방-중부지방, 바이칼과 2) 아무르지역-연해주-한반도 동북지방-동해-제주도-일본 구주 등으로 나누어 볼 수 있을 것이다. 이 교류경로는 단선적으로 위에서 아래로 온 것이 아니라 각 지역별로 끊임없는 문화적 교류 속에서 만들어진 것이다. 따라서 각 지역별로 나타나는 성격들은 대단히 복합적이며 혼합적인 특징이 나타나게 되었던 것이다.

한반도의 문화형성은 시대와 지역과 그 계통이 다양하다. 이는 한

---

15) 최몽룡, 2002 「고고학으로 본 문화계통-문화계통의 다원론적 입장-」, 『한국사』 1, 국사 편찬위원회

국문화의 계통을 다원적인 입장에서 살펴보아야 하며 전체적인 편년을 살피기 위해 지역편년의 수립도 필요하다.[15]

그리고 현재로서는 일부 문화적 요소에 주목해서 문화적 상관관계를 단정하기보다는 시베리아와 극동지역의 문화의 본질적인 속성을 찾는 기초적인 연구에 주력해야 할 것이다. 결국 이동경로를 설정하는 데에는 앞으로 많은 공동조사를 진행함으로서 보다 명확히 밝혀낼 수 있을 것이다. 왜냐하면 그동안 그 경로를 이어주는 유적들에 대한 자료점검도 미흡했으며, 발굴된 유적도 풍부하지 않았기 때문이다. 그래서 이들 유적에 대한 관심과 아울러 후일 그밖의 주변지역들에 대한 발굴조사를 위한 기초공동조사라도 실시하는 것이 바람직하겠다. 또한 동북아시아의 문화를 이해함에 있어서 단순히 정치적인 경계선 속에서 파악하려는 시도는 옳지 않다고 생각한다. 올바른 역사적 복원이라는 과제에 접근하기 위해서는 이들의 문화적 상사성과 상이성을 지역에 관계없이 잘 검토함으로서 선사시대의 문화적 공동체를 찾아내야 하며 결국은 각 시대별로 선사시대의 인류역사의 지도는 다시 그려져야 할 것이다.

19. 고고학적으로 본 한국문화의 계통

- 다원론적 입장 -

1. 서언

　고고학상으로 본 한국 문화 계통은 매우 복잡하고 파악하기 힘들다. 그것은 한반도의 지정학적인 여건과도 관계가 있다. 이의 해결을 위해서는 고고학 조사가 많이 행해져 유물을 통한 비교 해석이 이루어져야 한다. 그러나 현재의 실정은 그렇지 못하다. 그나마 과거에 비해 발굴된 학술적인 가치가 있는 유물의 증가가 꾸준히 이루어지

고 있어 고무적이다. 한국 문화 계통의 연구에는 몇 가지 연구 방법
론적인 선행조건이 있어야 한다. 그래야만 지금까지 알려진 영세한
자료 위에서의 가설을 세우기가 가능해질 것이다.

1) 한국의 문화계통의 연구는 단선적 · 단원적(unilinear)이기보다는 복합적 ·
   多元的(multilinear)이어야 한다.
2) 서구식(유럽식) 고고학의 기준을 따라 기술과 경제행위로 구분한 편년안인
   구석기, 신석기, 청동기와 철기시대는 각 시대별로 또 그에 속하는 각 시기
   에 따라 문화적 계통도 달라지고, 여러 갈래가 될 수 있다.
3) 고고학의 기본적인 단위(units)인 components(the manifestation of a given
   archaeological "focus" at a specific site)와 phase(approximately eqivalent
   focus because of its stronger temporal implication; regional, local sequence
   로서 문화의 期)를 중심으로 하는 通時(tradition)와 空時(horizon)적 개념을
   통한 시간과 공간의 결합모델을 생각하여[1] 연구가 진행되어야 한다. 이것
   은 artefacts(유물 : 개인+속성)-subassmeblages(아유물복합체 : 집단+유물)-
   assemblages(유물복합체 : 공동체+아유물복합체)-archaeological
   cultures(고고학 문화 : 사회+유물복합체)의 순으로 형성되는 고고학 문화단
   계의 설정[2]과도 같은 맥락에서 이루어진다. phase나 고고학적 문화를 바탕
   으로 horizon(a primarily spatial continuity represented by cultural traits and

---

1) Gordon R. Willey and Philip Philips, 1975, 『Method and Theory in American
   Archaeology(7th Impression)』 (Chicago & London; The Univ. of Chicago Press, 1975) 41쪽
   및 崔夢龍, 『고고학에의 접근』(신서원, 1990), p.71
   구라파에서는 시간적인 변화를 따질 때 Time(Prehistory)-Age(Stone age)-
   Period(Neolithic period)-Epoch(Chellean epoch)로 하며 마지막 단계인 Epoch는 유물복
   합체인 Assemblage of Artefacts와 같다[Glyn Daniel, 「A Hundred Years of Archaeology」
   (Gerald Duckworth & Co.LTD : London, 1950] p.125

510 | 한국고고학 · 고대사의 신 연구

assemblages)과 tradition(a primarilly temporal continuity represented by persistent configurations in single technologies or other systems of related forms)[3]의 공간적 문화권이나 지역적 편년의 설정이 이루어질 수 있을 것이다. 여기에 시간과 공간이 합쳐지면(spatial-temporal integration) 구라파의 구석기, 신석기, 청동기와 철기시대에 해당하는 북·중·남미의 Lithic(석기), Archaic(고기), Formative(형성기), Classic(고전기), Postclassic(후기 고전기)과 같은 cultural stages(시대, 문화단계)와 같은 개념이 만들어지게 된다.

4) 세계고고학 연구이론과 방법 중 진화론 다음에 오는 문화의 전파론(diffusionism)도 중요하지만 최근의 경향은 문화의 자생론(indigenous origin theory)도 항상 연구의 대상이 되어야 한다.

5) 그리고 문화중심지(core)와 변방(marginal)의 구분과 아울러 중심지에서 시간적으로 멀리 떨어진 시기적으로 늦은(belated)점도 항상 고려해 두어야 할 점이다.

이러한 몇 가지의 생각 위에서 한국의 문화계통을 구석기시대부터 철기시대 전기(기원전 400~기원전 1년)와 한국 고대국가의 형성(기원전 194년~기원전 108년)에 이르기까지 평소 필자가 생각해오던 것을 두서없이 소략하나마 나열해 보고자 한다.

---

2) James Deetz, 『Invitation to Archaeology』(New York : The Natural History Press, 1967), pp.106-7
3) 전게서(주 1) 33 및 p.37

2. 편년

앞으로 21세기를 맞아 한국 선사시대에 있어 설정될 시기구분은 다음과 같이 되겠다.[4]

- 구석기시대(구석기시대를 전기 · 중기 · 후기로 나누나 북한과 남한의 학자들간에 전기 구석기시대의 상한에 대하여는 이견이 많다. 전기 구석기시대에 속하는 유적들은 평양 상원 검은모루봉, 경기도 연천 전곡리와 충북 단양 금굴 등이며 그 상한은 약 70~20만 년 전으로 진폭이 많다.[5]
- 신석기시대(기원전 10000~8000년-기원전 2000~1500년)
- 청동기시대(기원전 2000년~기원전 300년)
- 철기시대 전기(기원전 400년~기원전 1년) : 종래의 초기 철기시대
- 철기시대 후기(서기 1년~서기 300년) : 삼국시대 전기(종래의 원삼국시대/삼한시대)

이와 같은 고고학 편년은 앞으로 통일에 대비해 북한학자들의 연구 업적을 참조해 수정을 할 필요가 있다.

3. 문화계통

가. 구석기 시대

종전까지 남한의 구석기 시대의 상한은 충북 단양 도담리 금굴유

---

4) 최몽룡, 〈21세의 한국고고학〉(『한국사론』 30, 국사편찬위원회, 2000)
5) 배기동, 「구석기시대」(『한국사』 2, 국사편찬위원회, 1997), p.31

적으로 현재 적어도 70만 년 전부터 시작되는 것으로 보고 있다. 그리고 평양 상원군 흑우리 검은모루 동굴의 경우 100만 년으로 거슬러 올라간다.[6] 이들 유적들은 구석기시대 중 전기에 속하는 것으로 되었지만 일반적으로 학계에서 인정받을 수 있는 정확한 연대를 보여주지 못하고 있다. 그리고 이러한 연대를 입증할만한 지질학과 고생물학적 증거도 뚜렷히 제시 못하고 있는 실정이다. 그리고 이들 유적 출토 동물 화석군과 석기를 포함하는 유물들을 한반도 이외의 지역 다시 말해 중국이나 시베리아지역과의 비교는 이루어지지 않고 있다. 그래서 우리 민족의 기원이나 문화의 시작이 정확히 어디에서부터 出自했는지에 대해 모르고 있는 실정이다.

그러나 그 다음 단계인 20만 년 전 전후가 되면 우리 민족과 문화의 기원에 대한 약간의 실마리가 풀리고 있다. 경기도 연천군 전곡리에서 나오는 우리의 역석기 문화 전통을 예니세이강 상류의 카멘니로그와 라즈로그 II(이 유적은 민델-리스간빙기층으로 20~40만 년 전까지 거슬러 올라갈 수 있다) 유적, 몽고령의 고르노 알타이지역 사간 아부이 동굴, 내몽고자치구 大窯읍 투얼산 사도구 유적, 요녕성 榮口 金牛山 유적과 비교해 볼 수도 있을 것이다. 그렇다면 이제까지 구석기시대 우리가 알지못했던 시베리아의 예니세이강 상류-몽고(알타이)-내몽고-요녕(만주)-연천 전곡리로 이어지는 문화 루트도 현재 새로운 가설로도 이야기 할 수 있겠다.

후기 구석기시대가 되면 전국 곳곳에 유적이 분포한다. 이는 한반

---

6) 검은모루동굴 유적은 100만년 전 이전으로 보고 있다(사회과학원 력사연구소 · 고고학연구소, 『조선전사』 1. 원시편(평양, 1991), p.24. 그러나 이들 유적들에 대한 견해는 박영철, 「한국의 구석기문화」(『한국고고학보』 28, 1992), pp.33-36 및 pp.63-66 참조

도 전역에 사람이 살고 있었다는 이야기가 된다. 이제까지 구석기시대의 유적과 유물이 전혀 보고된 바 없는 인천광역시에서도 구석기시대의 유물이 보고되고 있다. 강화도 내가면 오상리 소재 지석묘(인천광역시 기념물 제16호) 옆에서 석영제 팔매돌(bola)이,[7] 인천시 연수구 선학동 문학산 청동기시대 溝狀遺構 옆에서 석영제 망치돌과 兩刃石器 (chopping tool),[8] 그리고 화성군 서신면 장외리와 향남면 동오리 남양주 호평, 인천 서주 원당 4지구와 인천 불로 3지구에서 석영제 다면석기와 찍개[9]가 나와 적어도 경기도 전역에 후기 구석기시대 유물이 나올 가능성이 높아졌다. 이는 당시 급격한 인구의 증가나 이동을 들 수 있는데 이점은 앞으로 전문학자들의 연구가 필요한 사항이다. 그러나 현재로서는 우리 문화계통의 자생성이 적어도 후기 구석기시대부터 있어온 것으로 짐작이 된다.

최근 전라북도 용담댐 내 진안 진그늘은 전라북도 금강 상류에서 최초로 발굴된 2만 년 전후의 후기 구석기시대 대규모 살림터 유적으로 특히 슴베찌르개(stemmed biface points)가 많이 발견되고 있

---

7) 선문대학교 역사학과 발굴조사단, 「강화 내가면 오상리 고인돌무덤 발굴조사 현장 설명회자료」(2000년 5월 20일), p.5

8) 인하대학교 박물관, 「인천 문학경기장 내 청동기유적 발굴조사 현장설명회 자료」(2000년 7월 4일), 사진 11에는 석영제 망치돌이, 그리고 현장 전시품중에 석영제 양인석기가 보이고 있다.

9) 경기도박물관, 『도서해안지역 종합학술조사 I-화성군해안지역』(1999), p.63 및 p.193
   기전문화재연구원, 「남양주 호평동 구석기유적 발굴조사 지도위원회 자료」 1-3차(2002-4)
   한국문화재보호재단, 「인천 원당지구 4구역 문화유적 발굴조사」(4차 지도위원회 자료, 2003) 및 인천 불로지구 문화유적 시굴조사 1차 및 2차 지도위원회 자료(2003-4)

다.[10] 이 유물은 금강의 중·하류쪽의 대전 용호동, 공주 석장리, 남한강변의 단양 수양개,[11] 섬진강 유역의 순천 월평리, 낙동강 유역의 밀양 고례리 등 거의 남한 전지역에서 발견되는데 일본에서는 北海道 白湧-胎部臺 등지[12]에서 발견 보고례가 많아 우리 구석기시대와의 편년관계 설정을 기다리고 있는 형편이다. 일본의 구석기시대는 先土器시대로 불리우며 1) 거친석기 단계(Crude Lithic Specimens), 2) 양끝과 옆면을 떼어내 격지를 만드는 단계(End and Side Blow Flake Technique), 3) 밀개, 잎형찌르개, 새기개, 칼 등이 포함되는 세형돌날 단계(Microblade), 4) 세형돌날, 양면가공 찌르게, 세석기, 세형몸돌, 새기개와 토기 등이 포함되는 단계(Pottery, Microblades)로 나누어지는데, 이들 슴베찌르게는 네 번째의 단계로 시기상 13000-9000년 전경에 해당한다. 우리의 것도 이곳 일본 선토기문화의 단계와 편년에 맞추어 정확한 문화내용과 시기가 파악되어야한다.[13]

다음의 중석기시대는 구석기시대에서 신석기시대로 넘어오는 과

10) 조선대학교 박물관, 『진안 진그늘 구석기시대 유적』(용담댐 수몰지구 문화유적 발굴 조사 현장 설명회 자료, 2000년 10월 28일

11) Lee, Yong-jo, Woo Jong-yoon & Kong, Su-jin, 「New Result from Tanged Tool of the Suyanggae Site in Korea」(International Scientific Conference: Paleogeography of the Stone Age. Krasnoyarsk, Russia, 2000. 7. pp.25-31)

12) C. Melvin Aikens & Takayasu Higuchi, 『Prehistory of Japan』(Academy Press, 1982), 78-85 쪽

13) 최몽룡, 『흙과 인류』(주류성, 2000), p.174
또 중국의 山西省 峙峪, 薛關 下川, 러시아의 우스띠 까라꼴(Usti Karacol)과 내몽고의 자라오소골 등에서 보이는 세형돌날(microblade, 좀돌날)의 기원 문제도 앞으로 슴베 찌르게와 함께 한국 후기 구석기문화의 기원을 밝히는 데 중요하다. 崔夢龍 外, ≪시베리아의 선사고고학≫(주류성, 2003)

도기시대(transitional period)로 이 시기는 기원전 8300년경 빙하의 후퇴로 나타나는 새로운 환경에도 여전히 구석기시대의 수렵과 채집의 생활을 영위하고 도구로서 세석기가 많이 나타나며, 신석기시대의 농경과 사육의 점진적인 보급으로 끝난다. 지속되는 기간은 각 지방마다 달라 빙하기와 관련이 없던 근동지방의 경우 갱신세(홍적세)가 끝나자마자 농경이 시작되었으며 영국의 경우 기원전 3000년경까지도 전환이 이루어지지 않았다.

우리나라에서는 유럽의 편년체계를 받아들여 중석기시대의 존재의 가능성을 이야기하게 되었으며[14] 통영 상노대도, 공주 석장리, 거창 임불리, 홍천 화화계리 등의 유적이 증가함에 따라 고등학교 국사교과서에서도 주로 그 존재 가능성을 언급하게 되었다.[15] 북한에서도 종래 후기 구석기시대의 늦은 시기로 보던 평양시 승호구역 만달리와 웅기 부포리 유적도 중석기시대에 포함할 수 있게 되었다. 그러나 유럽의 중석기시대의 개념이 동북아시아 전역에서 보편적인 것으로 수용될 수 있는지에 대하여는 회의적인 견해도 있다. 하나의 시대로 보기보다는 구석기시대에서 신석기시대로 넘어가는 과도기적인 것으로 보는 견해도 있다. 그 이유는 전형적인 유럽식 석기 문화가 나타나지 않으며 극동지역에서 가장 연대가 올라가는 하바로브스크시 근처 아무르강 유역의 오시포프카 문화의 토기와 비교될 수 있는 토기가 제주도 한경면 고산리에서 나오고 있는 점도 들 수 있다. 오시포프카 문화의 대표적인 유적은 아무르강 사카치알리안(현지어인 시

---

14) 金元龍, 『韓國考古學槪說』(일지사, 1986 3판), pp. 20-21
15) 최몽룡, 「선사문화의 전개」(『고등학교 국사』상, 문교부, 1990), 6쪽 및 「한국문화사개관」(『한국의 문화유산』, 한국문화재보호재단, 1997), pp. 25-26

카치알리안이란 명칭도 맞으나 현재 구미의 표기인 사카치알리안으로 통일하기로 하였음) 근처에 있으며, 이들은 갱신세 최말기에 속한다는 점도 들 수 있다. 여기에 비해 근동지방의 경우 토기의 출현은 간즈다레 유적이 처음으로 그 연대도 기원전 7000년경에 해당한다.[16] 만약에 극동지방에서 가장 연대가 올라가는 오시포프카 문화의 설정을 보류한다 하더라도 지금부터 7~8000년 전 극동지역 신석기-청동기시대를 아우르는 大貫靜夫의 平底의 深鉢形土器를 煮沸具로 갖고 竪穴住居에 살고 있던 독자적인 고고학 문화인 '極東平底土器'[17] 문화권이나 그에 해당하는 문화 설정도 가능한 시점에 이르고 있다.

나. 신석기시대

우리는 지금까지 한국 신석기시대의 상한은 강원도 양양군 손양면 오산리 유적(사적 394호)의 기원전 6000년경으로 잡아왔다. 그러나 이 유적이 그 근처 潟湖 형성 후에 만들어질 가능성이 있는 점과 발굴 층위자체의 문제점 등으로 보아 우리나라 신석기시대 최초의 유적이 되기에는 회의가 많다. 강원도에서만 오산리와 연대가 비슷하거나 올라가는 유적이 1998년 12월~1999년 3월 문화재연구소에서 발굴한 강원도 고성군 문암리에서 발굴되었다. 이곳에서는 오산리식

---

16) 찰스 레드만지음 최몽룡 옮김, 『문명의 발생』(민음사, 1995), p.284

17) 大貫靜夫,「豆滿江流域お中心とする日本海沿岸の極東平底土器」(『先史考古學論集』 제2집, 1992), pp.42-78 및 『東北あじあの考古學』(同成社, 1998), p.38

18) 문화재연구소,「'98-'99 고성 문암리 신석기유적발굴조사 성과발표:문화관광보도자료」. 춘천시 교동 한림대학교 구내 동굴유적(金元龍,「春川 校洞 穴居遺蹟과 遺物」(『역사학보』 20, 1963)에서 발견된 토기도 오산리와 문암리와 마찬가지로 신석기시대 전기에 속할 가능성이 있으나 토기가 적고 정제된 점, 그리고 대형의 마제석부가 공반된 점은 좀더 고려해 보아야 될 점이다.

의 특징적인 압날문 토기와 문암리에서 출토된 독특한 문양구성의 덧무늬(융기문) 토기의 출토와 아울러 오산리 보다 연대가 올라가는 집자리의 추가(A지구 최하층)발굴이 있어 주목된다.[18] 그러나 제주도 한경면 고산리 유적의 발굴 결과로 이 유적이 현재까지 우리나라의 최고의 유적으로 인정되고 있다. 아직 정식 학술조사보고서가 나오지 않았지만 가설로서 이 유적은 세시기로 나누어 볼 수 있겠다. 즉 1) 세석기와 석핵이 나오는 후기 구석기시대, 2) 융기문 토기와 무경석촉이 나오는 신석기 I기, 3) 유경석촉이 나오는 신석기 II기이다.[19] 그러나 이 층이 셋으로 세분하기에는 너무나 얇아 나오는 유물의 형식학적 분류만이 가능하다. 만약에 층의 구분이 안되더라도 1)과 2)의 세석기와 융기문 토기의 결합만 보더라도 이 유적의 상한은 아무르강 중부 평원 북부의 범위에 있는 11000~12000 B.P.(기원전 10000년 전후)의 오시포프카 문화에 속하는 가샤 유적이나 바이칼호 근처의 우스트 카랭카(기원전 7000년경), 일본 長崎縣 北松浦郡 吉井町 福井동굴(12700, 10750 B.P.), 佐世保市 泉福寺동굴이나 愛媛縣 上浮穴郡 美川村 上黑岩(12165, 10125 B.P.)岩陰 유적과의 관련성도 충분히 있다.[20]

---

19) 최몽룡 · 김선우, 『한국 지석묘연구 이론과 방법』(주류성 ,2000), p.141
20) 최몽룡, 『한국문화의 원류를 찾아서』(학연, 1993), p.130. 이들 환태평양 문화와 유사한 문화를 일본의 大貫靜夫는 한국의 원시무문(민무늬)토기 다음 단계의 것으로 생각되는 평저의 토기를 '極東平底土器로 총칭하며 深鉢形土器를 가지고 竪穴住居에서 사는 독자적인 고고학 문화'로 그 연대도 지금으로 부터 7-8000년 전경으로 보고 있다.(『東北あじあの考古學』(同成社, 1998), p.38,「豆滿江流域お中心どする日本海沿岸の極東平底土器」(『先史考古學論集』 2, 1992), p.47. 그리고 이에 관한 전반적인 학술 토론회가 1993년 日本考古學會심포지움으로 열였다.(小野昭 · 鈴木俊成編, 『環日本海地域の土器出現期の樣相』(雄山閣, 1994)) 및 최몽룡, 『도시 · 문명 · 국가』(서울대학교 출판부, 1997), p.242

러시아 극동지구 아무르강 하류에 암각화로 유명한 사카치 알리안 마을 주변에 집중되어 있는 가샤 유적이 있으며 이들은 오시포프카 문화에 속한다. 발굴자인 비탈리 메드베데프에 의하면 이 유적들은 1975년 이후 1990년까지 8차의 조사가 실시되었으며 롬(loam)층 바로 위가 중석기층이고 중석기층 바로 위의 신석기시대 주거지 바닥면하 점토층에서 세석기와 함께 10편의 토기편이 출토되었다고 한다. 토기는 화씨 350도 정도(우리의 무문토기의 경우 573도 전후에서 구워짐)에서 구워진 것으로 그 층에서 얻은 목탄의 방사성 탄소 연대는 12960+-120 B.P.이다. 그리고 오시포프카문화에 속하는 유적이 현재까지 5개소로 사카치알리안의 유적 3개소와 우수리강 하류의 베누코보, 오시노바야 레치카의 두 군데이다. 오시포프카 문화에 유사한 유적도 두군데나 되는데, 하나는 가샤지구 근처고 다른 하나는 南 쟈바이칼의 세렝가강 근처이다. 모두 토기가 나오고 있으며 그 연대 전자는 12000~10500년 사이고 후자는 11500+-100 B.P.이다. 그래서 지금부터 11000~12000년 전에 최고의 토기가 발견되고 지역은 아무르강 유역이다. 당시의 토기는 更新世 말 맘모스나 주변의 대형 동물이 사라져 없어짐에 따라 대신 연어과에 속하는 어류로서 식료를 대신하고 수혈움집에서 정착 생활의 병행과 함께 이의 저장을 위해 토기가 발생하고 있다는 것이다.[21] 따라서 토기는 중석기시대 새로운 환경의 변화와 생계 전략의 하나로 만들어진 것으로 보고 있다.

또 다른 중요한 유적으로 아무르강 하류의 수추섬을 들 수 있다. 1930년대에 유적의 존재가 알려진 후, 알렉세이 오클라드니코프 및

---

21) V.E. Medvedev, 「がしゃ遺跡とロシアのアザア地區東部における土器出現の ついて」 (『環日本海地域の土器出現期의の樣相』小野昭・鈴木俊成編, 雄山閣, 1994), pp.9-20

비탈리 메드베데프에 의해 10여 차례 발굴되었다. 기본적으로 기원전 4~기원전 2000년 초엽의 말르이쉐보 문화와 보즈네세보 문화에 속하는 집자리와 유물들이 발견되는데 토기는 평저의 심발형이 주류를 이룬다. 토기의 문양은 압인문, 융기문이 주로 시문된다. 수추섬의 신석기문화는 특히 한국의 함경북도 웅기 굴포리 서포항 2·3기층과 같은 시기이며, 기형 및 문양에서 유사성이 엿보인다.

그러나 최근 大貫靜夫는 東三洞이나 西浦項 최하층, 그리고 연해주 최고의 토기로 여겨지는 고르바드카 3 상층, 이리스타야 I, 치모훼프카 I, 우스치노프카 III와 아무르강의 사카치 알리안 오시포프카문화에 속하는 가샤 유적에서 보이는 原始無文土器(大貫의 無文土器, 오끄라드니꼬프의 平滑土器)의 존재에 대해 회의를 느끼며 앞으로의 자료의 증가를 기다려야 한다고 언급하고 있다. 그 대신 그는 신석기와 청동기시대 또는 유문토기와 무문토기의 구분 대신 한반도 동북부의 西浦項 1~3층, 羅津, 農圃, 중국 동북부의 新開流와 鶯歌嶺 하층, 연해주 남부의 자이사노프카 I, 테체에 하층과 오레니 I, 아무르강 하류의 가샤, 마르시에보, 콘돈과 보즈네세노프카, 그리고 아무르강 중류의 그라마투하, 노보페트로프카와 오시노보에 湖 유적 등의 極東지역을 묶어 '極東平底土器'란 용어를 새로이 만들어내고 새로운 극동지역의 문화권을 설정하고 있다.[22]

최근 강원도 영동지방을 을 중심으로 '中東部先史文化圈'이란 용어가 새로이 만들어지고 있다.[23]

22) 大貫靜夫, 「豆滿江流域お中心とする日本海沿岸の極東平底土器」(『先史考古學論集』 2집, 1992), pp.47-78

23) 백홍기, 「강원고고학의 회고와 전망-그 전개과정을 중심으로-」(『강원학의 현재와 미래』, 강원개발원, 2000년 7월 7일), p.48

이는 양양군 현남면 地境里 빗살문 토기 집자리 7호(기원전 3355년
: I)과 6호(기원전 3035년 : II), 양양군 손양면 가평리(4570+-60. 기원
전 3000년경), 고성군 죽왕면 文岩里(사적 426호) 등지의 새로운 발굴
조사가 이루어짐에 따라 강원도 신석기시대 전기(오산리〈사적 394
호〉, 춘천 교동, 문암리), 중기(지경리 I, II)와 후기(춘성군 內坪 : 기
원전 980년 이전, 현재 고고학 편년으로는 기원전 2000~기원전 1500
년 사이임)로 지역 편년 설정을 하고 전기의 경우 함북 선봉군 굴포
리와 무산 범의구석(호곡)을 중심으로 하는 동북지방, 중기의 경우
황해도 봉산군 지탑리와 평남 온천군 궁산리 유적으로부터 영향을
밝혀내고 있다. 문화의 전파는 시기와 지역에 따라 다르다는 것이 뚜
렷이 나타나고 있다. 그만큼 생각보다 복잡한 양상을 보이고 있다.

구라파에 LBK(Linear Band Keramik) 문화가 있다. 다뉴브 I 문화
(Danubian I Culture)라고 불리우는 이 문화는 유럽 중앙과 동부에서
기원전 5000년대부터 쉽게 경작할 수 있는 황토지대에 화전민식 농
경(slash and burn cultivation)을 행하였고 또 서쪽으로 전파해 나갔
는데, 이 문화와 공반된 토기의 문양이 우리의 빗살문(櫛文/櫛目文)
토기와 유사하여 '線土器文化(LinearPottery culture)라 한다.[24] 이것의
獨譯이 Kammkeramik(comb pottery)로 번역하면 櫛文(櫛目文)土器로
우리말로는 빗살문토기이다. 일찍부터 이 문양의 토기들은 우리나라
신석기시대 빗살문토기의 기원과 관련지어 주목을 받아왔다. 해방전
藤田亮策은 아마도 이 LBK의 토기들을 우리나라의 신석기시대 토기
들의 조형으로 생각하고 이들이 스칸디나비아를 포함하는 북유럽으

24) Barry Cunliffe, 『Prehistory of Europe』(Oxford Univ. Press, 1994), p.155
25) 藤田亮策, 『朝鮮考古學研究』(高桐書院, 1948), p.162

로부터 시베리아를 거쳐 북위 55도의 환북극 지대를 따라 한반도에 들어 왔다고 주장하였다.[25] 이와 같은 견해는 金元龍에 이어져 "북유럽의 토기는 핀란드, 스웨덴, 북독일, 서북 러시아의 카렐리아지방에서 흑해 북안의 오카, 볼가 강 상류 지방에 걸쳐 유행한 뾰족밑 또는 둥근밑의 半卵形 토기이다. 표면은 빗같은 多齒具의 빗살 끝으로 누른 점렬(密集斜短線列)과 뼈송곳의 끝을 가로 잘라 버린 것 같은 것으로 찌른 둥글고 깊은 점(pit)列을 서로 교체해 가며 ....이를 영어로는 Comb-pit ware라고 부르며...........북부 시베리아의 환북극권 신석기 문화의 대표적 유물로 되어 있다".[26] 이러한 견해는 후일 시베리아 흑룡 강 상류 쉴카 강 북안의 석회굴에서 나온 빗살문 토기(흑룡강 상류의 수렵·어로인으로 기원전 2000~1000년경 거주)를 우리의 빗살문 토기가 바이칼지구를 포함하는 범시베리아 신석기 문화에 포함시키게 된다.[27] 그리고 한강유역의 첨저 토기와 함경도의 평저 토기도 원래는 한 뿌리로 알타이지역을 포함하는 바이칼호 주변이 그 기원지가 될 가능성이 많다는 수정된 견해도 만들어지고 있다.[28] 그러나 이러한 견해는 11000~12000년 전 극동지방 최초의 토기가 나오는 오시포프카 문화의 대표적인 가샤 유적을 발굴한 비탈리 메드베데프나 '極東平底土器論'을 주창한 大貫靜夫의 새로운 견해에 나옴으로 해서 한국 신석기 문화의 기원과 연대 그리고 각 토기의 형식에 따른 새로운 문화전파 문제가 수정되지 않으면 안되게 되었다.

---

26) 金元龍, 『韓國考古學槪說』(일지사, 1986) pp.37-38

27) 金元龍, 「시베리아 쉴카洞窟의 新石器文化」(惠庵 柳洪烈博士 華甲紀念論叢, 1971), pp.499-513

28) 한영희, 「유물로 본 Altai와 한반도」(『알타이문명전』, 국립박물관, 1995), pp.186-189

또 중국의 요녕지방의 신석기 시대를 보면 요서지방의 內蒙古 阜新縣 沙羅鄕 査海(기원전 6000년), 興隆窪 文化(기원전 5050년), 內蒙古 敖漢小山 趙寶溝(기원전 4000년), 內蒙古 赤峰의 紅山 文化(기원전 3500년)와 遼東 長山列島 小河沿 文化(기원전 3000년 이후), 요중지방의 新樂 文化(기원전 4500년), 遼寧 新民 扁保子 文化(기원전 3000년), 요동지방의 小珠山과 丹東 後窪 文化(기원전 4000~2500년) 등 기원전 4000년~기원전 3000년경의 우리의 빗살무늬(櫛目文)토기와 관계되는 주요 유적들이 발굴되고 그 편년 또한 잘 정리되고 있다. 그중 신락 유적에서 나타나는 토기 표면의 연속호선문(갈之자문), 金州市 城內 제2 유치원 근처의 빗살무늬토기편, 그리고 河北省 武安 磁山(기원전 5300년)과 遷西 西寨 등지의 빗살무늬토기들은 우리의 빗살무늬토기 문화 형성에 많은 영향을 주었을 것이다.[29]

농경의 기원문제 역시 또 다른 한국문화의 계통과 관련된 문제점이다. 벼농사의 경우 중국 호남성 풍현 팽두산 의 기원전 7000년경의 벼(물벼)와 절강성 하모도촌의 (기원전 5000~기원전 4600년, 5008년) 인디카와 야생종의 중간형의 벼를 비롯하여 극동아시아에 있어서 벼의 기원이 중국이라고 인정할 정도의 많은 자료가 나오고 있다.[30] 우리나라의 경우 신석기시대 최말기에 속하는 경기도 우도, 김포 가현리와 일산을 비롯하여 평남시 남경 호남리(기원전 999년, 1027년), 여주 흔암리(기원전 1260~670년)와 전남 무안 가흥리(기원전 1050년)의 청동기시대의 유적에서 보고되고 있다.[31] 최근 충북 淸

29) 최몽룡, 『한국문화의 원류를 찾아서』(학연, 1993), p.72
30) 최몽룡, 「쌀이야기」(『도시·문명·국가』 1997, 서울대학교 출판부), pp.270-277
31) 최몽룡, 전게서, p.275

原 小魯里의 볍씨가 13010/17310년 전의 후기 구석기시대까지 올라
간다는 조사보고도 나와 있지만,[32] 청동기시대 상한이 현재 기원전
1500년경으로 간주할 때 현재 벼가 인구의 급격한 증가와 더불어 단
위 소출량을 증대시키는 관개농업으로 재배되는 것은 공렬토기가 나
오는 청동기 중기(기원전 10세기~기원전 7세기)시대로 여겨진다. 울
산 무거동, 논산 마전리(기원전 475년)와 이들보다 시기가 떨어지는
마한의 서기 2세기경의 천안 장산리 유적들이 이를 입증한다.[33] 최근
전북 진안 용담댐 내 망덕과 갈두(갈머리) 신석기 중·말기 유적에서
여러 점의 석제 보습(石犂)이 출토하였는데,[34] 이는 해안가의 어패류
에 의존해 살아가던 패총형성의 신석기시대의 전형적인 유적과 달리
내륙지방에서 농경을 기반으로 하는 살아가던 신석기시대의 토착 농
경사회의 또 다른 모습의 환경적응의 결과를 보여준다. 이와 같이 농
경의 경우 살아가는 환경에 대한 적응, 곡물의 분석과 더불어 생활방
식의 형태로부터 이웃문화로부터 영향과 현 민속자료의 비교에 이르
기까지 다양한 연구가 필요하다.[35]

---

32) H.S. Suh, J.H. CHO, Y.J. Lee & M.H. Heu, 「RAPD Variation of the Carbonized Rice aged 13,010 & 17, 310」(4th International Genetics Symposium(Manila, Philippines : 2000.10. pp.22-27) : pp.2-15 및 충북대학교 박물관·한국토지공사, 『청원 소로리 구석기시대유적』(2000)

33) 최근 충남대학교 박물관에서 발굴한 천안 長山里 유적의 경우 관개농업을 실시한 흔적이 뚜렷하며(충남대학교 박물관, 『천안 장산리 유적』2000년 10월 5일 현장설명회 발표요지), 이와 관련된 저수지로서 제천 의림지와 김제 벽골제(서기 330년)를 들 수 있다.

34) 전북대학교 박물관·호남문화재연구원, 『용담댐 수몰지구 내 문화유적 4차 발굴조사 및 지석묘 이전복원 지도위원회 자료』(2000. 10. 28), p.14

35) 국립중앙박물관, 『쌀-도작문화 3000년-』(2000). 쌀은 아니더라도 주거지 근처의 터밭에서 화전민식농경(slash & burn cultivation)에 의한 잡곡류의 생산은 평안남도 온천군 궁산리와 황해도 봉산군 지탑리에서 이미 이루어 진 것으로 추정된다.

신석기시대에 이어 한반도에서는 종전까지 기원전 15세기경 그리고 만주에서는 이보다 앞선 기원전 20~15세기경부터 청동기가 시작되었다. 그러나 남한에서 최근의 발굴 조사에 의하면 청동기시대의 시작이 만주·북한과 같이 20~15세기를 오를 가능성이 한층 높아졌다.[36] 공열 토기와 각형 토기가 나오는 강원도 춘천시 서면 신매리 주거지 17호 유적(1996년 한림대학교 발굴, 서울대학교 '가속기질량분석(AMS)' 결과 3200+-50 B.P. 기원전 1510년, 문화재연구소 방사성탄소연대측정결과는 2840+-50 B.P. 기원전 1120-840년이라는 연대가 나옴),[37] 경기도 평택 지제동(기원전 830년, 기원전 789년),[38] 청주 용암동(한국문화재보호재단 1999년 12월 : 기원전 1119년), 경주시 내남면 월산리(1999년 6월 : 기원전 970-540년, 기원전 1530~1070년 사이의 두 개의 측청연대가 나왔으나 공반유물로 보아 기원전 8-10세기에 속할 가능성이 높다. 실제 중간연대도 기원전 809년과 기원전 1328년이 나왔다), 충주 동량면 조동리(1호 집자리 2700+-165 B.P., 1호집자리 불땐 자리 2995+-135 B.P. 기원전 10세기경),[39] 대구시 수성구 상동 우방 아파트(구 정화여중·고)와 속초시 조양동 유적(1992

---

36) 최몽룡, 「청동기시대 개요」(『한국사』 3, 국사편찬위원회, 1997), p.5 및 「한성시대 백제와 마한」(주류성, 2005)에서 돌대문토기의 존재 확인으로 청동기시대 조기의 설정이 가능해졌고, 그 연대도 기원전 2000년-기원전 1500년 사이에 속한다. 약 500년간의 이 시기에는 신석기시대의 빗살문토기와 청동기시대의 돌대문토기가 공존하고 있다. 이의 유적으로 강원도 춘성 내평리, 정선 북면 여량2리(아우라지), 춘천 천천리, 춘천 우두동과 인천 계양구 동양동 등이 있다.

37) 춘천시 서면 신매리 지표조사에서 단사선문이 있는 이중구연의 토기편이 발견되었다(최몽룡 외, 『북한강 유역의 선사문화』(서울대학교 박물관, 1998) p.36

38) 최정필·하문식·황보경, 『평택 지제동 유적』(세종대학교 박물관·한국도로공사, 2000), pp.422-3

39) 충북대학교 박물관, 『박물관안내』(2000), p.14

년 7월 : 사적 376호)들이 기원전 7~10세기경으로, 그리고 강릉시 교동의 집자리 경우 신석기 시대에서 청동기시대로 넘어오는 과도기적인 것으로 방사성 탄소측정 연대도 기원전 1130~840년 사이에 해당한다. 여기에서는 구연부에 短斜線文과 口脣刻目文이 장식된 孔列二重口緣土器가 주류를 이루고 있어 서북계의 角形土器와 동북계의 공열 토기가 복합된 양상을 보여준다. 이는 하바로프스크 고고학박물관에서 볼 수 있다시피 얀꼽스키나 리도프카와 같은 연해주지방의 청동기문화에 기원한다 하겠다. 최초의 예로 이제까지 기원전 10~7세기 전후의 유적으로 여겨져 왔던 경기도 여주군 점동면 흔암리 유적[40]을 들었으나 이곳 강릉 교동 유적이 앞설 가능성이 높아졌다. 서북계와 동북계의 양계의 문화가 복합된 최초의 지역이 남한강 유역이라기보다는 태백산맥의 동안인 강릉일 가능성은 앞으로 문화 계통의 연구에 있어 많은 시사점을 제공해준다. 또 속초시 조양동(사적 376호)에서 나온 扇形銅斧는 북한에서 평안북도 의주군 미송리, 황해북도 신계군 정봉리와 봉산군 송산리, 함경남도 북청군 토성리 등지에서 출토례가 보고되어 있지만[41] 남한에서는 유일한 것이다.

청동기시대의 시작은 기원전 15세기까지 올라갈 가능성이 커졌으나, 토기의 시작과 청동기의 수용은 그 연대가 늦다. 이는 청동기시대의 각형 토기와 공열 토기가 사용된 후 한참 후에야 청동기가 북으로부터 받아들여졌다고 보는 것이다. 속초 조양동의 경우 바로 위쪽의 함경남도의 동북 지방일 가능성이 많다.

우리나라의 거석 문화는 지석묘(고인돌)와 입석(선돌)의 두 가지로

---

40) 崔夢龍, 「欣岩里 先史聚落址の 特性」(『韓國考古學報』 20, 1987), p.11
41) 조선민주주의인민공화국, 『조선유적유물도감』(1989)

대표된다. 그러나 기원전 4500년 전후 세계에서 제일 빠른 거석 문화의 발생지로 여겨지는 구라파에서는 지석묘(dolme), 입석(menhir), 스톤써클(stone circle : 영국의 Stonehenge가 대표), 연도(널길) 있는 석실분(passage grave), 연도(널길) 없는 석실분(gallery grave) 의 다섯 가지 형태가 나타난다.[42] 이중 거친 활석으로 만들어지고 죽은 사람을 위한 무덤의 기능을 가진 지석묘[43]는 우리나라에서만 약 29000기가 발견되고 있다.[44] 중국의 요녕성[45]과 절강성[46]의 것들을 합하면 더욱더 많아질 것이다. 남한의 고인돌은 北方式, 南方式과 蓋石式의 셋으로 구분하고 발달 순서도 북방식-남방식-개석식으로 생각되고 있다. 그러나 북한의 지석묘는 침촌리와 오덕리의 두 형식으로 대별되, 그 발달 순서도 변형의 침촌리식(황해도 황주 침촌리)에서 전형적인 오덕리(황해도 연탄 오덕리)식으로 보고 있다. 우리나라의 지석묘 사회는 일반적으로 전문직의 발생, 재분배 경제, 조상 숭배와 혈연을 기반으로 하는 계급 사회로 인식되고 있다. 그러나 지석묘의 기원과 전파에 대하여는 연대와 형식의 문제점 때문에 현재로서는 구라파 쪽에서 전파된 것으로 보다 '韓半島 自生說'[47]쪽으로 기울어지고 있는 실정이다.

  여기에 비해 한 장씩의 판석으로 짜 상자모양으로 만든 石棺墓 또

---

42) Glyn Daniel, 『Thr Megalith Builders of Western Europe』(Penguin Books 1962), pp.11-28

43) Roger Joussaume, 『Dolmens for the Dead-Megalithic Building through the World-』,(B.T. Batsford Ltd London, 1985), p.13

44) 崔夢龍・金仙宇, 『韓國支石墓 硏究 理論과 方法-階級社會의 發生-』(주류성, 2000), p.2

45) 河文植, 『古朝鮮 地域의 고인돌 硏究』(백산자료원, 1999)

46) 李榮文, 「中國 浙江省地域의 地石墓」(『文化史學』 11・12・13 집, 1999), pp.1003-1044

47) 최몽룡, 「한국 지석묘의 기원과 전파」(『한국지석묘연구이론과 방법』 최몽룡・김선우 편저, 주류성, 2000), pp.9-17

는 돌널무덤(石箱墳)의 형식이 있다. 金元龍은 "이러한 석상분은 시베리아 청동기시대 안드로노보기에서부터 나타나 다음의 카라숙-타가르기에 성행하며 頭廣足狹의 형식과 屈葬法을 가지며 우리나라에 전파되어 청동기시대 지석묘에 선행하는 형식이다 그리고 이 분묘는 확장되어 북방식 지석묘로 그리고 지하에 들어가 남방식 지석묘로 발전해 나가는 한편 영남지방에서는 石槨墓로 발전해 삼국시대의 기본 분묘형식으로 굳히게 된다고 보고 있다." 즉 그는 석관묘(석상분)-지석묘(북방식/남방식)-석곽묘로 발전한다고 생각하며, 대표적인 석관묘의 유적으로 銅泡와 검은 긴 목항아리가 나온 江界市 豊龍里, 鳳山郡 德岩里, 丹陽 安東里를 들고 있다.[48] 석관묘(석상분)와 지석묘의 기원과 전파에 대하여는 선후 문제, 문화 계통 등에 대해 아직 연구의 여지가 많다.[49]

러시아에서도 암각화의 연대에 대하여 이론이 많지만 대개 청동기시대의 대표적인 암각화 유적은 예니세이강의 상류인 손두기와 고르노알타이 우코크의 베르텍과 아무르강의 사카치알리안 등을 들 수 있다. 이에 상응하는 우리나라의 대표적인 암각화는 울주군 두동면 천전리 암각화(국보 147호), 울주 언양면 대곡리 반구대(국보 285호), 고령 양전동(보물 605호) 등을 들 수 있으며, 그 외에도 함안 도항리,

---

48) 金元龍, 『韓國考古學槪說』(일지사, 1986), pp.96-97

49) 최근 남쪽의 지석묘관계 유적의 절대연대로 전남 여천군 화장동이 기원전 1005년, 대전 대덕구 비례동이 기원전 685, 795, 825년, 그리고 화순 춘양면 대신리가 기원전 555년의 연대가 나와 파주 옥석리의 기원전 640년과 황석리의 기원전 410년이 나온 1960년대의 지석묘 연대보다 훨씬 올라가는 것으로 되어 있어 지석묘의 상한연대가 비파형동검과 더불어 기원전 10세기 이전을 올라갈 가능성이 많아졌다. 그러나 여천 화장동에서 출토한 비파형동검은 재가공(재사용)의 흔적이 있어 연대를 산출하는데 주의를 요한다.

영일 인비동, 칠포리, 남해 양하리, 상주리, 벽연리 영주 가흥리, 여수 오림동과 남원 대곡리를 들 수 있다. 울주 천전리의 경우 人頭(무당의 얼굴)를 비롯해 동심원문, 뇌문, 능형문(그물문)과 쪼아파기로 된 사슴을 비롯한 여러 동물들이 보인다. 이들은 앞서 언급한 러시아의 손두기, 베르텍과 사카치알리안의 암각화에서도 보인다. 이의 의미는 선사시대의 일반적인 사냥에 대한 염원, 어로, 풍요와 多産에 관계가 있을 것이다. 또 그들의 신화의 반영도 된다. 사카치알리안 암각화의 동심원은 '아무르의 나선문(Amur spiral)으로 태양과 위대한 뱀 무두르(mudur)의 숭배와 관련이 있으며 뱀의 숭배 또한 지그재그(갈之자문)문으로 반영된다. 하늘의 뱀과 그의 자손들이 지상에 내려올 때 수직상의 지그재그(이때는 번개를 상징)로 표현된다. 이 두 가지 문양은 선의 이념(idea of good)과 행복의 꿈(dream of happiness)을 구현하는 동시에, 선사인들의 염원을 반영한다. 그리고 그물문(Amur net pattern)은 곰이 살해되기 전 儀式 과정 중에 묶인 끈이나 사슬을 묘사하며 이것은 최근의 아무르의 예술에도 사용되고 있다.[50] 현재 이곳에 살고 있는 나나이(Nanai)족의 조상이 만든 것으로 여겨지며 그 연대는 기원전 4~3000년경(이 연대는 그보다 후의 청동기시대로 여겨짐)으로 추론된다고 한다. 이들은 肅愼-挹婁-勿吉-靺鞨-女眞-滿州-淸으로 이어지는 역사상에 나타나는 種族名의 한 갈래로 현재 말갈이나 여진과 가까운 것으로 여겨지고 있다. 이들은 청동기시대에서 철기시대 전기에 속하는 것으로 볼 수 있다. 그리고 영일만(포항)에서부터 시작하여 남원에 이르는 내륙으로 전파되었음을 본다. 아마도 이들은 아무르강의 암각화 문화가 海路로 동해안을 거쳐 바로 영

---

50) Alexei Okladnikov, 『Art of Amur』(Newyork : Harry N.Abrams, INC.,Pb. 1981), p.92

일만 근처로 들어온 모양이며 이것이 내륙으로 전파되어 남원에까지 이른 모양이다. 청동기 시대의 석관묘, 지석묘와 비파형 동검의 전파와는 다른 루트를 가지고 있으며, 문화 계통도 달랐던 것으로 짐작이 된다.

그러나 포항 인비동과 여수 오림동에서 보는 바와 같이 우리나라에 들어온 기존의 청동기(비파형 또는 세형동검)과 마제석검을 사용하던 청동기-철기시대 전기 사회에 쉽게 융화되었던 모양이다.[51] 우리의 암각화에서 보여주는 사화의 상징과 표현된 신화의 해독이 아무르강의 사카치알리안의 암각화와 기타지역의 암각화와의 비교 연구, 그리고 결과에 따른 문화계통의 확인이 현재 한국문화의 기원을 연구하는데 필수적이다.

라 철기시대

철기시대 전기(기원전 400~기원전 1년)는 위만조선(기원전 194~기원전 108)의 국가 형성과 낙랑군의 설치(기원전 108~서기 313년)가 중복되어 있어 한국에 있어 사실상 역사 고고학의 시작 단계이다.[52] 이 시기에는 토광묘, 한자와 철기 문화가 들어오며 후일 철기시대 후기(서기 1~300년)에 속하는 서기 372년(고구려 소수림왕 2년) 불교의 유입과 함께 한국의 문화는 조선시대 한일합방(1910년) 때까지 거의 전역이 중국권으로 접어들게 된다.[53] 낙랑군의 설치와 이에 따른 중국 漢 문화의 확산은 경북 영일군 신광면 마조리에서 출토되

---

51) 최몽룡, 『도시 · 문명 · 국가』(서울대학교출판부, 1977), p.245

52) 崔夢龍, 「歷史考古學研究의 方向」(『한국상고사』, 한국상고사학회, 민음사, 1989), pp.97-102

53) 金元龍, 「한국문화의 기원」(『文理大敎養講座』, 서울대학교 문리과대학, 1972), pp.1-24

었다고 전해지는 晋대의 湖巖美術館소장 晋率滅伯長印과 함께 주로 철기시대 전기의 유적인 강릉시 병산동과 안인리, 춘천 우두동, 정선 신동 예미리와 동해시 송정동의 凸자형 주거지에서 나오는 낙랑계통의 토기들은 東濊시대의 존재 가능성을 한층 높여준다.[54]

金元龍은 현 英國 大英博物館 소장의 '鳥形柄頭 細形銅劍'이 우리나라에서 철기시대 전기의 대표적인 유물인 세형동검의 자루 끝에 '鳥形 안테나'가 장식된 안테나식 검(Antennenschwert, Antennae sword)으로 보고, 그것이 오스트리아 잘쯔캄머구트 유적에서 시작하여 구라파의 철기시대의 대명사로 된 할슈탓트(Hallstat : A-기원전 12~11세기, B-기원전 10~8세기, C-기원전 7세기 D-기원전 6세기) 문화에서 나타나는 소위 'winged chape'(날개달린 물미)에 스키타이식 동물문양이 가미되어 나타난 것으로 보았다.[55] 이는 현재로서는 필자의 언급대로 '臆測的小見'에 불과하나 스키타이식 銅鍑과 청동제 馬形帶鉤가 金海 大成洞과,[56] 永川 漁隱洞에서,[57] 銅鍑과 鐵鍑이 金海 良洞里[58]에서 나타나는 점을 보아 앞으로 우리 문화의 전파와 수

---

54) 강릉학교 박물관, 「동해시 송정동 중심도로 건설지역 문화유적 긴급발굴조사지도위원회 자료」(1999년 11월 7일), 25호 출토지 토기. 발굴유적유물도록(강릉대학교 박물관 2000) 및 춘천 우두동 유적(강원문화재연구소, 2006)

55) 金元龍, 「鳥形안테나식細形銅劍의 문제」(『백산학보』 8호, 1970), p.3 이와 유사한 형태의 안테나식검이 평양, 대구 飛山洞, 池山洞의 세점이 안테나(觸角)식 동검과 雙鳥形劍把頭飾으로 보고되고 있다. 金元龍의 『韓國考古學槪說』(일지사, 1986), 105쪽 및 국립중앙박물관, 『韓國의 靑銅器文化』(범우사, 1992), p.71

56) 경성대학교 박물관, 『金海大成洞古墳群 I』(2000), p.61 및 『金海龜旨路古墳群』(2000), p.189

57) 梅原末治·藤田亮策편저, 『조선고문화종감』 제1권(養德社, 1947), 도판 제26(其4)

58) 동의대학교 박물관, 「金海良洞里 第162호 土壙木槨墓 發掘調査槪要-현장설명자료」(1991, 11) 및 林孝澤·郭東哲, 『金海良洞里 古墳文化』(東義大博物館, 2000), p.54 및 p.77

용에 있어서 의외로 다양한 가능성이 있을 것으로 보여진다. 특히 銅
鍑의 경우 러시아 시베리아의 우코크에서 발견된 스키타이 고분,[59]
드네프로페트로프스크주 오르쥬노키제시 톨스타야 모길라 쿠르간
봉토분(1971년 모죠레브스키 발굴)[60]과 로스토프지역 노보체르카스
크 소코로프스키 계곡 5형제 3호분(1970년 라에프 발굴),[61] 카스피해
북안의 사브라마트, 세미레치에, 투바의 우육과 미누신스크 분지의
카카르 문화 등[62]과 중국 遼寧省 北票市 章吉 菅子鄉 西沟村(喇嘛洞)
古墓 (1973년 발굴, 鮮卑문화)과[63] 등지에서 볼 수 있는 북방계 유물
인 것이다. 우리 문화에서 나타나는 북방계 요소는 철기시대 전기(기
원전 400~기원전 1년) 이후 동물형 문양의 帶鉤나 銅鍑의 예에서와
같이 뚜렷해진다.

2000년 6월 20~22일 영남대학교 박물관에 의해 발굴된 울릉도 북
면 현포 1리의 제단은 적석으로 만들어진 직사각형의 기단 위에 3열
15개의 입석으로 이루어져 있다. 입석의 높이는 1.5~2m이며 이 중
두 개는 이곳에서 빼내 이웃 현포 초등학교 건물입구의 계단 양측에
세워놓았다. 이런 류의 제단은 한국 최초의 발견이다. 그러나 이와
유사한 제단은 몽고지방 청동기시대 중 카라숙 문화에서 이미 발견
되고 있다. 이들은 사슴돌, 제단, 케렉수르로 불리우며 울릉도의 것
과 비슷한 예로는 우쉬키인-우베르 제단 등을 들 수 있다.[64] 울릉도에

59) 최몽룡, 「시베리아 고고학의 최근성과」(『알타이문명전』, 국립중앙박물관, 1995), p.12
60) 日本放送協會, 『Scythian Gold-Museum of Historic Tresures of Ukraine』(1992), p.61
61) 국립중앙박물관, 『스키타이황금-소련 국립 에르미타쥬 박물관소장-』(1991), p.274
62) 정석배, 「선흉노-스키타이 세계 소고」(『한국상고사학보』 32집, 2000), pp.63-74 도면 참
조
63) 吉林省 揄樹 老河深 吉林省文物考古研究所編, 『揄樹老河深』(1987), p.49

서는 현포 1리, 서면 남서리와 울릉읍 저동리에서 새로이 발견된 고인돌들, 그리고 현포 1리에서 발견된 무문토기, 紅陶편, 갈돌판과 갈돌[65]들을 볼 때 입석이 서있는 제단 유적은 이들과 같은 시기에 이용된 적어도 철기시대 전기(기원전 400년~기원전 1년)에 속할 수 있다고 추정된다.

그러나 주의해야될 점도 있다. 우리의 청동기시대와 철기시대 전기의 문화 계통을 논할 때 빠질 수 없는 것이 미누신스크 청동기 문화 중 안드로노보(기원전 1700~기원전 1200년), 카라숙(기원전 1200~기원전 700년)과 타가르(기원전 700~기원전 200년) 문화기이다. 그중 카라숙 문화에서 돌널무덤(석상분, 석관묘, cist)이 받아들여진 것으로 생각된다. 그리고 그 다음의 타가르 문화는 전기의 청동기시대(기원전 7~5세기)와 후기의 철기시대(기원전 4~3세기)가 되는데[66] 그곳 철기시대에도 우리의 철기시대 전기와 마찬가지로 청동거울을 쓰고 있다. 그런데 청동거울의 배면에 있는 꼭지가 우리 것은 둘인 多鈕細文鏡(잔무늬거울)으로 불리우고 있는데 반해 타가르의 것은 하나인 單鈕경인 것이며, 또 칼도 곡검(琵琶形)이 아닌 날이 가운데가 흰, 彎入된 것이다. 타가르 문화의 청동검과 거울은 실제 만주와 한반도에서 보이는 고조선(요녕식, 비파형) 동검이나 거친무늬와 잔무늬거울과는 다르다. 이는 우리가 종래 생각해오던 청동기와 철기시대의 기원과 직접 관련지어 생각할 때 고려의 여지를 두어야 할 것이다.[67]

---

64) 노브고라도바(정석배 역), 『蒙古의 先史時代』(학연, 1995), pp.299-300

65) 崔夢龍외, 『鬱陵島』(서울대학교 박물관, 1998)

66) 金元龍, 『韓國考古學槪說』 제3판(一志社, 1986), pp.63-64

67) 최몽룡, 『한국문화의 원류를 찾아서』(학연, 1993), p.117

4. 후언

　한국의 문화는 시기와 지역에 따라 미세하나마 독자적인 편년 설정이 이루어져야 하며 최근 이의 성과는 강원도지역의 '中東部先史文化圈'으로 나타나고 있다. 또 강원도의 선사 시대에서 역사 시대로 넘어오는 과도기 시대인 原史時代는 東濊로 대표되는데, 이 시기는 아직 국가 단계 이전의 族長사회로 철기시대 전기(기원전 400~기원전 1년)에 속한다. 한국의 고고학은 종래의 단선적인 편년관에서 될 벗어나 강원도의 경우처럼 새로운 지역적 편년의 수립이 이루어져야 한다.[68]

　또 문화의 기원에 관한 한 지역과 시기에 따라 단일·단선적인 것이 아니라 다원·복합적인 것이다. 그만큼 한국 문화의 기원에 관한 한 아직까지 초보 단계에 불과하지만 이제까지의 고고학적 증거를 보면 생각보다 여러 계통의 문화가 시기적으로 지역적으로 달리 유입되는 현상을 볼 수 있다. 이는 한국 신석기시대의 기원이 제주도 한경면 고산리 유적의 경우에서와 같이 아무르강의 오시포프카 문화와 연결될 가능성이 한층 높아졌으며 그 연대도 종래 생각했던 기원전 6000년이 아니라 기원전 8000년을 올라갈 수 있게 되었다. 그리고 또 아무르강 하류의 수추섬에서 보는 바와 같이 한국의 옹기 굴포리 서포항 2~3기의 신석기 문화와 같은 유물이 출토되는 점은 아무르강의 수추섬-연해주의 보이즈만-함경북도 서포항·羅津 등을 연결할 수 있는 공동의 문화권 설정도 가능하다. 이는 이미 大貫靜夫의 '極東平底土器' 文化圈과도 맥을 같이 한다. 또 서해안 지구의 전형적인

_____

68) 여기에 대하여는 『강원도의 고고학』이란 책을 준비 중이다.

빗무늬 토기는 핀란드-아무르강의 쉴카-바이칼호-한반도로 이어지는 문화 계통보다 요녕성의 新樂과 小珠山 지구의 신석기 문화와의 관련성도 생각해야 한다. 따라서 종래 한국 신석기시대의 문화의 기원만을 국한해 이야기 할 때에도 단순히 북방계만으로 언급할 것이 아니라 신석기 자체 편년에 따른 다각도의 문화 기원설이 제기되어야 하는 것이다. 즉 종전의 빗살문 토기의 단순 시베리아의 기원설은 재고 내지 폐기를 요할 때가 온 것이다. 이와 아울러 우리의 고고학 편년 중 일제시대의 식민지 사관의 영향하에 만들어진 금석병용기(aneolithic, chalcolithic age)시대가 북한학자들의 노력으로 폐기되어 청동기시대로 대체된지 오래고 그 연대의 상한도 기원전 20~기원전 15세기경을 오르게 되었다.[69] 이것은 남쪽의 청동기시대 상한에도 적용될 수 있을 것이다. 최근 강릉시 교동의 유적을 비롯한 여러 유적의 연대 상한이 점차 증명해 주고 있다. 그리고 최근 서울 송파구 풍납동 토성(사적 11호)의 발굴로 인해 종래 식민지 사관의 일환으로 만들어진 원삼국시대란 용어가 점차 설득력을 잃고[70] 대신 '철기시대 후기' 또는 '삼국시대 전기'(서기 1년~서기 300년)란 용어가 힘을 얻고 있다. 이는 三國史記의 삼국시대 개시기에 대한 연대의 인정에서 비롯된다. 아직도 많은 사람들이 삼국사기 초기 기록의 取信에 대해 회의적이지만 고고학자료는 삼국사기 초기기록의 신빙성을 점차 입증해 주고 있다. 이들은 통해 우리의 긍정적인 역사관이 수립될 수 있을 것이다.[71]

---

69) 최몽룡외, 『한국사』 3(국사편찬위원회, 1997), p.5 및 「한성시대의 백제와 마한」(주류성, 2005)

70) 金貞培, 『韓國古代史와 考古學』(신서원, 2000), pp.243-254

71) 최몽룡, 『흙과 인류』(주류성, 2000), pp.277-284

또 마지막으로 언급되어야 할 점은 우리의 고고학이 발전하고 학문으로서의 설득력을 얻게 되려면 자연과학적인 연구방법을 적극적으로 응용되어야 한다는 것이다. 여기에는 文身할 때 血痕과 같은 사용흔이 남아 있는 가능성이 있는 석기의 사용,[72) 방사성탄소연대와 같은 절대 연대를 비롯하여, 토기의 바탕흙(태토)의 성분 분석을 하여 산지의 추정을 거쳐 무역의 존재까지 입증해 주는 주사전자 현미경 분석과 X-선 회절분석 등이 포함된다.[73) 그리고 최근 무덤 속의 인골들의 인척 관계와 殉葬 문제까지를 밝혀주는 DNA 분석도 가능하다. 그리고 언땅트기(ice/soil wedge)현상의 확인에 의해 구석기시대의 층위를 확인해 주는 연구까지 심화되고 있다.[74) 이와 같이 자연과학의 연구방법론을 한국고학 연구에 응용하면 우리가 현재 직면하고 있는 지역 편년 문제를 포함하는 한국고고학의 객관적인 편년 문제, 문화의 기원과 문화권의 설정에 대해 지금보다는 좀더 학문적으로 좀더 심화된 연구를 수행할 수 있을 것이다.

---

72) 홍미영 · 니나 코노넨코, 「남양주 호평동 유적의 흑요석제석기와 그 사용」 『한국구석기학보』 제12호(한국구석기학회, 2005), pp.1-30
73) 최몽룡 외, 『고고학과 자연과학』(서울대학교출판부, 1996), p.36
74) 최몽룡 외, 『고고학연구 방법론』(서울대학교출판부, 1998), p.275

민족과 이념

민족(race) 또는 종족(인종)이란 유전인자를 포함하는 여러 생물적인 물질을 이용해 만든 문화의 창조물이다. 월터 보드머와 루카 카빌리 스포르자의 연구에 의하면 개개의 문화 안에는 85%의 다양한 유전자들이, 다른 문화들과의 평균치 사이에는 8%, 그리고 지구상의 개개의 민족(인종 또는 종족) 간에는 7%의 편차가 존재한다. 그래서 스탠리 간은 이제까지 흑인종, 백인종과 황인종으로 구분하던 것을 고립된 유전인자의 빈도수로 9개의 지역과 31곳의 세분된 민족, 인종 또는 종족으로 나누기도 한다. 따라서 단일민족이니 인종적 순수성을 언급하는 것은 허황된 것이다. 그래도 필립 토바이아스가 이야기한대로 개인의 외모는 수많은 유전자들의 독특한 조합으로 이루어진 것으로 출생, 성장, 식생활과 질병 같은 환경에 영향을 받으며, 집단 간에 명확한 경계를 긋기 힘드나 두 집단 간 평균치보다 훨씬 큰 유전자의 편차가 있어 쉽게 서로가 구분될 수 있다는 것이다. 인종 간에 존재하는 약 7%의 유전자의 편차를 극복하고 인간의 다양화를 위해서는 다윈이 언급한 성선택(sexual selection)이 가능하게 된다. 모든 민족은 기회가 주어지면 각자의 우월성을 나타내려고 노력해 왔다. 1665년 칼뱅주의자인 이삭 페이레르의 인간의 다원발생설은 유태인만이 아담의 자손이며 이외의 다른 인간들은 신의 미숙한 연습 결과물이라는 것이다. 여기에 반대하여 계몽주의자인 루소는 '원시인들은 세계와 조화를 이루고 살아 유럽인들의 부러움을 살 정도의 '고귀한 야만인(the noble savage)들'이란 생각을 통해 이러한 선민사상을 불식시키려고 노력했다. 죠셉 아루트르 고비노는 문명을 창조하고 축복 받은 10개의 민족을 선정하였는데, 중국, 이집트, 아시리아, 인도, 희랍, 로마, 멕시코, 페루, 알리게니 인디안(현 미국 미시시피강 유역의 오하이오와 테네시근처에 서기 1200~1700년 거대한 피라밋을 형성한 족장사회의 마운드빌 인디안을 칭함)과 게르만인을 포함시켰다. 여기에 불행하게도 어느 정도 이집트와 같은 흑인 햄족의 피가 섞여 있다고 여겨지고 거대한 피라밋을 만들어내지 못한 유태인은 끼지 못하였다. 게르만인의 우월성을 언급한 고비노의 생각은 형질인류학자인 한스 권터와 고고학자인 구스타프 코시나에 이어져 노르딕(Nordic)인의 순수혈통을 찾고 게르만인의 주거유형이 신석기시대까지 거슬러 올라간다고 고고학적으로 증명까지 하게되었다. 이는 게르만민족 우월론으로 발전하게되어 유태인의 대량학살을 불러오게 되었다. 특히 나치독일의 2인자인 하인리히 히믈러가 그 주역을 담당하게 되었다. 민족의 우월성은 유전인자를 통한 신체적인 편차에 의해 가능하게되지만, 그렇지 못한 경우 고고학적 유물이 이를 담당하게 된다.

최근 일본 東北大 구석기문화연구소 藤村新一 부이사장의 北海道 總進不動坂 등의 유적에서 70만 년 전 일본 전기 구석기의 존재 가능성의 조작설은 한국 연천 숯谷里와 중국 북경 周口店의 전기 구석기시대 존재에 대한 문화의 열등의식에서 비롯된 것으로 보인다. 이것은 1912년 영국의 서섹스에서 발견된 오랑우탄의 턱에 줄로 간 현대인의 치아를 조합하여 만든 인류의 가짜 조상인 필트다운맨 (Piltdown Man)의 조작설과도 무관하지 않다. 그 동기는 국수주의에 있다고 전해진다. 이것은 1920년 이후 계속되어온 제임스 프린의 IQ 테스트 결과로 민족의 우열을 구분하려는 생각에도 영향을 미치고 있다. 이것은 각 민족이 갖고 있는 고유한 문화적인 차이를 무시한 결과로 밖에 생각할 수 없다.

공산주의 유물사관을 충실히 지켜온 북한의 경우도 예외는 아니다. 평양 강동구 대박산에서 1993년 발굴한 단군릉과 1995년의 대대적인 복원은 우리의 역사의 왜곡과 민족 우월성의 표현으로 보여진다. 그 규모는 폭 33m × 높이 13m, 7 단의 장군총보다 큰 폭 50m × 높이 22m, 9 단으로 이루어져 있다. 북한은 유물사관에 의해 단군의 존재와 이와 관련된 대종교를 부정해오고 종래의 단군(기원전 2333년 나라세움)-기자(기원전 1122년 조선에 옴)-위만조선(기원전 194~기원전 108년 한국 최초의 고대국가) 대신 기원전 15세기경에 나타나는 '고조선'으로 표현해왔다. 그러나 단군릉 발굴을 계기로 북한은 단군조선의 실재를 인정하고, 단군조선이 종래 알려진 건국연대 보다 684년이나 앞서는 5011년 전(이는 단군릉에서 발굴한 인골의 전자상자공명법에 의한 연대임) 황대성에 도읍을 정하고, 신지문자를 사용하고, 지석묘를 묘제로 채택하던 청동기시대의 노예소유주국가였다고 주장한다. 그래서 새로이 만들어낸 것이 대동강문명론이다. 문명은 도시와 문자가 필요 · 충분조건으로 수반하는데, 세계 최초의 문명은 현 이라크의 티그리스와 유프라테스강에서 발생한 수메르이다. 북한학자들의 주장대로 한다면 단군조선을 포함하는 대동강문명은 수메르 보다 앞서는 세계최초의 문명이자 국가가 된다.

우리는 일본의 白鳥庫吉과 津田左右吉 등의 고대사학자들에 의한 한국고대사의 왜곡과 이에 따른 한반도 문화의 정체성, 타율성, 반도성과 사대성으로 대표되는 식민지사관의 잔재를 아직까지 청산하지 못하고 있다. 최근 일본의 구석기시대 유적 연대의 상한조작설도 무심히 지나칠 수 없는 이유가 여기에 있다. 형질인류학과 고고학이 인류의 역사와 문화를 밝히는데 없어서는 안될 중요한 학문이지만 그것이 정치적 도구로 전락하거나 이용당할 때는 얼마나 위험하고 허무한 학문이 되는지 이러한 사건들은 잘 증명해주고 있다. 그래서 민족과 이념의 배후에는 이러한 위험이 항상 뒤따르고 있다는 점을 간과해서는 안 된다. 우리 학문의 순수성을 얼마나 유지하고 있는지 반성해 볼 때이다.

고고학과 자연과학

서언

고고학은 과거 우리의 조상이 지상·지하나 물밑에 남겨 놓은 유적과 유물의 연구를 통하여 그들의 정치·경제·사회·문화와 종교까지도 복원하는 학문이다. 이는 인류의 문화사, 문화과정과 생활양식의 복원이라고 말할 수 있다. 그래서 이 학문의 시작은 처음부터 인류의 문화사에 중점을 두어 역사(고대사)와 사회학·인류학 등의 인문·사회과학과 밀접한 관련을 맺어왔다. 그런데 1894년에 발표된 다윈의 '종의 기원'에서 진화론을 받아들여 진화론상의 인간의 기원과 아울러 인류의 발달이 야만-미개-문명의 순서로 발전되어왔다는 생각을 굳히게 되었다. 그 이후, 1951년 시카고대학 윌러드 리비 박사에 의해 방사성탄소연대결정법(1960년 노벨상을 받음)을 고고학에 이용함으로서 고고학의 목적은 연대를 파악하는데 있다고 할 정도로 자연과학의 응용이 커지고 있다. 우리가 고고학을 연구할 때 누구 나가 애를 먹는 부분은 자연과학에 관한 지식이다. 사람이 하는 것이기 때문에 각자의 연구방법과 과정에 따라 여러 가지 결론에 이르지만 그래도 사물의 실체와 현상의 본질에 가장 근접할 수 있는 것이 자연과학이라 하겠다. 이러한 자연과학과 인문과학 중 문화사의 연구, 고대 생활양식의 복원과 문화과정의 설명을 목적으로 하는 고고학과의 결합이 학문의 성격상 용이하지 않다. 그래서 고고학에 있어서 자연과학이 꼭 필요한가? 필요하다면 왜 필요한가? 라는 문제점이 항상 남는다. 이것은 고고학의 발달이 지지학과 생물학 등 자연과학에 기초를 둔 것으로 알고 있는 고고학자들의 경우도 마찬가지이다. 자연과학의 단편적이고 독립적인 지식의 나열이나 맹목적인 수용도 가끔 필요하다. 그러나 무엇보다도 중요한 것은 이들 지식을 인류생활의 흐름을 이해하는데 필요한 기후와 환경의 복원, 생태적인 배경의 이해, 그들이 사용하던 도구나 용기의 성분파악, 그리고 지구상에서 인류의 적응과 진화를 살피는데 적극 이용한다면 고고학의 목적인 인류문화사와 문화과정의 복원에 한 걸음 더 다가가는 것이 되겠다.

따라서 여기에 최근 연대결정법을 비롯하여 지질학, 토기분석, 화분(꽃가루)분석, 청동기, 인골 동물분석 등을 간략하게 소개함으로서 고고학에 있어서 자연과학의 영향과 응용이 얼마나 큰지 알아보고자 한다.

연대결정법

고고학에 있어서 연대가 차지하는 비중은 매우 크나, 과거 인류가 남긴 물질적인 자료, 특히 선사시대의 고고학적 자료로부터 연대를 직접 알 수 없다. 그래서 이들 자료를 여러 가지 방법으로 분석하여 연대를 알아내야 한다. 고고학에서 시간적인 차원의 연구는 고고학적 자료를 선후관계로 배치하고 연대를 부여하는 작업으로 이를 편년(編年)이라고 부르며, 편년을 설정하는 방법을 편년, 혹은 연대결정이라고 한다.

고고학에서 연대결정법에는 고고학의 성립과 동시 나타난 상대연대결정법과 자연과학의 응용에 의한 절대연대결정법으로 나누어진다. 상대연대결정법은 고고학적 자료의 선후관계를 밝히는 방법으로 층서법(stratigraphy), 형식학적 방법(typology), 순서배열법(seriation), 그리고 교차연대법(cross-dating) 등이 있다. 층서법은 지질학에서 확립된 층의 개념이 고고학에 적용되면서 나타난 것으로 지금도 사용되는 가장 기본적인 방법이다. 또한 19세기 후반에는 형식학적 방법과 교차연대법이 등장하였고, 20세기에 들어와서는 페트리의 순서배열법이 개발되었다.

절대연대결정법은 첫째, 방사성원소를 이용한 물리학적 방법으로 C14연대측정법, 포타시움 · 아르곤측정법(K/Ar dating), 휫션 · 트랙측정법(fission track dating), 열발광측정법(the-rmolumiscence, TL dating), 아미노산 측정법(amino acid dating) 등이 있다. 둘째, 지질학적 연대를 고고학에 이용하는 지질편년법으로 빙하점토층편년법(varve chronol ogy)과 화산회(tephra)층에 의한 연대측정법, 전자상자(회전)공명법(electron spin resonance : ESR) 등이 대표적이다. 셋째, 동물상·식물상을 이용하는 방법으로 화분학, 연륜법(dendrochronology) 등이 있다. 넷째, 화학적 방법으로 아미노산 측정법과 흑요석수화층측정법(obsidian hydration)이 있다. 그밖에 지구의 자기장의 방향과 강도의 변화를 이용한 고지자기측정법이 있다.

그중 고고학에서 가장 많이 쓰이고 있는 절대연대결정법으로 방사성탄소연대측정법(14C dating)이 있으며 서울대학교 기초과학교육공동기기원에 설치되어 1999년 초부터 본격적인 가동에 들어간 가속기 질양분석(Accelerator Mass Spectrometry : AMS)도 1977년 개발된 방사성탄소연대결정법의 하나이다. 이 연대는 6만년 전까지 연대측정이 가능하다.

지질학

제4기 신생대는 약 46억 년의 지구역사 중에서 최근세에 해당하는 아주 짧은 지질시대이다. 제3기는 지구상에 온난한 기후가 우세하였던 시대이나 4~5백만 년 전부터 시작되는 선신세(제3기의 최신세 : 프라이오신)부터 약 250만 년 전부터 시작된 제4기(프라오스토신인 홍적세와 홀로신인 충적세가 있으며 이를 갱신세와 전신세로 부르기도 한다)동안에는 지구상에 추운 기후로 인하여 여러 번의 빙하시대가 반복하였으며, 이 기간에 오랑우탄(1600만 년 전)-고릴라(1000만 년 전)-침판치(600만 년 전)와 진화 상 분리된 최초의 인간이 나타나기도 한다. 지구상에서 이제까지 알려진 화석인류 중 가장 연대가 올라가는 최초의 인류는 이티오피아 아라미스에서 발견된 아르디피테쿠스 라미두스(Ardipithecus ramidus)로 440만 년 전이다. 그러나 고고학에서 필요한 지질학은 주로 제4기 지질학으로 제4기 동안의 기후변화 속에서 지구상에서 일어났던 지질변천 과정을 연구하는 분야이다. 제4기는 지질환경변화에 기후의 영향이 크게 작용하였던 기간이었을 뿐만 아니라 오스트랄로피테쿠스와 호모하빌리스와 호모 에렉투스 등 초기 인류의 발달이 주로 이루어진 기간이다. 따라서, 제4기의 연구대상은 지질학에서 의미하는 지층의 층서적 해석 뿐만 아니라 고고학에서의 고인류, 생물학 분야에서의 고식물이나 고동물 및 자연지리학에서의 고지형과 고환경 연구 등 여러 분야에서 그 대상들을 찾을 수 있다. 이들 중에서도 고고학의 주요 연구대상 중의 하나인 고인류는 화석인류로 이들의 문화발달 흔적들은 대부분이 지층 속에 매몰되어 현재까지 보존되어 새로운 발견을 기다리고 있다. 고고학과 제4기 지질학은 인류문화발달과 자연환경의 서로 다른 것을 연구대상으로 삼지만 시대와 환경 규명이라는 동일한 연구목적을 가지고 있다.

한반도에서의 제4기 지층들에 대한 초기연구는 1930년대부터 1970년대까지는 간헐적으로 실시되곤 하였다. 그러나 한반도에서는 제4기 동안 빙하가 있었다는 흔적은 아직까지 발견되지 않았을 뿐만 아니라 위도상으로 빙하권에서 남쪽에 위치하고 있어 빙하의 영향이 직접적으로는 미치지 못하였던 것으로 보인다. 즉 빙하퇴적은 없었던 반면에 주로 간빙기에 형성된 퇴적층들이 발달하였다고 보여진다. 제4기 동안 빙하기와 간빙기가 수 차례 반복되면서 이에 따른 해수면 변동도 일어났던 것을 알 수 있다. 여러 번 반복된 해수면 변동 중에서도 지난 마지막 빙하기로부터 현재에 이르는 기간 동안의 해수면 변동은 현재의 지형을 만드는데 큰 영향을 주었던 것으로 해석되고 있다. 즉, 최후 빙하기는 과거 약 73000년 전에서 지난 15000년 전까지에 빙하가 지구상에 넓게 나타났던 기간이다. 그 중에서도 빙하가 가장 넓게 형성되었던 기간(Glacial Maximum)은 약 18000년 전에서 15000년 전 사이로 이 기간에는 해수면이 현재보다 약 120m 아래에 있었던 기간이다. 이러한 해수면의 하강 때문에 한반도 주변에서도 서해의 대부분은 육지로 변하였었다는 것을 알 수 있다. 이와 같은 낮은 해수면의 시기로부터 빙하가 서서히 소멸되기 시작하면서 해수면도 따라서 상승하기 시작하였으며 지난 10000년 전에는 현재보다 약 20m 아래에 위치하였다. 결과적으로 15000년 전에서 10000년까지의 약 5000년 사이에 약 100m의 해수면 급상승이 일어났던 것이다.(Blytt와 Sernander의 Preboreal, Boreal, Atlantic, Subboreal과 Subatlantic기를 참조할 것) 10000년 전부터는 해수면의 상승속도는 점차 줄어들었으며 지난 5000년 전에는 현재와 유사한 위치까지 해수면이 올라오면서 경사가 낮은 구릉들 사이의 계곡들이나 해안지역에서는 충적층이 형성되기 시작하여 현재와 유사한 지형을 만들었던 것이다.

한반도에서의 구석기 연구는 1960년대 초에 공주 석장리 발굴조사를 시작으로 하여 점말 용굴유적, 전곡리, 두루봉, 수양개 등의 여러 지역에서 석기유물 발굴과 동시에 각 문화층들의 형성시기와 환경 등에 대한 조사연구도 실시되었던 것으로 보고되어 있다. 그 중에서도 특히 구석기 유적지역에서 관찰된 토양쐐기(soil wedge 또는 ice wedge)로 인해 연대를 푸는 실마리가 잡히기도 하였다. 중석기시대 연구는 경상남도 거창 임불리, 통영 상노대도와 강원도 홍천군 하화계리에 위치한 유적지가 대표되며 특히 홍천 하화계리에서는 흑요석과 석기 유물들이 다량으로 출토되고 또 토양쐐기의 형성연대인 지난 15000년 전 이후에 형성되었던 것으로 해석할 수 있다. 한강유역을 따라 분포하는 미사리 및 조동리 유적들에서는 신석기에서 청동기와 그 후대까지의 유적들이 층위별로 나타나고 있다.

토기분석

토기의 분석은 여러 가지 분석원리, 분석방법과 분석기기를 다루어야하는 학문상의 특성으로 미루어 볼 때 자연과학에 속한다고 할 수 있다. 그러나 그 분석 결과를 이해하고 이를 고대사의 흐름 속에서 해석하는 것은 인문과학도인 고고학자가 할 일이다. 분석을 통한 토기 구성 물질의 파악, 그들 원산지의 확인과 그 결과가 시사하는 고대 무역의 존재 및 무역 루트의 확인 등은 인문과학의 영역에 속한다고 볼 수 있다. 그래서 결과를 올바로 해석하기 위해서는 인문과학도들도 자연과학에서 실시하는 분석방법을 자세히 이해하는 것이 필요하다. 또 자연과학자와 고고학자와의 공동작업도 바람직하다. 이미 외국에서는 1960년대 신고고학의 발전과 더불어 이러한 작업이 고고학의 한 영역으로 꾸준히 자리잡아 오고 있다. 한국의 경우는 이제 그 걸음마 단계라고 할 수 있다. 이 분야는 고고학도 뿐만 아니라 요업학과, 무기재료공학과, 미술사학과 관계 여러 사람들의 폭넓은 학문 연구에 도움을 줄 수 있을 것이다.

토기는 고고학 연구의 대상이 되는 물질자료 가운데 가장 많은 양을 차지하고 있기 때문에 늘 주된 관찰의 대상이 되어 왔다. 관찰과정에 분류(classification)와 동정(同定 : identification)작업이 관계된다. 이 가운데서도 특히 토기의 크기나 그릇모양, 무늬의 유무 등 생김새에 치중하여 형식분류로 이어지는 작업에서는 육안에 의한 관찰이 기본이 되겠지만 비짐(混入物 : tempering material)의 종류, 페인트나 슬립(slip) 처리가 되어 있는가, 토기의 바탕흙은 어떤 것인지 등 물질의 동정에 관계되는 의문은 육안에 의한 관찰만으로는 해결되지 않는다. 가령 비짐의 경우 토기에 흔히 넣는 석영, 장석 등의 광물이라면 곧 알아보겠지만 어떤 시기에, 어떤 지역에서만 사용된 특이한 광물이라거나 오랜 동안 풍화를 받아온 토기에 들어 있는 광물이라면 훈련된 눈이라도 곧 알아보기 어려울 것이다. 나아가 그러한 비짐을 왜 섞어 쓰는지, 또는 토기가 몇도 정도에서 구워졌을까 하는 제작기술에 대한 의문도 자연과학의 도움이 없이는 해명되기 어렵다. 이렇게 일반으로, 토기를 만드는데 사용된 물질을 확인하고자 할 때나 토기의 제작기술에 관한 의문은 대부분 자연과학의 지식과 방법을 빌어 해결해 나가야 한다.

자연과학의 도움은 위와 같은 단계에서 더 나아가 물자의 이동이나 교역의 증거를 찾아내는데 매우 유용하다. 사실상 오늘날의 고고학에서는 유적·유물의 외형을 빠짐 없이 관찰하여 그 의미를 되새기고 과거 문화사를 복원했다 하더라도 그 문화변동과정을 해명하려는 의도가 없다면 시대의 조류에 맞는 연구라고 하기는 어렵다. 자연과학의 방법을 빌어 낱낱의 몇 가지 유물분석이 곁들여졌다 하더라도 결과는 마찬가지다. 어떠한 연구가 인류문화사를 총체적이고 역동적으로 파악할 수 있게 하는가 하는 점에서 최근에 가장 각광받는 주제가 교역일 것이다. 선사시대 사회의 교역이란 물건과 물건의 교환 뿐만 아니라 이를 통해 온갖 지식과 정보를 교환하며 결국 자원과 물품을 재분배하는 일로 귀결된다는 점에서 매우 생생한 현상임에 틀림없다. 문제는 그와 같은 교역의 증거를 어디에서, 어떻게 찾아내는가 하는 점인데 이 부분에서 특히 자연과학의 역할이 돋보이게 된다. 종래에는 주로 유물의 양식을 가지고 추정하여 이질적으로 보이는 유물은 외부로부터 반입된 것(Intrusives)이라는 결론을 내려왔다. 그러나 이와 같이 자연과학의 도움이 없는 추정이란 대부분 막연하고 주관적이어서 오류를 갖거나 천편일률적인 해답을 갖게 되기 쉽다. 최근에는 유물의 성분분석이 대중화되어, 양식상 비슷해 보이더라도 출토지가 다르거나, 외관상 전혀 다르게 보이지만 같은 곳에서 만든 것이 있다는 등의 분석결과가 널리 알려져 있다.

교역의 문제를 알아내는데 가장 흔히 쓰이는 방법은 유물의 성분을 분석하여 그 원료산지나 제작소를 찾아내는 것이다. 위와 같은 식으로 물자교류의 문제를 해명한 몇몇 고전적인 예가 있다. 옥스포드 대학의 미노아와 미케네 양 지역에서 보이는 토기의 유사성이 문화적 전파나 이주에 의한 것인지 아니면 교역에 의한 것인지를 알아보고자 하였다. 이때 쓰인 분석방법은 발광분광분석법(optical emission spectr ometric analysis)이었고 토기의 주성분을 분석하여 14개 원산지 집단이 파악되었다. 그 결과 미노아 지방의 토기는 독자적으로 만들어진 것이고 나머지 그리이스 식민도시에서 출토된 것들은 이주민들이 만든 것이 아니라 교역품 이었음이 확인되었다. 이 연구는 중동지역 토기분석의 효시를 이루어 그 뒤 토기를 이용한 각종 분석법에 관한 심포지움이 열리게 될 정도였으나 오늘날의 안목으로 보자면 매우 미흡한 것이다. 발광분광분석법은 가장 오래된 분석방법 가운데 하나이며 실험의 오차가 크다 보니 오늘날 잘 쓰이지 않는데다가, 정량분석도 아닌 주성분분석에 의한 산지추정이란 거의 의미가 없기 때문이다. 분석자들은 나중에 재분석을 한 바 있다. Collin Renfrew 등은 지중해지역에서 나오는 흑요석을 분광분석하여 아르메니아 원산의 흑요석과 아나톨리아 원산의 흑요석으로 나누고 이 지역의 여러 유적들이 각각 어느 원산지의 흑요석을 가져와서 썼는가를 밝혀내었다. 오늘날의 산지추정 연구는 위와 같이 거리와 교역된 유물의 양만의 상관관계를 이차원적으로 표시해주는 데서 벗어나 지형이나 사회경제적 맥락까지도 포괄하여 유물의 분포를 삼차원적으로 표현해 주고있다. 그리고 최근의 산지추정 연구는 이런 방향으로 나아가고 있기도 하다. 흑요석의 산지에 대한 궁금증은 우리 고고학계도 당면한 과제로서, 이를 해명할 수 있다면 후기 구석기와 신석기시대의 교역망도 복원해 볼 수 있을 것이다. 자연과학은 이와 같이 고고학의 현안문제를 해결하는데 가장 중요한 보조수단의 하나이며 따라서 양자간의 협조는 매우 긴밀하나 우리나라의 현상은 아직 그 정도가 되지 못한다. 한국고고학에 있어서 자연과학을 활용한 연구는 이와 같이 연구의 본류로 다루어지지는 못하였으나 토기분류와 동정할 때의 애로사항을 해명하기 위해 과학방법을 원용하기 시작한 뒤로 최근에는 각 지역의 발굴보고서를 펴낼 때 대부분 토기분석 등을 시행하는 데까지 발전하였다.

우리나라의 토기분석은 1980년대에 들어와 영산강지역의 민토기를 분석함으로부터 본격화되었다. 이 작업은 자연과학적 분석방법과 기기를 사용하여 민토기 바탕흙의 성분(구성원소), 토기를 구운온도, 제작기술 등을 알아보고자 한 것이다. 영산강 유역의 민토기 분석이 기폭제가 되어 이후 여러 곳의 여러 시대 토기분석이 활발해졌는데 복잡한 양상을 띄는 토기의 분류, 제작기술의 확인 및 그러한 작업에서 부딪치는 여러 재질(바탕흙, 비짐, 페인트 등)의 동정이나 확인, 토기의 물리화학적 성질--이 가운데 토기 소성온도 추정이 가장 대표적이다--등이 분석되어 나갔다. 최근의 연구 성과를 보노라면 짧은 기간 동안에 이루어진 업적과 수준으로서는 놀라울 정도이다. 여기서는 토기를 분석하여 그 지역의 기술 및 문화발달과 토기제작을 전담하는 전문장인의 존재를 확인하고, 이곳의 정치진화발전 단계를 이해하려는 의도로 출발하였던 것이다. 물론 민토기 제작기술이 일정하다고 하여 곧바로 토기를 만드는 전담장인이 있었다는 유추를 하기에는 아직 미흡한 점이 많으나, 자연과학이라는 보조수단을 사용하여 당시의 사회, 계급구성이나 사회변동을 추적해보려는 시도는 당연히 요청되는 일이었다고 하겠다.

1980년대 끝 무렵에 오면서 토기분석 연구가 한 단계 나아가 재료물질의 분석연구로부터 산지추정에 대한 연구로 관심을 돌리게 되었다. 이는 종래의 토기분석작업이 대중화되어 토기의 재질이나 제작기술에 관한 웬만한 궁금증이 다 풀려나간 현상과 맞물려 있다. 즉 토기의 바탕흙인 찰흙(clay mineral)은 정성·정량분석되어 그 구성원소와 함량을 다 알게되었으며 비짐의 종류와 섞는 비율도 웬만큼 알게 되었다. 빗살무늬토기나 무문토기는 대개 500~700도 정도에서 구워지며 토기는 춘천 거두2리에서 발견된 태토의 예로 보아 테쌓기(ring building method)나 서리쌓기(coiling method)로 만들어짐을 확인한 것이다.

1980년대 끝무렵 부터 토기의 과학분석연구는 새로운 차원으로 나아가게 되었다. 이는 위에서 말했듯이 토기의 재질을 파악하는 종래의 분석방법과 이로 인해 얻게된 지식이 포화상태에 이르러, 새로운 토기를 분석해도 알려지는 지식은 이미 알고 있는 범위를 넘어서지 못하게 되었다는 점에 기인하는 바가 있다. 즉 자료만 추가될 뿐 해석상의 큰 의미는 없어진 것이다. 더구나 분석연구가 대중화되다 보니 의무적으로 토기를 분석하여 자료는 얻되 그 의미를 모르는 경우나 그 자료를 적절히 인용할 줄 모르는 경우 등도 생기게 되었다. 그러나 본질적으로 중요한 점은 토기분석 연구가 궁극적으로 나아갈 방향이 물질의 동정과 제작기술의 확인에서 그치지 않는다는 점이다. 동정이나 확인작업은 당시의 사회변동을 해명하는 데에도 일조를 하겠으나 가장 기여를 하는 곳은 역시 '분류'이기 때문이다. 자연과학을 활용하는 경우에도 분류를 위한 분석작업이 발달해왔다는 점 또한 한국고고학의 특징이 되겠다. 토기분석이 본격화된 것은 1980년대부터인데 제작기술을 공유한 장인집단의 존재를 찾아보려는 의도에서 였다. 그 뒤 불과 10년 사이에 많은 업적들이 쌓였으며 분석목적에 맞게 다양한 방법들을 채택하고 있다. 이제 일단 토기의 제작기술에 관계되는 의문은 상당량 해명되었다고 하겠다. 즉 토기 바탕흙의 주 구성광물은 chlorite, illite, kaolinite 등이며 이를 산화물 상태로 표시하면 약 10여 종 된다는 점, 미량성분원소를 알아내는데는 주로 중성자방사화분석(NAA)을 쓰며 이들을 다시 주성분분석법(principal component analy sis : PCA) 등으로 처리하여 산지추정을 하는데 기초로 쓰고 있다는 점, 토기를 구운 온도는 열분석(DTA-TGA-TEA)을 하여 알아내는데 빗살무늬토기-무문토기는 550~800도 사이, 청동기 후기~철기시대 전기의 경질토기는 700~850도 혹은 그보다 더 높은데 초벌구이를 하는 토기(earthenware)에 있어서는 조선시대에도 대략 1,000~1,100도를 넘어가지 않았다는 점, 모든 화학분석의 기본은 X선 회절분석(XRD)이라는 점 등이 보편적인 사실이다. 그밖에 관찰을 보완하기 위해 현미경을 쓰는데 특히 주사전자현미경(SEM) 등이 있다. 토기의 구운 온도 추정할 수 있는 방법은 구성광물 중에서 점토광물 중의 하나인 고령토(Kaolinite)와 석영에 의하여 부분적인 온도추정도 가능하다. 고령토광물은 점토의 주요성분 중의 하나이면서 온도가 520℃ 이상에서는 격자가 완전히 파괴되어 무정형으로 변한다. 따라서 X-ray 분석결과 여러 점토광물이 포함되어 있는 토기에서 고령토가 나타나지 않으면 이는 토기를 구울 당시의 온도가 520℃ 이상이었음을 지시해 주고 있다. 또 다른 온도의 지시광물인 석영은 상온에서 안정되나 열을 가하면 573℃에서 다른 형태의 석영광물을 형성한다(high Quartz). 다시 냉각이 되면 high Quartz는 573℃에서 자발적으로 low Quartz로 전이한다. 867℃ 이상에서, Quartz는 Tridymite로 바뀌는데 Tridymite는 육방대칭을 보이나 격자형태는 석영의 것과는 매우 다르다. Tridymite는 870~1,470℃에서는 안정하며 1,470℃에서는 다시 Cristobalite로 변한다. 1,713℃ 이상에서는 광물의 형태를 띠지 못하며 용용되어 버린다. 이와 같이 온도에 따라 전이되는 석영의 종류와 고령토의 특징을 기준으로 토기 제작 온도를 추정할 수 있다. 지질학은 인류의 기원에서 토기의 분석에 이르기까지 고고학과 밀접한 관련을 맺고 있다.

화분분석

20세기 초 스웨덴의 Lennart Von Post에 의해 花粉分析法(pollen analysis)이 第四紀의 歷史와 고환경연구에 있어서 중요한 수단이 된다는 것이 발표된 이후, 이들 분석 결과는 生物學과 地質學 外에도 地理學, 考古學, 民族學, 氣候學 등 다양한 영역의 학제적연구에 기여를 하여 왔다. 그 결과 한국에서도 考古學 자료 분석 방법의 개발에 따라 遺蹟 發掘시 花粉分析用 퇴적물의 探集이 活潑하게 이루어지게 되었다. 過去의 人間의 생활과 활동이 自然環境에 깊이 제약받았음을 생각한다면 당연한 결과라고 생각할 수 있다. 그러나, 종합 연구의 결과가 考古學的으로 충분히 음미되어 歷史의 舞臺인 自然 環境의 復元에 충분히 일익을 담당하고 있다. 이는 지질학의 地質層序와 방사성탄소연대측정의 도움을 받는다. 文化遺跡이 발굴되면 그 당시의

環境을 알기 위하여 화분분석법을 이용하거나, 역으로 문화 유적조사의 업적에 의해 編成된 編年 스케일을 화분분석에 이용하는 일은 20世紀初 유럽에서 처음 시도되었고, 분석결과와 고고학적인 문화편년에 의한 시대구분과 일치한다는 것이 입증되었다. 침엽수와 활엽수의 꽃가루는 당시의 기후를 반영하고 소나무의 증가와 二次林의 확대는 농경지의 확대를 위한 개간이나 인간의 간섭에 때문임도 알려준다.

청동기의 분석

구리장신구가 처음 나타난 것은 터키 아나토리아 고원의 차이외뉘 유적이며 그 연대는 기원전 7200년으로 올라간다. 차탈휘윅 유적에서도 같은 종류의 구리장신구가 보이는데 그 연대는 기원전 6500~5650년이다. 이란 지역에서는 하수나(야림 테페)유적에서 처음으로 구리유물이 보이는데, 그 연대는 기원전 6000~5250년이다. 이렇게 단순히 구리만으로 간단한 장신구 등을 만들어 사용한 일은 신석기시대부터 있었다. 그러나 세계적으로 볼 때 구리와 주석(여기에 약간의 비소와 아연)의 합금인 청동이 나타나는 청동기시대는 대략 기원전 4000년에서 기원전 1000년 사이에 시작되었다. 청동기시대가 가장 먼저 시작된 곳은 기원전 3500년의 이란고원 근처이며 터키나 메소포타미아지역도 대략 이와 비슷한 시기에 시작되었다. 이집트는 중왕국(기원전 2050~1786년 : 실제는 15왕조 힉소스의 침입 이후 본격화 되었다고 한다)시기에 청동기가 제작되기 시작하였으며, 기원전 2500년경 모헨죠다로나 하라파 같은 발달된 도시를 이루고 있던 인더스문명에서도 이미 청동기를 사용하고 있었다. 또한 최근에 주목받는 태국의 논녹타 유적은 기원전 2700년, 그리고 반창유적은 기원전 2000년경부터 청동기가 사용된 것이 확인됨으로써 동남아시아 지역에서도 다른 문명 못지않게 일찍부터 청동기가 제작·발달되었음을 알 수 있다.

유럽의 경우 에게해의 크레타문명은 기원전 3000년경에 청동기시대로 진입해 있었으며, 아프리카의 경우 북아프리카는 기원전 10세기부터 청동기시대가 발달했으나 다른 지역에서는 유럽인 침투 이전까지 석기시대로 남아 있는 경우도 있었다. 아메리카 대륙에서는 중남미의 페루 모체왕국에서 서기 8세기부터 청동주조기술이 사용되어 칠레, 멕시코 등에 전파되었으며, 대부분의 북미인디안들은 서기 13~15세기까지도 대량의 청동기를 제작·사용했다.

중국은 龍山文化나 齊家文化와 같이 신석기시대 말기에 홍동(순동) 및 청동야금기술이 발달했다. 즉 甘肅省 東鄉 林家(馬家窯期)에서 기원전 2500년까지 올라가는 주조칼이 나오고 있다. 그러나 본격적인 청동기시대로 진입한 것은 二里頭문화 때이다. 이리두문화의 연대는 기원전 2080년~1580년 사이이며(방사성탄소연대 기준) 山東과 河北省의 后李/靑蓮崗-大汶口문화를 이은 岳石文化, 요서와 내몽고일대의 夏家店 下層文化도 거의 동시기에 청동기시대로 진입했다고 보여진다. 이러한 청동기 개시연대가 기록상의 夏代(기원전 2200~기원전 1750년)와 대략 일치하므로 청동기의 시작과 하문화를 동일시하는 주장도 있다. 한편 최근 遼寧 凌原·建平縣, 喀左縣의 牛河梁과 東山嘴 유적(기원전 3000년경)이 속하는 紅山文化와 四川省 廣漢 三星堆(기원전 1200~기원전 1000년), 및 成都 龍馬寶墩 古城(기원전 3000~기원전 2500년) 등과 같이 중국문명의 중심지역이 아니라 주변지역으로 여겨왔던 곳에서 청동기의 제작이 일찍부터 시작되었다는 새로운 사실들이 밝혀지고 있어 중국 청동기문화의 시작에 대한 연구를 매우 복잡하게 만들고 있다. 앞으로 중국의 중심문명 뿐 아니라 주변지역에 대한 청동기문화 연구가 진행됨에 따라 청동기의 제작과 사용에 대한 이해는 점차 바뀌어 나갈 것으로 보인다.

북한에서는 현재 우리나라 청동기시대의 개시를 평양시 강동군 황대성을 중심으로 도읍을 정한, 한국 최초의 국가이자 노예소유자사회인 고조선(단군조선)을 중심으로 하여 기원전 30세기에 시작되었다고 보고 있다. 즉 청동기시대가 되면서 여러 가지 사회적인 변화를 거치는데, 그러한 변화상은 고조선이라는 국가의 발생까지 이어지는 것으로 본 것이다. 한편 남한에서는 대체로 기원전 20~15세기를 전후하여 청동기시대가 시작되었다고 보고 있다. 그리고 남한에서는 철기시대 전기(또는 종전의 초기 철기시대)의 위만조선이 이제까지 문헌상의 최초의 국가로 보고 있다.

남북한에서 각자 보고 있는 청동기시대의 상한과 최초 국가의 등장 및 그 주체 등이 매우 다르기는 하나 우리나라의 청동기문화상은 琵琶形銅劍, 거친무늬거울, 고인돌과 미송리식단지로 대표되는데, 이들은 한반도 뿐만 아니라 요동·길림지방에까지 널리 분포되어 우리나라 청동기문화의 기원에 대한 여러 가지 시사를 준다. 이후 비파형동검문화는 細形銅劍文化로 이어지게 되면서 철기의 사용이 시작되었다.

현재까지 청동기시대의 문화상에 대해 합의된 점을 꼽아 보자면, 청동기시대가 되면 전세계적으로 사회의 조직 및 문화가 발전되며,

청동기의 제작과 이에 따른 기술의 발달, 관개농업과 잉여생산의 축적, 이를 통한 무역의 발달과 궁국적으로 나타나는 계급발생 등이 대표적인 특징이 된다. 이들은 결국 도시, 문명과 국가의 발생으로 축약된다.

야철기술을 개발하여 인류가 본격적으로 人工鐵 즉, 鋼鐵(steeling iron)을 제작하여 이를 사용함으로써 철기가 청동기와 동등해지거나 그보다 우월해져 청동기를 대체하기 시작한 것은 히타이트(Hittite)제국(기원전 1450~기원전 1200년)부터이며, 제국이 멸망하는 기원전 1200년경부터는 서남 아시아 각지로 전파되었다. 대체로 메소포타미아 지방에는 기원전 13세기, 이집트와 이란지역은 10세기, 유럽은 Hallstatt 유적으로 대표되며 기원전 9~8세기에 들어서 철이 보급되었다. 동아시아 철기문화 발생과 관련이 있다고 생각되는 스키타이 문화(Scythian culture)는 기원전 8세기 무렵 흑해 연안으로 파급된 이 지방 주민들의 騎馬遊牧文化가 이러한 철기 제조기술을 동쪽으로 이동시킨 결과로 나타난 것이다. 그리고 철기시대의 사회정치적 특징은 종전의 청동기대에 발생한 국가단위에서 벗어나 국가연합체인 제국이 출현하는데 있다. 이는 사회가 그만큼 더 발전했다는 이야기가 된다.

중국의 경우 殷·周時代에 운철로 제작된 철기가 몇 개 발견된 예는 있으나 인공철의 제작은 春秋時代 말에서 戰國時代 초기(기원전 475년경)에 이르러서야 이루어진다. 전국시대 후반이 되면 철기의 보급이 현저해지는데, 주류는 鑄造技術로 제작된 농기구류이다. 우리나라의 철기문화는 그러한 중국 전국시대 철기의 영향을 받아 성립되어 초기에는 중국과 마찬가지로 鑄造鐵斧를 위시한 농공구류가 우세하였다. 초기에 전국계 철기의 영향을 받았던 우리나라 철기문화가 본격적으로 자체생산이 가능하고 원재료를 수출할 정도의 단계에 이르는 것은 기원전 1세기에서 기원을 전후한 무렵부터인데, 이때부터는 鍛造철기가 제작되기 시작하였다. 철기생산의 본격화와 현지화 및 제조기술의 발전은 다른 부분에까지 영향을 끼쳐 새로운 토기문화를 출현시켰으며 나아가 생산력의 증대를 가져왔다. 이를 바탕으로 사회통합이 가속화되니 그 결과 우리나라 최초의 고대국가인 衛滿朝鮮(기원전 194~기원전 108년)이 등장하게 되었다. 다시말하여 위만조선이라는 국가는 종전의 철기시대 전기에 성립된 것이 된다.

우리나라 청동기의 문화적 배경을 연구하기 위해서는 고고학적인 자료와 문헌을 활용하고 이와 함께 자연과학적인 데이터를 충분히 활용하는 종합적인 연구가 이루어져야 한다. 특히 청동기를 제작하기 위한 원료의 출처와 원료의 배합비율 그리고 주조기술의 변천과정은 우리나라의 청동기문화를 이해하는데 필히 연구되어야 할 부분이다. 그러나 현재까지 청동기에 대한 자연과학적 연구는 청동기 시료의 수집이 어렵고 또 일부 연구자들에 의해서 분석된 청동기의 종류와 수량은 미미한 편이어서 우리나라의 청동기를 설명하기에는 매우 부족한 점이 많다. 그러나 다소 어려운 점이 있더라도 몇 점씩이나마 출토지의 근거(根據)가 명확한 청동기의 과학적 분석을 통하여 연구해 나간다면 시대적, 문화적 배경을 근거로 객관성 있는 요소들을 축적해 나갈 수 있을 것이다.

청동기의 자연과학적 연구는 재질의 성분분석, 조직관찰 등의 결과를 바탕으로 지역적, 시대적 분류체계를 확립하고 청동기의 제작을 위해 사용한 원료물질의 출처를 밝혀내는 것이 무엇보다 중요하다. 청동기의 주요 성분으로서 구리, 주석, 납의 함량 데이터를 기초로 하여 금속조직(金屬組織)을 관찰하면 주조(鑄造)시 상(相)변화와 냉각속도 등을 판단하여 주조방법을 알아낼 수 있다. 그밖에 미량성분(微量成分)은 불순물(不純物)로 원료에서 유래된 것이므로 원료물질의 정련정도를 검토할 수 있으며 이의 함량 분포는 청동기의 분류 및 산지(産地) 연구에 중요한 역할을 하고 있다. 또한 청동기에 포함된 납의 산지를 독립적으로 밝힐 수 있는 방법으로 납동위원소비(同位元素比) 분석이 중요시 된다. 지구과학적인 성인(成因)에 따라 형성된 방연광(方鉛鑛)은 각기 고유한 납동위원소(204Pb, 206Pb, 207Pb, 208Pb) 비(比)를 나타내며 이 동위원소비는 청동기의 주조를 위해 사용한 납에 그대로 유지되므로 어느 지역의 방연광을 사용하였는지를 밝혀낼 수 있다.

고대의 청동기는 무기, 생활기구 또는 장식구 등으로 꾸준히 사용되어 왔는데 청동기의 발전단계는 제품의 양적(量的)인 증가와 더불어 그 재질(材質)의 개선(改善)으로 나타난다. 따라서 청동기의 발전수준은 청동기의 화학분석 데이터에 대한 종합적인 고찰로서 올바르게 평가되어야 할 것이다. 이를 위해서는 우선 청동기의 주성분(主成分)으로서 구리, 주석, 납의 합금성질을 이해하는 것이 필요하다.

대부분 청동기에는 주석과 납이 많이 포함되어 있는데 이것은 구리의 순도(純度)가 높으면 부드러워서 도리어 금속으로서 사용하기 어려웠기 때문이라고 추측되며 또 합금의 용해온도(溶解溫度)에 대한 문제도 있었을 것이다. 구리에 주석이나 납을 첨가하는 과정에서 합금에 나타나는 성질은 다음과 같다 1) 구리는 주석이나 납으로 합금을 하면 용해온도가 떨어진다. 2) 주석이나 납의 함량이 높아지면 용해된 금속의 유동성(流動性)이 좋아진다. 3) 주석의 함량이 높아지면 기계적으로 대단히 단단해 진다. 그러나 깨지기 쉽다. 4) 구리와 주석의 함량비에 따라 빛깔이 달라진다.

청동기문화를 창출하는 과정에서 고대의 중국과 한국 그리고 일본에서는 각기 독자적인 청동기의 생산에 필요한 원료의 수입 및 교환의 요소가 포함되어 있을 것이다. 그러므로 청동기의 생산을 위해 언제, 어디서 원료를 입수하였는지를 밝히는 것은 고고학적인 측면에서 중요하다. 그래서 자연과학적인 방법에 의한 청동 원료의 생산지 추정방법을 고안하게 되었는데 그것이 납동위원소비를 이용한 산지 추정법이다.

납동위원소비(同位元素比)에 의한 유물의 산지추정(産地推定)은 1967년 미국의 브릴(Brill)이 처음 시도 하였고, 청동과 구리유물 및 유리등의 출처를 밝히는 수편의 논문을 발표하였다. 그 직후 영국등 구미 여러 나라에서도 납동위원소비의 연구가 진행되어 최근까지 방대한 양의 데이터를 축적해 놓고 있다. 일본에서는 1970년대 중반 나고야대학의 명예교수인 야마사끼에 의해 시도된 이후로 마부찌(馬淵久夫)와 히라오(平尾良光) 등이 청동거울, 청동무기, 청동종 등의 산지 및 시대를 밝히는 연구를 20여 년 동안 진행해 오고 있다. 국내에서는 1986년에 처음 시도된 바 있는데 시료 분석을 일본에 의뢰하여 국내에서 출토된 고대 청동기의 납동위원소 분석으로 원료의 산지를 추정한 바 있다. 우리나라에서는 1980년대부터 청동기의 납동위원소비 분석을 적극적으로 실시하여 데이터가 점차 축적되고 있는 과정에 있다.

원자번호(原子番號)가 82인 납은 질량수(質量數)가 204, 206, 207, 208인 4가지의 동위원소를 갖는다. 질량수가 204인 204Pb는 가장 안정한 납동위원소로 지구 생성시부터 존재하였던 것이며, 206Pb은 238U로 부터, 207Pb는 235U로부터, 208Pb는 232Th의 방사성붕괴(放

射性崩壞)에 의해 생성된다. 방사성붕괴에 의해 생성된 납(206Pb, 207Pb, 208Pb)은 처음부터 존재하던 납(204Pb)과 혼합하여 어느 시기에 방연광(方鉛鑛)을 형성하게 되는데 이때 방연광은 일정한 납동위원소비(206Pb/204Pb, 207Pb/204Pb, 208Pb/204Pb, 207Pb/206Pb, 208Pb/ 206Pb)를 나타낸다. 방연광이 고대에 청동기 등의 제조에 사용되었으면 방연광의 납동위원소비는 청동기에 그대로 유지되어 있으므로 납동위원소비를 분석하면 그 산지를 추정할 수 있게 된다.

형질인류학

인간은 곧바로 서서 걸을 수 있는 직립하는 동물이기 때문에 네발로 기어 다니는 동물이나, 물 속을 헤엄치는 물고기와는 그 뼈의 형태나 구조상에 있어서 근본적인 차이가 있다. 즉, 두개골의 상면의 융기여부, 치아의 공식×2 (이때의 2, 1, 2, 3은 각각 중전치(I), 송곳니(C), 소구치(Pm/P), 대구치(M)의 개수), 직립보행, 미궁골의 크기, 척추의 S자형 커브, 가지타기 운동, 턱의 유무나 송곳니의 퇴화여부, 입이 튀어나온 형태 등을 통해서 인간과 유인원 사이의 커다란 차이를 알 수 있다. 인간과 유인원이 겉으로는 유사하게 보여도 자세히 관찰하면 해부학상으로 커다란 차이를 보이는 것이다. 다시 말해서 골반, 척추, 두개골, 팔다리 등 인체를 구성하고 있는 인간의 200여 개의 뼈들은 진화과정상에서 주위환경에 적응한 인간들만의 특이한 구조인 것이다.

고고학연구에 있어서 인골 자료는 그 인골주인의 성별, 나이, 영양 및 질병 상태 등을 추론하게 해주고, 나아가서 당시의 사회성격을 알게 해준다. 주로 매장유적에서 출토되는 인골자료의 자연과학적인 분석을 통해서 당시 사람들의 영양상태와 식량공급에 관한 증거들을 찾을 수 있을 뿐 아니라, 사회제도와 그 성격을 추론할 수 있는 것이다. 인류학의 한 분야인 형질인류학(Physical Anthropology, Osteology)은 이러한 의미를 지닌 인골을 연구하는 학문이다. 우리나라의 경우, 고고학 유적 또는 유구에서 출토된 인골들이 학술적으로 중요한 의미를 갖기 시작한 것은 비교적 최근의 일이다. 형질인류학이라는 다소 생소한 분야가 자리를 잡아가면서 유적에서 출토된 인골에 대한 인식이 바뀌게 되었다.

오랜 기간에 걸쳐 인골이 썩어 없어지지 않고 남아 있을 수 있는 토양은 습기가 약간 남아 있는 알칼리성 토양, 물 밑, 그리고 탄산칼슘($CaCo3$)이 주성분인 석회질이 많이 포함된 조개더미, 빙하지대, 또는 건조한 사막지대 등이다. 우리나라의 경우는 산성토양이 거의 대부분을 차지하게 때문에 인골의 출토가 매우 드물다.

형질인류학의 연구범위에는 화석인간, 인종의 분류, 생물학적 비교, 매장양식, 고대의 질병연구, 고인류학등이 함된다. 200만 년 전에 등장한 '남방의 원숭이'라는 뜻의 오스트랄로피테쿠스로부터 50만 년 전의 직립원인인 Homo erectus와 10-4만 년 전의 네안데르탈인을 거쳐 현 인류의 직접적인 조상인 크로마뇽인(5~4만 년)에 이르는 인류의 진화과정과 과거 진화의 계보에 있어 인간과 밀접한 관련을 맺고 진화해 온 오랑우탄, 고릴라, 침팬지 등과 인간과의 해부학적인 관계를 연구하는 분야이다. 인종의 분화는 오늘날의 전체 인류를 황인종(몽골로이드), 백인종(코케소이드), 흑인종(니그로이드) 등으로 대별하고 이를 다시 시대별, 지역별로 세분하는 것을 말한다. 우리 민족의 경우 황인종 중 특히 북몽골로이드, 예맥 퉁구스족에 해당한다.

시기적으로 빗살무늬토기 시대에는 고아시아족이며 청동기시대 이후로는 예맥퉁구스족이 정착하였다고 보는 견해가 있다. 우리와 비슷한 계열의 종족으로는 만주족을 들 수 있다. 이런 식으로 볼 때 중국인들은 황인종 중에서도 남 몽골로이드, 몽고인들은 중앙 몽고로이드에 해당된다. 또 미국 인디안, 폴리네시아, 인도, 유럽, 아프리카 등 유전적 구조가 유사한 특정한 지리적 범위를 기본으로 하는 9개의 지리적 인종과 31개의 지역적 인종으로 나누기도 하는데, 우리의 경우는 6번째 아시아 인종에 속한다.

현존하는 인간과 생물체와의 관계, 인간의 변화 및 자연에 대한 적응관계, 특히 유인원과의 관계, 그리고 현존하는 인간집단들의 생물학적인 측면을 연구한다. 이 방면의 연구에 따르면 인간의 뼈는 단백질과 소금, 마그네슘, 인, 칼슘, 나트륨 등의 비유기물로 구성되어 있으며, 키산틴, 요산, 적혈구의 세포만, 알부민 등의 존재는 생화학적으로 유인원과 유사하다.

범죄와 관련된 시체의 사인, 성별, 연령 등을 추정하고 더 나아가서는 해골로 되어버린 두개골에 살갗을 입혀서 원래의 모습을 복원하여 신원미상의 신분을 확인해내기도 하는 것을 말한다. 법의학에서 특히 중시되는 것은 앞에서도 언급했듯이 성별, 연령, 키 등의 복원이다. 성별은 두개골과 골반의 외형적 특징으로 판단되는데, 두개골에 있어서는 외후두융기(external occipital protuberance), 유양돌기(mastoid proc ess), 상항선(nuchal crest), 미궁골(supra orbital ridge) 등의 형태를 통해서, 골반에서는 대좌골절흔(great sciatic notch)의 깊이와 각도, 치골결합(subpubic angle), 골반의 용량 및 형태, 천골저(body of sacrum)의 날개(alae)와 비례, 근육이 붙은 흔적(muscle marking) 등을 통해서 구분이 가능하다.

나이추정은 치아와 200여 개의 뼈가 자라는 중심으로부터 골간과 골단의 부동결합, 봉합선(suture)의 결합정도를 관찰하면 가능하다. 치아는 유치와 영구치로 나뉘는데 유치는 소구치와 제3대구치가 없이 모두 20개로 6개월~24개월 사이에 중전치, 측전치, 견치(송곳니), 제1유구치, 제2유구치의 순으로 나타난다. 반면에 영구치는 6-12세에 걸쳐서 제1대구치로부터 중전치, 측전치, 견치(송곳니), 소구치, 제2대구치의 순으로 나며, 제3대구치(사랑니)는 유전에 따라 나올 수도 있고 안 나올 수도 있으나 나오게 되면 16~30세 무렵이 된다. 따라서 치아의 성장정도를 통해 30세 이전의 연령은 비교적 정확한 추정이 가능하다. 30세 이후의 연령추정은 치아의 현미경적 관찰이나 법랑질의 마모도 등을 통해 가능하다. 부동결합은 대개 사춘기를 전후로 하여 형성된다. 봉합선에서 시상봉합은 21~35세, 인자봉합은 35세 전후, 그리고 삼각봉합은 45세 전후에 이루어진다. 또 유아의 경우 소천문(poste rior fontanelle)은 6개월, 대천문(anterior fontanelle)의 봉합은 2세 전후에 이루어진다.

키는 대퇴골(femur), 비골(fibula), 상박골(humerus), 척골(ulna), 경골(tibia), 요골(radius) 등의 크기를 통해 추정이 가능하다.

이외에 최근 아르헨티나에서는 정치적으로 실종된 인골들의 신원을 파악하기 위한 법의학의 여러 가지 방법들이 실제 수사에서 응용되어지고 있다. 인골이 그 자체로 남아 있다면 그 주인의 성별, 연령, 키, 질병과 같은 신상기록의 복원이 가능하다. 이같은 사항은 매장자의 당시 상황과 배경을 소상하게 알려준다. 이러한 점들을 고고학에 있어서 뿐만 아니라 범죄수사와 같은 데에서도 이용할 수 있어서 여러 방면에서 커다란 공헌을 할 수 있음을 알 수 있다.

매장양식에 한 처리방법에는 얼굴을 하늘로 향하고 사지를 펴 묻은 신전장, 다리를 구부려 묻는 굴장(屈葬)외에도 화장, 수장 등 여러 가지가 있다. 고대의 우리나라에서는 지배층이 죽으면 가신, 하인도 따라서 순사하는 순장(殉葬)의 풍습이 있었는데, 이는 최근 조사된 경상북도 순흥 읍내리 고분의 예에서도 잘 나타나고 있다. 그리고 지증왕 3년(서기 502년) 순장풍습으로 인한 폐해를 막기 위해 순장이 금지된 이후에는 경주시 용강동 고분의 경우처럼 도용(陶俑)으로 대체되어 나타난다.

성별, 연령, 질병, 인구수 파악, 영아사망률, 평균수명 등을 연구하는 학문분야이다. 경제기획원이 1981년~1985년까지의 5년간의 전 국민을 대상으로 한 제3회 조정국민생명표의 자료에 따르면, 우리나라 사람의 평균수명은 남자가 65.4세, 여자가 68.7세에 달하는 것으로 나와 있다. 또 1988년 보험회사의 경험생명표에 따르면 남자가 65.7세 여자가 75.6세로 남자가 0.9세, 여자가 2.8세가 각각 높아졌음을 알 수 있다. 89년 9월 5일 보사부 인구보건원 보고에 의하면 남자는 66.9세 여자는 77.3세로 평균 70.2세로 늘어났다고 밝히고 있다. 그러나 2006년 현재 남자 73세, 여자 79세 정도로 점차 남녀 평균수명이 늘어가는 추세에 있는 것이다. 그러나 불과 수십년 전만 해도 영양의 결핍, 의술의 미비 등으로 인해 평균수명이 의외로 짧고 영아사망률도 매우 높았다. 우리나라의 경우 아이가 태어나면 보통 1년쯤 후에 가서야 이름을 짓는 경우가 많았는데, 이는 당시 높은 영아사망률에 기인한 것이었다.

한편 최근 들어서는 임산부의 태반으로부터 추출된 미토콘드리아 DNA를 통해서 인류 조상의 출현시기를 추정하는 새로운 연구도 시도되고 있다. 이것은 미토콘드리아 DNA가 오직 여성의 것만 유전되는 특성을 이용한 것이다. 이 연구에 의하면 에덴동산에서 쫓겨난 인류의 할머니인 이브의 출현시기는 지금으로부터 20만 년 전 쯤이며, 그 발원지는 아프리카일 가능성이 높다고 한다. 성서고고학에서는 그 근원지를 바레인으로 추정하고 있다. 앞으로 남자의 유전인자를 결정하는 Y크로모쫌을 통한 연구가 진전되면 인류의 원조 할아버지인 아담의 출현시기도 파악될 가능성이 있다고 한다.

한편 뼈를 통해 알아낼 수 있는 질병증상으로는 40대 전후의 폐경기 여성들에게서 흔히 보이고 있는 골조송증, 골다공증을 비롯하여 치아에서 나타나는 충치, 치근막, 치조농양, 형성부전체질, 그리고 다른 부위의 뼈에서 보이는 것으로 골수염, 골염, 관절염, 변형성골염 등이 있다. 그밖에 뇌하수체 기능항진의 비대증, 뇌하수체 기능 감퇴증의 난쟁이, 비타민 부족의 골연화증, 선천성 병인 연골발육부전증, 두개골 이상으로 수두증, 탑상두개골, 소두증 등 여러 가지가 보인다. 또 최근 연구 결과에 따르면 사람들의 음식섭취 과정에서 치아의 역할이 감소됨에 따라 치아의 크기가 작아지고 있으며, 또 풍부한 영양의 섭취로 인해 사람의 신장이 커지고 수명도 연장되고 있음이 밝혀지고 있다.

인간의 인골을 대상으로 연구하는 학문이 형질인류학이라면 선사시대의 동물이나 인간의 질병을 연구하는 학문분야를 고생물병리학(Paleopathology)이라 한다. 이 학문은 특히 인간질병의 역사를 밝히는 것을 그 목적으로 하기 때문에 그 폭은 상당히 넓다. 하지만 그 자료가 매우 적어 연구의 어려움을 지니는 양면성을 지니고 있다. 고생물병리학은 어떤 병의 발생과 지리환경적인 요소와의 관계를 밝히면서 질병의 과정에 대한 연구에 자료를 제공한다. 그러나 이는 골격에 드러나는 증거만을 그 대상으로 하므로 병리학적인 진단이 밑받침되는 증상이나 징후를 밝힐 수 없는 난점이 있다. 오직 뼈에 영향을 준 질병만이 연구의 주대상이 되는 것이다.

　인류의 기원은 매우 복잡하다. 오늘날 지구에 살고 있는 흑인종, 백인종과 황인종의 기원은 물론이고, 인류의 직접적인 조상을 밝혀내는 것도 매우 힘들다. 이러한 것을 다루는 분야가 형질인류학이다. 형질인류학은 지구상에서 발견되는 화석인골을 통해 인간의 계보를 밝힌다. 장검다리처럼 중간중간 연결된 계보가 발견되지 않으면 이를 '잃어버린 고리(missing link)' 라고 부르는데, 학자들은 이의 발견을 위해 일생을 바친다.

　인간의 계보를 살펴보자. 인간은 동물계 → 척추동물문 → 포유류강 → 영장류목(7000만 년 전) → 유인원아목 → 인초과 → 인과 → 인류속 → 인류종이라는 진화 단계를 거쳐 나타난다. 시기적으로는 지질학상 시생대 → 원생대 → 고생대 → 중생대를 거친 다음 나타나는 7000만 년 전부터의 신생대이다. 그중 인류는 신생대중 약 500~400만 년 전부터 시작되는 선신세(제3기 최신세 : 프라이오신)부터 20만 년 전의 홍적세(플라이스토신)사이에 나타난다. 이러한 과정은 이집토피테쿠스(2800만 년 전) → 드리오피테쿠스(2000만 년 전) → 라마피테쿠스(1200~900만 년 전) → 오스트랄로피테쿠스(인초과 단계의 남방의 원숭이 : 400~300만 년 전) → 아르디피테쿠스 라미두스(440만 년 전) → 오스트랄로피테쿠스 아파렌시스(350~300만 년 전) → 루돌펜시스(1470호) → 호모 하빌리스(인과 단계의 기술이 있는 인간으로 처음으로 도구사용 : 185만 년 전) → 호모 에르가스터 → 호모 에렉투스(인류속 단계의 직립원인 : 원인 : 165만 년 전) → 엔티세서 → 하이델베르거 → 호모 사피엔스 네안데르탈인(인류종 단계의 고인 또는 슬기인 : 30-4만 년 전) → 호모 사피엔스 사피엔스 크로마뇽인(현생인류 단계의 신인 또는 슬기슬기인 : 4만 년 전) 순으로 된다.

인류의 진화상 우리와 가장 가까운 것은 영장류에서 갈라져 나온 고릴라, 침팬지, 오랑우탄 등이다. 해부학상이나 최근 발전한 생화학적인 분석으로 보면 이들은 인간과 별차이가 없다. 인간과 침팬지를 비교하면 키산틴, 요산, ABO의 혈액형, 알부민, 헤모글로빈, 감마그로빈과 기생충 등이 유사하며 핵산유전자인 DNA는 2.5% 차이, 그리고 염색체는 24쌍으로 인간과는 한 쌍의 차이 밖에 없다. 또 구세계의 원숭이부터 나타나는 해부학상으로 가장 중요한 치열의 공식×2도 같다.

형질인류학자들은 이러한 인류출현의 계보를 좀더 구체화시키고 직접적인 조상을 밝혀 내려고 애를 쓰고 있다. 영장류 중 우리와 가장 가까운 순서를 보면 나무쥐→여우원숭이→늘보원숭이→안경원숭이 →거미원숭이→고릴라→오랑우탄→침팬지순으로 된다. 인간과 나머지 단계의 고릴라와의 분리는 혈액 속의 알부민이라는 단백질의 비교와 DNA(디옥시리보핵산)의 염기배열로 보아 약 500만 년 전으로 추정되고 있다. 화석전문가들도 지금은 이 견해를 받아들여 분리가 7~5백만 년 전에 이루어졌다고 인정하기에 이르렀다.

최근 분자시계를 이용하여 호모 사피엔스의 기원을 찾고자 하는 주장도 있다. 염기변화는 일정한 속도로 생긴다. 그리고 상이한 염기를 조사하면 여러 생물이 분기한 연대를 추정할 수 있는데 이를 분자시계라 한다. 이의 시도는 세포 안에 있는 작은 몸체인 미토콘드리아에 들어있는 DNA를 연구함으로 이루어졌다. 미토콘드리아에 있는 유전자가 오직 여성의 것만 유전되는 특성을 이용하면 모계혈통의 추적이 가능하다. 이를 이용하여 세계 각지의 여성의 태반의 염기배열을 역환산하였다. 그 결과, '에덴의 동산'에 살던 '이브할머니'가

약 20만 년 전 아프리카에 살던 것으로 파악하였다. 이와 같은 추정은 염기배열의 오차가 100만 년에 2~4% 정도로 느리게 변화하기 때문에 가능하다. 지금은 그 연대의 차가 더 좁혀져 약 14만 년 전으로 거슬러 올라간다. 다시 말해, 이브할머니는 14만 년 전 아프리카에 살았으며, 그 후손이 7만5천 년 전에 중동지역에, 그리고 3만5천 년 전에는 유럽에 정착했다는 것이다. 그렇다면 이 가설은 약 20~14만 년 전에 살던 이브할머니로 대표되는 아프리카 여성이 현존하는 우리의 공통조상이 되며 그보다 훨씬 이전에 유럽이나 아시아로 이주해 온 직립원인이나 호모사피엔스(고인 또는 슬기인)들은 이들 이브의 후손들에 의해 멸종되거나 대체된 것을 말한다. 이 가설은 전통적인 화석인류학자들로부터 격렬한 비판을 받고 있지만, 인류의 조상을 찾고자 하는 이러한 생화학의 공로도 간과해서는 안될 것이다.

최근 화석인류학자들의 노력으로 인류의 기원에 관한 실마리가 서서히 풀려가고 있다. 그중의 하나가 '루시'이다. 그녀의 이름은 비틀즈의 노래에서 따왔다. 이 화석인류는 300만 년 전의 지층에서 발견된 두발로 선 영장류로 미국 버클리대학의 돈 요한손 교수에 의해 1974년 이디오피아에서 발견되었다. 키는 1.1m이고 몸무게는 30kg이며, 얼굴과 돌출된 턱이 크다. 뇌용량이 현대인의 1/3 정도인 500cc 정도이다. 루시의 학명은 오스트랄로피테쿠스 아파렌시스이다. 5종의 호미니드(人科)가 있었으나 다른 것은 다 멸종하고 이것만이 우리 인류의 직접조상으로 되었다.

다시 말해 오스트랄로피테쿠스 아파렌시스만이 선신세 초기에 아프리카에 살았던 가장 오래된 인류의 조상이 된다는 것이다. 이때에 이미 두발로 걸어 다녔으며 서로 다른 환경에 적응해 잡식성으로 살았으며, 도구를 사용하였는데 이는 올도완 석기공작(Oldowan industry)이라고 한다. 인간이 직립하게 된 것은 자연환경이 밀림에서 사바나 기후로 바뀜에 따라 생계양식이 변화함에 따른 결과이다. 이것은 수놈이 암놈에게 식량을 제공하고 발정기에 성교의 자세가 바뀌는 것과도 무관하지 않다고 한다. 직립원인이 된다는 것과 언어, 혀와 도구의 복잡성이 증가한다는 것은 서로 밀접한 상관이 있다. 이는 팔의 사용, 도구의 제작과 이에 따른 뇌의 발달과도 밀접한 관련을 가지고 있다.

한편, 1976년 리차드 리키의 어머니인 메리 리키여사에 의해 탄자니아의 라에톨리에서 루시와 같은 종인 아파렌시스의 발자국이 발견되었다. 그 연대는 루시보다 앞선 350만 년 전으로 추정된다. 이밖에 로타감에서 550만 년 전의 아래턱, 타마린에서 450만 년 전의 아래턱, 카나포이트에서 400만 년경의 위팔뼈, 그리고 아오시에서 400만 년 전의 머리 일부와 허벅지뼈 등이 계속 발견되어 연구가 한창 진행 중이다. 아무튼 인류의 조상은 루시나 라에톨라인이 표시하는 350~300만 년 전보다 약간 앞서는 500~400만 년 전에 살았던 것으로 추정된다. 이의 연대는 염기배열에 위한 생화학적 연구결과와도 거의 일치하고 있다.

직립원인도 가장 올라가는 것이 1984년 아프리카 케냐 투르카나 호수 옆에서 리차드 리키의 동료인 까모야 끼메우에 의해 발견되었다. 그 화석은 12살의 남자로 키는 1.6m이다. 두뇌용량은 초기의 직립원인으로 약 900cc 정도로 추측된다. 이 투르카나 남자아이의 연대는 발견된 아래의 화산재 층이 165만 년 전으로 연대측정됨에 따라 적어도 160만 년은 거슬러 올라가는 것으로 보인다. 따라서 에티오피아의 하다와 케냐 나이로비의 투르카나호수를 포함하는 아프리카 지역은 남방의 원숭이라는 호미니드(人科)와 직립원인들의 기원지가 되는 셈이다. 그것은 또 호모 사피엔스(人類種)의 조상인 이브할머니가 나온 에덴의 동산이 화석자료로 보아 아프리카로 추정되는 것과도 무관하지 않다.

우리나라의 조상은 어디서 왔는가에 대한 물음에는 두 가지의 견해가 있다. 하나는 한민족을 구성하는 인종은 북몽골로이드이며, 생화학적인 연구로 보면 13,000년 전 기후가 따뜻해짐에 따라 바이칼호 동쪽으로부터 이동해 왔을 가능성이 있다는 것이다. 이때는 후기 구석기시대로 화석인류로는 신인에 해당한다. 그리고 다른 하나는 '한반도 직접 자생설'이다. 이는 북한학자들이 주장하는 것으로 상원 검은모루봉인(약 100만 년 전)→덕천인(중기 구석기시대)→승리산인(후기 구석기시대)→만달인(중석기시대)의 옛조상을 거쳐 오늘날의 한반도인이 형성되었다고 하는 것이다. 그러나 최근 북한의 정치적 정통성 확보를 위한 단군릉, 동명왕릉 그리고 왕건릉의 대대적인 발굴, 복원과 밀접한 관련이 있는 것으로 앞으로 학문적인 검증이 필요하다.

아무튼 전세계에 살고 있는 인류의 기원과 여기에 곁들여 우리 한민족의 뿌리를 찾는 문제도 그리 간단하지 않다. 지금까지 학자들간의 그럴듯한 가설만 존재해왔지 이에 대한 명확한 해답은 없었다. 앞으로 화석인류의 연구를 포함하는 형질인류학, 해부학, 민족학과 최근에 상당한 성과를 올리고 있는 생화학의 활발한 연구가 더욱 기대된다.

우리나라의 경우는 토양이 산성이기 때문에 인골이 유적에 잔존해 있는 경우가 그리 많지 않다. 따라서 인골을 연구하는 형질인류학의 연구성과도 그리 많지 않다. 기존의 연구는 대부분 뼈의 계측치 소개와 주변지역의 인골의 평균치와의 대비 등 기초적인 수준에 머물러 있다. 그나마도 자료의 축적이 되어 있지 않아 문화의 연구에서 그다지 큰 비중을 차지하고 있지 못하였다. 그런데 1980년 이후에는 인골에 대한 단순한 계측치의 보고에 그치지 않고 다양한 방법으로 인골의 분석과 해석을 하는 경향이 늘고 있다.

동물유체의 분석

고고학은 고고학적 자료(물질적인 자료)를 통하여 당시 사람들의 문화 복원을 목적으로 한다. 고고학적 자료에는 유적과 유물이 있고, 유물은 인공유물과 자연유물로 구분된다.

인공유물은 사람이 특정한 목적을 가지고 가공한 것으로 토기 · 석기 · 골각기 등으로 아주 다양하게 구별되어진다. 이에 반해 자연유물은 인류에 의해서 이용된 자연계의 물질로 조개껍질, 동물뼈, 암석 등 다양하다(鈴木公雄著 · 윤환역 1994). 이것들 가운데 동물유체(動物遺體)란 사람들이 식용으로 이용한 후에 버린 것으로 추측되는 조개껍질 · 짐승뼈 · 생선뼈 등을 말한다. 즉 동물유체는 수렵 · 채집 · 어로 등에 이르는 생산활동의 산물이다.

동물유체를 통해서 우리가 얻을 수 있는 고고학적 정보는 환경의 복원, 생업의 활동, 유적이 형성된 계절성 파악 등 다양한 측면에서 연구가 가능하다. 인공유물의 연구와 함께 이와 같은 연구가 이루어지면 미시적으로는 각 유적의 성격이 확실해질 수 있을 것이며, 거시적으로는 각 시대의 문화양상을 보다 확실히 파악할 수 있을 것이다.

종래 우리나라의 고고학계에서는 생산활동의 산물에 대한 인식의 부족으로 생산도구의 연구에만 매달려 왔다. 그러나 1990년대에 들어와서 자연유물의 연구가 본격화되었고, 이들 두 방면의 연구가 합치되어야 유적을 형성한 사람들의 생업이 복원 가능하다는 인식을 하게 되었다.

우리나라의 토양은 산성이 강하기 때문에 유적에서 자연유물이 잔존할 확률이 낮으나 패총·석회암동굴·저습지 등의 유적에서는 이들 자연유물의 보존상태가 양호하다. 현재까지 조사 보고된 거의 모든 자연유물은 이곳에서 출토된 것들이 주류를 이루고 있다.

수류(獸類), 조류(鳥類), 어류(魚類)로 구별하여 살펴보면 아래와 같이 정리할 수 있다.

첫째, 생업을 복원하는데 있어 인공유물(도구)에만 치우치면 그 대상이 무엇이였는지 추론에 그칠 수 있지만 동물유체를 분석함으로써 그 대상이 무엇이였는지를 실증적으로 알 수 있으며 나아가서는 생업의 형태를 복원할 수 있다. 즉 동물유체의 분석과 더불어 인공유물과 상관시켜 문화해석을 시도할 수 있다. 결합식낚시가 출토되는 패총에서는 큰 종류의 어류가 출토될 것이며, 그물추가 출토되는 유적에서는 내만성어류와 작은 어류가 중심을 이루고 있을 것이니 양자를 연결시켜 당시의 어로문화를 해석할 수 있을 것이다.

둘째, 유적이 형성된 시기의 주변환경을 알 수 있다. 패총의 발굴조사시 출토되는 육산패류로부터 이 유적이 형성된 시기의 유적 주변의 환경이 어떠하였는지 알 수 있다.

셋째, 유적이 형성된 계절을 알 수 있다. 패총에서 출토되는 패류, 뼈 등으로부터 각 이것들이 채집되었거나 포획된 계절을 알 수 있으며 이로서 생업의 부분적인 모습을 살펴볼 수 있다. 패각의 성장선 분석에는 불가능 종류가 있으므로 현지조사를 병행해야 한다.

넷째, 동물유체의 생태학적인 면을 이용하여 교류관계를 알 수 있다. 일본 대마도(對馬島)의 좌가패총(佐加貝塚)에서 출토된 자연유물

가운데는 고라니(복작노루)의 견치가 있는데 고라니는 견치가 출토된 대마도, 일본의 본토에서 전혀 서식하지 않으므로 이것은 우리나라 남해안지방에서 대마도로 운반된 것으로 볼 수 있다. 물론 이때에 공반유물을 참고로 해야 한다.

이와 같은 장점 외에 동물유체를 연구하면서 주의해야 할 점이 있다. 동물유체를 취급하는 과정에서 자칫 간과하면 고고학이 아닌 골학(骨學)으로 빠져 본래의 목적을 상실해 버릴 위험성이 있다. 즉 위에서 언급한 방법을 이용하여 문화해석을 한다면 고고학이 되겠지만 種의 분석에 그치면 골학이 된다. 또 동물유체를 개별적으로 취급하면 유적이 갖고 있는 문화를 전부 볼 수가 없으므로 유적을 형성하는 하나의 요소로서 검토해야 한다.

후언

이상 본바와 같이 고고학은 자연과학 중 지질학·물리학·생물학·의학(해부학과 수의학) 등 관련되지 않은 분야가 드물 정도이다. 이는 인류생활의 전반에 걸쳐 물질적으로 나타나는 현상을 복원하는 학문이기 때문이다. 최근의 모든 학문이 그렇듯이 고고학은 학제적인 연구가 절실히 필요한 학문이다. 서울대 기초과학교육 공동기기원에서 1998년부터 운영하고 있는 가속기질량분석(Accelerator Mass Spectrom etry : AMS)은 연대결정이 필요한 고고학연구에 거의 절대적이라고 말할 수 있겠다. 이 한 예로도 고고학과 자연과학의 학제적 연구의 필요성을 이야기 해주고 있다.

참·고·문·헌

이상 관련된 개별적인 인용문헌은 생략하고 이들 모두 아래의 문헌에서 요약·발췌하였음을 밝힌다.

최몽룡·신숙정·이동영 편저
  1995, 고고학과 자연과학 -토기편-, 서울대학교 출판부
최몽룡·최성락·신숙정 편저
  1998, 고고학연구방법론 -자연과학의 응용-, 서울대학교 출판부

미래를 향한 문화유산의 보존과 정책

　외부로 나타난 우리 민족의 두드러진 현상 중에 하나는 기록을 잘 남길 줄 모른다는 것이고, 또 하나는 행동하면서 생각한다는 것이다. 그러나 세계문화유산으로 지정된 조선왕조실록(국보 제151호)을 비롯해 승정원일기(국보 제303호), 유성룡의 징비록(국보 제132호), 이순신의 난중일기(국보 제76호) 등을 보면 과거 우리 민족은 기록하는 것을 매우 좋아했던 것으로 짐작된다. 우리 조상들은 과거의 잘잘못을 기록으로 남겨 미래에 다시 범하게 될 시행착오를 사전에 방지할 줄 아는 슬기가 있었던 모양이다. 그러나 지금의 현실은 온통 시행착오로 점철되어 있다.

　문화행정 분야도 예외는 아니다. 외국을 한 번쯤 다녀온 사람이라면 입국할 때 앞으로 선진국을 따라 가려면 다시 한 번 정신을 바짝 차려야겠다고 생각했을 것이다. 문화재의 보존문제에 관해서는 더욱 그러할 것이다. 우리도 그들처럼 풍요로운 물질문화를 향유하고 있다고 자부해 보지만 그 수준에 이르러서는 하늘과 땅 차이만큼이나 현격하다. 이는 문화행정기술 뿐만 아니라 국민의 전반적인 문화재 인식에 대한 수준 차이에서 비롯되는 것이다.